AF565619

Hartmut Walz

Einfach genial entscheiden im Falle einer Finanzkrise

Konstruktive Crash-Gedanken

2. Auflage

Haufe Group
Freiburg · München · Stuttgart

Bibliografische Information der Deutschen Nationalbibliothek

Die Deutsche Nationalbibliothek verzeichnet diese Publikation in der Deutschen Nationalbibliografie; detaillierte bibliografische Daten sind im Internet über http://dnb.dnb.de/ abrufbar.

Print:	ISBN 978-3-648-16960-5	Bestell-Nr. 10515-0002
ePub:	ISBN 978-3-648-16961-2	Bestell-Nr. 10515-0101
ePDF:	ISBN 978-3-648-16962-9	Bestell-Nr. 10515-0151

Hartmut Walz
Einfach genial entscheiden im Falle einer Finanzkrise
2. Auflage, März 2023

www.haufe.de
info@haufe.de

Bildnachweis (Cover): © pichitstocker, iStock.com

Produktmanagement: Jürgen Fischer
Lektorat: Gabriele Vogt

Inhaltsverzeichnis

Stimmen zum Buch 7
Vorwort zur 2. Auflage 11

1 Prolog: Das Sommergewitter im Gartenrestaurant 13

2 Die Furcht vor dem Crash 15
2.1 Was ist ein Crash? 15
2.2 Die dunkle Seite vieler Crashbücher 20
2.3 Euro und EZB sind an allem schuld 26
2.4 Wovor fürchten Sie sich eigentlich? 33
2.5 Realistische Selbsteinschätzung Ihres persönlichen Handlungsbedarfs 45

3 Harte Fakten 51
3.1 Was wir aus der Geschichte der Geldentwertung und der Währungscrashs lernen können 51
3.2 Währungsunion – unzureichende Konvergenz und Chance auf ein Happy End 55
3.3 Das (vorläufige) Ende von Null- und Negativzinsen 67
3.4 Der mühsame Ausstieg aus der Null- und Negativzinspolitik 76
3.5 Enorm steigende Verschuldung – kann das gut gehen? 88
3.6 Konflikt zwischen Systemschutz und Verbraucherschutz 99
3.7 Wohlstandsverschiebungen, Wohlstandsillusion, versteckte Lasten und unhaltbare Versprechungen 118
3.8 Mögliche Entwicklungswege – eine Finanz- und Staatsschuldenkrise heilt sich nicht von allein 125
3.9 Schlussfolgerung 129

4 Konstruktive Crash-Psychologie und Chancenorientierung 131
4.1 Rückbezüglichkeit – Warum es prinzipiell *un*möglich ist, einen Crash vorherzusagen 131
4.2 Realistischer Optimismus ist Pflicht 137
4.3 Der Wunschring 139
4.4 Differenziertes Vertrauen ist empfehlenswert 140
4.5 Fehler erster und zweiter Art 143
4.6 Unterschätzte Kosten (und Nachteile) der Crash-Vorsorge 145
4.7 Das Konzept der Robustheit verstehen 150
4.8 Strategie des geringsten Bedauerns als pragmatische Leitlinie 154

5 Ihr 12-Punkte-Plan für mehr Robustheit 157
5.1 Diversifizieren Sie so breit wie möglich 158
5.2 Balancieren Sie Geld- und Sachvermögensanteile Ihrer Reserven gut aus 167
5.3 Unterscheiden Sie zwischen Barliquidität und Buchliquidität 175
5.4 Sichern Sie Ihre Barliquidität 179
5.5 Hinterfragen Sie Euro-Anleihen 182
5.6 Erwägen Sie Staatsanleihen in Fremdwährungen 186
5.7 Meiden bzw. liquidieren Sie crash-sensible Anlagevehikel 189
5.8 Halten Sie Ur-Geld – die älteste Währung der Welt 199
5.9 Begrenzen Sie Ihren persönlichen Verschuldungshebel 205
5.10 Meiden Sie Aktivitätsdruck, Hypes, Blasen und Herdenverhalten sowie exotische, schwer liquidierbare und kostenintensive Anlagen 209
5.11 Schaffen Sie zusätzliche Realoptionen 216
5.12 Akzeptieren Sie die Grenzen des Machbaren 229

6 Voll aus dem Leben 235
6.1 Lebensecht: Lucia und Tobias Grün 235
6.2 Lebensecht: Lea Steigle 238
6.3 Lebensecht: Elke und Chris Häusler 240
6.4 Lebensecht: Viktoria und Ben Kindermann 245
6.5 Lebensecht: Familie Mittelsteiner 249
6.6 Lebensecht: Uta und Klaus Schmahl 251
6.7 Lebensecht: Sophia und Ioannis Vilapoulos 254
6.8 Lebensecht: Karim Compema 257
6.9 Lebensecht: Sabina Zweigert mit Partner Felice 262

7 Epilog – konstruktive Crashgedanken 267
7.1 Eine Flasche Champagner für Sie 267
7.2 Zwölf zusammenfassende Empfehlungen zu *wirtschaftlichen* Risiken aus einem möglichen Finanzcrash 268
7.3 Negativer psychologischer Wechselkurs bietet Unzufriedenheitspotenzial für Nationalisten und Populisten 271
7.4 Was wirklich zählt – die Spitze der Pyramide 272
7.5 Der letzte Wunsch: Ein sinnvoller Einsatz für den Wunschring 273

Danksagung 275
Stichwortverzeichnis 277
Endnoten 281

Stimmen zum Buch

»Finanzbildung muss in Deutschland dringend gefördert werden. Hartmut Walz ist einer, der das aktiv angeht. Vielen Sparern und Investoren fehlt das nötige Finanzverständnis, eine langfristige Strategie aufzubauen, und sie reagieren oft panisch und impulsiv. Genau hier setzen die Ratschläge in Walz' Buch an: Investoren müssen auch in Krisenzeiten auf ihrem Kurs bleiben, genauso wie Vanguard's Gründer John Bogle immer geraten hat.«

Sebastian Külps | Leiter Deutschland und Nordeuropa, Vanguard

»Dieses Buch hat mir die Lust am Crash schmerzhaft vergehen lassen. Was mache ich jetzt mit den ganzen eingelagerten Konserven? Den Goldbarren im Garten? Mit den Weizensamen für die Stunde Null? Für alle, die diese Dinge noch nicht angeschafft haben (und die anderen auch!), ist dieses Buch die dringend benötigte, wissenschaftlich ruhige und fundierte Sicht auf unsere Finanz-Panik-Erregungskultur. Und unterhaltsam ist es auch! Viel Spaß!«

Chin Meyer | Finanzkabarettist

»Krisen gehören zum Leben. Und so gehört dieses Buch von Hartmut Walz in den Schrank eines jeden Bürgers. Mit großer Sachlichkeit und einer angemessenen Portion Leichtigkeit bietet es den richtigen Stoff, mit dem Menschen ihre Finanzbildung und Krisenprävention selbst in die Hand nehmen können. Besonders die Fallbeispiele zeigen, wie wichtig am Ende eine ganz individuelle Lösung und manchmal eben auch Coaching sein kann.«

Monika Müller | FCM Finanz Coaching

»Wenn einer es kann, dann Walz. Er macht mit seinem neuen Buch das abstrakte Phänomen Finanzcrash greifbar – und damit einschätzbar. Was ich besonders mag: Er bleibt nicht bei der Theorie, sondern zeigt mit Fallbeispielen, wie wir uns selbst in jeder Lebenslage souverän für den Crash wappnen können. Angstmacher haben hier keine Chance.«

Dani Parthum | Gründerin Geldfrau.de

»Konstruktive Crashgedanken ... Besser kann man Inhalt und Wert des Buches nicht beschreiben. Hartmut Walz verhilft uns auf bestrickende und augenzwinkernde Weise zu einem erhellenden Verständnis von Krisensituationen in der Finanzwirtschaft und gibt uns kompakte Arbeitshilfen für unsere Geldanlage und Altersvorsorge an die

Hand. Am Ende können wir aufgeklärt und robust allen Marktschreiern widerstehen. Das ist gelungener Verbraucherschutz!«

Stephen Rehmke | Vorstand Bund der Versicherten e. V.

»Das Buch von Hartmut Walz bleibt nicht bei der Analyse der Folgen der Negativzinswelt stehen, sondern zeigt unaufgeregt und klar auf, wie der Anleger mit dieser Situation umgeht und dass für Endzeitstimmung kein Grund besteht. Auch in den aktuell unsicheren Märkten sind prognosefreie und robuste Strategien das Beste, was der Private tun kann.«

Dominique Riedl | Gründer und Geschäftsführer vom Anlegerportal justETF.com

»Höchste Zeit, dass jemand den alarmistischen ›Crash‹-Rufen eine wissenschaftlich fundierte, aber allgemein verständliche Analyse entgegensetzt! Genau das gelingt Hartmut Walz. Und er befähigt seine Leserinnen und Leser nicht nur, sich selbst ein Urteil über den Zustand der Finanzmärkte zu bilden, sondern hilft ihnen auch, vernünftige eigene Finanzentscheidungen zu treffen.«

Dr. Gerhard Schick | Vorstand Bürgerbewegung Finanzwende e. V.

»Eine der wichtigsten Regeln für Anleger ist es, sich nicht von den unzähligen Marktturbulenzen beirren zu lassen. Hartmut Walz' Konstruktive Crashgedanken raten ebenfalls dazu, erstmal die Ruhe zu bewahren. So schafft es Walz, einen durchaus erfrischenden Blick auf ein wichtiges Thema zu werfen und dabei die langfristigen Perspektiven nicht aus den Augen zu verlieren.«

Markus Weis | Leiter des SPDR ETF Geschäfts für Deutschland und Österreich

Für Anne,

die bei der Mithilfe an diesem Buch
so häufig »die Krise bekam«,
dass sie nun einer Finanzkrise
völlig gelassen entgegensieht.

Spätestens jetzt kann uns kein Crash mehr schocken.

Vorwort zur 2. Auflage

In der kurzen Zeit seit Erscheinen der 1. Auflage gab es gleich mehrere krisenhafte bzw. krisenbeschleunigende Entwicklungen. Die Wahrscheinlichkeit des Eintritts einer Finanzkrise hat sich also etwas erhöht – ohne jedoch einen unmittelbaren Krisenausbruch befürchten zu lassen oder Alarmismus zu rechtfertigen. Mindestens so bedeutsam wie nicht konkret vorhersehbare Einzelereignisse (wie Corona-Pandemie, Ukraine-Krieg, Energiekrise, Lieferkettenprobleme) sind jedoch die verzögert eintretenden Folgen einer ultra-lockeren Geldpolitik der EZB – mit (zu) hoher Geldmenge und (zu) lange andauernden niedrigen Zinsen. Diese Folgen waren leider erwartbar und wurden in der 1. Auflage des Buches auch bereits antizipiert. Wenngleich die Gefahr eines Finanzcrashs also insgesamt größer geworden ist, darf dieser aber nicht als sicher eintretend und schon gar nicht als bald eintretend vorhergesagt werden. Alles kann passieren – auch das Gegenteil: Totgesagte leben länger und Systeme sind zäher und anpassungsfähiger, als die meisten Menschen meinen. Die veränderte Datenlage hat daher kaum relevanten Einfluss auf die den Lesern gegebenen Empfehlungen. Gelassenheit in der Interpretation der Realitäten und möglichst wenig Klagen bzw. Sorgen um Dinge, die wir weder zuverlässig vorhersagen noch beeinflussen können, sind ratsam. Legen wir alle Aufmerksamkeit und Kraft auf die Dinge, die wir selbst beeinflussen und mit denen wir unsere Robustheit gegenüber möglichen Krisenszenarien steigern können. Das gilt nicht nur für Geldanlage und Vorsorge, sondern reicht in viele andere Lebensbereiche hinein.

Wichtiger Hinweis

Die 2. Auflage dieses Buches baut auf den Datenstand Anfang 2023 auf und fokussiert die jüngeren Entwicklungen. Weiter zurückgehende Erläuterungen und Analysen der 1. Auflage wurden aus Gründen der besseren Lesbarkeit und mit Blick auf einen angemessenen Buchumfang entnommen. Sie stehen jedoch interessierten Lesern der 2. Auflage kostenlos als PDF-Download unter dem Link https://hartmutwalz.de/einfach-genial-entscheiden-im-falle-einer-finanzkrise/ zur Verfügung.

Zur besseren Lesbarkeit wird in vorliegendem Werk bei Personenbezeichnungen und personenbezogenen Hauptwörtern auf die gleichzeitige Verwendung der Sprachformen männlich, weiblich, divers (m/w/d) verzichtet. Es wird das generische Maskulinum verwendet, wobei alle Geschlechter gleichermaßen angesprochen sind. Die verkürzte Sprachform hat lediglich redaktionelle Gründe und beinhaltet keine Wertung. Beispielfälle werden bestmöglich über die Geschlechter verteilt.

Vorwort zur 2. Auflage

1 Prolog: Das Sommergewitter im Gartenrestaurant

Es war ein heißer, schwüler Sommertag. Meine Frau und ich hatten die geplante Wanderung etwas verkürzt, da es selbst im Wald einfach noch zu heiß und drückend war, um an großer körperlicher Leistung Spaß zu haben. Also steuerten wir ein rustikales Gartenrestaurant an und fanden einen freien Tisch unter einem Sonnenschirm. Noch bevor das Essen kam, bemerkten wir, dass eine massive, dunkle Wolkenwand aufzog. Der Kontrast zur gleißenden Sonne in der anderen Richtung war beeindruckend und wunderschön. Auch wenn über uns die Sonne noch schien, so kam die Wolkenwand doch näher und wurde immer dunkler. Also fragten wir die Kellnerin, ob wir an einen Tisch im Inneren des Gasthauses umziehen dürften. »Gerne«, meinte sie – »ist ja noch alles frei.« Und in der Tat war drinnen kein einziger Tisch belegt. Dafür setzten sich an den von uns geräumten Tisch draußen sofort andere Gäste. Wir betrachteten das Wolkenschauspiel und das Verhalten der übrigen Gäste nun von drinnen. Nur zwei Familien zogen in den nächsten Minuten ebenfalls nach drinnen um, obwohl die Wolkenwand immer näher rückte und bedrohlich schwarz anmutete. Dann ging alles sehr schnell. Plötzlich prasselten dicke Regentropfen herab und durch eine Windböe gingen etliche Gläser und Flaschen zu Bruch. Sonnenschirme kippten, Bedienungen versuchten, diese zu bergen und die restlichen zu sichern. Tischdecken flatterten und weitere Gläser kippten. Scherben lagen auf dem nassen Boden. Kurzum, es wurde ziemlich ungemütlich da draußen und nun wollten alle gleichzeitig nach drinnen. Mit Tellern und Gläsern standen die Gäste vor dem schmalen Durchgang Schlange. Und standen buchstäblich im Regen. Auch in den Gasträumen mussten noch einige stehen bleiben, denn die Tische im Innenbereich reichten nicht für alle. Manche entwickelten schnell schlechte Laune und sprachen von »Naturkatastrophe« – dabei war es nur ein kräftiges Sommergewitter. Und natürlich hätte es auch sein können, dass das Wetter noch gehalten hätte und die dunklen Wolken weitergezogen wären …

An den Finanzmärkten ist nach Jahren steigender Staatsverschuldung, enormem Geldmengenwachstum, Krieg und Spannungen vor der Haustür und hoher Inflation bei gleichzeitigen Stagnationsgefahren derzeit ein Donnergrollen ebenso nicht zu überhören. Sowohl von der reinen Faktenlage als auch der Stimmung und den Verhaltensparametern her, spricht einiges dafür, dass uns ein heftiger Finanzcrash bevorsteht – auch wenn das keineswegs sicher ist. Jedoch ist die ganz überwiegende Mehrheit der Bundesbürger hierauf nicht angemessen vorbereitet. Ich wage die These, dass rund 90 % der Bürger in Deutschland entweder überhaupt keine oder nur eine völlig unzureichende Vorsorge für den Fall eines Finanzcrashs getroffen haben. (Übrigens sind ein »Darübernachdenken« und »Man-müsste-etwas-tun« noch keine Vorsorge.) Tritt das Risiko – z. B. ein Zusammenbruch der Gemeinschaftswährung Euro – ein, so werden diese Menschen ebenso im Regen stehen wie die wenig vorausschauenden

Gäste im Gartenlokal. Dabei lässt sich Crash-Vorsorge mit überschaubarem zeitlichen Aufwand und ohne große Kosten betreiben. Und sich somit die Robustheit des Einzelnen gegen die Crashfolgen erheblich erhöhen.

Also kein Gejammer, kein Wehklagen und keine Weltuntergangsstimmung! Nötig sind vielmehr Überlegungen, das Beste aus den Gegebenheiten und möglichen Entwicklungen zu machen, die Sie insbesondere in den Kapiteln 4, 5 und 6 finden. Eine konstruktive Vorbereitung für den Fall der Fälle eben.

Konkrete Ergänzungen und aktuelle Hinweise zur weiteren Entwicklung finden Sie im Hartmut Walz Finanzblog unter diesem Link: https://hartmutwalz.de/finanzblog/.

2 Die Furcht vor dem Crash

2.1 Was ist ein Crash?

Definition von Crash und Unterscheidung von Crash-Arten

Interessanterweise gibt es unter Ökonomen **keine einheitliche Definition des Begriffes »Crash«**. Besonders merkwürdig mutet es an, wenn Crash-Autoren über hunderte von Seiten vor der angeblichen Unausweichlichkeit irgendwelcher Crashs warnen, ohne eine nähere Erläuterung zu geben, was sie darunter verstehen und wann überhaupt ein Crash vorliegt. Denn **nicht jeder starke Preis- oder Kursrückgang** eines Vermögensgegenstandes verdient gleich die Bezeichnung Crash. Und die inflationäre Verwendung des Begriffes verstellt den Blick darauf, dass sich sehr unterschiedlich schwere und folgenreiche Krisen dahinter verbergen können. Beispielsweise wurden mehrere starke kurzfristige Kursverluste, die jedoch innerhalb von ca. zehn (!) Minuten wieder (nahezu) ausgeglichen wurden, unter der Bezeichnung **Flash-Crash** bekannt. Solche extrem kurzfristigen – meist durch computergestützten Handel sowie Marktmanipulationen verursachten – Preisbewegungen müssen aber den Durchschnittsbürger nicht beunruhigen und werden ungeachtet der Wortgleichheit folglich in diesem Buch auch nicht als Crash verstanden.

Fragt man den viel zitierten »Mann auf der Straße«, so versteht dieser unter Crash mit höchster Wahrscheinlichkeit ganz einfach einen **Börsencrash**. Und mit Börse verbindet er »natürlich« die **Aktienbörse**. Also ist das übliche Verständnis von Crash für die meisten Menschen ein erheblicher **Einbruch von Aktienkursen auf breiter Front**, etwa der Wertverlust eines Leitindex um zwanzig oder mehr Prozent. Aber auch diesen Konsens bzw. diese Definition kann man kritisch hinterfragen. Nur wenige würden beispielsweise den **Kursrücksetzer** des Deutschen Aktienindex DAX im Jahr 2018 von 13.559 Indexpunkten auf 10.381 Indexpunkte als Crash bezeichnen – und das waren immerhin über 23 %. Die jedoch Ende 2019 angesichts eines Indexstandes von über 13.000 Punkten schon längst vergessen oder zumindest verdrängt waren. Hingegen hat sich der Begriff »Corona-Crash« für die Börsenereignisse im Frühjahr 2020 eingebürgert, obwohl die durch die Covid-Ängste ausgelösten Kursrückgänge an den Finanzmärkten nach wenigen Wochen schon wieder völlig ausgeglichen waren.

Daher sollten wir unser **Verständnis von »Crash« viel weiter** fassen. Könnte sich ein Crash nicht auch auf andere Anlageklassen wie z. B. Anleihen, Rohstoffe oder Immobilien beziehen?

Beispielsweise sind die weltweiten **Anleihemärkte** um mehr als das Doppelte größer als die weltweiten Aktienmärkte (auch wenn sie der Aufmerksamkeit der meisten Bürger völlig verborgen geblieben sind). Und viele Experten befürchten, dass der nächste Crash bei den Anleihen beginnen werde, und reden von einer noch nie dagewesenen Anleihe-Blase.

Ein Crash, der zweifelsfrei diese Bezeichnung verdient, ging in den Jahren 2008 und 2009 von der Anlageklasse **Immobilien** aus. Der rasche Preisverfall von Immobilien führte zum Ausfall von verbrieften Immobilienkrediten und löste damit einen Domino-Effekt aus, der schnell auf andere Anlageklassen und sogar die Realwirtschaft übergriff. Der Rest ist bekannt.

Es gibt zudem eine Vielzahl von Publikationen und Analysen, die sich mit Preiszusammenbrüchen einzelner, oft sogar **randständiger Anlageklassen** oder Güterarten, beschäftigen und diese als Crash bezeichnen. Schauen Sie z. B. auf die Google-Treffer, die bei den Suchbegriffen Gold-Crash, Silber-Crash, Ölpreis-Crash oder ganz allgemein Rohstoff-Crash erscheinen. Auch der Crash einzelner Krypto-Währungen gehört hierzu. Who cares???

Eine sinnvolle Unterscheidung von Crash sollte also nicht nur bei der Frage ansetzen, wie relevant die von Kursverlusten betroffene Anlageklasse ist, sondern auch, ob sich Preiszusammenbrüche auf eine **einzige** Anlageklasse beschränken **oder mehrere Anlageklassen** betreffen müssen, um von einem Crash zu sprechen.

ZUR BERUHIGUNG VORAB

Alle Anlageklassen **gleichzeitig** können **nicht** von einem Preisverfall betroffen sein. Wenn z. B. Aktien, Anleihen, Rohstoffe und Immobilien gleichzeitig stark im Wert fallen würden, bedeutete dies nichts anderes, als dass die Anlageklasse »Cash«, also **Bar- und Buchgeld** (Näheres hierzu in Kapitel 5.3), im Vergleich hierzu ansteigt, also wertvoller wird. Denn nichts anderes bedeutet ja **Deflation:** Die Akteure erhalten bei Deflation mehr von den anderen Anlageklassen für die gleiche Menge Geldes.

Die folgende Abbildung 1 zu **Dimensionen und Schwere möglicher Crashs** verdeutlicht den Sachverhalt und macht verständlich, dass es zwischen Crash und Crash riesengroße Unterschiede gibt. Und dass wir uns über einen regionalen Aktien-Crash ebenso wenig Sorgen machen müssen wie über gelegentliche Flash-Crashs. Es sei denn, Sie sind Day-Trader oder Ultra-Speed-Trader. Aber dann lesen Sie gerade ohnehin im falschen Buch …

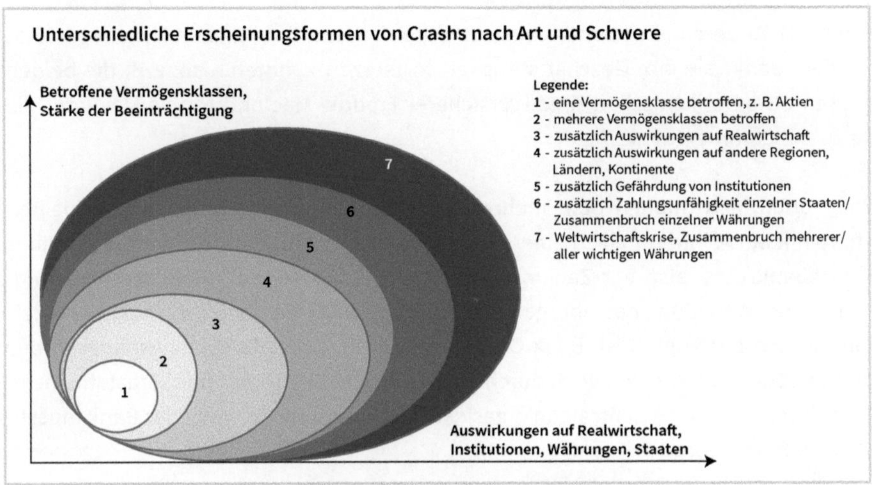

Abb. 1: Unterschiedliche Erscheinungsformen von Crashs nach Art und Schwere

Ein Crash kann sich **rein auf die Finanzmärkte beschränken**, z.B. wenn Aktien- und/oder Anleihekurse auf breiter Front stark einbrechen (Stärke 1 bzw. 2 in der Abbildung). Jedoch kommt es schnell zur Übertragung von zunächst rein finanziellen Krisen auf die **Realwirtschaft**, also z.B. Konsumgüter-, Investitionsgüter- sowie Arbeitsmärkte (das ist in der Abbildung der Übergang von Stärke 2 auf 3). Allein die Phänomene **Angstsparen und Konsumzurückhaltung** bei Verbrauchern sowie **Investitions- und Einstellungszurückhaltung** bei Unternehmen übertragen geldwirtschaftliche Krisen schnell auf die Gütermärkte sowie den Arbeitsmarkt. Konjunktur wird eben in den Köpfen gemacht.

Womit man auch gleichzeitig bei der Frage nach der **räumlichen Ausdehnung** bzw. Begrenztheit einer krisenhaften Entwicklung wäre. Erfolgt die Beeinträchtigung lediglich lokal bzw. regional? Lassen sich die Auswirkungen auf eine **Volkswirtschaft** bzw. einen **Währungsraum** begrenzen? Oder wirken die Effekte in spürbarer Weise über Währungsgrenzen hinweg – was bei einer globalisierten Wirtschaft sehr schnell der Fall sein kann (dies ist in der Abbildung der Übergang von Stärke 3 auf 4).

Ein wichtiger Hinweis auf die Schwere eines Crashs ist zudem die Frage, ob **systemrelevante Institutionen** (insbesondere große Banken, Versicherer, Bausparkassen oder Spezialkreditinstitute) bedroht sind (in der Abbildung der Übergang von Stärke 4 auf 5). Da ein großer Baum beim Stürzen meist noch ein paar andere mitreißt, die dann ihrerseits auch wieder andere mitreißen, sehen sich Staaten sehr schnell gezwungen, Institutionen zu retten, deren Insolvenz das (Finanz-)System insgesamt beeinträchtigen könnte. Beispielsweise kam es als Folge der **Subprime-Krise von 2008/2009** zum Zusammenbruch systemrelevanter Institutionen (wie der Investment-Bank Lehman

Brothers). Andere Institutionen mussten daraufhin mit öffentlichen Mitteln gestützt werden, damit sie ihre Geschäftstätigkeit fortsetzen konnten – so. z. B. die beiden großen US-amerikanischen Kreditversicherer Freddie Mac und Fannie Mae oder die deutsche Commerzbank.

Bei großen Institutionen bzw. mehreren zu stützenden Institutionen und kleinen Staaten kann es hierdurch zu einer Überforderung des Staates mit der Gefahr eines **Staatsbankrotts**, also der Zahlungsunfähigkeit des gesamten Staatswesens, kommen (in der Abbildung der Übergang von Stärke 5 auf 6). So führte die staatliche Rettungsaktion der Anglo Irish Bank Corporation dazu, dass die Zahlungsfähigkeit des irischen Staates selbst lediglich durch eine Zentralbankintervention (Staatsfinanzierung durch die irische Zentralbank) gesichert werden konnte. Nach der Bank musste also der Staat »gerettet« werden.

Falls dies nicht gelingt und es zum **Staatsbankrott** kommt, kann ein **Währungscrash** die Folge sein. Das Vertrauen in die Währung ist zerstört und eine Flucht in andere Währungen oder Ersatzwährungen (»Zigarettenwährung«) ist die Folge. Bei einer Gemeinschaftswährung wie dem Euro sind massive Ausstrahlungseffekte auf die übrigen Mitgliedstaaten zu befürchten.[1]

Der singuläre Crash einer untergeordneten Währung kann ein begrenztes Problem bleiben. Ist jedoch das Vertrauen in mehrere Währungen oder eine große Leitwährung, wie z. B. US-$, Yen, Yuan oder Euro zerstört, so können Domino-Effekte einen **Weltwirtschaftscrash** auslösen. Dieser ist jedoch auch ohne den Zusammenbruch von Währungen denkbar. Weitere Auslöser können nämlich von einer Störung der Geldpolitik, einer um sich greifenden Rezession oder politischen Problemen herrühren.

Crash ist nicht gleich Crash

Das vorliegende Buch beschäftigt sich mit möglichen Ausprägungen eines Finanzcrashs in den Erscheinungsformen **3 – 7** der Abbildung 1. Das ist zwar ein weites Spektrum unterschiedlicher Schweregrade, jedoch wäre eine konkretere Eingrenzung unrealistisch. Niemand kann vorhersehen, wie gut oder schlecht sich ein Finanzcrash eingrenzen lässt – sowohl regional als auch in Bezug auf das Ausmaß der realwirtschaftlichen Beeinträchtigungen und betroffenen Institutionen. Oder kurz gesagt: **Man kann ein Chaos eben nicht planen!**

Das derzeitige Klima der Veränderung, das auf allen Ebenen seit Jahren zu spüren ist, hat die Furcht vor einem großen Finanzcrash stark wachsen lassen, und damit auch die Zahl der »Unkenrufer« und »Schwarzmaler«, insbesondere im Buchsektor – eine bedenkliche Entwicklung, wie das Kapitel 2.2 zeigt.

Was dieses Buch von bisherigen Crash- und Untergangsbüchern unterscheidet

Im Gegensatz zu nahezu allen derzeit angebotenen Büchern, die sich mit einem möglichen Finanzcrash beschäftigen (siehe hierzu auch Kapitel 2.2), beschränkt sich das vorliegende Buch nicht auf die historische Entwicklung der Finanzkrise und die Analyse und Interpretation von monetären Fakten und makroökonomischen Kennzahlen – um Sie dann mit der düsteren Prognose »Alles geht den Bach runter!« alleine zu lassen. Natürlich ist ein Blick auf die Datenlage der europa- und auch weltweiten Verschuldungssituation, Zins- und Wachstumsraten usw. wichtig. Die Aufarbeitung dieser **Fakten** erfolgt jedoch eher komprimiert in **Kapitel** 3, welches in eine übersichtliche Darstellung denkbarer, jedoch unterschiedlich wahrscheinlicher **Entwicklungsszenarien** für die Zukunft der Gemeinschaftswährung mündet.

Damit bildet es den Ausgangspunkt für **Kapitel** 4, in dem Sie lesen, wie **konstruktive Crash-Psychologie** funktioniert – ganz nach dem Motto: »Optimismus ist Pflicht!« und mit dem **Selbstverständnis der Verhaltensökonomen**, die ihre Daseinsberechtigung darin sehen, den Einzelnen stets dabei zu helfen, das Beste aus ihren (wirtschaftlichen und finanziellen) Rahmenbedingungen zu machen. Ebenfalls in Kapitel 4 lernen Sie einen **guten Kompromiss zwischen Schadensminderung und Chancenwahrung** kennen. Würden Sie nämlich den Ratschlägen der Crash-Propheten folgen, auf die im folgenden Kapitel 2 ausführlich eingegangen wird, so wären nicht nur erhebliche, direkt ersichtliche Kosten die Folge, wie z. B. viel höhere Spesen und Gebühren, sondern Sie hätten oftmals exotische und damit wenig liquide Krisenanlagen »im Vorratskeller«, deren Verkäuflichkeit gerade in einer Crash-Situation höchst fragwürdig ist.

Zudem führt dieser Krisenmodus zu entgangenen Erträgen und Wertzuwächsen (**Opportunitätskosten**). Während Ihnen dies vom Grundsatz her sicher klar ist, werden Sie wahrscheinlich darüber staunen, zu welch enormer Höhe diese Opportunitätskosten sich addieren, wenn man über eine längere Zeit im Krisenmodus anlegt. Mit dem Konzept der **Robustheit** – auch Methode des geringsten Bedauerns genannt – erfahren Sie, wie Sie die Folgen von Risiken mindern können, auch wenn Sie die Risiken selbst nicht genau kennen. Ganz nach dem Motto: »**Alles kann passieren – auch das Gegenteil!**«

Kapitel 5 zeigt Ihnen dann anhand eines **12-Punkte-Planes** pragmatische Ansatzmöglichkeiten, wie Sie sich in konstruktiver Weise und mit begrenztem Aufwand auf einen möglichen Finanzcrash vorbereiten können. Dabei steht die Sicherung Ihres Vermögens und Ihrer Vorsorge im Vordergrund. Einige Gedanken gehen aber auch darüber hinaus und berühren andere Lebensbereiche.

In **Kapitel** 6 können Sie schließlich anhand **verschiedener Echtsituationen, gezeigt an konkreten Einzelfällen,** mitverfolgen, wie konstruktive Crashgedanken in ganz unterschiedlichen Familien- und Lebensphasen sowie Einkommens- und Vermögensverhältnissen umgesetzt werden können. Sicher finden Sie sich und Ihre Lieben in der einen oder anderen Fallbeschreibung wieder und können wertvolle Handlungsempfehlungen für Ihr eigenes Tun ableiten.

2.2 Die dunkle Seite vieler Crashbücher

Schon seit vielen Jahren – verstärkt aber ab ungefähr 2011 – gibt es zahlreiche Bücher, die einen baldigen großen, meist weltweiten Finanzcrash vorhersagen. Oder zumindest den zeitnahen Untergang der Eurozone. Bemerkenswert ist, dass das bisherige Nichteintreten bereits zuvor mehrfach prophezeiter Crash-Ereignisse aber keineswegs zum Verstummen und zum Rückzug der Propheten des Untergangs führt. Im Gegenteil, diese schreiben dann einfach zwei, drei Jahre später ein neues, ähnliches Buch und beschwören den nächsten Untergang. Einige Crash-Propheten sind damit schon zu großer Popularität gelangt und tingeln bei stark anwachsendem persönlichen Wohlstand unheilverkündend durch Talkshows und Medien. Ein Phänomen, das unter seriösen Volkswirten und Finanzfachleuten auch als »Sargdeckel-Klappern« oder »Schwarzmaler-Geschäftsmodell« bezeichnet wird. (Darauf wird im nachstehenden Interview mit Michael Ritzau noch näher eingegangen.)

Auffällig und kritikwürdig an den typischen Crash-Propheten-Darstellungen sind aus meiner Sicht folgende Punkte:

- Es werden ganz nach dem Motto »Ein klares Feindbild erleichtert die Orientierung« stets eindeutig **Schuldige** für alle (geld-)wirtschaftlichen beziehungsweise makroökonomischen Probleme gesucht und meist auch schnell gefunden. Häufig sind dies die Europäische Zentralbank (EZB) und natürlich die »unfähigen Politiker«. Die Wirklichkeit ist jedoch viel komplizierter und ungünstige Entwicklungen können eine Vielzahl von Auslösern haben, ohne dass es einen »Schuldigen« gibt. War die im Jahr 2022 ausgelaufene Null- und Negativzinspolitik der EZB Ursache oder bestenfalls nur das Symptom einer problematischen Entwicklung?
- Es dominiert der durchgängige Unterton »Die da oben gegen uns da unten«, der zu einer **polarisierenden Grundstimmung** führt. Und diese motiviert eher zu radikalen Maßnahmen als zu einem sachgerechten Umgang mit der Situation.
- Es wird eine fatalistische »Kaninchen starrt auf die Schlange«-Stimmung erzeugt, die dem Leser jeglichen Mut nimmt und ihn in eine schicksalsergebene **Opferhaltung** bringt. Als typisches Beispiel sei der Vergleich der EZB mit einem dummen Handwerker genannt, der den Boden von der Tür aus streicht und sich nun ohne Ausweg »in die Ecke gemalt« hat (siehe die nachfolgende Abbildung 2). Ein starkes und sofort eingängiges Bild – aber trifft es wirklich die (erheblich komplexeren) Realitäten? Gibt es nicht vielleicht noch ein Fenster bzw. können nicht vielleicht zwei Handwerkerkollegen eine Leiter in den Raum halten? Die geldpolitische Zu-

kunft mag schwierig sein und unangenehme Opfer erfordern. Einen Grund für kollektive Zukunftsangst stellt sie aber nicht dar. Und für eine Weltuntergangsstimmung erst recht nicht.

Abb. 2: In die Ecke gemalt…

- Typisch für viele aktuelle Crashbücher ist auch das Umlenken der aus einfachen Schuldzuschreibungen resultierenden negativen Energie in die Richtung radikaler Lösungsvorschläge. **Populistische Maßnahmen** und das Fördern von **nationalen Egoismen** sind typische »Lösungsrezepte«. Es stimmt nachdenklich, wenn ein beträchtlicher Teil der Crash-Propheten stramm am extrem rechten Ende unseres Politikspektrums unterwegs ist – und man sich fragen muss, ob sie lediglich unser Geld- und Finanzsystem verbessern oder aber unser komplettes Gesellschaftssystem beseitigen möchten.
- Zudem fällt eine extrem **arrogante und selbstherrliche Grundeinstellung der meisten Crash-Propheten** auf, ganz nach dem Motto: »Alle außer mir sind blöd.« Sie kommt u. a. in sehr abwertenden und negativ generalisierenden Aussagen über Politiker und Führungskräfte in Wirtschaft und Gesellschaft zum Ausdruck. Beispielhaft sollen lediglich Zitate wie »nicht die hellsten Birnen in der Lampe«, »Politikversager« oder »Managementnieten« genannt werden. Die Beispiele ließen sich beliebig fortsetzen.
- Zumindest fragwürdig ist es auch, wenn Menschen einerseits in der Rolle des Crash-Propheten auftreten und den Bürgern mit Weltuntergangszenarien zunächst massive Ängste und Sorgen vermitteln, um daraufhin in einer zweiten Rolle als Erlöser aufzutreten. Als **Erlöser** bringen sie dann Rettung durch das Angebot der **von ihnen selbst initiierten – natürlich crashsicheren – Fonds**, Sachwertefonds, Vermögenssicherungsfonds, Wertsicherungsfonds und ähnlichem. Selbstverständlich kosten diese besonderen Fonds hohe Gebühren und Provisionen. Zumindest für die Initiatoren des Schwarzmaler-Geschäftsmodells ist das Vermögen und der Wohlstand also schon mal gesichert…

Das vorliegende Buch zeigt Ihnen, dass Sie sich auf einen möglichen Crash mit geringen Kosten und überschaubarem Aufwand vorbereiten können – und zwar ohne spezielle und **teure Anti-Crash-Vehikel**. Denn für die »richtige« Vorbereitung auf einen möglichen Crash genügen zwei Dinge: Sie sollten zum einen die für Sie relevanten Risiken kennen und zum anderen mit Ihrer Risikotragfähigkeit (Was können Sie wirtschaftlich verkraften?) und Ihrer Risikotoleranz (Mit welchen Risiken fühlen Sie sich noch wohl?) in Übereinstimmung bringen.

Die Demaskierung des Schwarzmaler-Geschäftsmodells – Interview mit Dr. Michael Ritzau, Autor des Buches »Die große Fondslüge«[2]
(**MR** – Michael Ritzau/**HW** – Hartmut Walz)

HW: Lieber Herr Ritzau, in Ihrem Buch »Die große Fondslüge« nehmen Sie auch sehr deutlich ein paar Zeitgenossen in der Finanzdienstleistungsbranche aufs Korn, die sich als Crash-Propheten profilieren. Was finden Sie denn an den Crash-Propheten so kritikwürdig?

MR: Dass es sich bei den meisten keinesfalls um uneigennützige Warner handelt, sondern um Leute, die in unverantwortlicher Weise mit Schwarzmalerei Geld verdienen wollen. Und dass sie eine überbordende Kritik üben, die ausgehend von realen Problemen im Finanzsystem hochspekulative Thesen und Prognosen involviert. Das ist skrupellos, verunsichert Anleger und verleitet sie zu unbesonnenem Handeln. Für mich ist es unfassbar, wie man derart gewagte Prognosen als unausweichliche Wahrheit verkaufen kann und dass so viele Leute darauf hereinfallen. Aber leider leben wir in einer Zeit, wo man mit Skrupellosigkeit sehr erfolgreich sein kann. Denken Sie nur an Donald Trump – wenn man nur lange genug beharrlich etwas behauptet, hält das eine überraschend große Zahl von Leuten für richtig, auch wenn die Fakten das Gegenteil belegen. Hier kommt den Schwarzmalern unsere Tendenz zugute, Informationen so auszuwählen und zu interpretieren, dass sie die eigenen Meinungen bestätigen. Wer glaubt, die EZB hätte sich mit ihrer jahrelangen Nullzinspolitik gegen die deutschen Sparer verschworen, wird andere Ansichten einfach ausblenden und womöglich in »Schwarzmalerfonds«, die bewusst mit dem Feindbild EZB arbeiten und Rettung versprechen, investieren.

HW: Sie sprechen von einem Schwarzmaler-Geschäftsmodell, das Sie identifiziert haben. Können Sie das bitte kurz erläutern? Und können Sie bitte ein paar Beispiele für diese Schwarzmaler nennen, die an ihren düsteren Prophezeiungen selbst ganz gut verdienen?

MR: Es fängt mit unserer Mediengesellschaft an, die einen Bedarf an Leuten mit konträren Ansichten hat und diese damit leider sehr bekannt macht. In Zeitungsinterviews und Talkshows sind extreme Positionen immer gut für Auflage und Einschaltquoten. Einmal bekannt, machen die Crash-Propheten Kasse, z. B. mit dem Verkauf von Crash-Büchern und dem Auflegen eigener Fonds mit hohen Gebühren. Crash-Propheten wie Marc Friedrich/Matthias Weik und Max Otte haben es mit Titeln wie »Der größte Crash aller Zeiten« oder »Weltsystemcrash« zeitweise sogar auf die Spiegel-Bestsellerliste geschafft. Ein Teil der Leute, die diese Bücher lesen, investiert dann in die Fonds der Autoren, die angeblich das Geld der Kunden vor dem unausweichlichen Zusammenbruch des Systems retten. Schaut man sich die Performance der letzten Jahre der Fonds von Max Otte oder Dirk Müller an, so kann man hier nur von katastrophal schlechten Wertentwicklungen sprechen. Diese Fonds haben keine Kundengelder gerettet, sie haben massiv Kapital vernichtet. Natürlich gibt es immer mal Perioden, wo diese Fonds aufgrund ihrer konträren Anlagen kurzfristig besser als ein Vergleichsindex laufen, aber der langfristige Trend sieht anders aus. Es ist mir übrigens aufgefallen, dass die Fonds der Crash-Propheten alle paar Jahre immer wieder leicht geändert werden, was zur Folge hat, dass man die langfristige Wertentwicklung relativ zum Vergleichsindex auf Seiten wie Morningstar nicht mehr nachverfolgen kann. Wohl kein Zufall, denn so kann man die langfristig schlechte Performance verbergen. Schaut man sich z. B. die Wertentwicklung des 2015 aufgelegten Aktienfonds »*Dirk Müller Premium Aktien*« bei vielen Finanzportalen an, so ist die Performance vor 2018 meist nicht mehr einsehbar, es fehlen Jahre, in denen der Fonds teilweise über 35 % hinter dem Index lag. Wer bei Auflage des Fonds 2015 1.000 Euro investiert hat, hatte unter Berücksichtigung des 4%igen Ausgabeaufschlags Ende 2022 nominell noch etwa 815 Euro »gerettet«. Der Fonds hat es fertiggebracht, eine jährliche Rendite von ca. **minus 2,8 % p. a.** zu erwirtschaften – in einer Zeitperiode, in der der MSCI World über 10 % p. a. gestiegen ist (alle Zahlen Stand 13.12.2022). Dennoch sind aktuell fast 380 Millionen Euro in dieser »**Geldvernichtungsmaschine**« investiert. Eine katastrophale Anlage, für Dirk Müller und seine Compagnons aber äußerst lukrativ. Allein über die laufenden Kosten erwirtschaftet der Fonds zurzeit über 5,9 Millionen Euro Gebühreneinnahmen pro Jahr. Hinzu kommen noch die Gelder aus den Ausgabeaufschlägen …

HW: Ich habe in einem sehr seriösen Buch (Robert B. Cialdini: *Die Psychologie des Überzeugens*) einen Zeugenbericht von einem Sektenmitglied gelesen, das gemeinsam mit anderen Sektenmitgliedern in einer spirituellen Feier auf den als sicher prophezeiten Weltuntergang wartete. Und dann regelrecht enttäuscht und frustriert war, als dieser nicht kam. Könnte das den Anhängern der Crash-Gurus in Deutschland und der Eurozone auch so gehen?

MR: Selbstverständlich, denn eins ist sicher: Die Zukunft ist nicht vorherbestimmt. Der von vielen Crash-Propheten vorhergesagte völlige Zusammenbruch des Finanzsystems ist nicht ausgeschlossen, aber unwahrscheinlich. Dementsprechend ist das

Enttäuschungspotenzial bei ihrer Anhängerschaft groß. Man sollte sich als Anleger immer für verschiedene Szenarien wappnen. Wer sein Geld in der Annahme eines unausweichlichen Euro-Crashs anlegt, wird keine gute Rendite erwirtschaften, wenn der erwartete Crash ausbleibt.

HW: Offenbar ist der Dirk-Müller-Fonds ja kein Einzelbeispiel. Haben Sie die Entwicklung des SOLIT Wertefonds R (vormals *Friedrich & Weik-Wertefonds R)* verfolgt?

MR: Ja. Die Crash-Propheten Friedrich und Weik sind 2020 »auseinandergecrasht« und haben sich getrennt. In der Folge wurde der Fonds, den sie eh nie selbst gemanagt haben, umbenannt. Zwar ist der Mischfonds mit etwa 50 % Aktienanteil – im Gegensatz zu den Dirk-Müller- und Max-Otte-Fonds – keine Katastrophe bei der Wertentwicklung: Der Anfang Januar 2017 aufgelegte Fonds hat bis Mitte Dezember 2022 (Stand 13.12.2022) – also in knapp sechs Jahren – um insgesamt 12,4 % zugelegt. Aber jeder hätte mit einer simplen Mischung aus einem MSCI World ETF und Tagesgeld eine weitaus bessere Performance erzielt. Gerade an diesem Fonds sieht man das Perfide an der Schwarzmaler-Strategie: Der Fonds ist bewusst einseitig aufgestellt und nimmt – neben seinen hohen laufenden Kosten von jährlich 1,77 % – eine »Erfolgsgebühr«. Er muss dafür nicht einmal einen Vergleichsindex schlagen – immer wenn er mehr als 5 % Rendite im Jahr macht, wird sie fällig. Selbst wenn der Fonds in guten Börsenjahren weit hinter vergleichbaren Investments hinterherhinkt, müssen die Fondsanleger die Extra-Gebühr zahlen. Wenn der Fonds sein Renditeziel verfehlt, bekommen die Anleger aber leider keine »Misserfolgsgebühr«.[3] Wie beim Dirk-Müller-Fonds sind auch hier schlechte Jahre (2017 – 2019) durch leichte Änderungen des Fondskonzepts wundersamerweise aus den Datenbanken verschwunden. So glänzt der Fonds zurzeit mit einer kurzfristig scheinbar sogar überdurchschnittlichen Performance. Das ist ungefähr so, als wenn man beim Würfeln 2, 1, 5 und 4 gewürfelt hätte (im Schnitt also eine 3) und nun die 2 und die 1 einfach streichen dürfte. Plötzlich hätte man dann im Schnitt eine 4,5 gewürfelt und wäre der Star-Würfler!

HW: Warum sind Sie auch bei einem Propheten, der bereits einen tatsächlichen Crash korrekt vorhergesagt hat, grundsätzlich skeptisch? Und womit begründen Sie Ihre Skepsis?

MR: Auch eine Uhr, die stehengeblieben ist, zeigt zweimal am Tag die richtige Uhrzeit. Man muss die Zahl der richtigen Prognosen dieser Leute in Relation zu den falschen setzen. In den allermeisten Fällen liegen Schwarzmaler bei überprüfbaren Prognosen falsch. Das ergibt sich einfach daraus, dass sie ständig den nächsten Crash prophezeien, Crashs aber selten sind. Der schlechte Track-Record der Crash-Propheten findet leider keine Erwähnung, wenn man ihre Wikipedia-Einträge liest. Dort hat man meist den falschen Eindruck, es handele sich um prophetische Gurus, die in der Vergangenheit alles möglichst richtig vorhergesagt haben.

HW: Gibt es auch positive Beispiele? Respektieren Sie zum Beispiel Herrn Robert J. Shiller, der die Immobilienkrise (Subprime Krise) in den USA korrekt vorausgesagt hat und zumindest in Hinblick auf persönliche Bereicherung durch eigene Investmentfonds unverdächtig erscheint?

MR: Der Wirtschaftsnobelpreisträger Robert J. Shiller analysiert Fakten und Daten sehr genau und spielt in einer ganz anderen Liga als die deutschen Crash-Propheten mit ihrem oft wirren Sammelsurium von gewagten Thesen und Prognosen. Man muss klar unterscheiden zwischen Leuten wie Shiller, der auf Überbewertungen bei Immobilien- und Aktienpreisen hingewiesen hat, aber daraus keine apokalyptischen Schlussfolgerungen zieht, und den Crash-Propheten mit ihrer Unausweichlichkeit des Zusammenbruchs. Und natürlich hat auch Robert J. Shiller Glück gehabt mit dem Timing seines Bestsellers *Irrationaler Überschwang*[4], der kurz vor dem Platzen der Internet-Blase 2000 erschien. Denn der Buchtitel geht auf eine Bemerkung des ehemaligen Chefs der US-Notenbank Fed Alan Greenspan aus dem Jahr 1996 zurück, der schon damals die Aktien für überbewertet hielt. Ein Anleger, der von 1996 bis 2002, also dem Zeitpunkt der Greenspan-Warnung bis zum Tiefpunkt nach dem Platzen der Blase in US-Aktien investiert war, stand aber nicht schlechter da als jemand, der Aktien über diesen Zeitraum komplett vermieden hat.

HW: Gibt es eine grundsätzliche bzw. abschließende Empfehlung, die Sie aufgrund Ihrer Erfahrungen für deutsche bzw. europäische Anleger vor dem Hintergrund des Knirschens in der Eurozone geben möchten? Oder nein – ich frage lieber anders: Was tun Sie für sich selbst und Ihre Familie in Hinblick auf einen potenziellen Euro-Crash?

MR: Verlieren Sie nicht Ihren Optimismus und übernehmen Sie nicht unkritisch die unausweichlich negative Sichtweise der Crash-Propheten. Natürlich ist die Welt voller Krisen. Das war sie übrigens schon immer, denken Sie nur zurück an das letzte Jahrhundert. Aber die heutige Mediengesellschaft lässt jeden Tag die gesammelten Katastrophenmeldungen der ganzen Welt auf uns einprasseln und erweckt in uns unbewusst den Eindruck, alles werde immer schlechter. Es gibt keine gute alte Zeit! Oder wenn es eine gibt, dann ist das jetzt, hier und heute. Faktisch geht es uns heute in Deutschland und vielen anderen Ländern besser denn je. Natürlich müssen wir die großen Herausforderungen wie den Klimawandel unbedingt beschleunigt anpacken. Aber ob ein Euro-Crash kommt, ist höchst ungewiss. In jedem Fall rate ich auch weiterhin zu einem global diversifizierten und kostengünstigen Portfolio aus Aktien, Immobilien, Edelmetallen und Cash und setze das natürlich auch so für mich und meine Familie um.

HW: Danke für das Gespräch!

2.3 Euro und EZB sind an allem schuld

Vorab: Das Bild vom Kuchen – gemeinsam backen und dann die Stücke verteilen

Oft werden der Euro als Gemeinschaftswährung und die EZB-Politik kritisiert. Es sei ungerecht, welche Opfer Deutschland erbringen müsse (zu groß!). Und es sei ungerecht, wie wenig Nutzen Deutschland davon habe (viel zu gering!). Kurz: Deutschland gibt zu viel und bekommt zu wenig.

Jedoch ist es schwer – oft sogar unmöglich –, das Geben und Nehmen einzelner Mitglieder einer Gemeinschaftswährung konkret zu beziffern. Außerdem ist dieser Denkansatz kleingeistig und greift viel zu kurz. Lassen Sie sich auf folgende Gedanken ein: Zwischen den Mitgliedstaaten der Eurozone besteht meist **keine Null-Summen-Situation, sondern eine Mehrwert-Situation**. Bildhaft gesprochen geht es zunächst einmal nicht darum, die Stücke eines bestehenden Kuchens zu verteilen (Null-Summen-Situation – was der eine mehr bekommt, hat der andere weniger). Sondern es gilt zunächst, die Kuchenmenge, die verteilt werden kann, insgesamt größer zu machen (Mehrwert-Situation). Dies ist tatsächlich möglich, indem nicht jeder allein seinen Kuchen, sondern die Gemeinschaft zusammen einen insgesamt erheblich größeren Kuchen backt.

Abb. 3: Einen größeren Kuchen verteilen

Der rechte Kuchen im Bild ist deutlich größer als der linke. Natürlich möchte niemand mit seinen Zutaten und seiner Mühe beim Backen des größeren Kuchens mithelfen, wenn er danach nichts davon abbekommt. Bekommt man jedoch vier Stücke des großen Kuchens, ist das mehr als fünf Stücke des kleinen Kuchens. Es wäre also unklug und ökonomisch unsinnig, sich rein auf die Anzahl von Kuchenstücken zu fokussieren. Weitsichtiger wäre es, auf die Masse des eigenen Kuchenanteils zu schauen. Und außerdem nicht neidisch zu werden, wenn andere auch mehr Kuchen erhalten ...

Übertragen auf die Euro- und EZB-Kritiker bedeutet das, sich von einfach nur nationalistisch denkenden Meinungsmachern nicht in die Irre führen zu lassen. Diese lenken Ihre Aufmerksamkeit nämlich nur auf die Anzahl der Kuchenstücke und wie diese geschnitten werden – weil ihnen das besser in ihre spalterische, anti-europäische Argumentation passt.

Halbwahrheiten, Unwahrheiten und negative Narrative

Wenn man YouTube-Videos zum Thema »Crash« anschaut (das müssen Sie wirklich nicht) oder allgemein im Internet zu diesem Thema recherchiert (bitte ersparen Sie sich auch das!), findet man überwiegend sehr harsche Kritik an der Gemeinschaftswährung und zum Teil ein regelrechtes EZB-Bashing. Das Urteil einiger Meinungsmacher (oft Crash-Propheten und Nationalisten) hinsichtlich Euro und EZB ist oftmals geradezu vernichtend. Seit dem Jahr 2000 und der Übernahme der Währungshoheit durch die EZB bei gleichzeitiger Abschaffung der nationalen Währungen sei so ziemlich alles schlechter geworden, so die propagandistische Aussage.

Sieben wesentliche Schuldzuweisungen in Richtung Gemeinschaftswährung und EZB (primär aus deutscher Sicht) lauten:

1. Das allgemeine Wohlstandsniveau in Deutschland sei durch den Euro gesunken. Mit anderen Worten: Seit der Euro-Einführung verliere unser Geld ständig an Wert und wir könnten uns immer weniger leisten (Euro = Teuro).
2. Ohne Euro und EZB stünden sowohl Deutschland als auch viele andere europäische Länder heute wirtschaftlich besser da.
3. Gerade die einkommensschwachen Haushalte würden besonders unter der EZB-Politik leiden. Daher würden immer mehr Deutsche den Euro ablehnen.
4. Die größte Erfindung der EZB nach Abschaffung des Zinses sei die Einführung von Negativzinsen. Daher sei die EZB für den starken Anstieg der Preise von Immobilien und anderen Sachanlagen in der Eurozone verantwortlich.
5. Die EZB-Politik habe die Deutschen konsequent enteignet – so sei z. B. seit der Euro-Einführung die private Verschuldung in Deutschland stark angestiegen.
6. Während unsere europäischen Nachbarn von der Euro-Einführung profitiert hätten, hätte Deutschland überwiegend Wohlstandsverluste erlitten. Gleichzeitig sei Deutschland zum Zahlmeister der gesamten Eurozone geworden.
7. Die Negativzinspolitik der EZB sei an der zunehmenden Zombifizierung der europäischen Wirtschaft (»Bugwelle von Zombieunternehmen«) schuld und diese werde bei steigenden Zinsen zwangsläufig zum Zusammenbruch des Bankensystems und einem großen System-Crash führen.

Die Thesen sind nicht alle komplett von der Hand zu weisen – ein Schwarz-Weiß-Denken sollte man jedoch grundsätzlich vermeiden, denn wem würde das nutzen? Sehen wir uns die Schuldzuweisungen also im Detail an. Bemerkenswert ist, dass zum Teil schon die darin enthaltenen Tatsachenbehauptungen einfach schlicht falsch sind.

Im Einzelnen:

- **Zu 1. Wohlstandsniveau ist stetig gesunken, Euro = Teuro**
  Das allgemeine Wohlstandsniveau der Deutschen ist seit der Euro-Einführung nicht gesunken, sondern im Gegenteil **nachweislich kräftig angestiegen**. Und zwar real, also **inflationsbereinigt**. Die durchschnittliche Inflationsrate in über zwanzig Jahren seit Bestehen des Euro liegt erheblich unter derjenigen zu D-Mark-Zeiten, auch wenn sie in 2022 dramatisch hochgeschnellt ist.[5]
- **Zu 2. Ohne Euro und EZB wär's wirtschaftlich besser**
  Das ist eine hypothetische Behauptung, die weder beweisbar noch widerlegbar ist, da niemand sagen kann, wie toll sich die deutsche Wirtschaft ohne den Euro entwickelt hätte. Ein Indiz dafür, dass **Deutschland sehr vom Euro profitiert** hat, könnte jedoch sein, dass kein anderes wirtschaftlich bedeutsames Land der Eurozone auch nur annähernd ein so hohes Wachstum des Bruttoinlandsproduktes pro Kopf aufweist wie Deutschland. Bitte denken Sie an das Bild vom Kuchen.
- **Zu 3. Einkommensschwache Haushalte leiden besonders und immer mehr Deutsche lehnen Euro ab**
  Korrekt ist, dass einkommensschwächere Haushalte, soweit überhaupt Vermögen vorhanden ist, dieses zu größeren Teilen in Geldvermögen (vgl. Kapitel 3.7) anlegen und somit relativ stärker unter niedrigen Zinsen gelitten haben. Sofern sie jedoch **Schuldne**r waren, haben sie von niedrigen Zinsen **profitiert.** Außerdem haben die einkommensschwachen Haushalte von der stark **gesunkenen Arbeitslosenquote** seit Euro-Einführung besonders stark profitiert. Denn gerade diese Haushalte gehören zu den Verlierern eines schwachen Arbeitsmarktes – geraten also als Erste in die Arbeitslosigkeit. Auch die Behauptung, dass immer mehr Deutsche den Euro ablehnten, ist schlicht falsch. Im Jahr 2018 lag die Zustimmung der Deutschen mit **über 80%** weit über der zum Zeitpunkt der Euro-Einführung, damals knapp über 50%.
- **Zu 4. Die Negativzinsen der EZB haben die Vermögenspreisinflation verursacht**
  Dass die im Jahr 2022 zu Ende gegangene Niedrig- und Nullzinsphase mit der Euro-Einführung zusammenfällt, ist nur zum Teil korrekt, denn bereits zuvor sind die Zinsen tendenziell gefallen. Zudem ist die Tendenz zu sinkenden Zinsen auch in vielen Wirtschaftsräumen außerhalb der Eurozone beobachtbar. Zum Teil waren die Zinssenkungen dort etwas geringer (z.B. Kanada, USA), aber zum Teil auch noch ausgeprägter (z.B. Japan, Schweiz). Die **zentralen makroökonomischen Ursachen sinkender Zinsen liegen im sinkenden Produktivitätswachstum sowie dem demographischen Wandel** (schrumpfende Anzahl von Erwerbstätigen). Auch die Deutsche Bundesbank hätte angesichts dieser Rahmenbedingungen eine ähnliche Zinspolitik durchführen müssen. Die Inflation der Vermögenspreise ist eine vorhersehbare und ökonomisch zwangsläufige Nebenwirkung von Niedrigzinsen und konnte von keiner Notenbank weltweit vermieden werden (vgl. nähere Erläuterung in Kapitel 3.4).

- **Zu 5. Die EZB-Politik enteignet die Deutschen**
  Den Vorwurf der Enteignung durch die EZB liest man häufig – meist im Zusammenhang mit Null- oder Minuszinsen. Für die starken negativen Emotionen der Betroffenen habe ich Verständnis. Jedoch sollten wir erkennen, dass es nicht auf den **nominellen Zins**, sondern den **Realzins** ankommt. Und der Realzins war zu D-Mark-Zeiten über viele Jahre noch erheblich niedriger als zu Euro-Zeiten. Nur aufgrund der **Geldillusion** (fehlende Berücksichtigung der Inflation) kam in der Niedrigzinsphase das Gefühl von Verlusten bei Geldanlagen stärker auf als z. B. in bestimmten Phasen zu D-Mark-Zeiten, in denen bei Sparbuchzinsen von 2 % eine Inflationsrate von über 5 % p. a. bestand, der Sparer also real einen Verlust von 3 % machte. Schlicht falsch ist der Vorwurf der Zunahme der privaten Verschuldung. Ein Blick auf die Statistik zeigt klar: In Deutschland ist die private Verschuldung seit der Euro-Einführung sogar gesunken (in anderen EU-Staaten jedoch tatsächlich angestiegen).
- **Zu 6. Deutschland ist Zahlmeister der Eurozone**
  Dass **Deutschland keine Wohlstandsverluste** erlitten hat, wurde bereits oben gezeigt – rund 20 % reale Steigerung des Pro-Kopf-BIP widerlegen das. Doch ist Deutschland tatsächlich der Zahlmeister der Eurozone? Schwer zu sagen. Bezieht man die Behauptung auf die Zahlungen pro Kopf, so ist sie eindeutig falsch. Betrachtet man die Beiträge als Absolutzahl, so ist jedoch naheliegend, dass die größte Volkswirtschaft der Eurozone auch den größten Teil der Last trägt. Letztlich zeigt aber das Bild vom Kuchen, dass der einfache Vergleich von Beitragszahlungen zu kurz gedacht ist.
- **Zu 7. Die Negativzinspolitik der EZB verursachte eine »Bugwelle von Zombieunternehmen«, deren Insolvenzen bald zu Banken- und System-Crash führen**
  Diese These einiger Crash-Propheten klingt vielleicht plausibel, ist aber nicht wahr. Sie lautet, dass aufgrund der Niedrigzinspolitik Jahr für Jahr ein gewisser Prozentsatz von schlecht laufenden Unternehmen nicht in Insolvenz gegangen sei, obwohl dies eigentlich wirtschaftlich sinnvoll gewesen wäre. So habe sich über die Jahre eine immense »Bugwelle von Zombieunternehmen« aufgebaut. Also: Dass mit den höheren Zinsen ab 2022 die Insolvenzzahlen anwachsen werden, ist wahrscheinlich. Aber das Narrativ einer »Bugwelle von Zombieunternehmen« ist offensichtlich stark übertrieben, zumal sich das Sterben vieler Zombieunternehmen durch niedrige Zinsen nur um kurze Zeit verzögert haben dürfte, was schon allein der »Bugwellentheorie« widerspricht. Außerdem sind während der letzten Jahre viele Zombieunternehmen allein deshalb vom Markt verschwunden, weil sie aufgekauft wurden.[6] Zudem haben die kreditgebenden Geschäftsbanken ihre Risikovorsorge in den letzten Jahren erheblich ausgebaut. Es kann nie ausgeschlossen werden, dass einzelne Institute in Schwierigkeiten geraten, jedoch ist ein prognostizierter *System-Crash* aufgrund massenhafter Bankenzusammenbrüche sehr weit hergeholt.[7]

Psychologische Asymmetrie zwischen Geben und Nehmen

Vielleicht kennen Sie die Studie, bei der man die Mitglieder vieler Wohngemeinschaften einzeln befragt hat, welchen prozentualen Anteil der in der WG anfallenden Arbeiten (Putzen, Müll wegräumen, Spülmaschine ausräumen, Aufräumen, Blumen gießen …) sie selbst und die jeweiligen Mitbewohner im Durchschnitt übernommen haben.

Zwei Ergebnisse sind bemerkenswert:

Erstens: Von Ausnahmen abgesehen, schätzten die WG-Mitglieder stets ihren eigenen Arbeitsanteil höher ein, als dieser von den anderen Mitbewohnern beziffert wurde. Es ist offenbar »normal«, dass **wir unser »Geben« höher bewerten** als unser »Nehmen«.

Zweitens: Die Addition der Prozentwerte der jeweils eigenen Anteile an den Gemeinschaftsarbeiten lag **fast immer über 100 %**.

Ein Beispiel einer WG in Köln (oder Tübingen oder Berlin …):

WG-Mitglied	Selbsteinschätzung des Anteils an der Gemeinschaftsarbeit
Johanna	45 %
Elif	40 %
Max	45 %

Würden alle Befragten ihren Anteil korrekt einschätzen, so müsste das Ergebnis bei 100 % liegen – ganz unabhängig von der Aufteilung. Jedoch lag das Ergebnis schon bei 2er-WGs meist klar über 100 %. Und je größer die Wohngemeinschaft war, also 3, 4 oder sogar noch mehr Mitglieder, desto höher war die Summe der addierten Prozentwerte. Johanna, Elif und Max zum Beispiel schaffen es in ihrem kumulierten Selbstbild schon auf 130 %.

Was Ihnen hier vielleicht ein Schmunzeln entlockt, lässt sich auf die Europäische Gemeinschaft bzw. die Mitglieder der Eurozone unschwer übertragen: Es besteht die große Gefahr, dass die Bürger jedes Mitgliedslandes das Gefühl entwickeln, einen zu großen Beitrag für die Gemeinschaft zu leisten und mehr zu geben als zu nehmen – während andere Mitglieder davon profitieren. Und in fast jedem Land gibt es nationalistische Bestrebungen bzw. Parteien, die Neid und Missgunst gegenüber anderen Ländern der Eurozone schüren und die Gemeinschaftswährung oder die EZB als willkommene Projektionsfläche für Probleme und Unzufriedenheiten im eigenen Land nutzen. Wie heißt es doch so schön: »Ein gemeinsamer Feind eint«!

Positive Gegenthesen zu verunsichernden Narrativen und Halbwahrheiten

Um sich nicht allzu sehr von den oben beispielhaft genannten sieben Schuldzuweisungen (und ähnlichem Unfug) entmutigen zu lassen, schlage ich folgende **fünf Gegenthesen** vor:

1. Alle Länder der Eurozone sind per Saldo eindeutig Wohlstandsprofiteure, da ihr Kuchenteil größer geworden ist (Mehrwert-Situation statt Null-Summen-Situa-

tion). Das Denken in Gewinner-Verlierer-Positionen wäre falsch, da hier kein anderes Land verlieren muss, damit ein Land gewinnen kann.

2. Alles – also auch die Globalisierung und die Gemeinschaftswährung – hat Vorteile und Nachteile. Jedoch überwiegen im konkreten Fall eindeutig die Vorteile. Daher wäre es fatal, wenn wir die erhaltenen Vorteile verschweigen und nur über die Nachteile jammern würden.
3. Häufig entsteht der Weg erst beim Gehen. Kurskorrekturen, Nachbesserungen und auch die Rücknahme von Fehlentscheidungen auf dem Weg zum Ziel gehören notwendigerweise dazu. Wir können vieles erst rückwirkend verstehen, aber wir müssen zukunftsgerichtet entscheiden. Daher wäre es weder fair noch förderlich, wenn wir Entscheidungen, die wir **nach heutigem Wissensstand** als Fehlentscheidungen bewerten, uns oder anderen zur Last legen.
4. In der Tat ist Demokratie eine sehr mangelbehaftete und kritikwürdige Regierungsform. Aber Hand aufs Herz – kennen Sie eine bessere Alternative oder nur viele schlechtere? Die Alternative zu etwas Schlechtem ist nicht automatisch etwas Gutes. Es könnte auch etwas noch Schlechteres sein. Die Geschichte liefert dazu leider viel mehr Beweise, als uns lieb ist.
5. Nicht alle Politiker (auch Geldpolitiker und EZB-Direktoriumsmitglieder) sind grundsätzlich böse Menschen, die uns stets nur ausnutzen, abzocken und versklaven wollen. Es soll angeblich auch vereinzelt Politiker geben, die nicht nur fachlich kompetent, sondern auch integer und dem Allgemeinwohl verpflichtet sind. Lassen Sie uns diese Möglichkeit hin und wieder in Betracht ziehen und das schlechte Pauschalurteil über Politiker hinterfragen.

Kluger Umgang mit unsicherer Datenlage

Auch wenn große Teile der »kommunizierten Wirklichkeit« sich als Halbwahrheiten, Unwahrheiten oder negative Narrative enttarnen lassen, bleiben Unsicherheiten und äußere Entwicklungen, die Ihre Vorsorge und Absicherungsziele bedrohen. Wie können Sie psycho-logisch – also unter Berücksichtigung der Logik Ihrer Psyche – klug damit umgehen?

Hilfreich ist zunächst, sich bewusst zu machen, dass die obigen sieben Schuldzuweisungen und Narrative uns durchgängig als Opfer darstellen, uns also in eine Opferhaltung drängen, nach dem Motto »Die Mächtigen da oben und wir Wehrlosen hier unten«. Daher der Tipp, jegliches Opferdenken bei uns selbst im Ansatz zu stoppen. Wie gefällt Ihnen der im Verhaltenscoaching gern verwendete Satz?

Wem wir die Schuld geben, dem geben wir die Macht.

Wenn Sie diese Überlegung auf die beispielhaft aufgeführten sieben Schuldzuweisungen anwenden, dann kommen Sie aus einer möglichen Opferhaltung heraus und stellen zwei für sich selbst zentrale Fragen, nämlich:

Wo betrifft es mich?
Was davon kann ich beeinflussen?

Und das führt Sie sofort zum aktiven Tun, nämlich sich auf die Bereiche zu konzentrieren, die Sie beeinflussen können.

Drei Schritte zum Umgang mit negativen Entwicklungen:

1. Nehmen Sie Fakten und erkennbare Entwicklungen zur Kenntnis – also seien Sie objektiv und ausreichend informiert. Fragen Sie stets nach der **Quelle**: Wer sagt das und welche Interessen/Motive hat er diesbezüglich? Lassen Sie sich nicht durch Tagesereignisse verwirren und ermüden, sondern versuchen Sie, die **Muster und grundlegenden Entwicklungen** zu erkennen. Wochenzeitungen sind wichtiger als Tageszeitungen, Analysen sind wichtiger als »Breaking News«.
2. Schätzen Sie die Auswirkungen auf sich selbst ab: **Sind Sie (und Ihre Lieben) überhaupt betroffen? Und falls ja: Wie stark sind Sie betroffen?** Am Beispiel des Trends sinkender Zinsen: Gibt es überhaupt eine Auswirkung für Sie? Und falls ja, ist der Trend für Sie günstig (Schuldnersituation) oder ungünstig (Anlage im Geldvermögen)?
3. Nur wenn Sie betroffen sind, stellt sich die nächste Frage! Nämlich, **ob und was Sie durch kluge Entscheidungen und Ihr Verhalten bewirken können.** Denn nur dann, wenn Sie überhaupt etwas bewirken können, lohnen sich Ihre Energie und Ihre Anstrengungen. Folglich gehört es auch zu diesem Schritt, dass Sie sich keine unnötigen Sorgen mehr machen um Dinge, die Sie nicht betreffen und/oder die Sie selbst nicht beeinflussen können.[8]

Exkurs: Wechselspiel zwischen Politik und (Geld-)Wirtschaft

Auch wenn sich dieses Buch ansonsten auf Crash-Risiken der Finanzmärkte konzentriert, ist ein kurzer Hinweis auf die Wechselwirkung zwischen Politik und (Geld-) Wirtschaft sicher angebracht. Der russische Angriffskrieg in der Ukraine mit all den politischen Folgen müsste eigentlich den letzten Zweifler von Folgendem überzeugt haben: Ein ökonomisch vereintes Europa mit weitgehend einheitlicher Gemeinschaftswährung und einem konvergierenden und harmonisierten Wirtschaftsraum ist absolut unverzichtbar. Unverzichtbar für ein politisch ernst zu nehmendes Gegengewicht zu den bestehenden Machtblöcken, zwischen denen jeder europäische Einzelstaat – ganz auf sich allein gestellt – leicht aufzureiben wäre. Politisch abgestimmtes und ökonomisch abgestimmtes Handeln gehen eben Hand in Hand und bewirken gegenseitige Synergien. Wer angesichts dieser Sachlage zurück in die (wirtschaftliche) Einzelstaaterei möchte, dem mangelt es meines Erachtens an Realitätssinn. Und es nützt nichts, wenn man in untergeordneten Detailfragen Erbsen zählt, während gleichzeitig geopolitische Fakten geschaffen werden, die auf die Zukunft Europas erheblichen Einfluss haben werden.

2.4 Wovor fürchten Sie sich eigentlich?

Fürchten Sie sich vor den »richtigen« Risiken?

Crash-Propheten und Schwarzmaler bedienen unsere abstrakten und diffusen Ängste. Sätze wie »Der Crash kommt!« oder »Retten Sie Ihr Geld!« wirken auf uns so wie die Ausrufe: »Der Tsunami kommt!« oder »Rette sich wer kann!« **Angst – Alarm – Aktion:** So ungefähr lautet die instinktive Abfolge, die sich seit Urzeiten bei uns abspielt. Im schlechtesten Fall ergreifen wir hektische Aktivitäten nur um der Aktivitäten willen. Es gleicht ein wenig dem Ausverkauf, bei dem Menschen an Wühltischen Dinge kaufen, die sie vielleicht gar nicht benötigen, nur um eben mit dabei zu sein oder die Artikel keinem anderen zu überlassen.

Dabei sind die im Zusammenhang mit Crash-Risiken angesprochenen Ängste oft irrational, widersprüchlich und haben wenig mit den tatsächlichen Bedrohungen zu tun. Die Eurozone brennt auch nach Corona und Ukraine-Krieg keineswegs lichterloh, sondern es gibt lediglich ein Schwelfeuer, von dem wir nicht wissen, ob und wie nachhaltig die Feuerwehr es löschen kann und was die Löschung uns kosten wird.

Es sind nicht die Dinge selbst, die uns beunruhigen,
sondern die Vorstellungen und Meinungen von den Dingen.
Epiktet, Philosoph der Antike

Die Versachlichung von Ängsten fällt schwer. Nachstehend soll der heikle Versuch unternommen werden, Ihre Sicht zu schärfen und zu versachlichen: **Wie schwer werden Sie von den Auswirkungen eines möglichen Finanzcrashs tatsächlich persönlich betroffen sein?**

Warum ist dieser Versuch heikel? Weil es der Versuch ist, mit Fakten gegen Gefühle zu argumentieren. Das gelingt oftmals nur teilweise und dann nur bei sehr intelligenten und offenen Menschen. Glücklicherweise also gerade bei Ihnen.

Kein Dritter hat das Recht, Ihre persönliche Bewertung von Risiken zu kritisieren oder verbessern zu wollen. Jedoch können Sie enorm davon profitieren, wenn Ihnen eine **Versachlichung Ihrer Ängste und Sorgen** gelingt und Sie sich weder vor den falschen Risiken fürchten noch mögliche Risiken falsch gewichten. Wenn Sie das schaffen, haben Sie damit für sich persönlich die nachfolgende These entschärft:

»Fakten sind nur Fakten, aber Gefühle sind Realität!«

Damit haben Sie die Grundlage für einen konstruktiven Umgang mit möglichen Crashrisiken geschaffen und gleichzeitig die Qualität Ihres Nachtschlafs verbessert.

WIR MENSCHEN BEWERTEN RISIKEN UNTERSCHIEDLICH

Wie enorm unterschiedlich wir unsere verschiedenen Lebensrisiken bewerten, mag das Beispiel eines sehr prominenten deutschen Kletterers und Extrembergsteigers verdeutlichen, den ich vor kurzem persönlich näher kennenlernen durfte. Ich bewundere ihn sehr für seinen Mut, sich teils ohne Sicherung an senkrechten und überhängenden Felswänden nach oben zu arbeiten, in großer Höhe und Kälte mit minimaler Ausrüstung zu übernachten oder über Gletscherspalten zu springen. Er bewundert meinen Mut bei der langfristigen Geldanlage und Vorsorge – obwohl ich mich selbst als extrem risikoscheu und vorsichtig beschreiben würde. Der zentrale Satz von ihm in einer guten Unterhaltung war:
»Wenn ich Aktien als Altersvorsorge hätte, könnte ich keine Nacht mehr ruhig schlafen!«
Und ich dachte: »Wenn mein Mumienschlafsack auf einem 80 cm breiten Felsvorsprung in mehr als 7.000 Meter Höhe an einem tiefen Abgrund mit zwei Seilen am Fels gesichert wäre, dann würde *ich* überhaupt nicht schlafen …«

So unterschiedlich bewerten wir Menschen die Risiken. Und jeder hat auf seine eigene Weise völlig Recht und ist nicht zu kritisieren.

Was sind Ihre konkreten Ängste und Sorgen in Hinblick auf einen Finanzcrash?

Es nützt Ihnen enorm, wenn Sie zunächst einmal für sich selbst Klarheit darüber gewinnen, welches *Ihre* ganz konkreten persönlichen Sorgen in Hinblick auf einen möglichen Crash sind. Es hilft ungemein, wenn Sie sich weg von der abstrakten, diffusen Angst klarmachen, wovor speziell Sie sich eigentlich genau fürchten.

Bevor Sie weiterlesen: Bitte nutzen Sie die Gelegenheit, nehmen Sie sich einen Zettel und notieren Sie Ihre ganz persönlichen konkreten Sorgen und Befürchtungen. Wovor haben Sie beim Gedanken an einen Finanzcrash Angst?

- Was fällt Ihnen dabei sofort ein?
- Was fällt Ihnen erst nach etwas längerem Nachdenken ein?
- Wenn Sie auf Ihre Notizen schauen, entspricht deren Reihenfolge tatsächlich der Schwere und Priorität Ihrer einzelnen Befürchtungen?

Um Ihren tatsächlichen Sorgen, Befürchtungen und Ängsten weiter auf die Schliche zu kommen, können Sie sich noch folgende Fragen zur Selbstprüfung stellen:

1. Beziehen sich Ihre Ängste nur auf Ihre möglichen **materiellen Verluste** oder haben Sie auch an darüber hinausgehende Risiken gedacht (wie z. B. Straßenschlachten, Unruhen, Bürgerkrieg, politische Umwälzungen)?
2. Beziehen sich Ihre Ängste vor materiellen Verlusten ausschließlich auf Vermögenseinbußen (Inflation, Wertverfall von Vermögensanlagen usw.) oder auch auf **Einkommen**?
3. Wenn Sie auch an Einkommensverluste gedacht haben, dachten Sie dabei nur an **Einkünfte aus Vermögen** (Zinsen, Dividenden, Miet- und Pachteinnahmen, Zahlungen aus kapitalgedeckten Versicherungen) oder auch an **Einkünfte aus** gegenwärtiger oder früherer **Arbeit** (Löhne und Gehälter, staatliche Renten und Pensionen)?

Bitte werfen Sie nach dieser Selbstprüfung einen Blick auf die nachstehenden Abbildungen, die zwischen einer engen und einer weiten Sichtweise auf Risiken aus einem möglichen Crash-Szenario unterscheiden.

Ein ganz neuer Blick auf Ihre Ziele und deren Bedrohungen

Hinterfragen Sie vor dem Hintergrund Ihrer bisherigen Informationen (und vielleicht den Botschaften der Crash-Propheten) einmal die nachstehende Abbildung. Spiegelt diese Ihre Sorgen und Ängste im Wesentlichen wider?

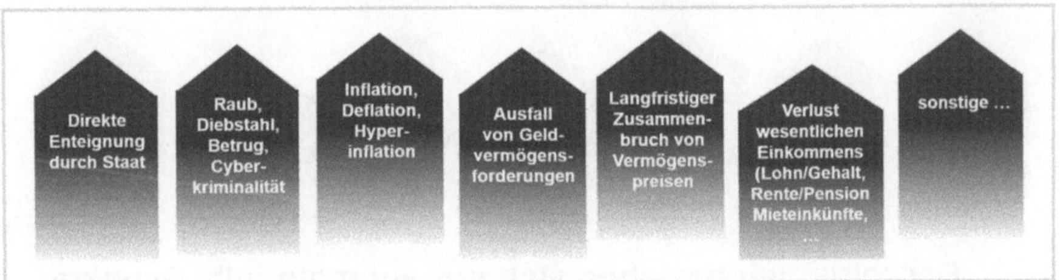

Abb. 4: Mögliche Bedrohungen durch Crash-Ereignisse

Wenn Sie Ihre Gedanken und Befürchtungen in der obigen Darstellung wiederfinden, dann stimmen Sie weitgehend mit den Botschaften der gängigen Crash-Propheten und Schwarzmaler überein. Die obige Darstellung ist nämlich auf **materielle bzw. finanzielle Bedrohungen** fokussiert und berücksichtigt vielleicht viel grundlegendere und lebenswichtige Aspekte bestenfalls unter dem Punkt »Sonstige«. Sobald wir den Blick jedoch ein wenig heben, erkennen wir, dass es hier also vor allem um den Erhalt bzw. die Steigerung unseres materiellen Wohlstands geht. Das sind – mit Verlaub gesagt – **Luxussorgen.**

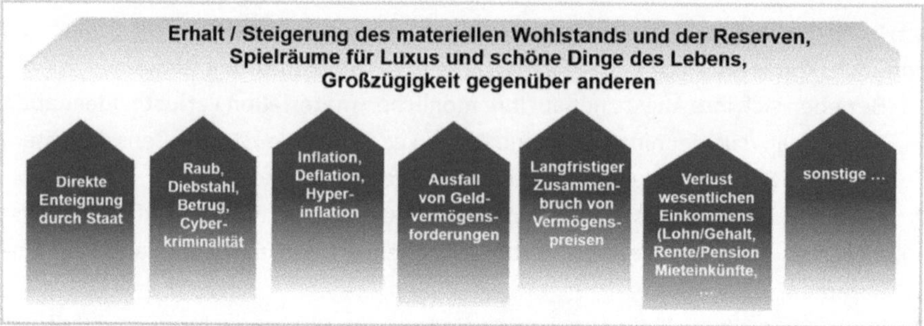

Abb. 5: Mögliche Bedrohungen mit Fokus auf den materiellen Wohlstand

Weiter – und radikaler – gedacht, geht es aber ebenso um unser **wirtschaftliches Existenzminimum**, welches bei extremen Verwerfungen auch bedroht ist. Um dieses zu schützen, könnte es erforderlich und geboten sein, die »Luxussorgen« der darunter liegenden Ebene – zumindest zeitweilig – zu vergessen und ganz nach dem Motto »first things first« die Prioritäten auf die nächsthöhere Ebene zu verlagern. Damit erweitert sich das Bild wie folgt:

Abb. 6: Mögliche Bedrohungen mit erweitertem Fokus auf die materielle Grundabsicherung

Lassen Sie uns den Blick nun noch weiter heben und auf die nächsthöhere Ebene der Darstellung in Abbildung 4 schauen – es gibt ja auch noch Perspektiven, Werte und Ziele außerhalb der Welt von Wirtschaft und Geld …

Welche Ziele sollten wir – auf höherer oder sogar höchster Ebene – unbedingt verteidigen? (Wer wagt es, zu widersprechen, und mit welchen Argumenten?)

Abb. 7: Mögliche Bedrohungen unter Berücksichtigung ganzheitlicher und gesellschaftlicher Aspekte – das Materielle ist eben nicht alles

Wenn Sie zustimmen, dass ohne Freiheit, Menschenwürde, körperliche und seelische Unversehrtheit, dem Erhalt unseres Rechtsstaates und einem intakten Gemeinwesen auch die Wertentwicklung Ihres Investmentfonds und die Ablaufleistung Ihrer kapitalbildenden Lebensversicherung nicht mehr wirklich wichtig sind, dann verlassen Sie die Argumentationslinie der Crash-Propheten und erkennen die wirklich wichtigen Dimensionen und Ebenen.

Dort bleiben die finanziellen bzw. wirtschaftlichen Aspekte zwar relevant, **relativieren** sich jedoch angesichts potenzieller Bedrohungen auf existenzieller, gesellschaftlicher und politischer Ebene. Es wäre doch fatal, wenn wir zwar das Ziel »Vermehrung unseres Wohlstands« erreichen, jedoch gleichzeitig – sozusagen als Nebenwirkung oder »Kollateralschaden« – unsere freiheitlich demokratische Grundordnung aufgeben würden. Wenn Sie sich diesen Gedanken anschließen können, wird das Bild nochmals größer und gibt den nicht-monetären Aspekten und Bedrohungen unserer Zukunft mehr Raum.

Abb. 8: Die umfassende Sicht: Wirtschaftliche Bedrohungen sind nur ein Teil des Problems

Hinweis, damit Sie nicht irritiert sind: Sie haben mit diesem Werk ein Ratgeberbuch erworben und erwarten zu Recht konkrete Hinweise und Empfehlungen für Ihren ganz persönlichen Umgang mit den Gefahren eines möglichen Finanzcrashs. Die Kapitel 5 und 6 dieses Buches werden das Leistungsversprechen auch vollständig einlösen. Trotzdem wäre es fahrlässig, Ihnen die übergeordneten Dimensionen der gegebenen Ausgangssituation zu verschweigen und so zu tun, als ob mit der »Vermehrung Ihres Wohlstands« all Ihre Probleme gelöst wären.

Wenn die Bürger Europas es nicht schaffen, die gesellschaftlichen und politischen Herausforderungen zu meistern, dann werden sie wahrscheinlich auch an der Sicherung ihrer Vermögenswerte keine Freude haben. Es ist wichtig für uns alle, uns das immer wieder bewusst zu machen. Bitte lassen Sie uns daher im Blick behalten, dass die nachfolgenden Überlegungen also nur unter einem eingeschränkten Horizont (finanzielle bzw. wirtschaftliche Aspekte) gelten.

Vor diesem Hintergrund gilt es, verschiedene Risiken adäquat einzuschätzen und möglichst emotionsarm zu bewerten. Denn die menschliche Psyche ist von der Entwicklung her noch immer darauf programmiert, spektakulären Entwicklungen maximale Aufmerksamkeit zu widmen.

Spektakuläre Risiken sind nicht unbedingt die schlimmsten

In Kapitel 2.1 haben Sie bereits gelesen, dass die meisten Menschen den Begriff »Crash« vor allem mit Aktien-Crash assoziieren oder bestenfalls mit einem breiten erheblichen Rückgang von Vermögenspreisen (also neben Aktien auch Immobilien, Rohstoffen und

Anleihen) verbinden. Dieses Verständnis hat damit zu tun, dass wir typischerweise dazu neigen, spektakuläre Risiken zu überschätzen und versteckte, schleichend auftretende Risiken demgegenüber jedoch zu unterschätzen – selbst dann, wenn diese Risiken insgesamt und langfristig erheblich größeren Schaden anrichten.[9]

Der US-amerikanische Naturwissenschaftler William J. Bernstein hält dieser verzerrten Wahrnehmung ein erfrischend einfaches und gut verständliches Konzept entgegen, welches nachfolgend in Kürze erläutert wird.

Unterscheidung zwischen Deep Risk und Shallow Risk

Bernstein unterscheidet Deep Risk von Shallow Risk. **Deep Risk** ist schwerwiegend, wirkt langfristig und ist unumkehrbar. Ziemlich schlimm also – ein typisches Beispiel außerhalb der Finanzwelt wäre der eigene Tod. **Shallow Risk** ist vielleicht spektakulär und sieht zunächst auch schwerwiegend aus. Letztlich ist dieses Risiko aber eher oberflächlich und nicht nachhaltig. Es lässt sich kompensieren bzw. gleicht sich im Zeitablauf selbst wieder aus. Ein typisches Beispiel wäre ein heftiger, aber vorübergehender Rückgang von Aktienpreisen. Diese erholen sich meist nach gewisser Zeit ganz von alleine wieder. Wie wenig bedeutsam sie langfristig sind, wird bei späterer Rückschau deutlich: Alles, was von ihnen übrig bleibt, sind ein paar Dellen im Aktienchart. Also sind Kursschwankungen vergleichsweise weniger schlimm und kein Deep Risk. Es sei denn, wir können damit nicht umgehen und reagieren falsch, z. B. indem wir vorübergehend gesunkene Aktien panikartig veräußern. Dann ist der Schaden jedoch nicht durch das Shallow Risk ausgelöst, sondern letztlich durch uns selbst.

Mangelndes Wissen und irreversible Verhaltensfehler sind also ein eigenes Deep Risk. Das an für sich nützliche Küchenmesser kann in der Hand des Dreijährigen äußerst gefährlich sein.

Während es in der Welt der Finanzen eine Vielzahl an Erscheinungsformen von Shallow Risk gibt (die bekanntesten sind die obengenannten kurzfristigen Kurs- und Preisschwankungen sowie Zins- und Wechselkursveränderungen), nennt Bernstein lediglich **vier Arten von Deep Risk**. Sehr passend, dass gleich zwei der Deep-Risk-Arten einen starken Bezug zu Gefahren aufweisen, die insbesondere in Crash-Szenarien auftreten.

Konkret nennt Bernstein:

1. **Inflation**
2. **Deflation**
3. **Enteignung** (im Original: confiscation)
4. **Zerstörung** (im Original: devastation)
   Durch den Ukraine-Krieg auf einmal deutlich ins Bewusstsein gerückt – wir verdrängen Zerstörungsrisiken gern, aber werden natürlich zur Finanzierung der Be-

hebung der Zerstörungsschäden mit beitragen. Und mit Zerstörungsrisken durch den Klimawandel kommen wahrscheinlich noch erheblich größere Belastungen auf uns zu.

5. Als fünftes Deep Risk möchte ich unbedingt das Risiko »**Zahlungsausfall**« (auch Credit Risk oder Default Risk genannt) hinzufügen. Denn auch im Falle der Zahlungsunfähigkeit oder -unwilligkeit Ihres Schuldners ist Ihr Vermögen unwiederbringlich verloren (und kommt im Gegensatz zu einem Shallow Risk auch langfristig nicht wieder zurück).

Diese Unterscheidung zwischen schwerwiegenden, unumkehrbaren Risiken einerseits und weniger schweren, kompensierbaren Risiken andererseits ist eine wertvolle Orientierung. Sie trägt auch dazu bei, nicht in die Falle des Spektakulären zu tappen, die vor allem von den Crash-Propheten so gerne aufgestellt wird. (Zwei weitere Hilfsmittel folgen nach dem Exkurs.)

Exkurs: Nehmen Sie das Zerstörungsrisiko ernst!

Leider wurde in den letzten Jahren gleich an mehreren Stellen deutlich, dass das Risiko der Zerstörung nicht nur reine Theorie ist. Und gehen Sie davon aus, dass Sie Zerstörungsrisiken auch dann mittragen, wenn nicht Ihr persönliches Hab und Gut direkt betroffen ist oder ein Unternehmen zerstört wird, von dem Sie Aktien besitzen.

Anhand der oben genannten Beispiele »Ukraine-Krieg« sowie »Folgen des Klimawandels« möchte ich erläutern, warum und wie Zerstörungsrisiken uns alle betreffen und »entreichern«:

- **Ukraine-Krieg**: Neben dem unendlichen menschlichen Leid dieses Krieges werden auch enorme Sachwerte (Immobilien, Infrastruktur etc.) zerstört. Es wäre naiv zu glauben, dass Sie die Folgen dieser Schäden nicht mittragen, nur weil Ihr eigenes Haus eben nicht zerbombt wird und die Ukraine ein paar hundert Kilometer weit weg ist. Natürlich werden sich die europäischen Staaten an den immensen Kosten für den Wiederaufbau der Ukraine beteiligen. Und dadurch wird sich die öffentliche Finanzlage weiter verschlechtern,wobei wir auch all das in irgendeiner Weise mitbezahlen werden – entweder durch höhere Steuern oder durch eine einmalige Vermögensabgabe oder durch höhere Inflation oder, oder, oder … Und je nach der politischen Entwicklung in Russland könnte es auch gut sein, dass wir – z. B. in einer Nach-Putin-Ära – beim Wiederaufbau der russischen Wirtschaft helfen. Wenn Sie dieser Gedanke spontan empört, erinnern Sie sich bitte daran, dass beide Weltkriege von deutschem Boden ausgingen und Deutschland nach dem Ende des Zweiten Weltkriegs erhebliche Transfers von den USA erhielt.[10]
- **Folgen des Klimawandels – Hochwasser im Ahrtal**: Niemand bestreitet heute ernsthaft, dass aufgrund des Klimawandels gehäuft Extremwetterereignisse (Stürme, Dürren, Starkregenfälle etc.) auftreten. So fielen beispielsweise in Teilen von Rheinland-Pfalz und Nordrhein-Westfalen in der Nacht vom 14. auf den 15. Juli

2021 mehr als 100 Liter Regen pro Quadratmeter und führten zu einer Flutkatastrophe im Ahrtal.[11] Auch hier wäre es wieder naiv zu denken: »Nicht mein Problem, schließlich lebe ich nicht im Ahrtal – abgesehen von einer großzügigen Spende betrifft mich das nicht.« Denn im September beschloss der Bundestag einen Aufbaufonds für die Flutopfer in Höhe von 30 Milliarden Euro[12], was sehr viel Geld ist. Nur zum Vergleich: Für den Einstieg in die »Aktienrente« zur Stützung der gesetzlichen Altersrente werden 10 Milliarden Euro eingeplant. Auch hier ist offensichtlich, dass diese Last durch irgendeine Form von Steuern oder Abgaben oder Leistungskürzungen gegenfinanziert werden muss. Wir sind also – zumindest indirekt – alle miteinander betroffen.

Risikomatrix 1 – ein einfaches Visualisierungswerkzeug für Ihre Orientierung

Ausgangspunkt unserer Überlegungen war, wovor Sie ganz persönlich sich eigentlich fürchten und ob Sie sich dabei vor den »richtigen« Risiken fürchten. Es wäre suboptimal, wenn Sie sich Sorgen über Crash-Ereignisse machen würden,

- deren Eintritt extrem unwahrscheinlich ist oder auch
- deren Folgen für Sie persönlich eher gering sind, insbesondere wenn die Vorsorge dafür aufwändig ist.

Die folgende Risikomatrix unterscheidet daher die beiden Dimensionen »Wahrscheinlichkeit des Risikoeintritts« auf der Senkrechten sowie »Stärke der Auswirkung« auf der Waagrechten. Sie ist ein wertvolles **Werkzeug** für Sie, **um festzustellen, ob Sie sich vor den »richtigen« Risiken sorgen.**

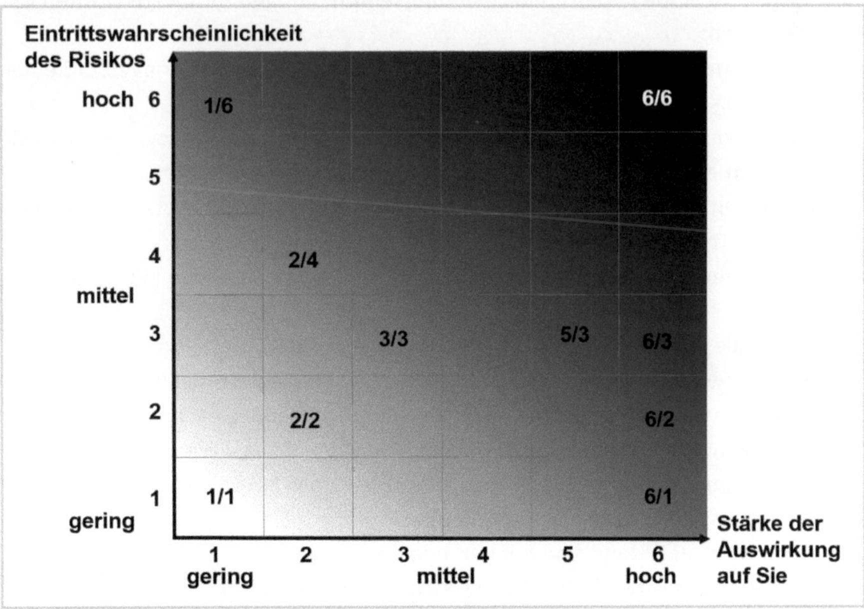

Abb. 9: Risikomatrix 1: Sollten Sie besorgt sein? Und sollten Sie etwas tun?

Der Farbübergang sagt schon viel:

- Links unten im hellen Bereich, also im oder nahe beim **Feld 1/1**, befinden sich Risiken, die erstens selten eintreten (geringe Eintrittswahrscheinlichkeit) und zweitens keine schlimmen Folgen für Sie haben (geringe Stärke der Auswirkung).
- Rechts oben im dunklen Bereich, also im oder nahe beim **Feld 6/6**, befinden sich Risiken, bei denen sowohl die Eintrittswahrscheinlichkeit hoch als auch die Schadensauswirkung groß ist. Glücklicherweise gibt es nicht viele solch aggressiver Risiken (sonst würden wir schon nicht mehr leben – oder höchstens unter einer überfüllten Brücke 😉).
- Risiken im oder nahe beim **Feld 6/1** treten selten auf. Wenn sie jedoch eintreten, ist der Schaden groß (geringe Eintrittswahrscheinlichkeit, jedoch hohe Stärke der Auswirkung). In der Extremausprägung 6/1 werden sie auch als »Schwarze-Schwan-Risiken« bezeichnet.
- Risiken vom Typ des **Feld**es **1/6** passieren zwar häufig, lassen sich jedoch verkraften. Ein typisches Beispiel wäre (zumindest bei mir) ein kleiner Lackschaden durch unvorsichtiges Ein- oder Ausparken im engen Parkhaus.

Damit ist das System dieser Risikomatrix erklärt: Die Bewertung der Wahrscheinlichkeit des Risikoeintritts im Zusammenhang mit der Stärke der Auswirkung des Schadens gibt einen wesentlichen Hinweis darauf, **wie relevant das jeweilige Risiko für Ihre Vorsorgemaßnahmen** ist – und damit eine Antwort auf die Frage: Sollten Sie etwas tun?

Nun in aller Kürze die klassischen Handlungsempfehlungen für die genannten Extrempositionen:

- Risiken vom Typ 1/1 (geringe Eintrittswahrscheinlichkeit und geringe Stärke der Auswirkung des Risikos)
  Diese Risiken sollten Sie **nur beobachten, aber nichts zur Vorsorge oder Absicherung tun.** Das lohnt sich einfach nicht. Auch in Hinblick auf einen möglichen Finanzcrash sind es Risiken dieses Typs nicht wert, sich hierzu verstärkt Gedanken zu machen oder gar Maßnahmen zu ergreifen.
- **Risiken vom Typ 6/6** (hohe Eintrittswahrscheinlichkeit und hohe Stärke der Auswirkung des Risikos)
  Falls Sie die Position 6/6 für viele Risiken vergeben, zeigt dies eine starke Ausprägung von persönlichem Pessimismus. Denn kämen solche Risiken tatsächlich so häufig vor, würde dies unsere Existenz gefährden oder auslöschen. Versicherbar sind Risiken dieses Typs jedenfalls nicht – und wenn sie es wären, könnten Sie die Versicherungsprämie nicht bezahlen. Wenn Sie jedoch bei einem konkreten Risiko (z. B. Arbeitsplatzverlust) nach sorgfältiger Prüfung tatsächlich zum Urteil »Risikotyp 6/6« kommen, dann sind **aufwendige Vorsorgemaßnahmen bis hin zu einer grundlegenden Veränderung Ihrer Arbeits- und Lebenssituation** sinnvoll.

- **Risiken vom Typ 6/1** (geringe Eintrittswahrscheinlichkeit und hohe Stärke der Auswirkung des Risikos)
  Da diese Risiken zwar selten eintreten, dann jedoch schlimme Folgen haben, ist hier **besondere Wachsamkeit geboten**. Risiken dieses Typs können Sie oft, aber nicht immer versichern. Wenn Sie solche Risiken gegen angemessene Prämien versichern können, sollten Sie dies in Erwägung ziehen. Falls nicht, ist ein pauschaler Rat nicht möglich. Prüfen Sie denkbare Maßnahmen je nach Art des konkreten Risikos: Wie können Sie die Eintrittswahrscheinlichkeit mindern? Wie können Sie die Risikofolgen verringern? Soweit die Risiken in Bezug zu Crashereignissen stehen, finden Sie mögliche Anhaltspunkte in **Kapitel 5 und 6 dieses Buches**.
- **Risiken vom Typ 1/6** (hohe Eintrittswahrscheinlichkeit und geringe Stärke der Auswirkung des Risikos)
  Für diese Art von Risiken erhalten Sie häufig Versicherungsschutz angeboten, den Sie jedoch ablehnen sollten. Stattdessen sollten Sie sich eher bei sich selbst versichern, d. h. regelmäßig die **ersparten Versicherungsprämien auf die Seite legen**, um diese Kleinschäden mit wenig Schmerzen aus eigener Kraft tragen zu können. Das wird im Vergleich zu Auswahlaufwand und Verwaltung der vielen kleinen Versicherungsverträge und -beiträge viel günstiger sein. In Hinblick auf einen möglichen Finanzcrash sind 1/6-Risiken auf keinen Fall schlaflose Nächte wert.

> Was ist, wenn Sie nicht einmal ein ungefähres Gefühl dafür haben, wie hoch die Wahrscheinlichkeit und wie stark die Risikowirkung eines Ereignisses für Sie sind? Sie sich also völlig im Unklaren darüber sind. Dann sollten Sie diesen Umstand – ganz im Ernst – als eigenständiges Risiko betrachten: **Wenn ich mein Risiko nicht kenne, dann ist das ein zusätzliches Risiko!**

Interessant wird es natürlich bei den verschiedenen **Zwischenpositionen,** also mittleren Ausprägungen auf einer oder sogar beiden Achsen. Beispielsweise Risiken, die Sie in die Regionen um die Felder 2/4 oder 6/2 oder auch 3/3 einordnen würden. Ein pauschaler Rat ist hier schwierig und der konkrete erfordert die Auseinandersetzung mit der jeweils vorliegenden Risikoursache. Als **Faustformel** ist jedoch festzuhalten: **Je dunkler** das Feld bzw. die Region des Risikos nach Ihrer gründlichen Einschätzung ist, **desto mehr Anstrengung** zum Umgang mit dem konkreten Risiko ist angebracht.

Risikomatrix 2 – Vom Sollen zum Können

Nun ist Ihnen also klar, wann Sie Vorsorge- oder Absicherungsmaßnahmen ergreifen *sollten*. Nur kann es leider sein, dass Sie trotz vorausschauender Analyse hinsichtlich mancher Risiken keine wirkungsvolle Vorsorgemaßnahme finden. Kurz gesagt: Nicht zu jeder Diagnose gibt es auch eine wirksame Therapie.

Daher nachstehend eine **zweite Risikomatrix, die Ihnen hilft, das Machbare zu erkennen**. Der Aufbau von Risikomatrix 2 ist vergleichbar zu Risikomatrix 1, was die schnelle Verständlichkeit erleichtert. Jedoch wurden beide Achsen neu bezeichnet.

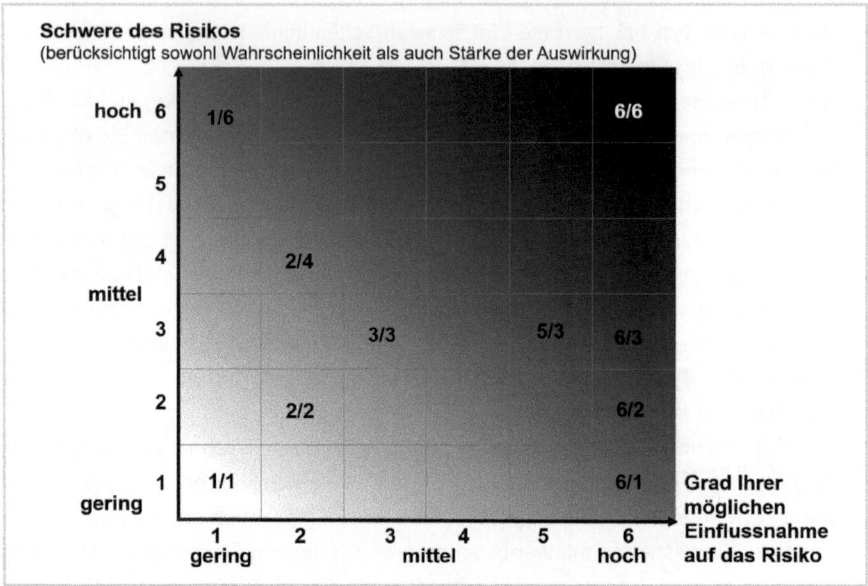

Abb. 10: Risikomatrix 2: Wie ernst ist das Risiko? Und können Sie etwas tun?

Die **Senkrechte** bezeichnet die **Schwere des Risikos** gemäß Ihrer Einschätzung. Hier fließt Ihr Ergebnis aus Risikomatrix 1 ein. Es werden also sowohl die Wahrscheinlichkeit des Risikoeintritts als auch die Stärke der Auswirkung aus Risikomatrix 1 aufgenommen. Vereinfacht gesagt, je weiter rechts oben im dunkleren Bereich der Risikomatrix 1 Ihre Zuordnung war, desto höher ist nun die Zuordnung auf der Senkrechten (Schwere des Risikos) in Risikomatrix 2.

Die **Waagrechte** beschreibt sodann Ihre Einschätzung, **ob** und wie gut **Sie** gegenüber diesem Risiko überhaupt eine **Vorsorge betreiben** oder eine Schadensminderung bewirken **können**. Leider investiert der Durchschnittsbürger zu viel Zeit, Nerven, Mühe und Kosten auf Dinge, die er nicht oder kaum beeinflussen kann. Und dies geht zulasten von Ressourcen, die Sie stattdessen für Risiken verwenden könnten, bei denen eine Vorsorge oder Absicherung tatsächlich möglich ist.

Diesbezüglich werden Sie in Kapitel 5.12 erfahren, dass Sie vielen Maßnahmen von Staat und Zentralbank zur Finanzierung einer Crash-Vorsorge bzw. zur Umverteilung der Lasten eines bereits erfolgten Crashs eben nicht ausweichen können. Sie könnten sich diesen Maßnahmen nur entziehen, indem Sie entweder **kriminell würden oder auswanderten**. Für beide Handlungsoptionen erhalten Sie in diesem Buch keine Empfehlung oder gar Anleitung, sorry.

Die Risikomatrix 2 hilft Ihnen also, Ihre Zeit, Nerven, Mühe und Kosten möglichst stark auf beinflussbare Risiken zu fokussieren. Alles andere wäre vergebene Liebesmüh', in jedem Falle aber Ressourcenverschwendung. Und zwar Verschwendung *Ihrer* Ressourcen.

Insbesondere je weiter links auf der waagerechten Achse der Risikomatrix 2 (Grad Ihrer möglichen Einflussnahme auf das Risiko) ein konkretes Risiko Ihrer Einschätzung nach angesiedelt ist, desto weniger lohnen sich Vorsorge- oder Absicherungsmaßnahmen. Hier passt der ironische Sponti-Spruch: »**Du hast keine Chance – also nutze sie.**« In Hinblick auf Ihre seelische Gesundheit lohnen sich hier auch keine Sorgen oder Ängste. Sondern – je nach Ihrer religiösen Ausrichtung – entweder möglichst starkes Gottvertrauen oder eine durch und durch stoische Einstellung.

Je weiter rechts auf der waagerechten Achse der Risikomatrix 2 (Spalten 4, 5 oder 6) Sie ein konkretes Risiko einordnen, desto mehr sind hingegen Vorsorge- und Schutzmaßnahmen **prinzipiell sinnvoll**, und zwar umso sinnvoller, je weiter rechts auf der Waagrechten sie eingeordnet wurden. Wie viele Ressourcen Sie hierfür einsetzen, hängt dann insbesondere von der Ausprägung auf der senkrechten Achse ab, nämlich der Schwere des Risikos.

In diesem Abschnitt konnten Sie herausfinden, wovor Sie persönlich sich eigentlich fürchten und ob Sie sich dabei vor den »richtigen« Crashrisiken fürchten.[13] Lassen Sie uns nun Ihre aktuelle persönliche Ausgangssituation zusammenfassen. Nur wenn Sie Ihren individuellen, konkreten Handlungsbedarf erkennen, können Sie entscheiden, ob und wie Sie aktiv werden sollten.

2.5 Realistische Selbsteinschätzung Ihres persönlichen Handlungsbedarfs

Sie haben realisiert, dass sich die wirtschafts- und geldpolitischen Rahmenbedingungen stark verändert haben und Regierungen und Zentralbanken – insbesondere die EZB – mit ihrer Vorgehensweise der »unkonventionellen Methoden« völlig unbekannten Boden betreten haben. Und zwar nicht wegen der Corona-Pandemie und des Ukraine-Krieges, sondern bereits vorher.

Ihnen ist klar, dass es keine neutralen oder objektiven Informationen zur Wahrscheinlichkeit, zum Ausmaß und zum Zeitpunkt eines möglicherweise bevorstehenden Finanzcrashs gibt. Und dass viele Informationsgeber von Eigeninteresse getrieben sind und entweder verharmlosen (z. B. Politik, Zentralbanken) oder übertreiben (z. B. professionelle Schwarzmaler).

Sie ahnen, dass niemand, auch kein selbsternannter Experte oder Prophet Wahrscheinlichkeit, Ausmaß und Zeitpunkt eines möglicherweise bevorstehenden Finanzcrashs vorhersagen kann (Näheres dazu in Kapitel 4.1).

Und es ist Ihnen bewusst, dass Vorbereitungs- und Anpassungsstrategien für den Fall eines Crashs auch nicht »gratis« sind, sondern Zeit, Mühe und finanziellen Aufwand mit sich bringen (Näheres dazu in Kapitel 4.5 und 4.6).

Dann sind Sie wahrscheinlich dankbar über eine Hilfe, die es Ihnen erlaubt, zwischen völliger Passivität einerseits (Sie warten einfach ab, was passiert) und maximaler Krisenvorsorge andererseits (Sie werden im Extremfall Selbstversorger und bereiten sich auf ein Leben mit hoher Autarkie vor) für Sie passend abzuwägen. Diese Hilfe finden Sie mit der nachfolgenden Abbildung. Die Abbildung visualisiert die beiden genannten Extrempositionen. Sie zeigt ein Kontinuum zwischen völliger Passivität – **Position 1** bei 100 % **Vertrauen** – und maximaler Krisenvorsorge – **Position 6** bei 100 % **Skepsis**. Der Mittelwert liegt bei 3,5.

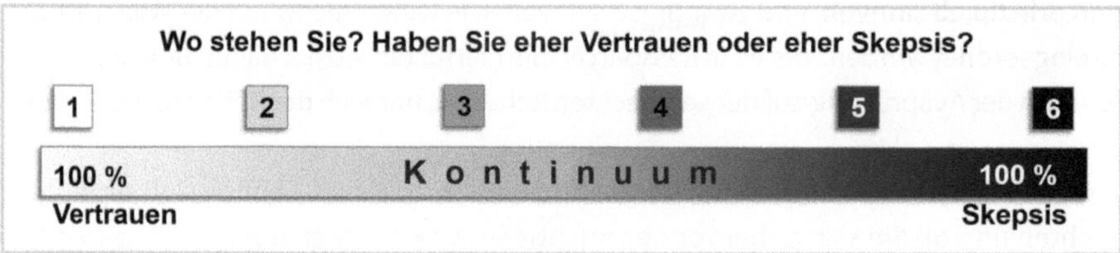

Abb. 11: Zwischen völliger Passivität und maximaler Krisenvorsorge

Im praktischen Leben sind die **Extrempositionen 1** (100 % Vertrauen) **und 6** (100 % Skepsis) in Hinblick auf die Crash-Vorsorge von geringer Bedeutung. Wenngleich es Mitmenschen gibt, die sich (aus unterschiedlichsten Motiven) völlig ignorant verhalten und einfach in den Tag leben, und auch extrem Besorgte, die an der Funktionsfähigkeit des Geldsystems und einer arbeitsteiligen Wirtschaft grundsätzlich zweifeln, einen hohen Selbstversorgungsgrad anstreben und große Vorräte an Dauernahrung sowie ein Notstromaggregat besitzen.

Der größte Teil der Bürger wird sich jedoch im Bereich zwischen 1 – 2 und 5 – 6 befinden. Exemplarisch wurden drei Beispielfälle (A, B und C) herausgesucht.

- Frau **A** hält nur ein sehr geringes Maß an Crash-Vorsorge für nötig und ist folglich auch nur bereit, Vorsorgemaßnahmen zu ergreifen, die wenig Zeit und Aufwand verursachen. Frau A würde sich zwischen 1 und 2 auf dem Kontinuum verorten.
- Herr **B** fühlt sich am wohlsten, wenn er ein mittleres Aktivitätsniveau zur Crash-Vorsorge entfaltet. Sehr aufwändige Vorsorgemaßnahmen erscheinen ihm jedoch als übertrieben. Herr B würde sich zwischen den Positionen 3 und 4, aber eher bei 3 auf dem Kontinuum einordnen.
- Frau **C** hingegen ist zu weitgehenden Vorsorgemaßnahmen bereit – auch dann, wenn diese Bequemlichkeitseinbußen bedeuten sowie Zeit und Geld kosten, die Frau C bei Nichteintreffen eines Crashs umsonst investiert und anders hätte einsetzen können. Frau C würde sich zwischen 5 und 6 auf der Skala sehen.

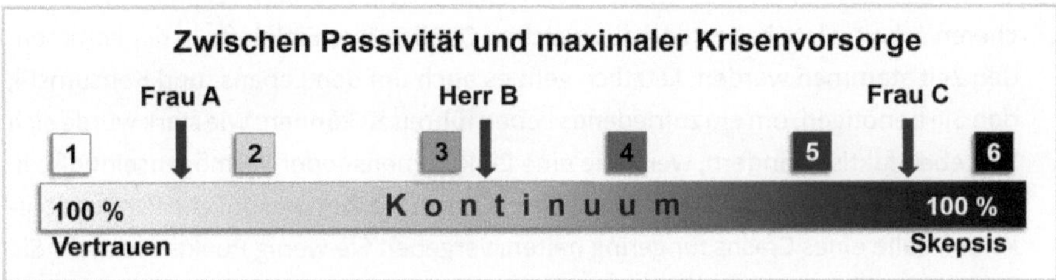

Abb. 12: Zwischen völliger Passivität und maximaler Krisenvorsorge

Vielleicht haben Sie ein spontanes Gefühl, an welcher Position zwischen 1 und 6 der Skala Sie **sich selbst einordnen** würden. Falls es Ihnen schwerfällt, hier spontan Ihre persönliche Position zu finden, hilft Ihnen der nachstehende Selbsttest.

Selbsttest zur Standortbestimmung

Um Ihre Position auf dem obigen Kontinuum rasch zuordnen zu können, kann Ihnen vielleicht ein detaillierterer Ansatz weiterhelfen, da es Ihnen leichter fällt, eine **Einschätzung oder Meinung zu Einzelaspekten** zu finden. Hieraus lässt sich dann gut ein Gesamtbild erzeugen.

Wo Sie sich auf dem obigen Kontinuum selbst sehen, hängt von mehreren Einflussgrößen ab, von denen die wichtigsten vier im Folgenden durch Fragen erläutert werden. Auf diese vier Fragen hin vergeben Sie jeweils eine beliebige Anzahl von **Punkten zwischen 0 und 100.**

1. **Für wie wahrscheinlich halten Sie das Eintreten eines relevanten Crash-Ereignisses?**
   Die Frage bezieht sich auf einen Finanzcrash **mit Auswirkung auf die Eurozone** und zwar innerhalb eines überschaubaren Zeitraums – sagen wir, **in den nächsten fünf Jahren.** Dabei stehen 0 Punkte für die Einschätzung »völlig unwahrscheinlich« und 100 Punkte für »extrem wahrscheinlich«.
   - **Punkte:**
2. **Wie schwerwiegend wird sich ein solches Ereignis auf Finanzsystem und Wirtschaft auswirken?**
   Wenn Sie erwarten, dass das Ereignis nur geringe Auswirkungen für das Finanzsystem und die Wirtschaft hat, vergeben Sie wenig Punkte. Wenn Sie hingegen sehr weitreichende Folgen erwarten, können Sie wieder bis zu 100 Punkte vergeben.
   - **Punkte:**
3. **Wie schätzen Sie Ihre eigene Verwundbarkeit in Hinblick auf die objektiven Fakten ein?**
   Diese Frage zielt darauf ab, ob Sie in Ihrer aktuellen Situation persönlich viel oder wenig zu verlieren haben. Also welche Beeinträchtigungen Sie aufgrund Ihres Lebensalters, Ihrer familiären Situation und Ihren finanziellen Verpflichtungen bei einem möglichen Euro-Crash befürchten müssten. Aber auch darauf, ob Sie einen krisensi-

cheren Arbeitsplatz haben und aus welchen Quellen Ihre Einkünfte in der kommenden Zeit stammen werden. Letztlich geht es auch um den Lebens- und Konsumstil, den Sie benötigen, um ein zufriedenes Leben führen zu können. Wie stark würde sich Ihr Leben faktisch ändern, wenn Sie eine Einkommens- oder Vermögenseinbuße in Höhe von 10, 20 oder 30 % erleiden würden? Wenn Sie Ihre persönliche Verwundbarkeit im Falle eines Crashs für gering halten, vergeben Sie wenig Punkte. Je mehr Sie die Folgen eines Crashs treffen würden, desto mehr Punkte vergeben Sie.
   - **Punkte:**
4. **Wie ist Ihr subjektives emotionales Empfinden, sind Sie eher gelassen oder ängstlich?** Wir hatten die folgende Redensart oben schon einmal angesprochen: »Fakten sind nur Fakten, aber Gefühle sind Realität!« In der Tat lösen objektiv identische Risiken bei verschiedenen Menschen völlig unterschiedliche Emotionen aus. Wir alle leben zwischen Gier und Angst, Zuckerbrot und Peitsche, also positiven und negativen Antrieben. Dies gilt natürlich auch für den konstruktiven Umgang mit möglichen Crashrisiken. Damit die Auswertung also nicht zu sachorientiert wird und sich nicht nur auf Zahlen, Daten, Fakten stützt, können Sie bei diesem Kriterium wieder von 0 bis 100 Punkte vergeben, um Ihr »Bauchgefühl« zu Wort kommen zu lassen. Sind Sie ein Ausbund an Gelassenheit und leben nach dem Kölner Grundgesetz »Et hätt noch emmer joot jejange.« (eher 0 Punkte)? Oder setzen Ihnen Ängste vor einem Crash und dessen Auswirkungen schwer zu (eher 100 Punkte)?
   - **Punkte:**

Auswertung

Nach Beantwortung der vier Fragen haben Sie nun also vier Zahlen (Punkte) notiert. Daraus ergeben sich folgende Schritte:

Schritt 1: Sie addieren die vier Zahlen (Punkte) zusammen und ermitteln so Ihre Gesamtpunktzahl.

Schritt 2: Sie teilen diese Gesamtpunktzahl durch 80 und addieren dann den Wert »1« dazu (denn das Kontinuum beginnt ja mit 1).

- **Demobeispiel 1:** Frau Kuhn vergibt bei den vier Fragen 60 + 55 + 65 + 80 Punkte, macht insgesamt 260 Punkte.
  260 / 80 ergibt 3,25. Addiert man zu den 3,25 noch 1, so erzielt man **4,25**. Damit liegt Frau Kuhn nicht dramatisch, aber trotzdem klar rechts von der Mitte (Wert 3,5) des Kontinuums und sollte etwas stärkere Vorsorgeaktivitäten entfalten.
- **Demobeispiel 2**: Herr Leicht kommt auf 35 + 40 + 40 + 30 Punkte, also insgesamt 145 Punkte.
  145 / 80 ergibt 1,81. Addiert man hierzu noch 1, dann erzielt man **2,81**. Herr Leicht befindet sich damit klar links vom Mittelwert 3,5 auf dem Kontinuum. Das zeigt, dass Herr Leicht nur solche Vorbereitungsaktivitäten für den Fall eines Crashs vornehmen sollte, die unterdurchschnittlich viel Zeit und Ressourcen binden.

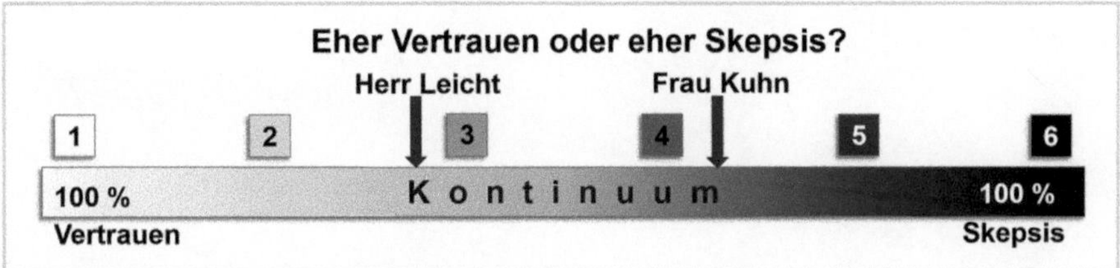

Abb. 13: Frau Kuhn und Herr Leicht auf dem Kontinuum

Nützlicher Gegencheck zum Schluss

Wie bei jedem Versuch, die Komplexität eines mehrschichtigen Phänomens auf nur noch eine Dimension zu reduzieren, können auch beim obigen kleinen Selbsttest Fehler und Verzerrungen auftreten. Beispielsweise wird das mit der einfachen Praktikerformel ermittelte Punkteergebnis dann nicht befriedigen, wenn Sie bei den vier Fragen extrem unterschiedliche Punktwerte, darunter vielleicht sogar auch mal 0 oder 100 Punkte, vergeben haben. Ob das analytisch erzeugte Gesamtergebnis zu Ihrer pauschalen Selbsteinschätzung passt, lässt sich jedoch durch eine Rückwärtsbetrachtung – also eine Art **Gegencheck** – leicht erkennen.

Wenn Sie den durch die einfache Berechnung »zugewiesenen« Platz auf dem Kontinuum nicht angemessen für sich finden, sondern ein Störgefühl haben, dass Sie »eigentlich« mehr Passivität oder mehr Vorsorge anstreben, so geben Sie diesem Gefühl gerne nach. Dann korrigieren Sie Ihre Position einfach in die entsprechende Richtung. Sie können auch nochmal die paar Schritte zurückgehen und sich selbst prüfen, wo und warum Sie so viele oder wenige Punkte vergeben haben. Auf diese Weise lernen Sie sich selbst besser kennen und entdecken eine mögliche Selbsttäuschung, beispielsweise ein aufgesetztes positives Denken oder umgekehrt eine unangebrachte Weltuntergangsstimmung. Und in ganz seltenen Fällen auch einen Rechenfehler… In jedem Falle wird Ihnen Ihre persönliche Crash-Psychologie zwischen völliger Passivität und maximaler Krisenvorsorge deutlicher bewusst.

Falls Sie auf dem Kontinuum Ihre Position nahe bei 1 festgelegt haben, stellt sich die Frage, ob Sie die Faktenlage in der Eurozone hinreichend kennen. Bleiben Sie auch nach Lektüre der Faktenlage in Kapitel 3 bei diesem Urteil, geht es für Sie lediglich um die Optimierung Ihrer Geldanlage und Vorsorge in der aktuellen Marktlage hinsichtlich Zinsen, Inflationsraten und der Schwankungsintensität wichtiger Sachvermögensklassen.[14]

3 Harte Fakten

3.1 Was wir aus der Geschichte der Geldentwertung und der Währungscrashs lernen können

Nahezu alle modernen Währungen besitzen keine Bindung an Gold bzw. sonstige Edelmetalle oder andere reale Vermögensgegenstände, die einen inneren Wert garantieren würden. Während die **Goldbindung** – auch Goldstandard oder Goldkonvertibilität genannt – im 19. und beginnenden 20. Jahrhundert die Regel war, wurde sie nach dem Zweiten Weltkrieg immer seltener und gehört spätestens seit der Aufgabe des internationalen Währungssystems von Bretton Woods im Jahr 1973 der **Vergangenheit** an. Im Jahr 1976 empfahl auch der Internationale Währungsfonds (IWF) die Aufgabe des Goldstandards für die Währungen der Mitgliedstaaten. Unabhängig davon, dass die meisten Staaten nach wie vor Goldreserven halten, besteht also keinerlei Garantie bzw. Bindung mehr zwischen den Goldreserven und der ausgegebenen Währung.

Heutige Währungen werden einfach durch einen hoheitlichen Akt – meist von einer Notenbank – per Definition geschaffen, man könnte auch sagen: »ins Leben gerufen«, daher auch der Name **»Fiat-Geld«**, was keineswegs despektierlich gemeint ist. Sachlich formuliert, kommt Fiat-Geld also sozusagen aus dem »Nichts«, wohin es früher oder später auch wieder verschwindet. Ganz emotionslos betrachtet: Die durchschnittliche Lebensdauer von Fiat-Währungen liegt bei 27 Jahren.[15] Die 27-jährige Durchschnittsdauer wurde aus einer Stichprobe von ca. 3.400 Währungen errechnet, was der Aussage zusätzliches Gewicht gibt.[16]

Reinhart und Rogoff geben in ihrem trotz 571 Seiten absolut lesenswerten Buch *»Dieses Mal ist alles anders«*[17] einen sowohl nüchternen als auch ernüchternden Überblick über die wichtigsten **Finanzkrisen der letzten acht Jahrhunderte**. Sie analysieren verschiedene Erscheinungsformen von Finanzkrisen, unterscheiden Inlands- und Auslandsschuldenkrisen und benennen Inflation als häufigstes und offensichtlich erkennbares Merkmal einer notleidenden Währung.

Versachlichung tut dringend not – 10 klare Argumente und Zusammenhänge

Mit der Inflation des Geldes kann die Inflation an reißerischen und polemisierenden Veröffentlichungen leicht mithalten, darunter Publikationen, in denen der Eindruck vermittelt wird, als ob es ständig und überall Bösewichte an dunklen Schaltstellen der Macht gäbe (meist sind das korrupte Politiker und hochgradig unfähige Zentralbanker), die dem braven Bürger das sauer verdiente Geld durch Inflation oder sonstige Entwertung wieder rauben. Mit diesem stark emotionalisierenden und ein Feindbild schaffenden Grundtenor lassen sich jedoch weder die Schwächen unserer Finanzsysteme noch Ihre sich daraus ergebenden ganz persönlichen Risiken und Probleme lösen.

Die folgenden **zehn simplen Sachargumente** helfen Ihnen, die Dinge viel klarer und ohne Emotion zu sehen:

Erstens: Die in einem Zeitraum (z.B. einem Jahr) konsumierten Güter und Dienstleistungen entsprechen (abgesehen von vergleichsweise sehr überschaubarem Bestandsauf- oder -abbau bei lagerfähigen Gütern) stets den im gleichen Zeitraum erzeugten Gütern und Dienstleistungen. Das ist die **reale Welt**.

Zweitens: Das Geldvermögen der einen ist die Verschuldung der anderen. Das Bruttogeldvermögen mag steigen und steigen – das **Nettogeldvermögen** weltweit ist und bleibt **immer Null**.

Drittens: Den Leistungsbilanzüberschüssen von Staaten müssen Leistungsbilanzdefizite anderer Staaten entsprechen – der **Leistungsbilanzsaldo** weltweit beträgt **immer Null**.

Viertens: Schulden sind die Kehrseite von Geldvermögen (siehe zweitens) und in einer Geldwirtschaft grundsätzlich **unvermeidbar**. Die grundsätzliche Verteufelung von Schulden ist also kontraproduktiv und wirft uns in die Steinzeit zurück. Aber: Die Dosis macht das Gift. Hohe Schulden destabilisieren ein Finanzsystem. Und sofern Zinsen für die Schulden anfallen und die Schulden wegen des Zinseszinseffektes exponentiell wachsen, besteht die Gefahr, dass dem gestiegenen Geldvermögen kein entsprechend gewachsenes Realvermögen mehr entspricht. Inflation ist die unausweichliche Folge.

Fünftens: Je höher die **Schulden** in einem System sind, desto spannender wird die Frage, ob die Schuldner sie auch **zurückzahlen** können bzw. ob **Gegenwerte** für die Schulden existieren. Und steigende Schuldenhöhe verringert erfahrungsgemäß nicht nur das Können, sondern auch das Wollen hinsichtlich von Rückzahlungen.

Sechstens: Schulden können auf verschiedenen Wegen abgebaut werden, nämlich ganz brav durch **Tilgung** (Rückzahlung); eleganter, aber schwerer erkennbar durch **Inflation**, also Geldentwertung, oder durch Restrukturierung. Hinter dem Wortungetüm »**Restrukturierung**« steckt im besten Fall ein zwischen Gläubiger und Schuldner vereinbarter Schuldenerlass oder Teilerlass, im schlechtesten Fall aber auch die einseitige Erklärung der Zahlungsunfähigkeit oder -unwilligkeit durch den Schuldner – also des Bankrotts (Pleite, Insolvenz). Oder auch ganz schlicht das faktische Ausbleiben von Zins- und Tilgungsleistungen.

Siebtens: Wie belastbar der reale Wert von Geldforderungen (auch Geldvermögen genannt) tatsächlich ist und inwieweit der Geldmenge auch reale Güter und Leistungen entsprechen, kann man erst feststellen, wenn man Geld- in Sachvermögen umtauscht. Durch diesen Prozess sinken parallel Geldvermögen wie auch Schulden im Wirtschaftssystem und die Werthaltigkeit des Geldvermögens wird einer Prüfung unterzogen. Solange jedoch ein grundsätzliches **Vertrauen** in die Währung besteht, werden dies nie alle Gläubiger gleichzeitig machen. Und somit muss die Währung über lange Zeiträume ihre Werthaltigkeit nicht beweisen (vgl. die Wunschring-Fabel in Kapitel 4.3)

Achtens: Auch eine starke Geldmengenausweitung (z. B. durch Zentralbanken) muss nicht unbedingt zu Inflation bei Alltags- oder Verbrauchsgütern führen, solange das zusätzliche Geld nicht **nachfragewirksam** wird. Liegt alles zusätzliche Geld beispielsweise zinslos auf Einlagekonten, so tritt keinerlei inflationäre Wirkung auf. Wird das Geld jedoch zum Erwerb von Sachanlagen (Gold, Aktien, Immobilien usw.) genutzt, so kommt es zwar zu einer Vermögenspreisinflation **(Asset-Inflation)**, jedoch noch immer nicht zu einer Inflation der Alltags- und Verbrauchsgüter. Diese Situation lag in der Eurozone im Wesentlichen in den Jahren zwischen Ende der Immobilienkreditkrise (also ca. 2009) und Beginn des Kriegs in der Ukraine (also Anfang 2022) vor. Erst wenn viele Bürger das Geld für den Erwerb von Alltags- und Verbrauchsgütern einsetzen, wird der Verbraucherpreisindex ansteigen. Dies kann sehr verzögert erfolgen. Wenn es jedoch eintritt, gibt es kein Halten mehr (selbstverstärkende Wirkung).[18] Der Vollständigkeit halber muss erwähnt werden, dass die starke Verbraucherpreisinflation des Jahres 2022 nicht alleine auf die Ausweitung der Geldmenge durch die Zentralbanken zurückzuführen ist. Vielmehr kam es gleichzeitig zu angebotsseitigen Störungen (darunter z. B. coronabedingte Lieferkettenprobleme, geopolitisch und kriegsbedingte Ressourcenknappheiten, Rücknahme der globalen Arbeitsteilung sowie spekulative Übertreibungen).

Neuntens: Zusätzliches Geld (z. B. durch expansive Geldpolitik der Zentralbanken) nützt stets denjenigen am meisten, **welche es zuerst erhalten**, da sie dieses Geld nutzen können, bevor die Entwertung des Geldes durch Inflation (siehe Achtens) Schritt für Schritt voranschreitet. Dieses Phänomen ist als **Cantillon-Effekt** bekannt[19] und lässt sich bildhaft mit dem Gießen von Honig in die Mitte einer Untertasse verdeutlichen. Direkt nach dem Eingießen bildet der Honig in der Mitte einen kleinen Berg, der sich dann allmählich abflacht, bis nach einer Weile der Honig »platt wie ein See bei Windstille« in der Untertasse liegt.

Zehntens: So lange es nicht zum Werthaltigkeitstest einer Währung kommt, können sich die Beteiligten der Illusion hingeben, durch wachsendes (wenn auch vielleicht nicht belastbares) Geldvermögen reicher zu werden. Dieses Phänomen wird auch als **Wohlstandsillusion** bezeichnet.[20] In Kapitel 4.3 werden Sie die Metapher eines Wunschrings (Ring, der angeblich einen beliebigen freien Wunsch erfüllt) kennenlernen. Solange die Besitzer nicht durch Testen feststellen, dass der Ring gar keinen Wunsch erfüllen kann, leben sie mit seinem Besitz ganz schön glücklich …

Rückbesinnung auf die drei Funktionen des Geldes

Geld hatte und hat drei wesentliche Funktionen. Zwei davon funktionierten und funktionieren auch heute noch völlig unproblematisch. Nur bei der dritten knirscht es. Und das hat es schon immer getan. Aber der Reihe nach ...

- **Geldfunktion 1: Kalibrierungsfunktion – Geld als Rechen- und Maßeinheit**
  Durch Geld werden die **Werte** aller Güter und Dienstleistungen in ihrem Verhältnis zueinander sofort erkennbar. Sie können also direkt sehen, dass die Markenjeans fünfmal so viel kostet als das ähnliche No-Name-Produkt. Oder dass Sie für Ihren Laptop zwei Handys kaufen könnten. Neben über die Maßeinheit Geld vergleichbaren Preisen werden auch deren **Schwankungen** im Verhältnis zueinander unmittelbar erkennbar also zum Beispiel, dass Gemüse im Verhältnis zu Reisekoffern teurer geworden sind. Die Kalibrierungsfunktion von Geld funktioniert im Wesentlichen gut – es sei denn, dass Staaten durch Höchst- oder Mindestpreise in den Markt eingreifen. Aber das ist ein anderes Thema.
- **Geldfunktion 2: Wertübertragungsfunktion, Tauschfunktion, Zahlungsmittelfunktion**
  Durch Geld werden Güter und Dienstleistung bequem handelbar. Damit ist gemeint, dass wir im Gegensatz zu einer Tauschwirtschaft nicht umständlich ein Gut direkt gegen ein anderes geben und nehmen, sondern mit Geld ein **generell akzeptiertes Tauschmittel** haben, welches uns die Überbrückung des Wertes zwischen verkauftem und gekauftem Gut ermöglicht. Auch diese Geldfunktion ist unproblematisch, unbestritten und funktioniert.
- **Geldfunktion 3: Wertaufbewahrungsfunktion, Geld als Wertspeicher**
  Bei der dritten Funktion geht es darum, mit Hilfe von Geld **Kaufkraft von der Gegenwart in die Zukunft zu verlagern**. Und dabei am besten noch zu vermehren. Dieses Versprechen konnte Geld jedoch schon in der Vergangenheit nicht dauerhaft einhalten. Die Geschichte der Geldanlage war immer wieder eher von Kaufkraftverlusten als Kaufkraftgewinnen (positivem Realzins) gekennzeichnet.
  Am Anfang (Münzgeld) wurden die Legierungen über die Zeit immer weiter verschlechtert (Senkung des Goldanteils und Erhöhung des Silberanteils oder Senkung des Silberanteils und Erhöhung des Kupferanteils usw.). Beim Papiergeld wurden einfach mehr Scheine gedruckt, als der Deckung durch Gold oder andere Edelmetalle entsprachen. Das ging immer eine Weile gut, bis es dann irgendwann einmal nicht mehr gut ging, weil die Entwertung oder Verschlechterung des Geldes auffiel und das **Vertrauen ins Papiergeld verloren** ging.
  Es wird jedoch stets wieder neues Geld bzw. eine neue Währung geben, da ein Verzicht auf Geld sehr unpraktisch und mit großen Nachteilen verbunden wäre, zumal dann auch die Funktionen 1 und 2 verloren gehen würden.

Die Kalibrierungsfunktion und die Wertübertragungsfunktion von Geld lassen sich auch nutzen, wenn die Wertaufbewahrungsfunktion (z. B. durch mäßige Inflation oder Negativzinsen) beeinträchtigt ist. Schon in der Geschichte gab es Erscheinungsformen von Geld wie **Muschelgeld** oder **Knochengeld**, bei denen man zwar das Geld als Maßeinheit und Tauschmittel akzeptiert hatte, jedoch bemüht war, sich ganz schnell wieder vom Geld zu trennen, es also keineswegs zu horten. Muschelgeld drohte, brüchig zu werden und im wahrsten Sinne des Wortes kaputtzugehen und Knochengeld stank eben doch – ganz entgegen dem Volksmund »Geld stinkt nicht«. Also galt die Devise: schnell weitergeben und ja nicht horten. Wenn also die EZB den Bürgern in der jüngeren Vergangenheit die Geldhaltung durch Negativzinsen vergällt hat, ist das nichts unbedingt Neues, sondern hat lange Tradition.

Zusammenfassend ist festzuhalten, dass Währungsverschlechterung und Entwertung des Geldes kein besonderes Problem unserer Zeit oder gar der Zentralbanken sind, sondern so lange existieren wie das Geld selbst.

3.2 Währungsunion – unzureichende Konvergenz und Chance auf ein Happy End

Der Euro stellt mit Abstand die größte Gemeinschaftswährung dar, die jemals in der Weltgeschichte gewagt wurde.[21] Nun ist es leider eine Tatsache, dass die historische Erfolgs- und Überlebensbilanz von Währungsunionen recht negativ ausfällt und die meisten Währungsunionen des 19. und 20. Jahrhunderts wieder aufgelöst wurden. Aus einer qualitativ hochwertigen Studie des US-amerikanischen Finanzdienstleisters Vanguard[22] ist zwar ablesbar, dass inklusive des Euro nur noch vier von ursprünglich 16 Währungsunionen der letzten beiden Jahrhunderte intakt sind. Die von den Crash-Propheten gezogene Schlussfolgerung, der Euro sei deshalb chancenlos, geht trotzdem an den Fakten vorbei. Im Gegenteil:

- Erstens betrug selbst die durchschnittliche Lebenserwartung der Währungsunionen heute nicht mehr existierender Gemeinschaftswährungen weit mehr als das doppelte im Vergleich zu denjenigen von Einzelwährungen.
- Zweitens ist die Beendigung von Währungsunionen infolge von Kriegen oder aus politischen Gründen (z. B. Auflösung der Sowjetunion Ende 1991 nach fast 70-jährigem Bestehen) kein Argument gegen die Funktionsfähigkeit von Gemeinschaftswährungen. Und selbst wenn der Euro nach 62 Jahren ähnlich dem negativen Vorbild der Lateinischen Münzunion (1865 – 1927)[23] aufgelöst werden würde, hätten Sie ab heute noch knapp 40 Jahre Zeit, sich ganz gemütlich und ohne Panik darauf einzustellen …

Bei neutraler Sicht und ohne ausgeprägte Schwarzmalerei ist zwar ein kräftiges Knirschen in der Eurozone wahrnehmbar, welches auf weitergehenden Anpassungs- und Integrationsbedarf hinweist. Jedoch gibt es trotz Corona-Folgen und Krieg in der Ukraine keine Hinweise auf den nahen Untergang oder Probleme der Eurozone, die mit gutem Willen nicht handhabbar wären. Der von den Crash-Propheten viel zitierte Minsky-Moment[24] – also der Zeitpunkt des Umkippens einer Währung – erscheint, abgesehen von »Schwarzen Schwänen«, bei aller Unzufriedenheit mit Staatsverschuldung und Geldmengenausweitung noch lange nicht erreicht. Ja, es gibt Licht und Schatten – aber keineswegs nur Schatten oder gar tiefe Dunkelheit.

Knirschen in der Eurozone

Eine zentrale politische Hoffnung bei der Errichtung der Eurozone bestand darin, durch eine Gemeinschaftswährung die **wirtschaftliche Konvergenz** (Angleichen wirtschaftlicher Verhältnisse, von der Produktivität bis hin zum Lebensstandard) der zugehörigen Staaten voranzutreiben. In der Tat zeigten die Jahre 1999 bis 2008 leichte Konvergenzfortschritte in Hinblick auf die Kriterien der relativen Wettbewerbsfähigkeit (Produktivität, Produktivitätswachstum und Entwicklung der Lohnstückkosten), Preise und Inflationsraten sowie Leistungsbilanzsalden. Nach der Finanzkrise des Jahres 2008 kam es jedoch eher zu einer Zunahme von **Divergenzen** (Auseinanderdriften) zwischen den verschiedenen Volkswirtschaften, was von Makroökonomen auch auf grundlegende **Unterschiede der Wirtschaftsmodelle** der EU-Staaten zurückgeführt wird.[25] So sanken beispielsweise die realen Pro-Kopf-Einkommen der Bürger in Italien, Spanien, Portugal, ja selbst Frankreich im Vergleich zu Deutschland ganz erheblich (von Griechenland gar nicht zu reden). Selbst wenn man Luxemburg als positiven Ausreißer aus der Betrachtung herausnimmt, weisen die wirtschaftlich stärksten EU-Länder ein rund 2,5-faches Bruttosozialprodukt pro Kopf im Verhältnis zu den schwächsten EU-Ländern auf. Kritisch bemerkenswert ist, dass die Schere auch in den letzten Jahren weiter auseinandergegangen ist.[26] Und auch die Corona-Pandemie hat sich als zusätzlicher Belastungsfaktor für die Gemeinschaftswährung erwiesen. Damit es in der Eurozone weniger »knirscht«, wäre eine stärkere wirtschaftliche Konvergenz der einbezogenen Volkswirtschaften in zweierlei Hinsicht nötig. Erstens die schrittweise Annäherung des Wohlstandsniveaus (= **reale Konvergenz**). Zweitens die Annäherung von konjunkturellen Zyklen (= **zyklische Konvergenz**), was bedeutet, dass die verschiedenen Volkswirtschaften eine einheitliche Geldpolitik und insbesondere ein identisches Zinsniveau immer besser verkraften. Kritisch ist, dass nach Einführung der Gemeinschaftswährung **keine operationalen Konvergenzziele** definiert wurden. Ebenso fehlte die politische Umsetzungskraft für konvergenzfördernde strukturelle Reformen. Offene und flexiblere Arbeitsmärkte, ein binneneuropäischer Wettbewerb, der die Produktivität der Eurozone erhöht, und eine konvergenzfördernde Abstimmung von Investitionen in den Mitgliedstaaten wurden leider nicht erreicht.[27]

Ein einheitliches Zinsniveau passt schlecht zur unterschiedlichen Wirtschaftskraft

Vor der Währungsunion hatte jeder Staat seine eigene Währung – und konnte damit sowohl über Zins- als auch Wechselkursveränderungen sowohl Wachstums- als auch Produktivitätsverschiebungen ausbalancieren. Nicht erst während der Corona-Pandemie wurde deutlich, wie sehr ein fixer Wechselkurs (nichts anderes ist ja eine Gemeinschaftswährung) und ein einheitliches Zinsniveau die unterschiedlichen

Bedürfnisse der verschiedenen Euro-Länder belasten. Bereits zuvor erwies sich der »Euro-Durchschnittszins« für manche Länder (z.B. Niederlande, Deutschland, Belgien) als zu niedrig und für andere – insbesondere hochverschuldete (z.B. Griechenland, Italien, Spanien, Portugal) – als zu hoch.

Das Dilemma einheitlicher Zinsen und fester Wechselkurse bei fehlender Konvergenz wird anhand der nach dem US-amerikanischen Ökonomen John B. Taylor[28] benannten Taylor-Regel offensichtlich. Diese stellt nämlich einen Zusammenhang her zwischen dem angemessenen Zinsniveau einer Volkswirtschaft und der erwarteten Inflationsrate sowie einer Reihe makroökonomischer Kenngrößen.[29] Die EZB kann es daher nicht jedem Land »recht machen«, sondern lediglich einen **Kompromiss** finden, der sich jedoch überwiegend **an den Schwächsten orientiert**.

Nicht vergessen: Es gab auch schon eine Euro-Zinssenkung aufgrund der Schwäche der deutschen Wirtschaft

In den Jahren vor Ausbruch des Ukraine-Krieges litten die deutschen Bürger besonders unter der Nullzinspolitik. Populisten sprachen von Enteignung, Abzocke, Politikversagen und Verrat an deutschen Interessen. Das könnte sich aber nach der dramatischen Verteuerung von Energie- und Rohstoffpreisen seit 2022 verändern, da diese das Geschäftsmodell der deutschen Wirtschaft besonders stark trifft. Die unterschiedliche Abhängigkeit europäischer Volkswirtschaften von Energiepreisen ist nämlich ein wichtiger Divergenzgrund und könnte schnell dazu führen, dass z.B. Deutschland in naher Zukunft ein niedrigeres Zinsniveau bräuchte als andere europäische Volkswirtschaften. Schon unmittelbar nach der Euro-Einführung im Jahr 1999 musste die Eurozone auf Deutschland Rücksicht nehmen. Damals galt »Deutschland als der kranke Mann Europas«. Angesichts von über 5 Millionen Arbeitslosen in Deutschland (Quote: 11,7%) musste die EZB im Jahr 2005 den gemeinsamen Leitzins künstlich niedrig halten. Die hierdurch in den konjunkturell besser dastehenden Ländern ausgelöste Überhitzung sowie auch die durch zu billiges Baugeld ausgelöste Immobilienblase zum Beispiel in Spanien sind der »Preis«, den diese Länder für die Erholung der deutschen Wirtschaft bezahlt haben …

Ungesunde Ungleichgewichte in den Leistungsbilanzen

Der Saldo der Leistungsbilanz eines Landes entsteht – vereinfacht gesagt – aus der Differenz der von einem Land exportierten und importierten Güter und Leistungen sowie des Transfers von Erwerbs- und Vermögenseinkommen zwischen In- und Ausland in einem Jahr. Leistungsbilanz**defizite erhöhen** folglich die Auslandsschulden, während Leistungsbilanz**überschüsse** die Auslandsschulden **senken** oder zum Aufbau von Auslandsforderungen führen. Um die gesamte Zahlungsbilanz zum Ausgleich zu bringen, muss also ein **Leistungsbilanzsaldo** durch einen **gleich hohen Kapitalbilanzsaldo** kompensiert werden – nur eben mit umgekehrtem Vorzeichen.

In Hinblick auf den Euro als Gemeinschaftswährung sind nun zwei Effekte relevant. **Erster Effekt:** Da die deutsche Wirtschaft in Hinblick auf Produktivität und Wettbewerbsfähigkeit derzeit »eigentlich« einen höheren Wechselkurs vertragen würde (welcher Exporte verteuert und Importe verbilligt), baut Deutschland seit Jahren einen **Leistungsbilanzüberschuss im Verhältnis zu Nicht-EU-Staaten** auf, welcher zu einem **Wachstum von Auslandsforderungen** (= Kapitalexport) führt. Die betroffenen Staaten (z. B. USA) sind »not amused« – Deutschland wird als »Trittbrettfahrer« bzw. unredlicher Profiteur des niedrigen EU-Wechselkurses gegenüber Drittwährungen wahrgenommen. Dass gleichzeitig die Importe Deutschlands (z. B. Öl und Rohstoffe) wegen des niedrigen Euro-Kurses »zu teuer« sind, bleibt gerne unerwähnt. Dieser Effekt der »importierten Inflation« kann sich je nach längerfristiger Entwicklung der seit Beginn des Ukraine-Kriegs enorm angestiegenen Energie- und Rohstoffpreise stark abschwächen oder sogar umkehren. Der **zweite Effekt** bezieht sich auf das Verhältnis innerhalb der EU, bei dem die deutschen Leistungsbilanzüberschüsse ebenfalls zu **wachsenden Forderungen** führen – jetzt **gegenüber EU-Partnerländern**. Auch hier werden die Karten je nach Entwicklung der Energie- und Rohstoffpreise völlig neu gemischt, da diese Kosten im Geschäftsmodell der deutschen Volkswirtschaft sehr relevant sind. Die Leistungsbilanzsalden erklären jedoch nur zum Teil die Problematik der sogenannten Target-Salden, die nachstehend erläutert werden.

Problematische Target-Salden

TARGET ist die Abkürzung für **T**rans-European **A**utomated **R**eal-time **G**ross Settlement **E**xpress **T**ransfer System[30] und kann ganz einfach als eine Art **Abrechnungskonto der EZB (Verrechnungsstelle) im Verhältnis zu allen nationalen Notenbanken** (also z. B. der Deutschen Bundesbank) verstanden werden. Begleicht beispielsweise ein deutsches Unternehmen eine Schuld beim französischen Handelspartner durch Überweisung, so führt dies über die Stufen Geschäftsbank und Deutsche Bundesbank letztlich zu einer Belastung des deutschen Target-Kontos bei der EZB (Erhöhung der Verbindlichkeit oder Senkung des Guthabens der Deutschen Bundesbank gegenüber der EZB), wodurch sich der entsprechende deutsche Target-Saldo verringert. Target-Salden entstehen jedoch nicht nur aus der Finanzierung von Leistungsbilanzungleichgewichten **zwischen EU-Staaten**, sondern auch aufgrund von Investitionen **im EU-Ausland** und den daraus verursachten Kapitalbewegungen. Erwirbt beispielsweise ein wohlhabender deutscher Rentner einen Altersruhesitz an der Ligurischen Küste, so führt die Kaufpreiszahlung letztlich zu einer Verringerung des Target-Guthabens der Deutschen Bundesbank bei der EZB und gleichzeitig zu einer Senkung des Minussaldos der italienischen Zentralbank bei der EZB.[31]

Vom ursprünglichen Zweck her sollten Target-Salden nur kurzfristige Überbrückungen im Zahlungsverkehr zwischen den EU-Staaten erleichtern – ganz wie ein Giro- oder Verrechnungskonto mit genehmigter Überziehungsmöglichkeit.[32] Jedoch sind aus der Idee der »kurzfristigen Überbrückung« von temporären Zahlungsungleichgewichten, insbesondere nach der Finanzkrise von 2008, größere und längerfristige Kredite geworden, die als **Forderungen oder Verbindlichkeiten der nationalen Zentralbanken**

gegenüber der EZB auflaufen und sich über weite Zeiträume durch drei »**Us**« ausweisen, denn sie sind

- unverzinslich[33],
- unbesichert und
- unbegrenzt.

Die nachfolgende Abbildung zeigt die Entwicklung der Target-Salden von Deutschland, Frankreich, Spanien und Italien.

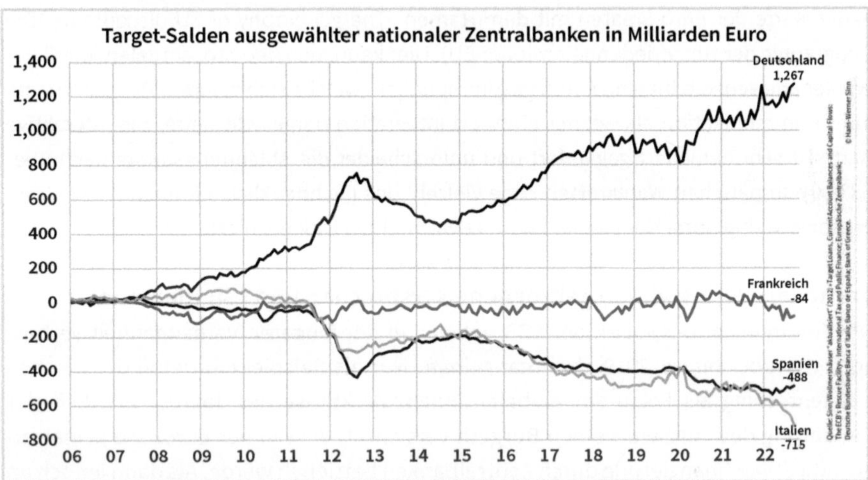

Abb. 14: Target-Salden ausgewählter nationaler Zentralbanken in Milliarden Euro

Aus deutscher Sicht sind die hohen deutschen Target-Guthaben kritisch zu bewerten. Denn diese haben sich während und nach der Corona-Pandemie nochmals kräftig erhöht, während insbesondere Italien seine ohnehin schon hohen Target-Defizite erneut ausbaute. Würde ein Target-Schuldner einseitig die Zahlungsunfähigkeit erklären, so wären die EZB »eigentlich« überschuldet und die Forderungen an die EZB wertlos, u. a. auch die Target-Guthaben Deutschlands. Sollen wir an die Argumentation glauben, dass eine Zentralbank nicht pleitegehen kann, weil sie aufgrund ihrer Möglichkeiten der Geldschöpfung niemals zahlungsunfähig wird?

Zudem gibt es Beobachtungen, dass vermögende Bürger von wirtschaftlich schwachen EU-Staaten Auslandsvermögen in stabileren EU-Staaten erwerben, welches letztlich durch eine Steigerung von Target-Salden (also wieder unverzinst, unbesichert und unbegrenzt) finanziert wird. Solche Vorgänge, deren Häufigkeit und Volumen noch näher zu analysieren wären, fördern das Gefühl innerhalb der Bevölkerung von Ländern mit hohen Target-Guthaben, dass es mit der Solidarität vermögender Bürger der Schuldnerstaaten nicht weit her sei. Womit wir beim nächsten Thema wären.

Euro-Unzufriedenheit, aufkommender Nationalismus und Populismus

In den letzten Jahren ist ein Erstarken von Parteien beobachtbar, die eher am rechten oder auch linken Ende des politischen Spektrums anzusiedeln sind. **Eurokritische Aussagen** – meist verbunden mit der (unbewiesenen) Argumentation, dass es den Bürgern der eigenen Nation ohne Euro besser gehen würde (vgl. Kapitel 2.3) – machen Stimmung für den Austritt aus der Eurozone bis hin zur Aufforderung, der eigene Staat solle sich doch für bankrott erklären, um damit die Forderungen der anderen EU-Staaten abzuschütteln. Dass es sich bei dieser Problematik keineswegs um regionale Phänomene oder Einzelbeobachtungen handelt, zeigt eine von der EU-Kommission zur Verfügung gestellte interaktive Karte der Euro-Staaten mit dem Namen »The geography of EU discontent« (Die Geographie der Unzufriedenheit mit der EU). Hier kann man den prozentualen Anteil der Wähler ablesen, die für eine Partei gestimmt haben, welche sich in ihrem Programm und ihrer Kommunikation als Gegner einer EU-Integration dargestellt hatte. Die interaktive Karte ist sehr detailliert gegliedert und unterscheidet die Ablehnungsquote nach über 63.000 europäischen Wahlkreisen. Eine Vielzahl uns nachdenklich stimmender Analyseergebnisse sind unter dem in der Endnote vermerkten Link nachlesbar.[34]

Vertrauensverlust durch gebrochene Versprechen und »Sündenfälle«

Die Kommunikationspolitik der EZB hat sich in der jüngeren Vergangenheit verbessert, war aber bis ca. 2019 eher mangelhaft. Nur als Beispiel ein Detail der irischen Bankenrettung als Folge der globalen Finanzmarktkrise des Jahres 2008: Seit der Einführung des Euro wurde den Bürgern versichert, dass in der Eurozone keine versteckte Staatsfinanzierung durch Zentralbanken betrieben werde. Als dann jedoch im Januar 2009 die Anglo Irish Bank in die Insolvenz zu gehen drohte, wurde sie durch Verstaatlichung (ein typischer Fall von Notverstaatlichung) »gerettet«. Verluste in insgesamt zweistelliger Milliardenhöhe wurden auf den irischen Steuerzahler überwälzt und die irische Zentralbank stellte durch einen Überbrückungskredit die Finanzierung sicher. Zwei Jahre später geschah dann jedoch der **Sündenfall**, den man anhand der nachstehenden Abbildung nachvollziehen kann.

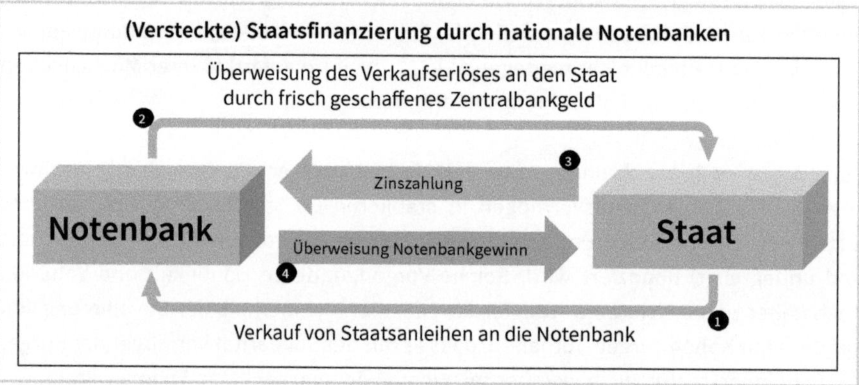

Abb. 15: (Versteckte) Staatsfinanzierung durch nationale Notenbanken

Der irische Staat begab zur langfristigen Finanzierung der zur Rettung erforderlichen Mittel eine Staatsanleihe in Höhe von ca. 30 Milliarden Euro und verkaufte diese umgehend an die irische Notenbank (**Schritt 1**). Diese überwies dem Staat den Gegenwert (**Schritt 2**), womit die Finanzierungslücke zunächst einmal geschlossen war. Ob der irische Staat eine Anleihe am internationalen Kapitalmarkt in der damaligen Situation überhaupt verkauft bekommen hätte und wie hoch der Risikozuschlag hierfür gewesen wäre, bleibt dahingestellt. Aber es kommt noch besser. Denn die Zinsen, die der irische Staat nun für die Staatsanleihe an die irische Notenbank überweist (**Schritt 3**), kommen als Notenbankgewinn postwendend wieder zum irischen Staat zurück (**Schritt 4**). Das ist Staatsfinanzierung in Reinform und erinnert sofort an Freiherr von Münchhausen, der sich der Sage zufolge samt Pferd am eigenen Schopf wieder aus dem Schlamm zog, in den er geraten war.

Abb. 16: Münchhausen zieht sich am eigenen Schopf aus dem Sumpf (Quelle: Zeichnung von Theodor Hosemann (1807 – 1875), Wikipedia)

Der »Doppelpass«, den der irische Staat und seine Zentralbank gespielt hatten, war mit der EZB abgestimmt und geht auf ein seit 2003 bestehendes, jedoch bis zum 5. Februar 2016 geheim gehaltenes Abkommen zwischen der EZB einerseits und den nationalen Zentralbanken des Euro-Systems andererseits zurück, welches heute unter dem Kürzel »**ANFA**« (**A**greement on **N**et **F**inancial **A**ssets) bekannt ist. Es mag sein, dass das geldpolitische Manöver letztlich im Interesse Europas war und ist und dass Alternativen für Irland, aber auch die gesamte Eurozone schlechter, teurer oder rufschädigender geworden wären. Dass jedoch erst Jahre später, nach einer geradezu detektivischen Recherche des Doktoranden Daniel Hoffmann[35], das Eingeständnis der EZB über die versteckte (oder offene) Staatsfinanzierung Irlands erfolgte, ist natürlich nicht vertrauensbildend.

Heute wissen wir, dass der Sündenfall Irland mit ca. 30 Milliarden Euro vergleichsweise klein war und insgesamt in der Spitze über 720 Milliarden Euro Zentralbankgeld auf Basis der ANFA-Vereinbarung durch nationale Zentralbanken, insbesondere von Italien und Frankreich, an der EZB vorbei in Umlauf gebracht und zur Finanzierung nationaler Erfordernisse verwendet wurden.

Die spätere Stellungnahme von Christine Lagarde, damals Präsidentin des IWF und seit 1. November 2019 Präsidentin der EZB, ist ehrlich und zeigt das Dilemma der Eurozone auf: »Wir verletzten alle Rechtsvorschriften, weil wir einig auftreten und wirklich die Euro-Zone retten wollten … Der Vertrag von Lissabon war eindeutig. Keine Rettungsaktionen.«[36]

Zur Erläuterung: Der im Vertrag von Lissabon[37] versprochene Verzicht auf Rettungsaktionen – auch als »No-Bailout-Klausel« bekannt – bedeutet »kein gegenseitiges Einstehen«, d. h., dass jedes EU-Land für seine Schulden selbst haftet und Risiken und Verluste nicht auf die anderen Volkswirtschaften abwälzen oder verteilen darf. Niemand wird von den anderen »gerettet« oder aus der Schwierigkeit »herausgepaukt«. Jedoch hätten es Irland wie auch Griechenland, Spanien, Portugal (und vielleicht auch andere EU-Staaten wie z. B. Italien) aus eigener Kraft nicht geschafft. Also erwies sich die »No-Bailout-Klausel« als nicht haltbar und musste klammheimlich bzw. »durch die Hintertür« aufgegeben werden. Es verwundert nicht, wenn Populisten und Euro-Gegner diesen und weitere ähnliche Vorgänge zum Anlass nehmen, gegen die »Euro-Bürokraten« zu hetzen (vgl. auch Kapitel 2.3) und eine Stimmung des »Die da oben gegen uns da unten« zu schaffen, wie im Bericht der EU-Kommission nachgewiesen.[38]

In diese Kerbe – auch von den Crash-Propheten gerne bedient – soll hier jedoch nicht geschlagen werden. Weder die handelnden Regierungen noch die EZB noch das IWF hatten und haben die Schädigung und Enteignung der europäischen Bürger als Ziel.

Auch hier ist wieder Versachlichung geboten und das geschürte Feindbild abzulehnen. Jedoch wird erkennbar, dass die bisherigen Regelungen rund um die Eurozone nicht ausreichen, um die Einheitswährung langfristig und auch in Krisensituationen lebensfähig zu halten. Und dass gegebene Versprechungen von der Politik an die Bürger schlichtweg nicht (immer) zu halten sein werden. Die »No-Bailout-Klausel« im Vertrag von Lissabon war und ist mit einer dauerhaften Gemeinschaftswährung nicht vereinbar und das politische Wunschdenken mit der geldpolitischen Realität in diesem Fall nicht in Übereinstimmung zu bringen, wie auch die nachfolgende Metapher zeigt.

»Europäische Seilschaft«

Stellen Sie sich die Gemeinschaftswährung und den Prozess der europäischen Integration als eine europäische Gruppe von Bergsteigern vor, die gemeinsam eine schwere Tour gehen wollen und sich dafür mit einem Seil gegenseitig sichern. Erstens ist klar, dass die Schnelleren nun auf die Langsameren warten müssen und nicht etwa die Langsameren den Schritt der Schnelleren mitgehen können. Zweitens ist klar, dass man bei einem Problem einzelner Bergsteiger (Wasserblase beim Griechen, Zerrung beim Iren, temporäre Unterzuckerung beim Deutschen usw.) nicht einfach den gerade Schwächelnden vom Seil abschneiden und den Wölfen überlassen kann. Würden Sie sich einer Seilschaft ohne »Rettungsaktionen« anschließen? Oder würden Sie nicht eher beim Angebot, sich der Seilschaft anzuschließen, »Nein, danke« sagen, wenn Sie wüssten, dass Sie vom Seil abgeschnitten würden, sobald Sie Schwäche zeigen und die Wölfe näher kommen?

In der Phase nach der Finanzkrise 2008 gerieten Irland, Griechenland, aber auch Spanien, Portugal und Italien zeitweise in das Visier von Hedgefonds (ein Vergleich mit den Wölfen drängt sich auf, aber man sollte nicht die Wölfe beleidigen) und wären von diesen – immer schön einer nach dem anderen – angegriffen und wirtschaftlich ruiniert worden. Mit Riesengewinnen für die Hedgefonds und um ein Vielfaches höheren Verlusten für die betroffenen Staaten, deren Bürger und die gesamte Eurozone. Dass diese Behauptung weder übertrieben noch Theorie ist, wird erkennbar, wenn man das Spiel »Soros gegen die Bank von England« nachverfolgt, bei dem ein Hedgefonds-Manager am 16. September 1992 mit einer Spekulation gegen das britische Pfund über eine Milliarde US-Dollar Gewinn machte (das war damals viel Geld!) und eine Krise und spätere Auflösung des Europäischen Währungssystems (EWS) auslöste.[39]

Durch den faktischen Bruch des Vertrages von Lissabon (siehe Fall Irland) sowie eine Reihe sonstiger Gegenmaßnahmen, die am 26. Juli 2012 in der »Whatever it takes«-Rede Mario Draghis gipfelten[40], wurde erfolgreich verhindert, dass die Eurozone das Schicksal des Europäischen Währungssystems von 1992 teilte und von Hedgefonds »filetiert« wurde. Die deutsche *Tagesschau* kommentierte: *»Nicht die dreistelligen Milliardenhilfen retteten den Euro, sondern drei einfache Wörter: ›Whatever it takes‹.«*[41]

«Within our mandate, the ECB is ready to do whatever it takes to preserve the euro. And believe me, it will be enough!«

»Die EZB ist dazu bereit, im Rahmen ihres Mandates alles Nötige zu tun, um den Euro zu erhalten. Und glauben Sie mir, das wird genug sein!«[42]

Entweder hätte die Bergsteigergruppe die Idee mit der Seilschaft von Anfang an verwerfen müssen (also die Gemeinschaftswährung gar nicht erst begründen) oder sie muss zu den Konsequenzen des gemeinsamen Bergsteigens am Seil stehen. Nachdem die Eurozone bereits über 23 Jahre auf Tour ist, würde der Weg zurück jedoch schmerzhaft und teuer. Dass die Regierenden die früher abgegebenen Versprechungen (keine Rettungsaktionen, keine Haftungsgemeinschaft, Beibehaltung einer nationalen Einlagensicherung etc.) gebrochen hatten, ist nicht schön und nicht vertrauensfördernd. Ihnen jedoch Verrat, Enteignung und andere Schandtaten vorzuwerfen, ist ebenfalls nicht fair. Denn die Alternative des tatenlosen Zusehens einer Filetierung der Eurozone durch mächtige Hedgefonds hätte einen enormen Kollateralschaden für alle europäischen Staaten und deren Bürger verursacht. Vieles spricht heute dafür, die europäische Integration nun doch zu vollenden und sich für die gebrochenen Versprechungen einfach zu entschuldigen.

Transmission Protection Instrument (TPI)

Eine weitere umstrittene, aber im obigen Sinne unerlässliche Maßnahme, um ein Filetieren der Eurozone zu verhindern, wandte die EZB im Sommer 2022 mit der Ankündigung des Transmission Protection Instrument (TPI) an.[43] Der hochinteressante Hintergrund: Mit dem Ausstieg der EZB aus der ultra-lockeren Geldpolitik stiegen zwangsläufig auch die Zinssätze für Staatsschulden. Selbst wenn der Anstieg für alle Euro-Staaten identisch wäre, träfe dies die hochverschuldeten Volkswirtschaften, also insbesondere Italien, Griechenland, Spanien und Portugal, härter als z. B. vergleichsweise niedrig verschuldete Volkswirtschaften. Dieser Effekt wird zusätzlich dadurch verstärkt, dass die Finanzmärkte eine Bonitätsverschlechterung der stärker verschuldeten im Verhältnis zu den schwächer verschuldeten Volkswirtschaften erwarten. Einige Marktteilnehmer – insbesondere Hedge-Fonds – spekulieren hierauf, wodurch sich die Kurse von Staatsanleihen der höher verschuldeten Länder nochmals verschlechtern. Mit anderen Worten: Neben dem Effekt der eigentlichen Zinssteigerung kommt es zu einer Ausweitung von Bonitätszuschlägen (= Risikoprämien) zulasten der stark verschuldeten Staaten. Dieser Effekt würde die Finanzierung der stärker verschuldeten Euro-Staaten also zusätzlich verteuern. Folge wäre eine sogenannte **Fragmentierung** des Marktes von Euro-Staatsanleihen, die dem Ziel eines weitgehend einheitlichen Zinsniveaus innerhalb der Währungsunion zuwiderläuft. Die

Gefahr einer Negativspirale ließe sich nicht ausschließen, da höhere Bonitätsprämien die Finanzierung verteuern und die verteuerte Finanzierung wiederum die Bonität belastet... Das könnte die Finanzierung einzelner Euro-Mitgliedstaaten in ernste Bedrängnis bringen und letztlich wieder zu einer Zerreißprobe der Eurozone werden.

Mit dem in 2022 vorgestellten EZB-Instrument »Transmission Protection Instrument« wirkt die EZB dieser Gefahr entgegen. Im Rahmen des TPI-Programms kauft sie einfach bevorzugt Staatsanleihen der bonitätsschwächeren Staaten am Finanzmarkt an und stabilisiert durch die zusätzliche Nachfrage deren Kurse. Gleichzeitig ersetzt die EZB z. B. die Tilgung auslaufender Anleihen der bonitätsstarken Staaten nicht in vollem Umfang durch den Erwerb neuer, sodass Neuemissionen dieser Titel zu einem höheren Teil über den Finanzmarkt finanziert werden müssen. Hierdurch steigt das Angebot, die Kurse finden ihr Gleichgewicht auf einem niedrigeren Niveau und die Rendite der Staatsanleihen der schwächer verschuldeten Staaten wird etwas höher.[44]

Die Bewertung des TPI fällt schwer. Insgesamt handelt es sich um eine renditesenkende Marktbeeinflussung durch den größten Marktteilnehmer (EZB) zugunsten schwacher EU-Staaten (Nehmerländer), die per Saldo durch etwas höhere Renditen für Schulden der bonitätsstarken EU-Volkswirtschaften (Geberländer) getragen werden. Welchen Eurobeträgen an Zinsersparnis (Nehmerländer) oder Zinsverlust (Geberländer) dies entspricht, wird man nie ermitteln können, da das Marktzinsniveau ohne die EZB-Beeinflussung letztlich nicht feststellbar ist. Bemerkenswert ist, dass allein die Ankündigung von TPI bereits ihre gewünschte Wirkung entfaltete – zumindest bis Ende 2022 wurde das Programm nicht angewandt. Unter dem Gesichtspunkt, dass Halbherzigkeit für die Eurozone gefährlich ist und man nicht vorsichtig über eine Schlucht springen kann (siehe nachstehendes Bild), ist das Vorgehen der EZB klar zu befürworten. Nicht verschwiegen werden sollen jedoch zahlreiche kritische Stimmen mit folgenden warnenden Argumenten:

1. Das TPI möchte die schwächeren Euro-Staaten vor »ungerechtfertigten« (gemeint ist: »rein spekulativen«) Zinsaufschlägen schützen. Jedoch lassen sich ungerechtfertigte von gerechtfertigten Zuschlägen nicht unterscheiden.[45]
2. Der EZB steht schon länger ein anderes Programm zur Verfügung, mit dessen Hilfe sie selektiv Anleihen von Mitgliedstaaten aufkaufen könnte. Dessen Nutzung ist jedoch an Reformen durch die betroffenen Staaten geknüpft und wurde daher bisher nicht genutzt.[46]
3. Es besteht die Sorge, dass die EZB in ein geldpolitisches Dilemma gerät, wenn sie einerseits die Leitzinsen erhöht, jedoch gleichzeitig durch fortgesetzten Ankauf von Staatsanleihen der schwächeren Staaten die Geldmenge ausweitet. Die US-amerikanische Fed hingegen reduziert seit 2022 parallel zu Zinserhöhungen auch ihre Anleihebestände, verringert also konsequent die Geldmenge.

Chance auf ein Happy End

Halbherzigkeit ist oftmals ein schlechter Ratgeber:

Man kann nicht vorsichtig über eine Schlucht springen.

Gerade der Versuch, durch Vorsichtigkeit ein Risiko zu vermeiden, kann selbst zu einem erheblichen Risiko werden. Diese Überlegung gilt auch für den Euro als Gemeinschaftswährung. Er kann und wird nur dauerhaft überleben, wenn die politische und wirtschaftliche Integration Europas vorangetrieben und aktuell noch bestehende Konstruktionsfehler durch weitere Reformen beseitigt werden.

Die Argumentation der Kritiker der Eurozone geht häufig dahin, auf die aktuell noch bestehenden Mängel des Euro als Gemeinschaftswährung hinzuweisen und diesen mit dem leuchtenden Vorbild des US-Dollars zu vergleichen. Hierbei wird jedoch die Tatsache übersehen, dass das Finanz- und Währungssystem der USA zum Erreichen der heutigen Ausbaustufe über 180 Jahre benötigt hat! Und dass auch dort eine Vielzahl von Anläufen zur Errichtung einer vollständigen Währungsunion zunächst an »Befindlichkeiten«, kulturellen Unterschieden und wirtschaftspolitischen Differenzen scheiterten.[47]

> *»Die wichtigste Lektion aus der währungspolitischen Geschichte der USA ist, dass der Weg hin zu einer vollständigen Währungsunion mit Fiskal-, Banken- und politischer Union lang und mühsam sein kann. … Es brauchte daher viel Zeit, Geduld und Kompromissbereitschaft, um eine vollständige Währungsunion zu erzielen.«*[48]

Zusammenfassend lässt sich festhalten, dass das aktuell noch laufende Experiment Euro als größte Währungsunion der Welt nach mehr als zwanzig Jahren bereits ein paar Kinderkrankheiten überlebt hat, jedoch noch nicht erwachsen ist. Eine Prognose der Zukunft der Gemeinschaftswährung ist – wie alle Prognosen – unseriös, zumal eine Fülle von schwächenden wie auch stärkenden Faktoren aus der Politik die makroökonomische Logik überlagern. Natürlich ist es möglich, dass die Währungsunion im weiteren Reformprozess von innen heraus zerbricht oder an unvorhersehbaren externen Verwerfungen scheitert. Dass dies jedoch in Kürze passiert, ist wohl eher unwahrscheinlich. Auch zeigt das Beispiel der langjährigen Aufbauhistorie des US-Dollar, dass auch die Eurozone eine Zukunftschance hat. Selbst mehrere extreme Belastungssituationen hat die Eurozone – zwar mit Knirschen, aber immerhin – überlebt. Während der Volksmund sagt: »Totgesagte leben länger«, muss man Mario Draghi wohl die Richtigkeit dieses Zitates zubilligen:

»Man kann auch an eingebildeten Krankheiten sterben.«

In der näheren Zukunft werden die zur Inflationsbekämpfung erforderlichen Zinssteigerungen und der Ausstieg aus einer Politik massiver Geldmengenausweitung durch die EZB die zentralen Herausforderungen sein.

3.3 Das (vorläufige) Ende von Null- und Negativzinsen

Allein schon die Psychologie fordert positive Zinsen

Dass man für die Anlage von Kapital einen positiven Zins erhält, ist bereits aus psychologischen Gründen naheliegend. Denn Menschen konsumieren lieber heute als morgen. Also fordern sie ein Entgelt dafür, dass sie sparen bzw. investieren und dafür ihren heutigen Konsum einschränken. Dieses Phänomen wird als **Gegenwartspräferenz** oder **ökonomische Zeitpräferenz** bezeichnet. Experimente mit Kindern, die für den Verzicht, einen Marshmallow sofort zu verspeisen, später mit einem zweiten belohnt wurden, »bewiesen« die Existenz der ökonomischen Zeitpräferenz.[49]

Abb. 17: Das Stanford-Marshmallow-Experiment

So lange Menschen einen Zinssatz erhalten, der über ihrer persönlichen Zeitpräferenzrate liegt, üben sie Konsumverzicht und sparen. Im umgekehrten Fall lösen sie Ersparnisse auf oder verschulden sich sogar. Fasst man die individuellen Gegenwartspräferenzraten aller Menschen eines Wirtschaftsraumes zusammen, ergibt sich die gesamtwirtschaftliche Zeitpräferenzrate. Steigende oder sinkende Zinsen sind somit eine Reaktion auf Veränderungen der gesellschaftlichen Zeitpräferenzrate und sorgen für das perfekte **Gleichgewicht zwischen Gegenwartskonsum und zukünftigem Konsum**. Indem Zentralbanken die Zinshöhe steuern, können sie die kollektive Abwägung zwischen Gegenwarts- und Zukunftskonsum beeinflussen und damit z. B. Konjunkturzyklen glätten – soweit die Theorie.

Unwägbarkeiten bei Zinssätzen und Zeitpräferenz

Jedoch verbergen sich sowohl hinter der Zeitpräferenz als auch den positiven Zinsen Unwägbarkeiten: **erstens** bei der Zusammensetzung des Zinssatzes und **zweitens** bei der Höhe der Zeitpräferenz.

Zusammensetzung des Zinssatzes

Der weitaus größte Teil der Bevölkerung unterliegt der sogenannten **Geldillusion**, denkt also in nominellen statt realen Größen. Der ehemalige Finanzminister Schäuble spielte hierauf im folgenden Zitat an: *»Drei Prozent Zins bei drei Prozent Inflation ist nicht dasselbe wie null Prozent Zins bei null Prozent Inflation.«*[50] Schäubles Befürchtung war, dass die Bundesbürger weniger private Vorsorge betreiben könnten, wenn die Geldillusion wegfiele.

Die nachfolgende Abbildung zeigt eine typische Situation mit positiven, der Besteuerung unterliegenden Nominalzinsen bei gleichzeitiger Inflation. Sie erkennen sofort, dass selbst bei positiven Nominalzinsen der reale Nettozins negativ sein kann.

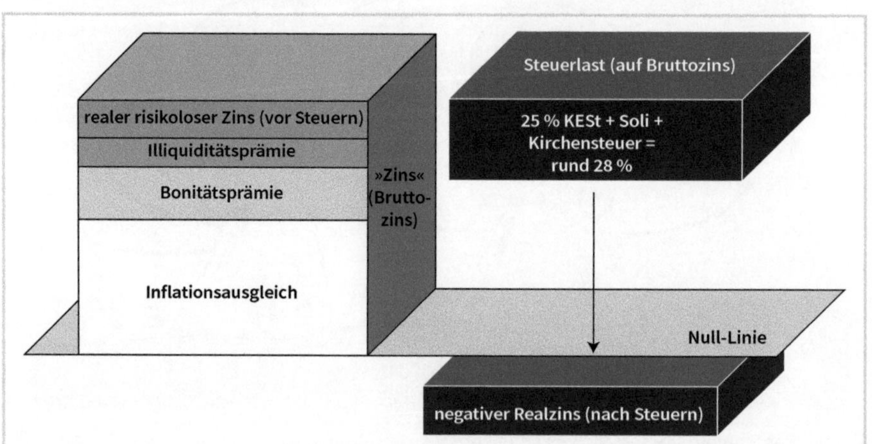

Abb. 18: Auch bei positiven Nominalzinsen war der reale Nettozins häufig negativ

Wie die Abbildung zeigt, ist vom nominellen Zins (= Bruttozins) die **Inflationsrate** abzuziehen, wodurch sich im von Herrn Schäuble zitierten Beispiel – nämlich Nominalzins entspricht Inflationsrate – bereits ein Wert von Null ergeben würde. Bei der Abbildung ist die Differenz zwar noch positiv, jedoch enthält sie noch **Risikoprämien** und **Illiquiditätsprämien**, die bei ökonomisch korrekter Sicht eben gerade keinen Zins darstellen, sondern eine Art »Versicherungsgebühr« bzw. Schadenersatz für das Tragen von Risiken (Zahlungsausfall) bzw. das Erdulden der Nachteile schlecht liquidierbarer Anlagen.[51] Der verbleibende Realzins ist im Beispiel noch minimal positiv – jedoch in den letzten Jahrzehnten häufig schon kräftig negativ. Aufgrund des Prinzips der **Nominalbesteuerung** (Anwendung des Steuersatzes **auf den Bruttozins**) ergibt sich eine noch schlechtere **negative Realverzinsung** nach Steuern.

Vermeidet man die Geldillusion und berechnet den realen risikolosen Zins nach Steuern, so kommt man für den größten Teil der Zeit seit dem Zweiten Weltkrieg und der Euro-Einführung auf negative Werte. Das haben die meisten Bürger nur nicht realisiert.

Die in den Jahren vor 2022 bestehende Null- und Negativzinswelt war also zwar sehr unerfreulich, jedoch bewirkte das gleichzeitige Sinken von Zinsniveau und Inflationsrate den Wegfall der Geldillusion. Damit erkannten weite Bevölkerungskreise erstmals die Unvorteilhaftigkeit von Zinsanlagen, was von den Crash-Propheten und Schwarzmalern dramatisierend ausgenutzt wurde. Ein gegenläufiger Effekt wird dabei allerdings in der Regel nicht benannt: Die Versteuerung inflationärer Scheingewinne (also Steuern auf den durch Zinsen gerade kompensierten Inflationsschaden) ist in der Nullzinswelt für den Anleger weggefallen. 3 % Zins bei 3 % Inflation führen nämlich nach Steuern zu einer negativen Realverzinsung von minus 0,84 % (errechnet aus 28 % KESt. inkl. Soli und Kirchensteuer auf nominelle 3 % Zins).

»Angemessene« Höhe der Zeitpräferenz

Je nach Wohlstandsniveau und insbesondere Altersstruktur der Bevölkerung könnte es auch sein, dass sich die Zeitpräferenz ändert und somit immer mehr Menschen bereit sind, auch dann zu sparen, wenn sie keine Zinsen – oder im Extremfall sogar eine negative Verzinsung – erwarten.[52] Empfinden beispielsweise weite Kreise der Bevölkerung ihr gegenwertiges Konsumniveau als befriedigend und fürchten gleichzeitig Einkommenseinbußen in der Zukunft, so könnte dies ihren Sparwillen erhöhen, d. h., ein Nullzins oder sogar negativer Zins würde bei noch niedrigerer Zeitpräferenzrate (z. B. minus 2 % oder minus 3 %) dem Sparen nicht zwingend entgegenstehen. Ein sattes Eichhörnchen, das im goldenen Herbst die vielen Nüsse, die es findet, gar nicht mehr essen mag, versteckt diese für den kalten Winter. Und überlebt diesen, selbst wenn es nicht alle versteckten Nüsse später wiederfindet (was einer Negativverzinsung auf die versteckten Nüsse entspricht). Es besteht die Annahme, dass entwickelte und gesättigte Volkswirtschaften (Beispiel Japan[53]) mit hohem Anteil älterer Menschen und stagnierender Wirtschaftsleistung beginnen, in Richtung des Eichhörnchens zu denken[54]. Aber nur solange die Inflation gering bleibt.

Niedrigzinspolitik der EZB durch Anleihekäufe – Problemlösung oder Problemverschleppung?

Zwischen 2009 und 2022 hat die EZB – mit einer Unterbrechung in 2019 – eine Vielzahl von Anleihe-Aufkaufprogrammen durchgeführt. Die Abfolge und klingenden Namen der einzelnen Programme können Sie bei Interesse der Endnote entnehmen.[55] Die nachstehende Grafik gibt einen schnellen Überblick und zeigt auch das vorläufige Ende der EZB-Anleiheankäufe im Jahr 2022.

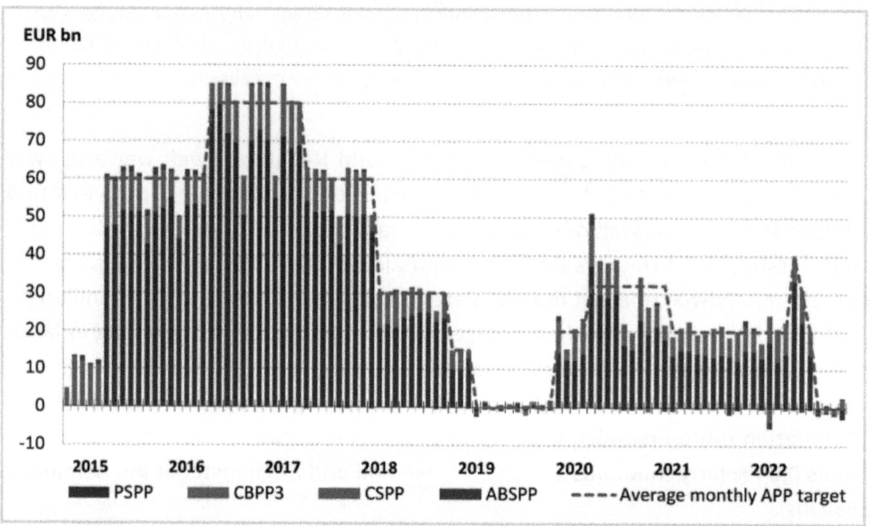

Abb. 19: Struktur und Gesamtvolumina der monatlichen EZB-Anleihe-Aufkäufe (Achtung: Nettowerte) (Quelle: https://www.ecb.europa.eu/mopo/implement/omt/html/index.en.html#cspp)

Nettowerte: Um die Diskussion der Anleihekäufe korrekt zu verstehen, sollten Sie beachten, dass es sich jeweils um **zusätzliche** Käufe – also eine weitere Ausweitung der Geldmenge – handelt. Werden Anleihen endfällig, so erwirbt die EZB von dem rückfließenden Geld zusätzlich neue Anleihen. Dies wird in der kumulativen Betrachtung gut deutlich (siehe nachfolgende Abbildung 20).

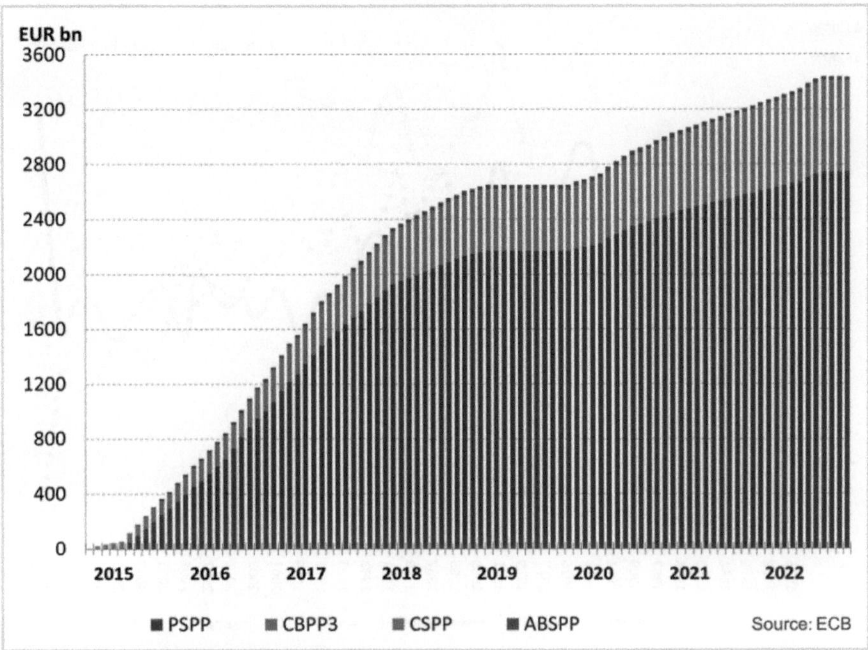

Abb. 20: Entwicklung der kumulierten EZB-Anleiheaufkäufe (Quelle: https://www.ecb.europa.eu/mopo/implement/omt/html/index.en.html#cspp)

Die Grafiken der EZB sind in englischer Sprache dargestellt – es handelt sich also hier nicht um 2.800 Billionen, sondern um **2.800 Milliarden** – oder 2,8 Billionen Euro –, was aber immer noch eine Menge Geld ist.

Da die Interpretation solch großer Zahlen stets schwerfällt, hier zwei Vergleichswerte: Zum Jahreswechsel 2022/2023 betrug das unverzinsliche Geldvermögen der Deutschen rund 3 Billionen Euro (vgl. Kapitel 5.2) und der Stand der deutschen Target-2-Forderungen an die EZB rund 1,3 Billionen Euro.

Direkte Folgen der Niedrigzinspolitik

Die unmittelbaren Folgen des sukzessiven Anleihe-Aufkaufs sowie ergänzender geldpolitischer Maßnahmen lassen sich gut an der Entwicklung der Umlaufrendite erkennen.

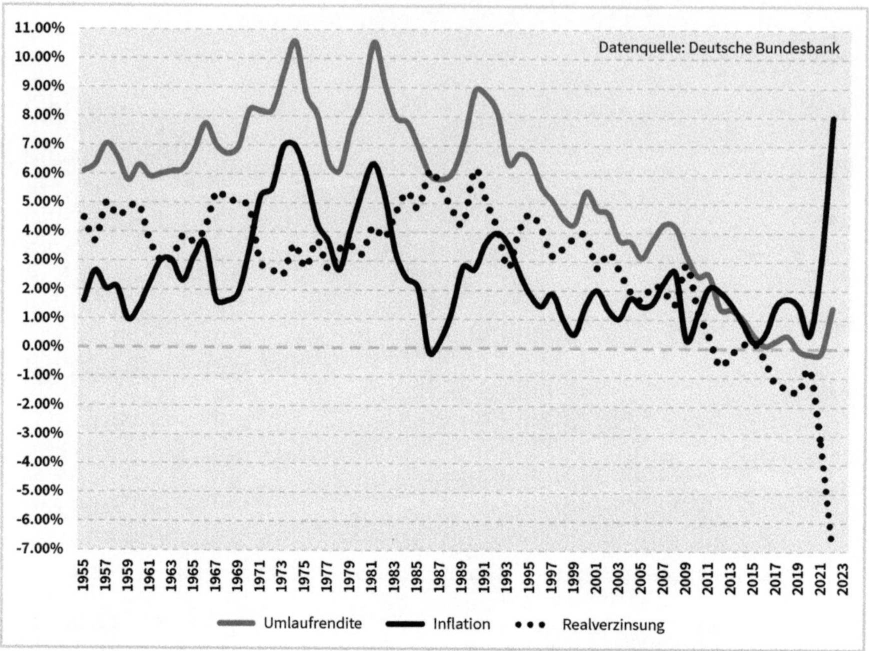

Abb. 21: Entwicklung von Umlaufrendite, Inflation und Realverzinsung im Zeitverlauf (Datenquelle: Deutsche Bundesbank, https://www.bundesbank.de/dynamic/action/de/statistiken/zeitreihen-datenbanken/zeitreihen-datenbank/723452/723452?tsId=BBK01.WT3229, eigene Darstellung)

Parallel zur Umlaufrendite (graue Funktion) wurden die Inflationsrate (schwarze Funktion) sowie die Realverzinsung vor Steuer (gepunktete Linie) ausgewiesen. Es wird erkennbar, dass seit der Euro-Einführung sowohl die Umlaufrendite als auch die Inflationsrate – unter Schwankungen – bis Mitte 2021 gefallen sind. Gleichzeitig wird jedoch auch erkennbar, dass die Tendenz zu sinkenden Inflationsraten und sinkenden Umlaufrenditen bereits seit den achtziger Jahren und damit weit vor der Euro-Einführung begann. Dies könnte ein Hinweis auf eine nachlassende Wachstumsdynamik, geringere Produktivitätssteigerungen sowie die Auswirkungen einer veränderten Bevölkerungsstruktur und Alterspyramide (weniger Menschen im Arbeitsleben) sein – ein weiteres Indiz dafür, dass die häufig zu hörenden Schuldzuweisungen in Richtung Geldpolitik größtenteils nicht berechtigt sind. Nach heutigem Erkenntnisstand hat die Geldpolitik der EZB vor allem auf veränderte güterwirtschaftliche Verhältnisse reagiert.[56] Die Geldpolitik der – früher zuständigen – Deutschen Bundesbank wäre unter diesen Umständen aller Wahrscheinlichkeit recht ähnlich gewesen (vgl. Kapitel 2.3). Geradezu dramatisch ist jedoch der Anstieg der Inflation, der sich bereits im 2. Halbjahr 2021 – also eindeutig **vor** Ausbruch des Ukraine-Kriegs – ankündigte und sich ab dem 2. Quartal 2022 aufgrund einer Vielzahl von gleichzeitig eintretenden Effekten (vgl. Kapitel 3.4) extrem verstärkte.

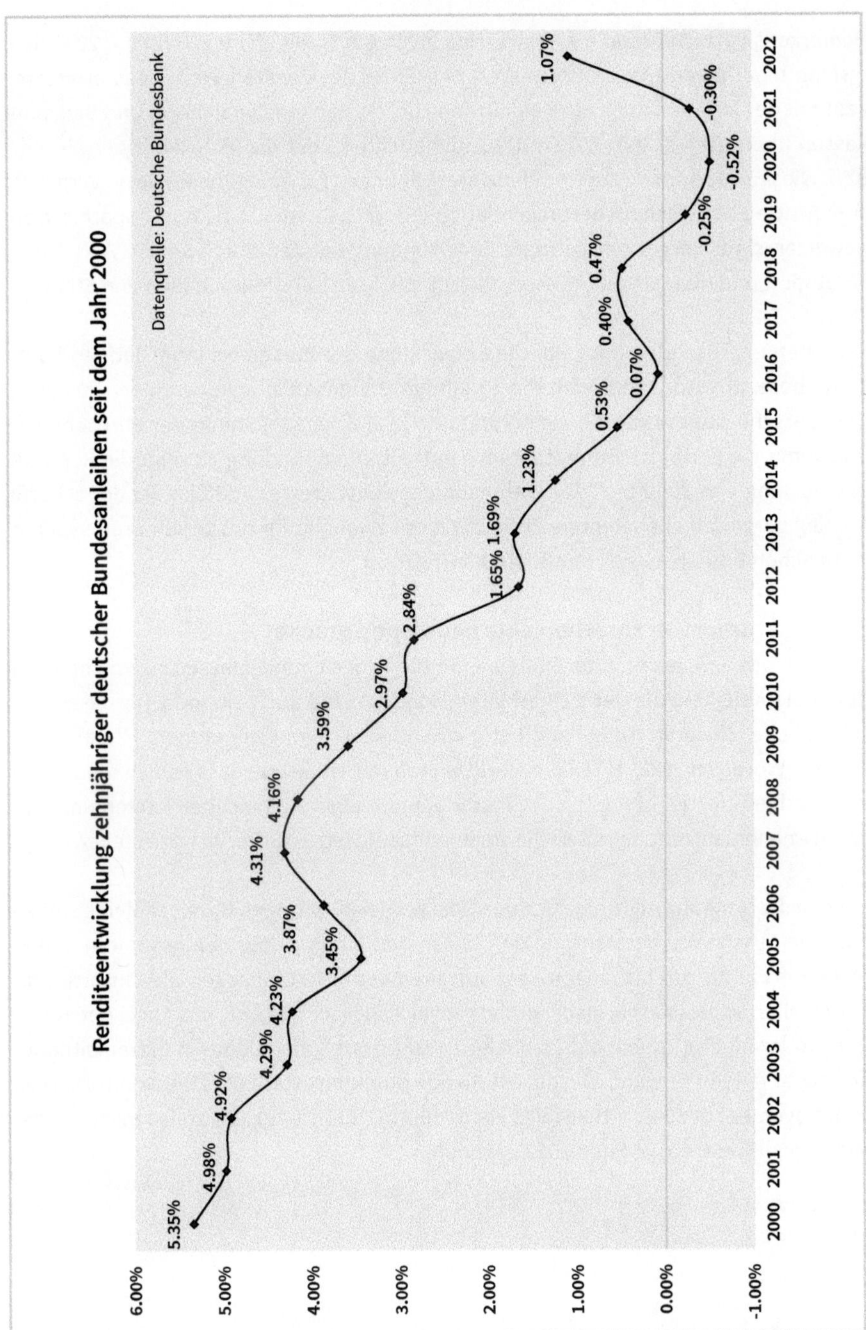

Abb. 22: Renditeentwicklung 10-jähriger deutscher Bundesanleihen seit dem Jahr 2000 (Datenquelle: Deutsche Bundesbank; https://www.bundesbank.de/dynamic/action/de/statistiken/zeitreihen-datenbanken/zeitreihen-datenbank/723452/723452?tsId=BBK01.WT3229; eigene Darstellung)

Bemerkenswert: Während die Realverzinsung in Deutschland im 2. Halbjahr 2022 den bislang niedrigsten (negativsten) Wert seit Ende des Zweiten Weltkriegs erreichte, kam mit der Inflation auch die Geldillusion zurück. Banken, Versicherer und Bausparkassen überboten sich in 2022 mit Positivberichten über die »Rückkehr der Zinsen« bzw. wiesen euphorisch auf Nominalzinserhöhungen für Anleger hin, die im Vergleich zum Anstieg der Verbraucherpreisinflation jedoch bestenfalls als homöopathisch zu bewerten sind. Bürger mit geringer Finanzbildung werden durch solche Fake News verdummt und finanzieren unwissentlich durch ihren Inflationsschaden den Staat.

Für einen ergänzenden Blick auf die Entwicklung der **Zinsen im langfristigen Laufzeitenbereich** wird traditionell die 10-jährige Bundesanleihe verwendet. Dies, weil die deutsche Bundesanleihe als bonitätsstärkste Staatsanleihe in der Eurozone gilt und somit die geringste Bonitätsprämie enthält. Die Abbildung 22 zeigt die Renditeentwicklung von 2000 bis 2022 (Jahresdurchschnittswerte). Auffällig ist der scharfe Anstieg der nominellen Rendite Ende 2022, der zwangläufig zu starken Bremsspuren in manchen Branchen, z. B. der Bauindustrie, führt.[57]

Zinsstrukturkurven sprechen eine deutliche Sprache

Renditen um bzw. leicht unter Null für eine 10-jährige Laufzeit lassen sich nicht allein durch die Anleihekäufe der EZB erklären, sondern sind auch ein Indiz für die durchschnittliche Zinserwartung langfristig orientierter Marktteilnehmer. Mit anderen Worten: Würde ein großer Teil der Marktteilnehmer erwarten, dass es sich nur um ein kurzfristiges Zinstief handelt, so wäre der Renditeabstand zwischen kurzen und längeren Anleihelaufzeiten größer. Die sogenannte Zinsstrukturkurve wäre steiler.

Sowohl die Umlaufrendite als auch der Zinssatz der 10-jährigen Bundesanleihe stellen nur eine Ausschnittsbetrachtung der Zinsen dar. Ein Blick auf den gesamten Renditeverlauf von kurzen bis langen Restlaufzeiten vermittelt hingegen die Zinsstrukturkurve. Hier interessieren insbesondere zwei Aspekte, nämlich die Lage der Kurve (hoch oder niedrig) sowie die Steilheit der Kurve (steil, flach oder in Extremsituationen sogar fallend = invers). Die nachstehende Abbildung stellt die Zinsstrukturkurven vom November der Jahre 1996 (also vor der Euro-Einführung), 2019 (also mitten in der Minuszins-Phase) sowie Ende 2022 gegenüber.

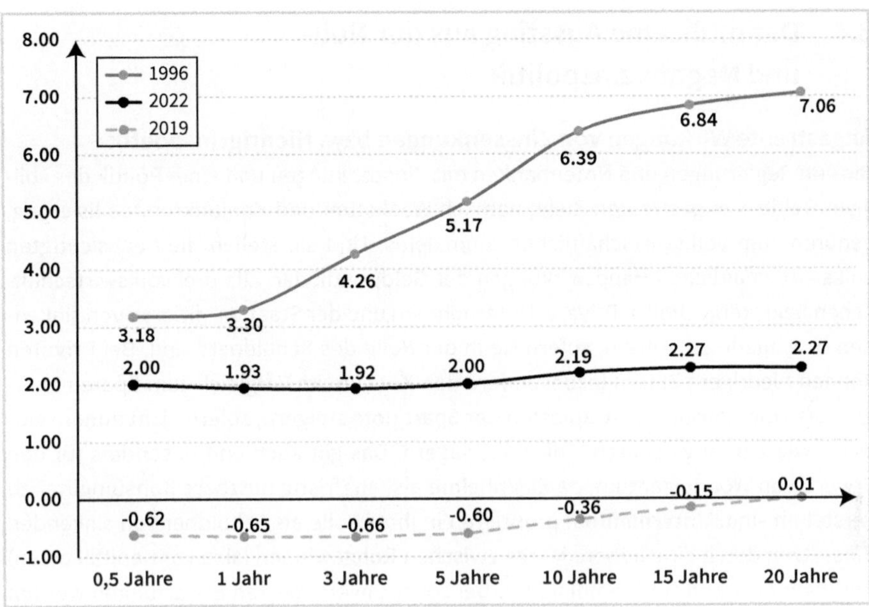

Abb. 23: Zinsstrukturkurven der Jahre 1996, 2019 und 2022 im Vergleich

Die hellgraue Linie zeigt die »gute alte Zeit«, nämlich den überwiegenden Zustand der Zinsstruktur zwischen Währungsreform 1948 und Euro-Einführung. Auffallend ist, dass die Zinsen bereits im kurzfristigen Bereich stark positiv sind und die Funktion zu längeren Laufzeiten hin noch kräftig weiter ansteigt. Eine extreme Besonderheit stellt die Zinsstrukturkurve des Jahres 2019 (gestrichelte graue Linie) in zweierlei Hinsicht dar: Erstens sind die negativen Zinssätze bis zu einer Laufzeit von 20 Jahren außergewöhnlich. Zweitens verläuft die Funktion extrem flach. Es fehlen die sogenannten Laufzeitprämien, also eine Mehrverzinsung dafür, dass Anleger längere Bindungsdauern eingehen. Die sich hieraus ergebenden Folgen für das Geschäftsmodell der Kreditinstitute werden nachstehend in Kapitel 3.4 näher erläutert. Die durchgezogene schwarze Zinsstrukturkurve des Jahres 2022 zeigt zwar über den gesamten Laufzeitenbereich wieder positive Nominalzinsen, was jedoch angesichts einer vielfach höheren Inflationsrate kein Grund zur Freude ist. Auch an der Flachheit der Kurve hat sich noch nichts geändert.

3.4 Der mühsame Ausstieg aus der Null- und Negativzinspolitik

Angestrebte Wirkungen von Zinssenkungen bzw. Niedrigzinspolitik

Die von Regierungen und Notenbanken mit Zinssenkungen und einer Politik des »billigen Geldes« angestrebten Ziele, nämlich Wachstum und Konjunkturstabilisierung, gehören zum volkswirtschaftlichen Einmaleins. Und sie stellen die beabsichtigten volkswirtschaftlichen Hauptwirkungen der Geldpolitik dar. Alle drei volkswirtschaftlichen Sektoren, nämlich Private, Unternehmen und der Staat, profitieren von sinkenden bzw. niedrigen Zinsen, sofern sie in der Rolle des Schuldners sind. Bei **Privaten** können niedrigere Zinsen insbesondere den Konsum im Vergleich zum Sparen anregen, also die Konsumquote zulasten der Sparquote steigern, sofern nicht andere Motive – wie z. B. Angstsparen – dies überlagern. Das gilt auch und besonders für den Erwerb von Wohneigentum, da Eigenheime als langfristig nutzbare Konsumgüter zu verstehen sind. **Unternehmen** profitieren in ihrer Rolle als Schuldner von sinkenden Zinssätzen durch eine höhere Marge zwischen Rohgewinnen (also vor Kapitalkosten) und dem Aufwand für Fremdkapital. Bei sonst unveränderten Erwartungen werden sie daher mehr investieren – auch weniger rentable Investitionen werden lohnend. Der **Staat**, der sich nahezu immer in der Situation eines Netto-Schuldners befindet, profitiert von der sinkenden Zinslast, die – wiederum bei sonst unveränderten Bedingungen – zu größeren Spielräumen in der Fiskalpolitik (also konjunkturelle Stabilisierung der Wirtschaft durch Staatsausgaben sowie Steuern) führt.

Im Ergebnis bewirken Zinssenkungen sowie auch dauerhaft niedrige Zinsen gesamtwirtschaftliche Wachstumsanreize über alle drei volkswirtschaftlichen Sektoren hinweg. Wenn da nicht die vielen Nebenwirkungen und die Inflation wären …

(Neben-)Wirkungen und Kollateralschäden von Null- und Negativzinsen

Nicht nur kluge Ärzte, sondern auch kluge Volkswirte und Geldpolitiker bedenken neben den positiven Wirkungen auch die Nebenwirkungen ihres Tuns. Es kann sein, dass sich die Nebenwirkungen der Therapie als schlimmer als die eigentliche Krankheit erweisen. Und da manche Nebenwirkungen erst zeitverzögert auftreten, sollten auch Schaden und Nutzen jeder geldpolitischen Therapie auf lange Sicht bedacht werden. Weil sich dabei wirtschaftlicher Wohlstand in realen Größen und nicht etwa inflationierten Zahlen zeigt, darf sich die Analyse nicht allein auf Euro-Zahlen oder nominelle Verzinsungen beziehen.

Verbraucherpreisinflation: Spät, aber umso heftiger

Erstaunlich lange, nämlich bis Herbst 2021, ist die befürchtete inflationssteigernde Wirkung der Geldmengenausweitung und Nullzinspolitik ausgeblieben.[58] Ganz im Gegenteil: Die EZB wies noch in 2021 darauf hin, dass die Preissteigerung das gesetzte

Inflationsziel von 2 % p. a. nicht erreicht habe und sie deshalb ihre ultra-lockere Geldpolitik fortsetzen müsse. Jedoch war zu diesem Zeitpunkt bereits erkennbar, dass die Statistik nur einen Teil der gesamten Wahrheit abdecken kann.[59]

Im Laufe des Jahres 2022 kam dann gleich ein ganzer Cocktail **inflationstreibender Faktoren** für die Eurozone zusammen, die wichtigsten sind:

- Unmittelbare Kostensteigerungen durch Angebotsverknappung bei Vorprodukten, Teilen, Komponenten (Computerchips und Baumaterialien sind die bekanntesten Beispiele).
- Zusätzliche Kostensteigerungen durch Veränderung der Lieferketten nach den Erfahrungen mit Corona: Während der Fokus zuvor über Jahrzehnte primär darauf lag, den weltweit billigsten Zulieferer zu finden, legt man nun vor allem das Gewicht auf die Robustheit und Zuverlässigkeit der Lieferketten. Man versteht sofort, dass dies unvermeidbar Kostensteigerungen nach sich zieht.
- Weitere Kostensteigerungen durch zusätzliche geopolitisch motivierte Veränderung der Lieferketten nach dem Kriegsausbruch in der Ukraine am 24. Februar 2022. Ein Teil hiervon ist der Preis, den die Eurozone für die von ihr verhängten Sanktionen bezahlen muss, jedoch geht die Gesamtwirkung erheblich darüber hinaus.
- Importierte Inflation durch die Abwertung des Euro gegenüber wichtigen Auslandswährungen. Sie betrug gegenüber dem US-$ in der Spitze bis zu 15 %. Hierdurch stiegen alle Importpreise – besonders schmerzhaft wirkte sich das bei den Preisen für Öl und wichtige Rohstoffe aus, die in US-$ notiert bzw. gehandelt werden.
- Nachfragebedingte Kostensteigerungen durch veränderte Verhaltensweisen von Unternehmen und Privaten aufgrund gestiegener Inflationserwartung. Dies ist eine Folgewirkung der obigen Faktoren. Sicherheitshalber füllen viele also erst einmal ihre Läger und Vorräte, was zu einer weiteren Verschärfung von Mangellagen – nun eben von der Nachfrageseite ausgelöst – führt.

Dies alles steht vor dem Hintergrund einer Ausgangslage historisch geringer Zinsen und einer im Wirtschaftssystem vorhandenen üppigen Liquidität. Diese bilden einen zusätzlichen Nährboden für die Inflation der Verbraucherpreise. Während die Verbraucherpreise bis Mitte 2021 nur moderat wuchsen, sah dies bei den Vermögenspreisen längst schon ganz anders aus. Womit wir bei der Vermögenspreisinflation = Asset Inflation sind.

Vermögenspreisinflation (Asset Inflation): frühzeitig und nachhaltig

Bereits als Folge der geldpolitischen Lockerungen nach der Immobilienkreditkrise setzte – zunächst schwach und dann immer stärker werdend – eine **Inflation der Vermögenspreise** in der Eurozone ein. Sie wird auch als Asset Inflation bezeichnet und betraf alle relevanten Sachvermögensklassen (insbesondere Aktien, Immobilien und Grundstücke sowie Gold, Edelmetalle und viele Rohstoffe). Selbst sogenannte Exotische Assetklassen (wie Kunst, Schmuck, Rotwein, Whiskey und andere wertvolle Sammelgegenstände) erlebten einen Boom. Auch der Aufstieg von Kryptowährungen und der virtuellen Assetklasse NFT[60] sowie Investitionen im Metaverse lassen sich z. T. auf die Vermögenspreisinflation zurückführen.

Es gibt einen unmittelbaren Zusammenhang zwischen Zinssenkungen bzw. Niedrigzinsen einerseits und Vermögenspreisinflation andererseits. Bindet man Kapital in Sachanlagen, kann man es nicht gleichzeitig in verzinsliche Anlagen anlegen. Dadurch entstehen entweder **Opportunitätskosten** oder die Kapitalbindung erfordert eine Finanzierung, die **zahlungswirksame Zinskosten** verursacht. Beide Arten von Kosten gehen zurück, wenn die Zinsen sinken, und machen somit Sachanlagen attraktiver. Es kommt zu Nachfrage- und damit Preissteigerungen von Sachanlagen. Und wenn diese marktbreit und über viele/alle Anlageklassen eintreten, spricht man von Vermögenspreisinflation.

Durch Asset Inflation verursachte Preissteigerungen, auch wenn sie teilweise eine Verdoppelung oder Verdreifachung innerhalb eines Jahrzehnts betragen, sind nur in wenigen Fällen als Preisblase im Sinne einer Übertreibung zu interpretieren. Die Sorge vor einer Blase, die platzen könnte, ist nämlich nur dann gerechtfertigt, wenn viele Investoren nicht fristenkongruent, also z. B. langfristiges Immobilieneigentum mit Krediten kurzer Zinsbindungsfrist, finanzieren. Und als Folge bei steigenden Zinssätzen ihre Kredite nicht mehr bedienen können, sodass es zum Notverkauf oder einer Versteigerung der Immobilien kommen kann. In der Diskussion um angebliche Blasen wird jedoch gerne übersehen, dass sich der betriebswirtschaftlich korrekt ermittelte Ertragswert[61] einer langfristigen, renditetragenden Anlage, wie z. B. einer vermieteten Immobilie, durch starke Zinssenkungen bei sonst unveränderten Daten durchaus vervier- bis versechsfachen kann. Denn die Ertragswertsteigerung durch sinkende Zinsen ist umso höher, je länger die Sachinvestition ihre Erträge abwerfen wird. Sofern Investoren sich den Finanzierungszins langfristig gesichert haben, kann man ihnen daher keine Irrationalität vorwerfen, wenn sie z. B. trotz einer Verdoppelung des Preisniveaus noch auf der Käuferseite stehen. (Ein Beispiel für eine Ertragswertrechnung finden Sie in der Endnote.[62]) Der bei sinkenden Zinsen auftretende Effekt der Aufblähung von Vermögenspreisen kehrt sich bei steigenden Zinssätzen zwangsläufig um – die Mathematik wirkt symmetrisch in beide Richtungen. Dass der ungewöhnlich scharfe Zinsanstieg im 2. Halbjahr 2022 also noch nicht zinsgesicherte Bauvorhaben trifft und somit die Bauwirtschaft ab 2023 mit starken Umsatzeinbrüchen rechnen muss, liegt nahe.[63]

> Während die Vorhersage der zukünftigen Entwicklung von Vermögenspreisen rein spekulativ wäre, sollten Sie den inneren Zusammenhang zwischen dem ökonomischen Wert von Sachvermögensanlagen und der Zinshöhe kennen und vor konkreten Entscheidungen zumindest grob errechnen können. Damit können Sie auch zinsgetriebene Vermögenspreiseffekte von spekulativen Preisblasen unterscheiden.

Bedrohung der wichtigsten Ertragsquelle von Geschäftsbanken

Ein zentrales Geschäft von Kreditinstituten[64] besteht in der Hereinnahme von Kundeneinlagen jeder Form und der Weiterverleihung dieser Mittel in Form von Krediten. Dabei betreiben die Banken typischerweise eine sogenannte **Fristentransformation**, d. h., sie wandeln überwiegend kurzfristige Einlagen in länger laufende Kredite um (Schlagwort: »Aus kurz mach lang.«). Hierdurch verdienen Banken eine sogenannte **Laufzeitprämie**, d. h., sie profitieren vom positiven, also ansteigenden Verlauf der Zinsstrukturkurve mit der Dauer der Kapitalüberlassung (Restlaufzeit). Dieser Effekt ist umso stärker, je steiler der positive Verlauf der Zinsstrukturkurve ist. Die nachstehende Abbildung zeigt den Zusammenhang in stark vereinfachter Form.[65]

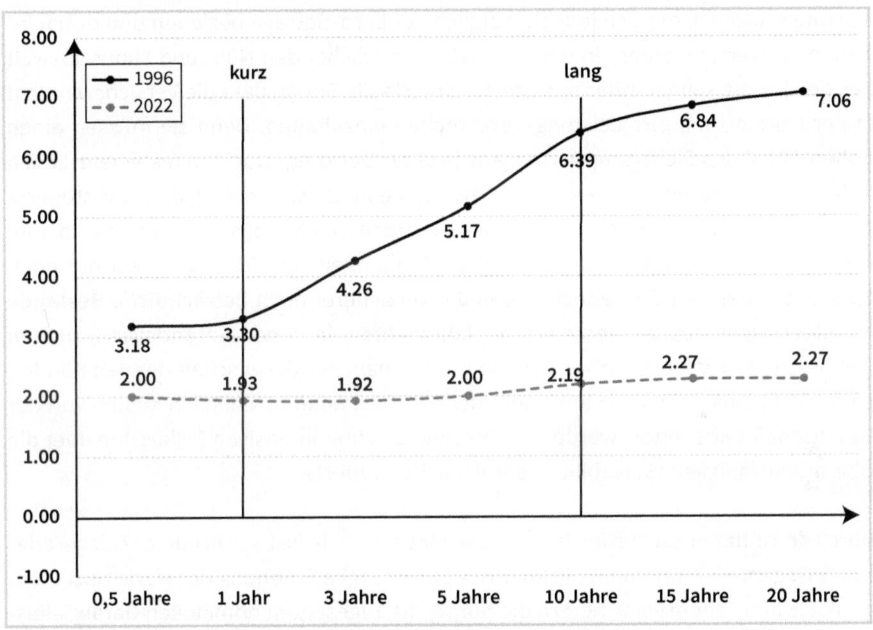

Abb. 24: Flache Zinsstrukturkurve bedroht das Geschäftsmodell von Banken

Bei einer normalen Zinsstrukturkurve ist die Laufzeitprämie für die Geschäftsbanken beträchtlich, siehe die graue Kurve in der obigen Abbildung. Die Beispielsdaten des Jahres 1996 ergeben eine Laufzeitprämie zwischen einjähriger und zehnjähriger Zinsbindungsdauer in Höhe von 6,39 % minus 3,30 %, also etwas über 3 % p. a. Eine schöne Marge für die Bank, aus der sie viele Kosten decken und zudem noch Gewinn erzielen kann. Für das Gegenbeispiel des Jahres 2022 ergibt sich eine kleine Laufzeitprämie von gerade mal 2,19 % minus 1,93 %, also mageren 0,26 %. Dieser Zusammenhang ist der wichtigste Grund dafür, dass Banken und Sparkassen wegfallende Erträge aus der Zinsmarge durch Gebühren sowie Provisionserträge zu kompensieren versuchen.

In der Zeit seit dem Zweiten Weltkrieg kam es schon gelegentlich, wenn auch selten, zu flachen Zinsstrukturkurven, zweimal sogar zu fallenden (= inversen) Verläufen. Gesunde Banken und Sparkassen überstehen solche Dürrephasen für eine überschaubare Zeit. Den **längerfristigen Wegfall von Laufzeitprämien** verträgt das traditionelle Geschäftsmodell der Kreditinstitute jedoch nicht und es fällt ihnen angesichts hoher Restrukturierungskosten (insbesondere Abfindungen)[66] auch schwer, die wegfallenden Erträge durch Kosteneinsparungen aufzufangen.

Lebensversicherer: zuerst Existenzsorgen, dann wertlose Garantien

Kapitalbildende Altersvorsorgeverträge von Versicherern (z. B. Riester, Rürup, private Lebens- und Rentenversicherungsprodukte) enthalten extrem langfristige nominelle Leistungszusagen, die sich jedoch lediglich auf Euro-Beträge beziehen und durch Inflation entwertet werden. In der bis 2021 vorherrschenden Null- und Minuszinswelt bei gleichzeitig kleiner Inflationsrate dominierte die Sorge, dass die Versicherer nicht in der Lage wären, ihre Leistungsversprechen einzuhalten. Denn sie müssen einen hohen Anteil des Sicherungsvermögens (früher: Deckungsstock) in festverzinslichen Anleihen investieren, für die es phasenweise keine Zinsen mehr gab. Zwar steuerte die Finanzaufsicht dadurch gegen, dass der Höchstrechnungszins (Garantiezins) im Neugeschäft nach bereits zuvor erfolgten Senkungen zum 01.01.2022 auf nur noch 0,25 % reduziert wurde. Jedoch haben die Versicherer noch beträchtliche Bestände an Altverträgen aus den letzten zwei Jahrzehnten, in denen Garantieverzinsungen von bis zu 4 % versprochen wurden. So lag bei mancher Gesellschaft der den Kunden garantierte Zins im Durchschnitt über der erzielten Rendite, die nach Kosten von der Gesellschaft selbst erlöst werden konnte, was zu einer intensiven Diskussion über die Überlebensfähigkeit (Solvabilität) der Versicherer führte.

Durch den Inflationsschub im Jahr 2022 veränderte sich die Lage in kurzer Zeit geradezu ins Gegenteil. Zwar nahm die kurzfristige und steile Erhöhung der Marktzinsen um grob 2 % den Lebensversicherern die Sorge, die zugesagten nominellen Garantieleistungen nicht mehr erwirtschaften zu können. Jedoch entwertete die hohe Inflation allein im Jahr 2022 ganz grob gesagt 10 % des realen Wertes der Leistungszusagen. Ob die Versicherungskunden dies tatsächlich zutreffend einschätzen, hängt davon ab, ob sie der Geldillusion[67] unterliegen.

> Der durch die sehr hohe Inflation erzwungene Zinsanstieg erleichtert den Versicherern die Erfüllung ihrer nominellen Leistungsgarantien. Jedoch entwertet die Inflation den realen Wert (Kaufkraft) der Leistungen, sodass Versicherungssparer eindeutige Verlierer der aktuellen Finanzmarktkrise sind.

Die irrtümliche Orientierung an nominellen Garantieleistungen anstatt deren tatächlicher Kaufkraft ist ein über weite Bevölkerungsteile verbreiteter Fehler. Er beschert Versicherungskunden – gerade in Finanzkrisen, die häufig durch hohe Inflationsraten begleitet werden – herbe Verluste. Dies beweist auch ein Blick in die Vergangenheit. Über mehrere »Goldene Jahrzehnte« nach dem Zweiten Weltkrieg akzeptierten die Versicherungskunden nämlich mit kapitalbildenden Versicherungsverträgen[68] ein Vehikel, welches in realen Größen gerechnet auch damals bereits überwiegend einen negativen Realzins erbrachte. Durch die damals höheren Marktzinsen sahen zwar die Ablaufleistungen für den Versicherungskunden scheinbar attraktiv aus. Den hohen Kaufkraftverlust durch die kumulierte Inflation übersahen oder unterschätzten die Kunden jedoch. Mit anderen Worten: Es ergaben sich optisch aufgeblähte Ablaufleistungen, die dem ökonomischen Laien eine akzeptable Entwicklung des Vorsorgekapitals vorgaukelten.[69] Leider ist zu erwarten, dass die Lebensversicherer die bevorstehende Phase höherer Inflationsraten erneut zum Verkauf hochgradig unrentabler Altersvorsorgevehikel nutzen und dabei auf die Geldillusion der Bevölkerung bauen.

Trennen Sie daher konsequent Sparen und Versichern und meiden Sie alle kapitalbildenden Altersvorsorgeprodukte der Versicherer (Riester, Rürup, private Lebens- und Rentenversicherungen, Fondspolicen sowie die Scheininnovationen »Indexpolice« und »Neue Klassik«).

Bausparkassen in Not und ohne Zukunftsperspektive

Das ursprüngliche Kundenbedürfnis für den Abschluss eines Bausparvertrages bestand darin, sich mit einem disziplinierten Ansparprozess ein späteres Darlehen zu bereits heute festgelegtem Zins zu sichern. Und sich damit dem riskanten Auf und Ab der Kapitalmarktzinsen bei einer zukünftigen Eigenheimfinanzierung zu entziehen. Später kam jedoch (insbesondere durch clevere Marketingarbeit der Bausparkassen und auf unterschiedliche Zielgruppen differenzierte Produkte) ein zweites Motiv hinzu: nämlich die Nutzung von Bausparverträgen als reines Sparprodukt ohne Interesse an einem späteren Darlehen (= Freundsparen).

In Kapitel 3.6 finden Sie den Nachweis, dass Bausparverträge für den Kunden nur in sehr wenigen und unwahrscheinlichen Fällen vorteilhaft werden können. In den drei Szenarien – (a) sinkende Zinsen, (b) konstant bleibende Zinsen und (c) moderat steigende Zinsen – erweisen sich Bausparverträge im Verhältnis zu alternativen Finanzvehikeln als klar unterlegen. Es bleibt lediglich ein Szenario, welches in der Branche als »Sargdeckelklappern« bezeichnet wird: nämlich eine Situation kräftig steigender Zinssätze, in denen das Bauspardarlehen durch seine **langfristig ausgesprochene Zinsgarantie** einen Mehrwert versprechen kann. Jedoch ist die Bausparbranche auf dieses Szenario selbst nicht vorbereitet und hat mit Einwilligung der Finanzaufsicht die Vorsorge für den Eintritt starker Zinssteigerungen – nämlich den Fonds zur bauspartechnischen Absicherung (FbtA) – aufgelöst, um damit Ertragsprobleme während der Nullzinsphase zu mindern. Folglich werden Bausparkassen nur dann zukunftsfähig sein, wenn sie ihr ursprüngliches Alleinstellungsmerkmal, nämlich kollektives Ansparen und zinssichere, marktunabhängige Kreditvergabe aus den Mitteln des Ansparkollektivs, vollständig verlassen und **Erträge aus anderen Geschäftsmodellen** (Maklerdienstleistungen, traditionelle Immobilienfinanzierungen usw.) generieren. Es sei denn, sie profitieren – ganz wie die Versicherer – von der Geldillusion und vom Irrtum der Kunden.

Pensionsfonds und Pensionskassen

Bereits im Jahresbericht 2016 der Bundesanstalt für Finanzdienstleistungsaufsicht BaFin wurde von »erheblichen Belastungen« gesprochen, die für Pensionskassen aus einem niedrigen Zinsniveau resultieren. Im Jahr 2019 standen bereits 31 von 137 und im Jahr 2021 dann 36 von nur noch 135 Pensionskassen unter der intensivierten Aufsicht der BaFin. Die Verringerung der Anzahl der Pensionskassen ergab sich, da die Bafin Anfang 2021 zwei Pensionskassen die Zulassung entzog, eine davon war die der Caritas.[70]

Drei Pensionskassen haben bereits ihre Leistungen an Betriebsrentner gekürzt.[71] Aufgrund des Zinsanstiegs im 2. Halbjahr 2022 ist zu erwarten, dass der Renditedruck auf die Pensionskassen nachlässt. Jedoch bleiben viele Kassen aufgrund anderer Ursachen in kritischem Zustand. So haben manche die durch erhöhte Lebenserwartung steigenden Rentenbezugsdauern unterschätzt. Weitere Kalkulations- und Managementfehler kommen hinzu.[72] Ein vollständiger Ausfall von über Pensionskassen gegenfinanzierten Betriebsrenten ist nicht zu befürchten, da gemäß Betriebsrentengesetz (BetrAVG) zunächst der Arbeitgeber haftet.[73] Dies hilft jedoch z. B. Steuerberatern wenig, die als Freiberufler keinen Arbeitgeber haben und bei ihrer Pensionskasse (Deutsche Steuerberater-Versicherung) eine Leistungskürzung hinnehmen mussten.[74]

Seit einer Gesetzesänderung zum 1.1.2022 übernimmt der **Pensions-Sicherungs-Verein Versicherungsverein auf Gegenseitigkeit** dann die Ansprüche der Arbeitnehmer aus der betrieblichen Altersversorgung, wenn die Pensionskasse die Ansprüche nicht erfüllen kann und der Arbeitgeber insolvent ist. Bereits 2004 hatte der Gesetzgeber die Errichtung eines Sicherungsfonds für die Lebensversicherer vorgeschrieben. Dieser **Protektor Lebensversicherungs-AG** gehören Lebensversicherer, die Versorgungsausgleichskasse sowie verschiedene Pensionskassen an.[75]

Die Flucht ins Bargeld – Bargeldhaltung als Alternative

In Phasen hoher Inflation – wie z. B. im Jahr 2022 – ist das Halten hoher Bargeldbestände für die meisten redlichen Bürger keine interessante Option. Doch ebenso unerwartet, wie die Rückkehr positiver Zinsen und der gleichzeitige starke Inflationsanstieg in 2022 kamen, kann sich die Situation – je nach politischer und makro-ökonomischer Entwicklung – sehr schnell wieder drehen. Niemand weiß, ob bzw. wann die nächste Phase von Null- oder Negativzinsen bevorsteht. Käme es beispielsweise zu einer wirklich tiefen Rezession in der Eurozone oder sogar zu einer Weltwirtschaftskrise, so könnte auch ein Szenario noch tieferer Zinssätze bevorstehen. Da es zu den Grundprinzipien von »konstruktiven Crashgedanken« gehört, Handlungsoptionen für völlig unterschiedliche Zukunftsszenarien vorzudenken, sollten Sie wissen, welche Bedeutung Bargeld bei einer möglichen Rückkehr von Negativzinsen zukommt.

Das frühere Vertrauen darauf, dass Null eine natürliche Untergrenze für Zinsen sei, lag im Vertrauen auf Bargeld begründet. Und zwar in der Möglichkeit, dass die von negativen Zinsen Betroffenen auf Bargeldhaltung – gerne auch als Bargeldhortung bezeichnet – ausweichen könnten.[76] Die Bürger nehmen in diesem Fall zwar den Inflationsschaden in Kauf, zahlen jedoch zumindest keinen negativen Zinssatz. Durch ein Bargeldverbot könnten Staaten ihren Bürgern theoretisch die Möglichkeit der Bargeldaufbewahrung nehmen und den Spielraum der Zentralbanken auf beliebig niedrige Zinsen ausweiten. Allerdings ist das Recht auf Bargeld in vielen Ländern – so auch in Deutschland – grundsätzlich geschützt. Euro-Banknoten sind gesetzliches Zahlungsmittel in Deutschland.[77] Daher ist auch das Aufbewahren von ehrlich verdientem und versteuertem Geld völlig legal und nahezu kostenfrei möglich.

Völlig kostenfrei ist Bargeldhaltung jedoch zumindest bei größeren Beträgen nicht. Vielmehr fallen Kosten für die sichere Lagerung des Bargeldes (z. B. für einen Safe, ggf. auch für eine zusätzliche Versicherung) an. Somit ergibt sich ökonomisch folgender Zusammenhang:

Die wirtschaftliche Untergrenze der Zinsen liegt leicht unter Null, sie entspricht den Kosten der Bargeldhaltung.[78]

Senken die Kreditinstitute den Einlagenzins auf ein noch niedrigeres Niveau, so werden rationale Betroffene die »**Flucht ins Bargeld**« antreten, ihre Ersparnisse abheben, verstärkt Bargeld halten und so versuchen, den Minuszinsen zu entgehen.[79]

Jüngere Entwicklung des Bargeldumlaufs

Die Deutsche Bundesbank berichtet jährlich über die Entwicklung der Bargeldmenge im Eurosystem.[80] Bis zum Jahr 2019 hatte sie eine stetige, aber keineswegs übermäßige Zunahme der Bargeldmenge berichtet.[81] Jedoch hatten die Geschäftsbanken bis dahin gegenüber Privatkunden auch noch keine Negativzinsen in Rechnung gestellt. Im Jahr 2020 ist der Bargeldumlauf in der Eurozone dann mit 11 % mehr als doppelt so stark gestiegen als noch 2019 und auch die Steigerung des Jahres 2021 lag mit 7,6 % noch weit über dem langjährigen Durchschnitt.[82] Die Vermutung liegt nahe, dass Bankkunden zur Vermeidung von Minuszins verstärkt auf Bargeldhaltung umgestiegen sind. Dafür spricht auch die enorme Nachfrage nach 200-Euro-Scheinen, die kaum zum Bezahlen, sondern primär zur Bargeldhaltung verwendet werden.[83] Die Bundesbank selbst berichtet, dass Stand Ende 2021 rund 372 Mrd. Euro der von ihr ausgegebenen Banknoten der Wertaufbewahrung im Inland dienen, während lediglich 61 Mrd. für inländische Transaktionen verwendet werden. Zur Veranschaulichung: Der Bedarf für das Halten von Bargeld entspricht dem sechsfachen Bedarf für inländische Bargeld-Transaktionen.[84] Eine für das Jahr 2018 von der Deutschen Bundesbank durchgeführte Studie kam zu dem Ergebnis, dass Privatpersonen in Deutschland durchschnittlich 1.364 Euro Bargeld hielten. Zehn Prozent davon hielten über 2.000 Euro und die Top 5 % über 5.000 Euro Bargeld.[85]

Bargeldvergällung ohne Bargeldverbot

Unter Bargeldvergällung werden Maßnahmen oder Vorschriften verstanden, die es den Bürgern – ohne dass es ein explizites Bargeldverbot gibt – unattraktiver machen, Bargeld zu halten und zu verwenden.[86] Vorab: Es gibt in der gesamten Eurozone keine offiziell kommunizierten Maßnahmen, die Stand Anfang 2023 mit dem offen ausgesprochenen Ziel der Bargeldvergällung für den rechtschaffenen Bürger durchgeführt werden. Jedoch gibt es Maßnahmen, die mit anderen Motiven (meist der Abwehr von organisiertem Verbrechen und Geldwäsche)[87] begründet werden – und faktisch die Bargeldhaltung unattraktiver machen. Diese sind:

1. **Abschaffung großer Scheine**
   Wenn die Untergrenze negativer Zinsen wie in der obigen Gleichung gezeigt den Lagerhaltungskosten des Bargeldes entspricht, so lässt sich die Attraktivität der Bargeldhaltung vermindern. Anders ausgedrückt: Wenn es mindestens genauso teuer ist, Bargeld in größeren Mengen aufzubewahren, wie die Negativzinsen für den gleichen Betrag auf dem Konto zu erdulden, wird der Großteil der Bevölkerung seine Beträge auf den Konten belassen. So führt die Abschaffung des 500-Euro-Scheins im April 2019[88] zu grob zweieinhalbfachen Lagerkosten, wenn zur Bargeldlagerung nunmehr auf 200-Euro-Scheine ausgewichen werden muss. Die nachstehende Tabelle gibt ein Gefühl für die Relationen[89]:[90]

Prämisse: Aufbewahrung von 1.000.000 (1 Mio.) Euro in Bargeld				
Wert des Scheins	Anzahl der Scheine	Gewicht in Kilogramm	Volumen in Litern	Kantenlänge Würfel in cm
500	2.000	2,24	3,4	15
200	5.000	5,35	8,4	20
100	10.000	10,20	15,7	25
50	20.000	18,40	28,0	30

Tab. 2: Dimensionen der Haltung von Bargeld

2. **Einführung oder Senkung allgemeiner Bargeld-Obergrenzen**
   In **Deutschland** gibt es Stand Ende 2022 keine gesetzliche Höchstgrenze für Zahlungen mit Bargeld. Die **Mehrzahl der EU-Staaten** hat Bargeld-Obergrenzen ein-

geführt und zum Teil auch abgesenkt. Beispielhaft sollen hier Portugal, Spanien, Frankreich, Italien, Griechenland und Polen genannt werden. Eine **EU-weit** einheitliche Obergrenze von 10.000 Euro für Bargeldzahlungen ist **geplant.**[91]

3. **Senkung von Grenzen für anonyme Bargeldzahlungen**
   Im Unterschied zum letzten Punkt geht es hier um *anonymes* Bezahlen. In den einzelnen EU-Staaten gelten recht unterschiedliche Betragsgrenzen, bis zu denen Zahlungen anonym erfolgen dürfen. In Deutschland wurde der Höchstbetrag Mitte 2017 von zuletzt 15.000 Euro auf 10.000 Euro herabgesetzt. Wer mehr als 10.000 Euro in bar zahlen möchte, muss sich seither ausweisen. Anfang 2020 wurde die Regelung zusätzlich komplizierter, da seither die Grenze für bestimmte anonyme Bargeldtransaktionen deutlich auf 2.000 Euro gesenkt wurde. §4 des hierfür geltenden Geldwäschegesetzes (GwG) bezeichnet das als »Transaktionen über hochwertige Güter«. Bemerkenswert ist, dass dies im Gesetz überraschenderweise nicht nur Edelmetalle wie Gold und Silber sind, sondern auch Edelsteine, Schmuck, Uhren, Kunstgegenstände, Antiquitäten, Kraftfahrzeuge usw. (Näheres in der Endnote.) Solche Käufe über 2.000 Euro müssen seither vom Händler registriert werden.[92]
4. **Banknoten kurzzyklisch austauschen**
   Eine Bargeldvergällung könnte auch dadurch erfolgen, dass die Zentralbank die als Zahlungsmittel zulässigen Scheine (Münzen sind aufgrund der geringen Beträge irrelevant) alle paar Jahre austauscht und die alten – insbesondere mit kurzer Rücknahmefrist – für ungültig erklärt. Entsprechende Berichte gibt es zuhauf, es lassen sich jedoch kaum Nachweise dafür finden. Allenfalls beim Austausch der Banknoten Norwegens im Jahr 2018 konnte durch die kurze Rücknahmefrist von ca. einem Jahr sowie restriktive Rücknahmebedingungen für alte Scheine dieser Eindruck entstehen.[93] Für einen großen Währungsraum wie die Eurozone erscheint der Aufwand des kurzzyklischen Austauschs mit Erklärung der Ungültigkeit alter Scheine zu aufwendig.
   Ein Vertrauenssignal dagegen sendet die Deutsche Bundesbank. Sie tauscht auch über zwanzig Jahre nach Abschaffung nach wie vor die auf DM lautenden Banknoten und Münzen gebührenfrei in unbegrenzter Höhe in Euro um.[94] Überhaupt signalisiert die Deutsche Bundesbank eine sehr entspannte Einstellung gegenüber der Haltung von Bargeld durch rechtschaffene Bürger, die legal erworbenes und versteuertes Geld in Form von Banknoten besitzen möchten.[95]
5. **Faktische Bargeldsteuer – Spaltung zwischen Bargeldpreisen und Preisen für digitale Bezahlung**
   Eine sublime, aber höchst wirksame Form der Bargeldvergällung – und zwar ganz ohne ein politisch schwer durchsetzbares Bargeldverbot – kommunizieren Vordenker von IWF[96] und EZB[97]: Sie schlagen eine Differenzierung zwischen Preisen für Barzahlung einerseits und Zahlung mit elektronischen Zahlungsmitteln vor. Dies erscheint zunächst sehr einfach, weist jedoch im Detail eine Menge Umsetzungsprobleme und »Haken« auf, die hier nicht ausgeführt werden können. Daher

herrscht unter Makroökonomen und Finanzfachleuten aktuell große Verunsicherung, ob die nachfolgend geschilderten Gedankenspiele lediglich psychologische Kriegsführung (moral suasion) seitens Zentralbanken und IWF darstellen oder ein wahrscheinliches Zukunftsszenario beschreiben.

Ausgangspunkt ist die Unterscheidung zwischen

- digitalem Geld (= elektronischem Geld), also Bezahlung durch Geld- und Kreditkarten, (Einmal-)Lastschrift, Überweisung oder Bezahl-Apps, einerseits und
- klassischer Bargeldnutzung, also Bezahlung mit Münzen und Scheinen, andererseits.

Gelingt es nun, die Preise aller Güter und Dienstleistungen mit Hilfe eines staatlichen Eingriffs durch einen Umrechnungsfaktor (ganz wie ein Währungskurs) zwischen Bargeld und elektronischem Geld zu differenzieren, so kann man die Nutzung von Bargeld für den Bürger unattraktiv machen. Der wichtige Unterschied: Nicht die Bargeldhaltung wird bestraft oder besteuert. Sondern das Bezahlen mit Bargeld gegenüber dem Bezahlen mit digitalem Geld wird verteuert (irgendwann muss der Bürger ja das Geld in Güter oder Dienstleistungen umsetzen). Dabei ist es keineswegs erforderlich, z. B. alle Güter im Supermarkt mit zwei Preisen zu versehen. Folgendes Schild wäre völlig ausreichend.

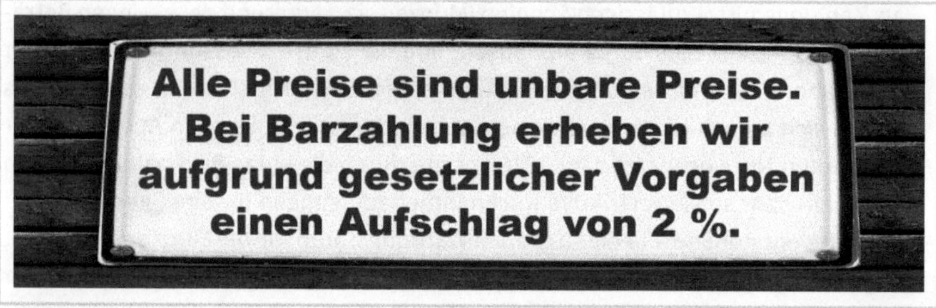

Abb. 25: Ankündigung gespaltener Preise für digitale Zahlungen einerseits und Barzahlungen andererseits

Dann muss nur noch glaubhaft kommuniziert werden, dass die Abwertung von Bargeld gegenüber digitalem Geld jährlich fortschreitet, und schon werden sich die Privaten »freiwillig« ganz schnell von ihren Scheinen trennen.[98] Ob dieses Szenario einer Preisspaltung jemals Wirklichkeit wird, ist ungewiss.

Über die zitierten Gedankenspiele hinaus sind keine weitergehenden Vorbereitungshandlungen bekannt. Jedoch schreitet die Entwicklung von digitalem Zentralbankgeld (E-Money) voran, welches ein weiterer Schritt sein könnte, auf Bargeld zu verzichten.[99] Von zentraler Bedeutung wird das künftige Zahlungsverhalten der Bürger sein. Wenn der Anteil von Barzahlungen weiterhin stark abnimmt und letztlich sehr gering wird, könnte argumentiert werden, dass sich die Kosten der Bargeld-Infrastruktur nicht mehr lohnen, und das Bargeld zumindest faktisch aufgegeben werde.

Spätestens damit wäre – ganz abgesehen von Fragen des Datenschutzes und des »gläsernen Bürgers« – der Weg zu beliebig niedrigen Zinsen (minus 3 %, minus 4 %, minus 5 %…) grundsätzlich frei.

Zombie-Kredite und Zombie-Unternehmen

Eine weitere – leider unvermeidbare – Nebenwirkung der EZB-Zinspolitik bis zum Jahr 2022 war die Tatsache, dass die niedrigen Zinsen den Selbstreinigungsprozess innerhalb der Wirtschaft der EU-Mitgliedstaaten verminderten. Bei extrem niedrigen Zinsen für Firmenkredite überlebten teilweise auch Unternehmen mit ineffizienten Strukturen oder mit wenig geeignetem bzw. nicht mehr zeitgemäßem Geschäftsmodell.[100] Unternehmen, die bei früher »normalem« Zinsniveau in die Insolvenz geraten wären, sich jedoch bei unnatürlich niedrigen Zinsen durch **»betreutes Finanzieren«**[101] künstlich am Leben halten können, werden als Zombie-Unternehmen bezeichnet.[102] Steigt der Anteil von Zombie-Unternehmen in einer Volkswirtschaft, weil über mehrere Jahre die tatsächliche Insolvenzrate sehr gering ist, so nennen das Makroökonomen die **Zombifizierung** der Wirtschaft.

Gemäß dem Verständnis der Bank für Internationalen Zahlungsausgleich ist ein Zombie-Unternehmen (zombie firm) ein Unternehmen, das 10 Jahre oder älter ist und dessen operativer Vorsteuer-Gewinn (EBIT) über mehrere Jahre hinweg nicht ausreicht, um die Zinsen zu bezahlen.[103]

Negative Folgen einer hohen Quote von Zombie-Unternehmen sind durch das Überleben unproduktiver Ressourcennutzer neben dem Rückgang der gesamtwirtschaftlichen Produktivität die Anhäufung schlechter bis notleidender Kredite **(non performing loans)** in den Bilanzen von Banken und Sparkassen. Das Management dieser Institute unterliegt einem klaren Interessenkonflikt: Sachlich richtig und verantwortungsvoll wäre es, dem »betreuten Finanzieren« von eigentlich nicht überlebensfähigen Kreditkunden ein Ende zu bereiten und Kreditengagements nicht fortzusetzen oder gar auszuweiten. Die kurzfristigen Folgen wären jedoch Kreditabschreibungen und somit eine Ergebnisverschlechterung der Institute. Gleichzeitig würde die Eigenkapitalbasis der kreditgebenden Bank durch die Abschreibungen verringert. Während der erst 2022 abrupt beendeten Nullzinsphase hatten Geschäftsbanken mehrere Fehlanreize zur Fortführung von Zombie-Krediten. Indem sie das »betreute Finanzieren« des Zombie-Unternehmens fortsetzten, konnten sie die bestehende Überliquidität weiter binden, anstatt der EZB Negativzinsen zu bezahlen. Außerdem konnten sie von verhandlungsschwachen Zombie-Kunden höhere Margen erhalten. Nicht zuletzt konnten die Verantwortlichen das Problem in die Zukunft verschieben – vielleicht sogar mit der Chance, es ihrem Nachfolger zu übergeben. All dies bewirkt per Saldo den unseligen Fehlanreiz, »betreutes Finanzieren« fortzusetzen. Geradezu fatal ist zudem: Die Fehlanreize sind umso stärker, je schlechter die Ertragslage und die Eigenkapitalausstattung des kreditgebenden Institutes selbst sind. Ganz nach dem Motto: Erstklassige Institute vergeben Darlehen an erstklassige Schuldner, zweitklassige Institute an drittklassige Schuldner.[104]

Dass die im Jahr 2022 auslaufende Niedrigzinspolitik der EZB grundsätzlich die Zombifizierung der Wirtschaft der EU-Länder bewirkte, ist unter Ökonomen unumstritten. Sie wurde am Beispiel der japanischen Wirtschaft, die schon viel früher in eine Nullzinsphase eingetreten ist, bereits im Jahre 2008 nachgewiesen und in der renommierten American Economic Review publiziert.[105] Die zentrale Frage in Bezug auf die bereits benannten Schwarzmaler ist jedoch, ob das von ihnen behauptete Ausmaß der Kumulation von Zombie-Unternehmen korrekt ist.[106] Insbesondere darf hinterfragt werden, ob die Zombie-Unternehmen tatsächlich dauerhaft überleben oder die Marktbereinigung nicht lediglich um ein Jahr oder wenige Jahre hinausgeschoben wird – jedoch verzögert trotzdem stattfindet.[107]

Während die kreditgebenden Geschäftsbanken sich auf mögliche Kreditausfälle durch bereits erfolgte Abschreibungen sowie Risikorückstellungen gut vorbereitet sehen, sieht die Finanzaufsicht gleichwohl Restrisiken.[108] Der von den Crash-Propheten seit Jahren beschriebene Zusammenbruch des Bankensystems wegen massenhafter Unternehmensinsolvenzen erscheint jedoch nicht realistisch.

Zusammenfassende Einschätzung

Die dramatischen geopolitischen und makroökonomischen Entwicklungen des Jahres 2022 machten ein rigides Ende der ultra-lockeren Geldpolitik der EZB unausweichlich. Die zuvor als positives Szenario erhoffte langsame Verringerung der Geldmenge (Fachausdruck »Tapering«) und der »flache Weg zu höheren Zinsen« war angesichts von z. T. zweistelligen Inflationsraten in der Eurozone keine realisierbare Option. Jedoch haben Corona-Pandemie und Ukraine-Krieg der EZB aus der Handlungsstarre hinsichtlich des Dilemmas geholfen, das bereits Anfang 2019 in einem ECB Working Paper beschrieben[109] und Mitte 2019 vom Makroökonom Joshua Konstantinos wie folgt auf den Punkt gebracht wurde: »Die Welt steht nun vor der unmöglichen Entscheidung zwischen dauerhaft reduzierter Produktivität und verlangsamtem Wirtschaftswachstum – oder dem Massenkonkurs eines bedeutenden Teils der Wirtschaft.«[110] Wenn nach der harten »Zinswende 2022« die Anzahl der Insolvenzen in die Höhe schnellt, wird man dies nicht einer verfehlten Geldpolitik anlasten, sondern hat in Corona-Pandemie und Ukraine-Krieg gleich zwei Sündenböcke.

3.5 Enorm steigende Verschuldung – kann das gut gehen?

In Kapitel 3.1 konnten Sie Folgendes lesen: *Schulden sind die Kehrseite von Geldvermögen und in einer Geldwirtschaft grundsätzlich unvermeidbar. Die grundsätzliche Verteufelung von Schulden ist also kontraproduktiv und wirft uns in die Steinzeit zurück. Aber:*

Die Dosis macht das Gift. Hohe Schulden destabilisieren ein Finanzsystem. Und sofern Zinsen für die Schulden anfallen und diese wegen des Zinseszinseffektes exponentiell wachsen, besteht die Gefahr, dass dem gestiegenen Geldvermögen kein entsprechend gewachsenes Realvermögen mehr entspricht. Inflation ist die unausweichliche Folge.

An diese Überlegungen anknüpfend wird nachfolgend die Entwicklung von Schulden über die letzten Jahre dokumentiert – sowohl in der Eurozone als auch weltweit. Außerdem wird gezeigt, dass die Schuldenproblematik keineswegs auf **Staatsschulden** begrenzt ist, sondern die Sektoren »**Private Haushalte**« sowie »**Unternehmen**« ebenso einbezogen werden sollten. Und welche Fehlanreize und »Blüten« die »süße Droge« einer ultra-lockeren Geldpolitik auslöst und wie schwer es ist, davon wieder wegzukommen.

Absolutwerte besagen wenig

Häufig wird gerade von Crash-Propheten und Schwarzmalern die Diskussion über eine ausufernde Verschuldung anhand von Absolutwerten, also an absoluten Beträgen wie US-Dollar oder Euro festgemacht. Die Gegenüberstellung von aktuellen Verschuldungszahlen mit denen von vor zehn, zwanzig oder dreißig Jahren wirkt stets spektakulär und bedrohlich und nährt einen Alarmismus. Dabei entsteht – insbesondere wenn man längere Zeiträume betrachtet – geradezu zwangsläufig ein zu negatives Bild, welches meist ganz grob einer Exponentialfunktion entspricht. Nachstehend finden Sie eine solche exemplarische Darstellung – es handelt sich um die US-amerikanischen Staatsschulden.

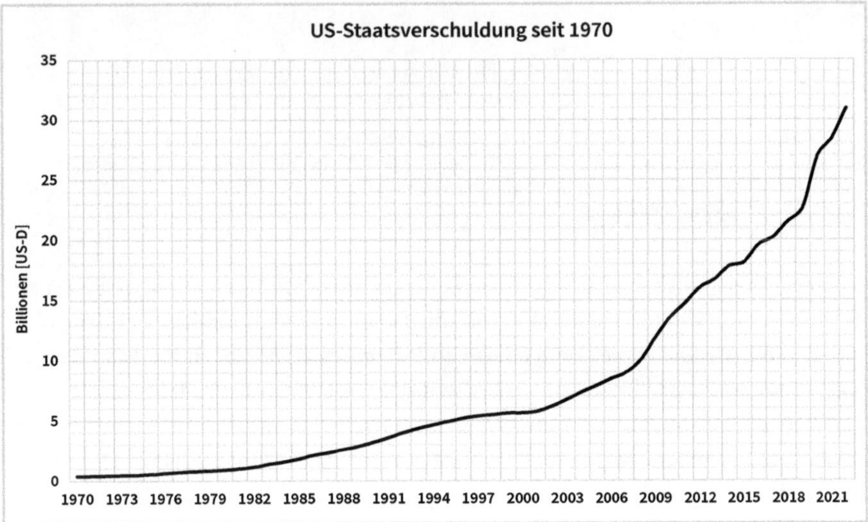

Abb. 26: US-Staatsverschuldung in US-Dollar seit 1970 (Datenquelle: https://www.whitehouse.gov/omb/historical-tables/, eigene Darstellung)

Eine schon fast typische Exponentialfunktion. Ist es jedoch hier sachgerecht, mit absoluten Zahlen zu argumentieren? Aus meiner Sicht nein. Das Argumentieren mit Absolutwerten ist aus den beiden folgenden Gründen nicht sinnvoll:

Erstens orientiert man sich damit einmal mehr an nominellen Größen, unterliegt also der Geldillusion (vgl. Kapitel 3.3). Somit hat man keine Vorstellung für den realen Gegenwert der Schulden. Würde man die Werte deflationieren, d. h., den kumulierten **Effekt der Inflation bereinigend herausrechnen**, so ergäbe sich bereits ein anderes Bild. In vielen Fällen würden die Schulden zwar trotzdem steigen, jedoch nicht mehr annähernd so dramatisch und vor allem nicht exponentiell. In Deutschland sanken von 2015 bis 2019 sogar die nominellen Schulden.[111] Erst mit Beginn der Corona-Pandemie und der unmittelbar anschließenden Krise durch den Ukraine-Krieg kam es zu einem erneuten Anstieg.

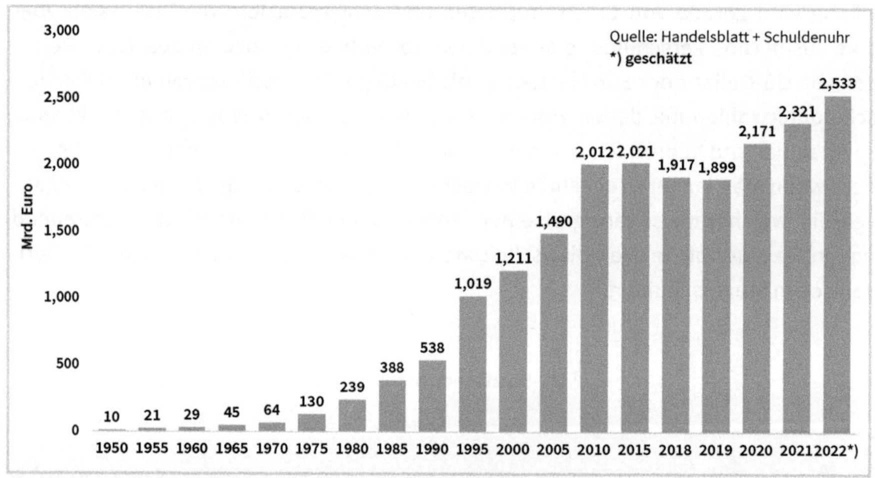

Abb. 27: Entwicklung der Staatsverschuldung in Deutschland in Absolutwerten (Datenquelle: Statistisches Bundesamt: www.destatis.de/DE/Themen/Staat/Oeffentliche-Finanzen/Schulden-Finanzvermoegen/_inhalt.html#sprg229234 und www.gold.de/staatsverschuldung-deutschland/ vom 14.10.2022 und eigene Darstellung)

Zweitens ist es nicht sachdienlich, mit Absolutwerten zu argumentieren, weil vielmehr die Entwicklung von **Schulden im Verhältnis zu anderen ökonomischen Bezugsgrößen**, z. B. der Wirtschaftsleistung eines Landes, relevant ist. Üblich für diese Darstellung ist die Staatsschuldenquote in Prozent des Bruttoinlandsproduktes (BIP). Stellt man den obigen Absolutwerten (Euro-Beträge) nämlich die Entwicklung der Wirtschaftsleistung gegenüber, so zeigt sich, dass als Folge der Finanzkrise 2008/2009 die deutsche Staatsschuldenquote zwar von ca. 63,7 % (2007) bis 81,8 % (2010) des jeweils gleichjährigen Bruttoinlandsproduktes angestiegen war. Seither sank sie jedoch stetig und betrug Ende 2019 – also unmittelbar vor Beginn der Corona-Pandemie – »nur«

noch 58,9%. Erst durch die Pandemiefolgen schnellte die deutsche Schuldenquote im Jahr 2020 auf 68,0% hoch und stabilisierte sich im Jahr 2021 bei 68,6%. Dass die direkten und indirekten Folgen des Ukraine-Krieges die Quote weiter treiben werden, ist unvermeidlich und vorhersehbar.[112] Eine Übersicht der Staatsverschuldungsquote der EU-Länder gibt die nachstehende Abbildung wieder.

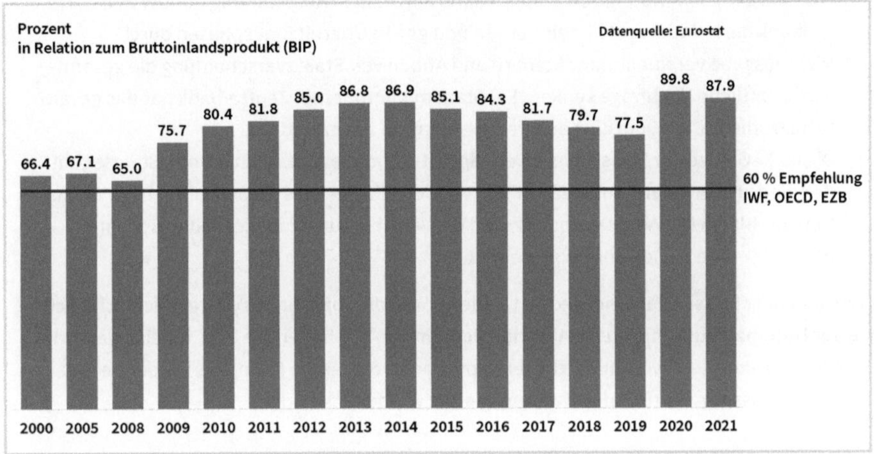

Abb. 28: Öffentlicher Bruttoschuldenstand der Europäischen Union (EU) in Prozent des Bruttoinlandsproduktes (BIP) der Jahre 2000 – 2021 (Datenquelle: https://de.statista.com/statistik/daten/studie/163692/umfrage/staatsverschuldung-in-der-eu-in-prozent-des-bruttoinlandsprodukts/, eigene Darstellung)

Es wird erkennbar, dass die Bewältigung der Finanzkrise von 2008/2009 zu einer deutlichen Steigerung der Staatsverschuldung in der EU geführt hat. Jedoch auch, dass die durchschnittliche Staatsverschuldung in der EU seit 2014 bis zum Beginn der Corona-Pandemie stetig zurückging. Deutlich wird auch der »Nenner-Effekt«. So führte die Schrumpfung des Bruttoinlandsproduktes durch die Lockdowns in der Eurozone zu einem dramatischen Sprung von 77,5% auf 89,8%, sank jedoch 2021 um fast 2%-Punkte, weil sich die Wirtschaftsleistung (=Nenner) wieder erholte.[113]

Völlig gegensätzliche geldtheoretische Sichtweisen

Es gibt eine Vielzahl von Geldtheorien und volkswirtschaftlichen Konzepten, die hier nicht dargestellt werden können. Bei allen Unterschieden im Detail gab es jedoch die über Jahrzehnte herrschende Meinung, dass eine starke Ausweitung der Geldmenge zwangsläufig zu Inflation führt (wenn auch manchmal mit zeitlicher Verzögerung). Eine radikal gegensätzliche Sichtweise verfolgt die noch junge **Modern Monetary Theory** (im Folgenden kurz **MMT**)[114]. Die Kernaussagen der MMT sind wissenswert, weil in den letzten Jahren die Zentralbanken Japans und phasenweise auch der USA in ihrer Geldpolitik den Empfehlungen der MMT folgen. Dies wird für die EZB in Zukunft ebenfalls erwartet, zumal die seit Ende 2019 amtierende EZB-Präsidentin Christine Lagarde in ihrer früheren Funktion als IWF-Chefin ebenfalls die Position der MMT vertrat.

Wesentliche **Kernaussagen der MMT** lauten:

- Staaten mit autonomer Zentralbank können nie zahlungsunfähig werden, weil eine autonome Zentralbank beliebig Geld schöpfen kann. Und das darf sie auch ruhig tun.
- Ein Staat kann keineswegs nur das Geld ausgeben, das er zuvor eingenommen hat (z. B. über Steuern), sondern er kann sehr wohl auch Geld ausgeben, ohne es vorher eingenommen zu haben.
- Mit Hilfe der Verwendung von Steuern kann ein Staat in Abstimmung mit der Zentralbank die Inflationsrate beeinflussen und ggf. in Überhitzungsphasen durch Nichtausgabe vereinnahmter Steuern und Abbau von Staatsverschuldung die gesamtwirtschaftliche Nachfrage senken. Ein Staat mit autonomer Zentralbank hat das gesamte Instrumentarium, um eine ausufernde Inflation zu verhindern.
- Die 60 %-Grenze der Maastrichter Verträge ist nicht relevant. Auch höhere Staatsschulden sind kein Problem, solange nur gilt, dass die Zinslast des Staates unter dem Wachstum des BIP bleibt. Als Konsequenz wird die Verschuldungsmöglichkeit des Staates durch sinkende Zinsen enorm gesteigert.

Die Anhänger klassischer Geldtheorien – allen voran die sogenannte »**Österreichische Schule der Nationalökonomie (kurz: Austrian Economics)**[115] – halten die MMT für eine gefährliche Irrlehre und ein unverantwortliches Experiment, an dessen Ende überbordende Inflation sowie der Zusammenbruch der Währung stehen werden.[116]

Relevanz der Gesamtverschuldung für die Stabilität eines Finanzsystems

Der Blick auf die Staatsschulden zeigt jedoch nur die halbe Wahrheit. Daneben sind noch die Schulden der beiden **Sektoren »Private Haushalte« und »Unternehmen«** relevant.[117] Die Verschuldung von Finanzunternehmen wird aus der Betrachtung des Unternehmenssektors herausgerechnet, da es ansonsten zu Doppelzählungen käme. Die Begründung: Finanzunternehmen – in aller erster Linie Kreditinstitute – sind letztlich als »Zwischenhändler des Geldes« (Fachausdruck: Intermediäre) vermittelnd zwischen Gläubigern und Schuldnern tätig. Während es richtig und wichtig ist, die von der Finanzwirtschaft ausgehenden Risiken zu beobachten und die Branche sachgerecht zu regulieren, wäre es sachlogisch falsch, die Schulden der Finanzinstitute als zusätzliche Unternehmensschulden zu erfassen. Die Kreditinstitute leiten die Geldströme nämlich nur an die drei Sektoren Staat, private Haushalte und Unternehmen weiter, wo diese bereits als Schulden erfasst sind.

Verschuldung von privaten Haushalten

Eine **moderate Verschuldung** der privaten Haushalte kann gesamtwirtschaftlich stabilisierend wirken, da sie dazu beiträgt, den privaten Konsum über unterschiedliche Phasen des Konjunkturzyklus zu stabilisieren. Eine hohe Schuldenquote zwingt die Privaten hingegen in den Folgejahren zum »Nachsparen«, also zu künftigem Konsumverzicht, um ihre Verpflichtungen zu decken, und wirkt damit wachstumsdämpfend. Zudem steigen mit der privaten Verschuldung die **Ausfallrisiken** dieser Kredite und zwar gerade in konjunkturellen Schwächephasen mit Wegfall von Überstunden, steigender Kurzarbeit und Arbeitslosigkeit. Eine hohe private Verschuldungsquote wirkt somit prozyklisch und tendenziell krisenverstärkend.

Die Verschuldungsquote privater Haushalte in der Bundesrepublik Deutschland von rund 52,5 % des BIP, Stand 2018[118], ist zwar auf 57,7 % zum Ende 2020[119] angestiegen, sie ist jedoch im internationalen Vergleich nach wie vor eher gering. Auch die überwiegende Zahl anderer EU-Staaten weisen Quoten unter oder dicht bei dem Empfehlungswert von 60 % von IWF, Weltbank und EZB aus. Zudem dürfen scheinbar extrem hohe Verschuldungswerte wie in der Schweiz oder den Niederlanden nicht überinterpretiert werden, da sie häufig durch künstliche, steuerlich motivierte Aufblähungen zustande kommen und durch gegengerichtete Geldvermögenspositionen gedeckt sind.[120]

Die Aussagekraft der Verschuldungsquote privater Haushalte ist ohnehin begrenzt, da sie als Durchschnittswert nicht abbilden kann, wenn beispielsweise in Krisenphasen die Verschuldung einkommensschwacher Bevölkerungsgruppen in bedrohliche Größenordnungen ansteigt, während einkommensstärkere Bevölkerungsgruppen ihre Verschuldung aufgrund von Zukunftsangst und sinkender Konsumlaune absenken. Hier wäre ein tieferer Blick in weitere Kennziffern, wie z. B. die Entwicklung der Anzahl überschuldeter Privatpersonen oder die Quote überschuldeter Bürger an der Gesamtbevölkerung, erforderlich. Jedoch zeigen auch diese Kennziffern trotz Corona und steigender Energiepreise Stand Oktober 2022 noch keine alarmierende Entwicklung.[121]

Sonderfall: Verschuldung zum Aktienkauf

Von besonderer Brisanz sind Schulden, die Private und Unternehmen zum spekulativen Erwerb von Wertpapieren eingehen (der Fachausdruck lautet: Margin Debt).[122] Es muss sich dabei nicht zwangsläufig um Aktien handeln, sondern kann beispielsweise auch kreditfinanzierte Hochzinsanleihen oder Edelmetalle beinhalten. Faktisch machen jedoch Aktienkredite den überwiegenden Teil der Margin Debt aus. Während in Europa kaum Statistiken über den Umfang dieser Kreditfinanzierungen existieren, gibt es für den US-amerikanischen Aktienmarkt ein aussagekräftiges Zahlenwerk, welches von der Regulierungsbehörde FINRA erstellt wird.[123]

Da es sich beim US-amerikanischen Aktienmarkt um den mit Abstand größten der Welt handelt, der in den entsprechenden Weltindizes zeitweise einen Gewichtungsanteil von dicht an 70 % besitzt, können sich Schocks und Turbulenzen von dort aus auf die globale Weltwirtschaft auswirken – was wir beispielsweise in den Jahren 2008/2009 beobachten mussten.

Schuldenfinanzierte spekulative Investments sind stets eine potenzielle Gefahr für die Stabilität der Finanzmärkte, denn sie verstärken sowohl die Gefahr der Bildung von

Blasen sowie auch deren Platzen. Doch auch hier kommt es auf die Größenordnungen an. Und durch billige Liquidität wird kreditfinanzierte Spekulation interessanter und relevanter, wie die Verdreifachung der US-amerikanischen Wertpapierdarlehen zeigt (vgl. Abbildung 29).

Die nachstehende Abbildung lässt den Betrachter sofort fragen, ob zuerst das Ei oder die Henne da war. Sie zeigt auf der linken Achse die Entwicklung der Wertpapierkredite in US-Dollar und auf der rechten Seite die Entwicklung des S&P 500 Aktienindex, der die fünfhundert größten US-amerikanischen Unternehmen repräsentiert.

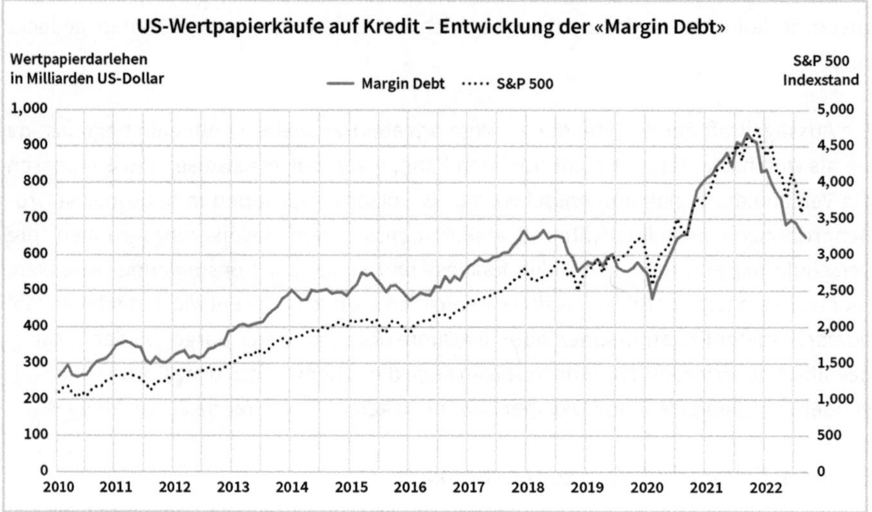

Abb. 29: US-Wertpapierkäufe auf Kredit – Entwicklung der »Margin Debt« (Datenquelle: https://www.finra.org/investors/learn-to-invest/advanced-investing/margin-statistics, eigene Darstellung)

Die Parallelität zwischen dem Volumen der in Anspruch genommenen Wertpapierkredite (durchgezogene Linie) einerseits und der Entwicklung des Aktienindex Standard & Poor's 500 (gepunktete Linie) andererseits ist unübersehbar und kann über einen solch langen Zeitraum kein Zufall sein. Die direkten Auswirkungen der restriktiven Geldpolitik der US-amerikanischen Notenbank im Jahr 2022 zeigen deutliche »Bremsspuren«. Denn zunächst einmal führen Zinserhöhungen zu entsprechend steigenden Finanzierungskosten und somit zum Verzicht auf neue schuldenfinanzierte Aktienkäufe oder zum Auslaufen bestehender Engagements. Erste, leichte Kursrückgänge sind die Folge. Doch es geht noch weiter: Da bei Margin-Debt-Transaktionen die erworbenen Wertpapiere als Sicherheit für die Schulden dienen, kommt es bei Kursrückgängen aufgrund des Wertverfalls der Sicherheit zur zwangsweisen Auflösung solcher Kredite und damit zu einer sich selbst verstärkenden Wirkung. Ein Kursrückgang an den Aktienmärkten löst den Wertverfall der Kreditsicherheiten aus, was wiederum weitere Auflösungen von Krediten bewirkt. Die als Sicherheit hinterlegten Aktien kommen vermehrt zum Verkauf, erhöhen also das Angebot und vermindern mithin weiter die Aktienpreise. Ein sich selbst verstärkender Teufelskreis. Hohe Wertpapierkredite sind damit eindeutig destabilisierend.

Verschuldung von Unternehmen

Die Auswirkungen der im historischen Vergleich selbst nach dem Zinsanstieg in 2022 niedrigen Kreditkosten auf die Vorteilhaftigkeit der Schuldenfinanzierung des Unternehmenssektors[124] können insbesondere auf zwei Faktoren zurückgeführt werden.

- **Expansionseffekt:** Erstens macht sie Investitionen attraktiv, die bei höheren Finanzierungskosten nicht wirtschaftlich vorteilhaft gewesen wären. Soweit es sich hierbei um Sachinvestitionen mit einem kapazitätserweiternden Effekt und der Schaffung von zusätzlichen Arbeitsplätzen handelt, entspricht dies exakt den Zielen der Regierungen und Zentralbanken nach einem expansiven Konjunktureffekt. Die gesamte Volkswirtschaft wächst also – bzw. sie schrumpft weniger stark als ohne die lockere Geldpolitik.
- **Substitutionseffekt:** Zweitens führen verbilligte Fremdmittel dazu, dass Unternehmen bestehendes Eigenkapital durch Fremdkapital ersetzen, da die vom Markt geforderten Eigenkapitalrenditen nicht parallel zu den Fremdkapitalrenditen gesunken sind. Mit anderen Worten: Der Buchwert des haftenden Eigenkapitals wird durch den Rückkauf eigener Aktien verringert, gleichzeitig werden die Schulden gesteigert. Es ist für die Unternehmen schlichtweg betriebswirtschaftlich sinnvoll, den Anteil des vergleichsweise teuren Eigenkapitals an den gesamten Finanzierungsmitteln zu senken und den altbekannten **Leverage-Effekt**[125] zur **Hebelung der Eigenkapitalrendite** zu nutzen. Ein Nebeneffekt der Aktienrückkaufprogramme der Unternehmen ist, dass sich durch die geminderte Zahl der Aktien am Markt der Kurs der einzelnen Aktie erhöht. Und selbst bei verringertem Dividendenvolumen kann das Unternehmen eine höhere Dividende pro Aktie ausschütten.

Der Substitutionseffekt – Austausch von Eigen- durch Fremdkapital – ist von den Zentralbanken überhaupt nicht angestrebt, sondern muss als unerwünschte Nebenwirkung in Kauf genommen werden. Er ist somit Teil des bereits angesprochenen »Kollateralschadens«.

Insgesamt sind hohe Volumina der Aktienrückkäufe weder langfristig gesund, da die Haftungsbasis der Unternehmen geschmälert wird, noch dienen sie der konjunkturellen Stabilität der Volkswirtschaft, da sich deren Krisenanfälligkeit erhöht. Die berechtigte Sorge ist also, dass sich die Verschlechterung der Finanzierungsstruktur der Unternehmen zeitverzögert rächen wird. Im schlimmsten Fall bei einer schwerwiegenden Wirtschaftsflaute.

Trotzdem sind Aktienrückkäufe für viele Unternehmen betriebswirtschaftlich sinnvoll und ein Vorstand, der dieses Spiel nicht mitspielt, wird sich sehr bald auf die Verbesserung seines Golf-Handicaps konzentrieren können. Die Anfang 2022 angekündigte Besteuerung von Aktienrückkäufen in den USA wurde bis Anfang 2023 nicht umgesetzt.

Exkurs: Ungesunde Auswüchse des Aktienkaufs auf Pump – Investition ins eigene Unternehmen

Gemäß einer Studie der Ökonomen Robert Ayres und Michael Olenick haben US-amerikanische Unternehmen in zahlreichen Jahren mehr Geld für Dividenden und Aktienrückkäufe ausgegeben, als sie netto verdient haben.[126] Dies bedeutet nicht nur, dass sie Gewinne nicht einmal teilweise zu Finanzierung von Sachinvestitionen und Kapazitätserweiterungen genutzt haben. Sondern gerade umgekehrt, dass sie zusätzliche Schulden eingingen, um eigene Aktien zurückzukaufen. Dieses Verhalten wurde selbst im Krisenjahr 2022 beibehalten, in dem mit ca. 1,1 Billionen US-$ sogar ein erneuter Rekordwert für Aktienrückkäufe von US-amerikanischen Unternehmen erwartet wird.[127] Eine Übersicht der fünfzig Unternehmen des S&P500, die sich für ihre Aktienrückkaufprogramme plus Dividendenzahlungen am stärksten verschuldet haben, finden Sie hier.[128] Zusätzliche Beispiele von Apple, IBM und McDonald's finden Sie in der Endnote.[129]

Bungalows sind stabiler als Jenga-Hochhäuser

Eine sehr gute Metapher, um dieses Aushöhlen des bilanziellen Eigenkapitals eines Unternehmens zu veranschaulichen, ist Jenga. Hier werden Bauklötze von unten aus dem Turm herausgenommen, um sie obenauf zu stapeln. Dabei wird die Turmkonstruktion zwar höher und höher – gleichzeitig aber gefährlich instabil.[130]

Abb. 30: Jenga-Finance: Bungalows sind stabiler als Jenga-Hochhäuser.

Bezogen darauf bezeichne ich das, was Unternehmen mit kreditfinanzierten Aktienrückkaufen »konstruieren«, **Jenga-Finance.** Gesund ist das nicht. Die **Verminderung des Eigenkapital-Buchwertes** senkt die Widerstandskraft bzw. Robustheit des Unternehmens – die Krisenanfälligkeit beim nächsten Wirtschaftsabschwung erhöht sich. Gleichzeitig führt die hohe Verschuldung zu einem verschlechterten Unternehmensrating.

Auf die Gesamtverschuldung kommt es an

Zurück von der Unternehmens- auf die volkswirtschaftliche Ebene: Auch wenn die Schulden des einen die Forderungen bzw. das Geldvermögen des anderen sind, so sind doch Wirtschaftsräume mit hohen Schuldenvolumina – ganz wie ein hoch gebauter Jenga-Turm – grundsätzlich fragiler als solche mit geringeren Schulden. Und auch hier kommt es nicht auf die Absolutgrößen an, sondern auf das Verhältnis zur Wirtschaftsleistung. Um im Bild zu bleiben: Bei gegebener Höhe des Jenga-Turms stellt sich die Frage, wie viel Substanz im unteren Bereich ist. Je mehr Lücken und »Luft« (fehlendes Eigenkapital, fehlende Haftungsmasse, mangelhafte reale Wirtschaftsleistung), desto geringer die Robustheit gegenüber Stürmen und Erdbeben. Sowohl hohe Schulden als auch niedrige Zinsen gehen mit einer Zunahme von Fehlinvestitionen einher und senken das Produktivitätswachstum einer Volkswirtschaft, da sich unproduktive und unrentable Geschäftsmodelle am Leben erhalten können (vgl. die Ausführungen zu den Zombie-Unternehmen in Kapitel 3.4).[131] Das alles ist nicht erfreulich, aber Fakt.

Die nachfolgende Abbildung zeigt abschließend die Entwicklung der **Gesamtschuldenquote** der wichtigsten **europäischen Volkswirtschaften** im Vergleich.

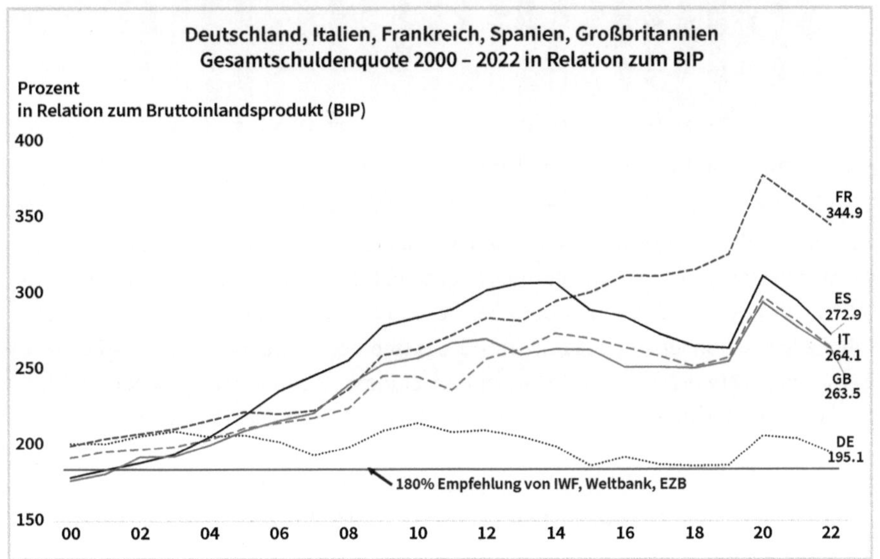

Abb. 31: Entwicklung der Gesamtschuldenquote der wichtigsten europäischen Volkswirtschaften im Vergleich

Das Absinken aller Kurven nach dem steilen Anstieg im Corona-Jahr 2020 darf uns nicht über den Ernst der Lage täuschen. Bereits 2019 waren die Gesamtschuldenquoten zu hoch. Lediglich Deutschland befindet sich einigermaßen in der Nähe der empfohlenen Gesamtschuldenquote von 180 % des BIP[132]. Auch das aus der Eurozone ausgetretene Großbritannien weist eine erheblich zu hohe Gesamtverschuldung aus. Und die Folgen des Ukraine-Kriegs sind in den Daten für 2022 noch gar nicht ersichtlich. Sie werden mit Sicherheit zu einem erneuten Anstieg der Schuldenquoten ab 2023 führen.

Möchte man diese Zahlen in einen weltweiten Zusammenhang setzen, bietet es sich an, die Entwicklung der **Gesamtverschuldungsquote der G20-Staaten** zu betrachten. Immerhin repräsentieren die Mitglieder der G20[133] fast 90 % des weltweiten Bruttoinlandsprodukts und rund 80 % des Welthandels. Hier ergibt sich das folgende Bild.

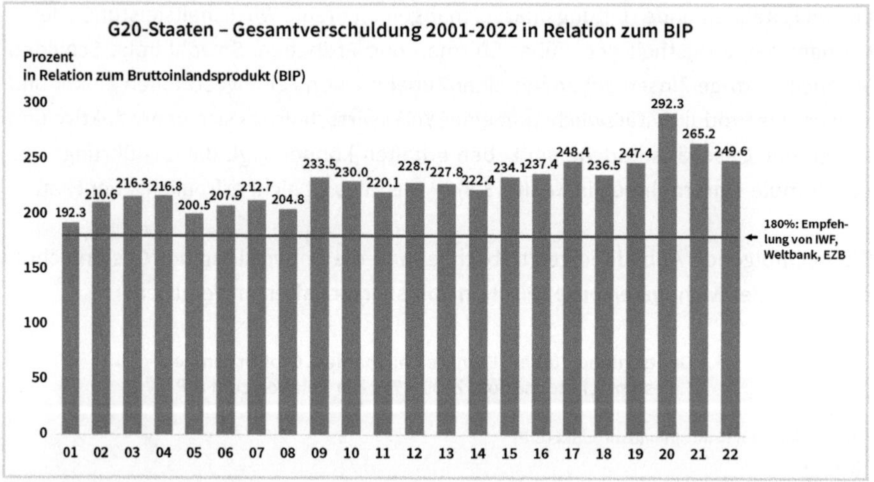

Abb. 32: Entwicklung der Gesamtschuldenquote der G20-Staaten

Auch hier sollte der Rückgang nach dem Corona-Jahr 2020 nicht als Grund zur Freude interpretiert werden. Denn erstens liegt selbst der ausgewiesene Wert des Jahres 2022 noch über der Schuldenquote vor Corona und zweitens sind für die nächsten Jahre allein schon wegen des Ukraine-Kriegs und der drohenden Rezession steigende Quoten zu erwarten. Dass die Gesamtverschuldungsquote sich trotz der niedrigen Zinslast nicht günstiger entwickelt hat, ist ein weiteres schlechtes Zeichen.[134]

Abschließend noch ein Blick auf die Entwicklung der **Gesamtverschuldungsquote wichtiger einzelner Volkswirtschaften außerhalb der Eurozone**.

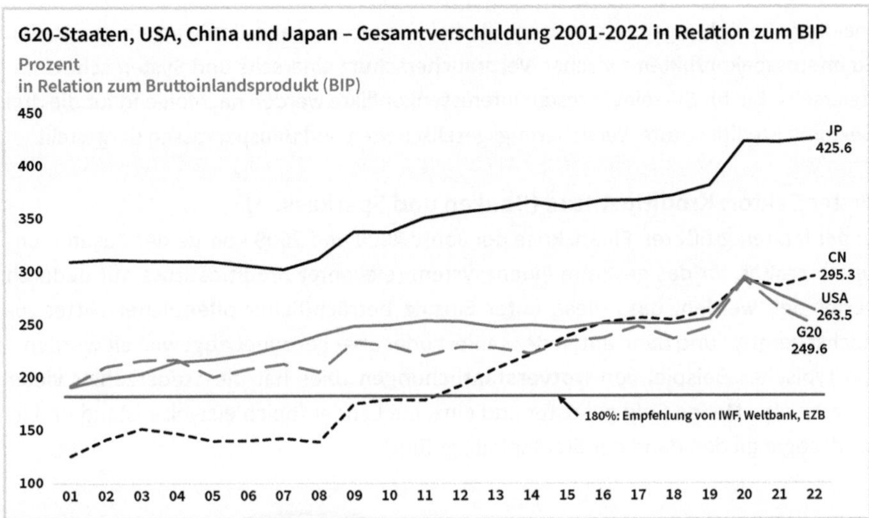

Abb. 33: Entwicklung der Gesamtschuldenquote wichtiger Volkswirtschaften außerhalb der Eurozone im Vergleich

Die in der vorangegangenen Abbildung diskutierte schlechte Kennziffer der G20-Staaten (249,6 %) sollte durch die noch höheren Gesamtverschuldungsquoten der großen Volkswirtschaften USA, China und Japan nicht schöngeredet werden. Denn von dieser »schlechten Gesellschaft« gehen zusätzliche, potenziell destabilisierende Risiken aus. Eine Gesamtverschuldungsquote von 425,6 %, wie sie Japan derzeit aufweist, ist ein extrem hoher und fragiler Jenga-Turm. Makroökonomen vieler Länder zeigen sich auch besorgt, dass die japanische Notenbank bis Ende 2022 an ihrer Nullzinspolitik festhielt[135] und im Gegensatz zu EZB, Fed & Co. erst im Dezember 2022 und nur in minimalen Schritten die Zinsen anhob.[136]

Hier wird die Empfindlichkeit hoher Verschuldungstürme deutlich – bei einer so hoch verschuldeten Volkswirtschaft wären stärkere Zinserhöhungen einfach nicht verkraftbar. Allerdings zeigt die Tatsache, dass die japanische Volkswirtschaft und der Yen auch die letzten 15 Jahre überstanden haben, dass hohe Gesamtverschuldungsquoten von Euro-Staaten zwar überhaupt nicht positiv sind, jedoch allein nicht als Hinweis auf einen sichereren baldigen Euro-Crash interpretiert werden dürfen. Totgesagte leben eben doch häufig noch erstaunlich lange weiter.

3.6 Konflikt zwischen Systemschutz und Verbraucherschutz

Falls es zu einer Finanzkrise kommen sollte, werden nahezu alle Beteiligten Verluste zu beklagen haben. Folglich liegt es im gesellschaftlichen und staatlichen Interesse, das Finanzsystem funktionsfähig zu halten, zu stabilisieren und so gut wie möglich gegen vermeidbare Bedrohungen zu schützen. Hierbei kommt es zwangsläufig an einigen Stellen zu **Interessenkonflikten** zwischen **Verbraucherschutz** einerseits und **Systemschutz** andererseits. Die für Sie relevantesten Interessenkonflikte werden nachfolgend für die drei Sektoren Kreditinstitute, Versicherungsgesellschaften und Bausparkassen dargestellt.

Erster Sektor: Kreditinstitute (Banken und Sparkassen)

In der letzten größeren Finanzkrise der Jahre 2008 und 2009 konnte der Zusammenbruch großer, für das gesamte Finanzsystem relevanter Kreditinstitute nur dadurch vermieden werden, dass diese unter Einsatz beträchtlicher öffentlicher Mittel zunächst gerettet und dann entweder saniert oder aber geordnet abgewickelt wurden – ein typisches Beispiel von **Notverstaatlichungen**. Dies hat die Steuerzahler vieler Staaten eine Menge Geld gekostet und einzelne Länder (beispielsweise Island und Irland) sogar an den Rand der Staatspleite geführt.

Abb. 34: Wer rettet die Banken?

Bei den hierfür erforderlichen öffentlichen Mitteln ging es keineswegs um »Peanuts«. Schaut man beispielhaft allein auf den vom deutschen Steuerzahler getragenen Schaden der Finanzkrise 2008/2009, so handelt es sich hier nach aktuellem Stand um über 70 Milliarden Euro. Exakt kann man es freilich selbst heute noch nicht sagen, da noch immer Vermögensgegenstände in der Verwertung sind, sodass der letztendliche Schaden noch größer – aber auch kleiner – werden kann.

Too big to fail – too big to jail?

Die Aufarbeitung der Finanzkrise holte eine – eigentlich altbekannte – Problematik zurück ins öffentliche Interesse, die am besten mit dem Schlagwort **»Verantwortungslücke«** bezeichnet werden kann. Wenn sich beispielsweise ein gieriger oder größenwahnsinniger Kleinunternehmer mit einem riskanten Geschäftsmodell »übernimmt«, dann verliert er sein von ihm selbst eingebrachtes Eigenkapital, muss Insolvenz anmelden und trägt damit zu einer Marktbereinigung bei – Platz für Neues! Auch Geschäftspartner, z. B. Zulieferer, die nicht abgesicherte Forderungen gegen den Kleinunternehmer haben, verlieren ihr Geld. Sowohl der Kleinunternehmer als auch seine Geschäftspartner übernehmen also mit ihrer Haftung bzw. Verlusttragung einen guten Teil der Verantwortung für ihr Scheitern.

Hingegen gibt es bei großen Finanzinstitutionen eine kritikwürdige Asymmetrie zwischen den Konsequenzen von Erfolg und Misserfolg. In guten Zeiten entstehen erhebliche Gewinne, die aufgrund hoher Kredithebel[137] zu exorbitanten Renditen für die Eigenkapitalgeber und spektakulären Boni für Führungskräfte der Institute führen. Im Misserfolgsfall führt jedoch die schiere Größe und Systemrelevanz dieser Institute dazu, dass der Staat die Insolvenz verhindern muss, um negative Dominoeffekte (also z. B. Anschlussinsolvenzen) zu vermeiden. Das ist die Verantwortungslücke und die Asymmetrie der Auswirkungen von Erfolg und Misserfolg. Gewinne vereinnahmen, Verluste sozialisieren – die guten ins Kröpfchen, die schlechten ins Töpfchen.

Abb. 35: Too big to fail (Quelle: https://www.andrewrosssorkin.com/?p=386)

Systemrelevante Finanzinstitute erweisen sich also als **»too big to fail«**, übersetzt: »zu groß und bedeutsam, um unterzugehen.« Frustrierte Steuerzahler und Journalisten ergänzten dies noch um ein »too big to jail«[138] und machten darauf aufmerksam, wie lax Gerichte selbst bei grobem Fehlverhalten großer Unternehmen mit diesen umgehen und dass die Führungskräfte der »geretteten« Institute nur in seltenen Fällen persönlich zur Verantwortung gezogen wurden. Vielmehr kamen diese meist mit einem »blauen Auge« und üppigen Abfindungen davon. In Deutschland erhielt zudem eine verantwortliche Top-Führungskraft der notverstaatlichten Hypo Real Estate im Anschluss zeitnah eine Position im Bankenrettungsfonds SoFFin.[139] Man machte also den Bock zum Gärtner.[140]

Scherzfrage: Was ist der Unterschied zwischen Gott und einem Hedgefonds-Manager?
Antwort: Gott glaubt nicht, er sei ein Hedgefonds-Manager.

Dass diese Scherzfrage die Wirklichkeit nicht übertrieben darstellen muss, kann man daran ersehen, dass Hedgefonds-Manager sich gern selbst als »Master of the Universe« bezeichneten und jährliche Vergütungen vereinnahmten (und noch heute vereinnahmen), die in Einzelfällen die Milliardengrenze (in US-Dollar) überschreiten.[141] Da kann man schon mal größenwahnsinnig werden.

Schließen der Verantwortungslücke durch das Sanierungs- und Abwicklungsgesetz

Vor dem Hintergrund der obigen Erklärung und rund 68 Milliarden Euro Steuermitteln zur Zwangsrettung insolventer Finanzinstitutionen mit dem Ziel der Stabilisierung des deutschen Finanzsystems trat im Januar 2015 – von der Öffentlichkeit kaum wahrgenommen – das Sanierungs- und Abwicklungsgesetz, kurz SAG genannt, in Kraft. Dieses Gesetz verfolgt im Wesentlichen zwei Ziele. Erstens soll das Gesetz das **Risiko von Bankenpleiten verringern**, also präventiv wirken. Der Fehlanreiz von Eigenkapitalgebern und Topmanagern, Gewinne zu privatisieren und Verluste mit Hilfe des Steuerzahlers zu sozialisieren, soll beseitigt und die Verantwortungslücke verringert werden. Kommt es jedoch trotzdem zur drohenden Insolvenz eines Kreditinstitutes, dann soll **vermieden** werden, dass Verluste oder erforderliche Stützungsmaßnahmen **aus Steuermitteln finanziert** werden müssen, wie es in der Finanzkrise 2008/2009 nötig geworden war.

Zentrale Bestimmungen des Sanierungs- und Abwicklungsgesetzes

Den vollständigen Gesetzestext können Sie beim Bundesamt für Justiz nachlesen.[142] Er ist jedoch sowohl umfangreich als auch schwer verständlich.

Die aus Kundensicht relevanten und im Zentrum der öffentlichen Diskussion stehenden Paragraphen stehen im Teil 4, Kapitel 2, Abschnitt 1 des SAG mit der Bezeichnung »Beteiligung der Anteilsinhaber und Gläubiger« (§§ 89 – 106 SAG).

Kurz und verständlich interpretiert besagen die Bestimmungen, dass bei drohendem Zusammenbruch eines Kreditinstitutes und festgestellten Abwicklungsvoraussetzungen

- Finanzierungsinstrumente des Institutes in haftendes Eigenkapital umgewandelt werden können (**§ 89 Nr. 1**) sowie
- Finanzierungsinstrumente des Institutes abgewertet oder völlig gestrichen werden können, (**§ 89 Nr. 2**), um damit Verluste auszugleichen.
  § 90 SAG konkretisiert dies für Gläubiger, letztendlich bis hin zu Bankeinlagen.

Im Ergebnis können im Abwicklungsfall alle Bankeinlagen, die über den gesetzlichen Einlegerschutz hinausgehen (also die Kundenguthaben auf Giro-, Spar-, Fest- und Tagesgeldkonten, auch aus Ratensparverträgen und Verträgen über vermögenswirksame Leistungen), sowie alle Formen von Bankschuldverschreibungen im Wert herabgesetzt oder sogar ganz auf Null reduziert werden. Dies mit dem Ziel, eine geordnete Abwicklung des betreffenden Kreditinstituts zu erreichen, ohne »Domino-Effekte« (Anschlussinsolvenzen) und ohne die Finanzstabilität zu gefährden und Steuergelder einzusetzen.

Natürlich ist die Vorstellung sehr unerfreulich, dass brave Großeinleger einen Teil ihres Geldes im Fall einer Schieflage ihrer Bank verlieren. Aber bedenken Sie bitte die Alternative: Würden Sie es für besser halten, dass arme Steuerpflichtige, die es vielleicht nicht einmal schaffen, selbst ein paar Euro beiseitezulegen, durch zusätzliche Steuern die Einlagen für Großeinleger über 100.000 Euro absichern und letztlich bezahlen?

Daher ist das Sanierungs- und Abwicklungsgesetz trotz aller Bauchschmerzen zu befürworten, auch wenn gleich mehrere Crash-Propheten darin die »komplette, legale Enteignung per Gesetz« sehen. In Wahrheit soll dieses Gesetz lediglich bewirken, dass diejenigen, die von den Geschäftsrisiken eines Kreditinstitutes im Erfolgsfall profitieren, auch im Misserfolgsfall dazu beitragen, die Zeche zu zahlen. Und dies sind zunächst einmal die Vorstände, Führungskräfte und Eigentümer der Bank. Als Nächstes die Investoren in nachrangige Bankanleihen sowie sogenannte CoCo-Bonds, die ihren Anlegern im Gegenzug allerdings auch eine höhere Risikoprämie bieten.[143] Falls dies nicht ausreicht, sind die Gläubiger von normalen Anleihen an der Reihe. Und schließlich können – als wenig wahrscheinliche, aber mögliche Option – die Besitzer von Einlagen im Volumen von über 100.000 Euro mit ins Risiko genommen werden. Denn bis zu dieser Grenze pro Kunde und Institut schützt auch das SAG den Anleger.

Kurzum: Das ganze emotionale und populistische Geheule der Crash-Propheten gerade in diesem Punkt ist sehr durchsichtig. Und auch ethisch fragwürdig. Schauen Sie im Zweifel nochmals die Spitze der Pyramide von Kapitel 2.4 an und entscheiden Sie dann selbst, ob unsere Politiker uns mit dem SAG wirklich verraten haben. Sie könnten sich durch die Politik ebenso in Ihrer Rolle als braver Steuerzahler geschützt und in Ihren Interessen vertreten sehen. Wenn die nächste Krise nicht zu zeitnah kommt, dann haben die Kreditinstitute die Möglichkeit, für die in ihrem Geschäftsmodell verursachten Risiken einen adäquaten Risikopuffer zu bilden. Und Sie als Kunde haben auf alle Fälle noch die Möglichkeit, die Gefahr Ihrer Mithaftung zu begrenzen oder ganz zu vermeiden, indem Sie Ihre Reserven neu strukturieren. Wichtig ist lediglich, dass Sie die im Jahr 2015 veränderten Spielregeln kennen und verstanden haben. Aber dafür lesen Sie ja dieses Buch und konkrete Empfehlungen zur Reaktion auf das SAG finden Sie in Kapitel 5.7.[144]

Wenn Sie also Ihre persönliche Rolle primär als Inhaber einer Bankeinlage und nicht als Steuerzahler sehen, können Sie das SAG als ein Beispiel für den Grundsatz »Systemschutz geht vor Verbraucherschutz« interpretieren.

Europäische Einlagensicherung

Innerhalb der Europäischen Union sind Bankeinlagen bis zu 100.000 Euro pro Kunde und Kreditinstitut geschützt. Dies gilt für Guthaben auf Giro-, sowie Tages- und Festgeldkonten, Sparguthaben und Sparbriefe. Bankanleihen und Zertifikate sind hingegen nicht geschützt. Soweit klingt es nach europäischer Einheitlichkeit, trotzdem hat jedes Land (noch) seine eigenen Sicherungssysteme. Eine Vereinheitlichung und Vergemeinschaftung der Einlagensicherung wird von einigen europäischen Ländern gewünscht. Jedoch sträubt sich insbesondere die Bundesrepublik Deutschland – zuletzt im Jahr 2022 mit Erfolg – gegen die Einführung einer durchgängigen europäischen Einlagensicherung.[145] Die zentrale Sorge ist, dass im Falle einer Bankenkrise die Kreditinstitute bonitätsstärkerer Länder für relativ bonitätsschwächere Banken in anderen Ländern mithaften müssten. Das ist klug erkannt, denn genau das ist ja der Sinn einer **Haftungsunion**. Das zweite Argument gegen die Haftungsunion ist unter der Bezeichnung »Moral Hazard« (Moralisches Risiko, Moralverfall) altbekannt.[146] Wenn Risiken auf die Allgemeinheit verteilt werden können, hat der Einzelne einen geringeren Anreiz, diese zu vermeiden, und wird sich im Zweifel risikofreudiger verhalten. Diese Zusammenhänge sind klar, jedoch wird langfristig der Euro als Gemeinschaftswährung ohne Haftungsunion nicht krisenfest sein. Denn es gäbe für Akteure am Finanzmarkt den dauerhaften Fehlanreiz, bei jeder Krise eines Mitgliedstaates diesen durch spekulative Transaktionen aus der Währungsgemeinschaft herauszubrechen. (Sie erinnern sich an die Metapher mit der Seilschaft und den Wölfen aus Kapitel 3.2) Im Ergebnis wird die Eurozone also eine gemeinsame Einlagensicherung benötigen.[147]

Hintergrundinformation zur Europäischen Bankenunion und der geplanten europaweiten Einlagensicherung

EDIS = **E**uropean **D**eposit **I**nsurance **S**cheme – so lautet die offizielle Bezeichnung für eine europaweite, einheitlich gedeckte und gemeinschaftlich getragene Absicherung von Einlagen. Das Regelwerk EDIS wäre damit die dritte und letzte Säule der Europäischen Bankenunion.[148] Die beiden anderen Säulen sind bereits etabliert, nämlich die bei der EZB in Frankfurt zentralisierte **europäische Bankenaufsicht** sowie die in Brüssel angesiedelte **EU-Bankenabwicklungsbehörde**.

Anfang 2023 ist die Umsetzung von EDIS noch nicht absehbar, nachdem sich insbesondere der deutsche Finanzminister *Lindner* im Juni 2022 gegen eine »Vergemeinschaftung von finanziellen Risiken« aussprach.[149] Wünschenswert wäre eine Regelung, die einerseits nach außen das Funktionieren einer starken Haftungsgemeinschaft demonstriert und damit so vertrauensbildend wirkt, dass es erst gar nicht zu einem massenhaften Abheben von Einlagen (Bankenrun, siehe Kapitel 4.1) kommt. Andererseits sollten die Fehlanreize des Moral Hazard vermieden werden.

Ist die Einlagensicherung bis 100.000 Euro belastbar?

Vorab: Da die gemeinsame europäische Einlagensicherung noch nicht realisiert ist, sondern nur die **gemeinsame Sicherungsgrenze** von 100.000 Euro, beziehen sich die folgenden Aussagen und auch die Zahlen auf die Belastbarkeit der nationalen, also deutschen Einlagensicherung. Ihre wichtigste **Funktion** ist die durch sie bewirkte **Vertrauensbildung**. Solange die Bürger der Einlagensicherung mehrheitlich vertrauen, wird ihre Belastbarkeit keiner ernsthaften Prüfung unterzogen werden.

Es ist wie beim Träger des schwarzen Gürtels. Niemand wagt es, ihn anzugreifen oder herauszufordern. Würde es doch einmal jemand tun, so könnte das überraschende Ergebnis sein, dass der Gürtelträger zu wenig trainiert hat, seitdem er den obersten Grad erreicht hatte. Aber das Ergebnis könnte auch Nasenbluten, eine Menge blauer Flecken und die Erkenntnis sein, dass man Träger des schwarzen Gürtels lieber nicht unterschätzen sollte.

Abb. 36: Es kommt darauf an…

Die ehrliche Antwort auf die Frage nach der Belastbarkeit der Einlagensicherung lautet wohl: »Es kommt darauf an.« Nämlich welche Situation konkret vorliegt und ob es sich um ein begrenztes Problem einer oder weniger Banken oder einen wirklich schwerwiegenden Finanzcrash handelt, der alle oder fast alle Kreditinstitute betrifft.

Lassen Sie uns unterscheiden:

Wenn eine Sparkasse, Volks- oder Raiffeisenbank oder ein sonstiges **kleineres bis mittleres Institut** durch eine singuläre Notsituation, z. B. eine extrem unvorteilhafte Managemententscheidung oder durch Kreditausfälle, in Schieflage geraten würde, dann ist das sicher überhaupt kein Problem. Sollte der **Branchenprimus** Deutsche Bank mit Verbindlichkeiten gegenüber Kunden in Höhe von insgesamt 573 Milliarden Euro[150] den Sicherungsfonds in Anspruch nehmen müssen, dann wirkt das berichtete Fondsvolumen aller deutschen Sicherungsfonds in Höhe von 12,2 Mrd. Euro[151] trotz einer Verdoppelung innerhalb der letzten vier Jahre jedoch schon sehr klein. Dies zeigt auch das Garantieniveau (Sicherungsvolumen in Prozent der zu sichernden Einlagen), welches Ende 2021 bei einer angestrebten Zielgröße von 0,8 % tatsächlich 0,57 % betrug.[152] Die 0,8 % des angestrebten Garantieniveaus wirken zwar sehr gering, jedoch haben mögliche Verluste auch nichts mit der Summe der Kundeneinlagen zu tun, sondern stammen aus anderen Zusammenhängen (z. B. Kreditausfällen oder Fremdwährungsgeschäften) und würden wahrscheinlich erheblich kleiner sein. Auch gibt es keine Information darüber, welcher Teil der 573 Milliarden Euro der Deutschen Bank sich aus Einlagen unter 100.000 Euro zusammensetzt – nur diese sind durch die Einlagensicherung gedeckt. Es könnte also trotzdem passen.

Dass das European Deposit Insurance Scheme (**EDIS**) **planmäßig bis Ende 2024 funktionsfähig wird, erscheint fraglich. Dass es jedoch kommen wird, gilt als sehr wahrscheinlich.** Vorgesehen ist ein Sicherungsvolumen in Höhe von 55 Milliarden Euro, auf das jedoch erst dann zugegriffen werden kann, wenn die nationalen Sicherungsfonds komplett ausgeschöpft sind (Subsidiaritätsprinzip).[153]

Ganz sicher nicht mehr ausreichend wird die Einlagensicherung sein, wenn aufgrund einer europaweiten oder weltweiten Finanzkrise eine **größere Anzahl von Kreditinstituten** in Probleme gerät, also ein systemisches Krisenszenario auftritt. In einem solchen Fall ist es kaum denkbar, dass eine Einlagengarantie eingehalten werden kann. Denn letztlich bleibt es fraglich, ob es politisch durchsetzbar und auch überhaupt wünschenswert ist, dass die Einlagensicherung durch Steuergelder finanziert werden sollte, wodurch – Achtung: Wortspiel – sehr viele Bürger für sehr viele Bürger haften. (Die Schlussfolgerungen für Ihre persönliche Anlagestrategie lesen Sie in Kapitel 5.7.)

Zweiter Sektor: Versicherungen

Die nachfolgenden Ausführungen konzentrieren sich auf Versicherungsverträge mit Spar- oder Vorsorgecharakter (Ihre Kfz-Versicherung und Ihre Privat-Haftpflicht bleiben in Hinblick auf das Thema des Buches also außen vor).

Die Auffanggesellschaft Protektor

Ende 2002 gründeten die deutschen Lebensversicherer eine Auffanggesellschaft namens Protektor Lebensversicherungs-AG, um bestehende Kundenverträge vor einer Insolvenz eines Versicherungsunternehmens zu schützen. Diese Maßnahme diente sowohl dem Verbraucherschutz als auch dem Systemschutz. Letzteres, da sie das Vertrauen in die Solvenz der Lebensversicherer stabilisieren sollte. Ganz offensichtlich war die »private Initiative der Versicherer« durch eine konkrete Bedrohung motiviert. Denn nur einen Tag, nachdem sich unter wachsendem Druck alle Lebensversicherer am 30. Juni 2003 endlich verpflichtet hatten, erfolgte bereits die Übernahme der Versicherungsverträge der insolvenzgefährdeten Mannheimer Lebensversicherungs-AG durch Protektor.[154]

Zinszusatzreserve 2011

Ein eher geringer Konflikt zwischen den beiden Zielen Systemschutz und Verbraucherschutz bildete die Einführung der Zinszusatzreserve im Jahr 2011.[155] Die Zinszusatzreserve, deren Höhe Ende 2021 bei stattlichen 96 Milliarden Euro lag, war eine

Reaktion auf die langanhaltend sinkenden Marktzinsen festverzinslicher Wertpapiere, die den Versicherern einerseits enorme Kursgewinne bei den Bestandspapieren, andererseits jedoch sinkende Renditen bei der Neuanlage auslaufender Wertpapiere erbrachten. Die gesetzlich verordnete Zinszusatzreserve senkte die Überschüsse der Lebensversicherer, was ihren Kunden zum Nachteil geriet (geringere Auszahlungen an die Kunden), sie stärkte jedoch die Überlebensfähigkeit der Lebensversicherer, was dem Systemschutz diente.[156] Durch den starken Zinsanstieg im Jahr 2022 hat sich die Problematik der Zinszusatzreserve – zumindest vorläufig – weitgehend entschärft. Je nach modellierten Szenarien kann Stand Ende 2022 nicht nur auf einen weiteren Aufbau der Reserve verzichtet werden, sondern eine allmähliche Entnahme erfolgen.[157] Die Verbraucher werden hiervon trotzdem kaum profitieren, da die Versicherer die Gewinne aus der Auflösung der Reserve überwiegend dazu verwenden, um Kursverluste beim Verkauf niedrigverzinslicher Anleihen in ihren Beständen auszugleichen.[158]

Lebensversicherungs-Reformgesetz vom Sommer 2014

Dieses Gesetz, von Verbraucherschützern auch als »Hilfspaket für die LV-Versicherer« bezeichnet[159], zeigt den Konflikt zwischen Verbraucherschutz und Systemschutz in voller Härte. Neben der (damals vergleichsweise harmlosen) Senkung des Garantiezinssatzes von 1,75 % auf 1,25 % (aktuell liegt dieser bei 0,25 %) griff das Gesetz – für den Verbraucher völlig unerwartet und unvorhersehbar – in die Ausschüttung der Bewertungsreserven ein.[160]

Dies führte in beispielhaft von der BaFin genannten Fällen dazu, dass Versicherte, die im Juni 2014 noch eine Ablaufleistung von 80.000 Euro für ihren im August 2014 endfälligen Vertrag erwarten durften, dann plötzlich ca. 10.000 Euro weniger, also nur noch 70.000 Euro überwiesen bekamen. Die Differenz kam dem Sicherungsbedarf der Gesellschaft und damit dem Systemschutz zugute.

Erster Run-off in 2014

Im gleichen Jahr kam es zum ersten Run-off, das ist der Verkauf des gesamten Vertragsbestandes eines Versicherers an eine Abwicklungsgesellschaft – meist bei gleichzeitiger Aufgabe des Neugeschäfts.[161] Stand Ende 2022 befinden sich nach einem erneuten Anstieg großer Transaktionen über 6 Millionen Lebens- und Rentenversicherungen mit einem geschätzten Volumen von rund 150 Milliarden Euro Deckungsrückstellung in der Regie der Abwickler. Dabei ist die Kritik am Vorgehen der Run-off-Gesellschaften mit den Jahren immer lauter geworden und es gibt eine Vielzahl von Verbraucherbeschwerden. Offenbar bewahrheite sich die Sorge von Verbraucherschützern, dass die Abwicklungsgesellschaften – die oftmals im Ausland sitzen, kein Neugeschäft anstreben und keinen guten Ruf zu verlieren haben – mit maximaler Härte und Verbraucherunfreundlichkeit am Rande der Legalität agieren. Die formaljuristisch nicht zu beanstandende, aber im Ergebnis bisher sehr kunden*un*freundliche Laissez-faire-Haltung des BaFin, welches jeder Vertragsübernahme durch die Run-off-Gesellschaft zustimmen muss (und dies bislang auch stets getan hat), wird als klarer Sieg des Systemschutzes gegenüber dem Verbraucherschutz gesehen. Jedoch gibt es sehr ermunternde Anzeichen dafür, dass die BaFin unter ihrem seit 2021 amtierenden neuen Präsidenten, Mark Branson, zumindest den kollektiven Verbraucherschutz stärker gewichten wird.

Zahlungsverbot und Herabsetzung von Leistungen nach §314 Versicherungsaufsichtsgesetz (VAG)

Der Inhalt von §314 VAG entspricht aus Sicht des Versicherungskunden der Regelung des in diesem Kapitel weiter oben erläuterten §89 des Sanierungs- und Abwicklungsgesetzes.[162] Ziel ist, dass ein notleidendes Versicherungsunternehmen seine Leistungen herabsetzen oder im Extremfall völlig aussetzen kann, wenn dies zur Vermeidung eines Insolvenzverfahrens geboten erscheint. Um exakt zu sein, ermächtigt der genannte Paragraph die Aufsichtsbehörde BaFin, dem notleidenden Versicherungsunternehmen die Herabsetzung oder Aussetzung von Leistungen vorzuschreiben, um dieses gegenüber eigentlich vertraglich bestehenden Kundenansprüchen zu schützen. Das heißt, diese für den Versicherungskunden höchst unangenehmen Maßnahmen stehen nicht im Ermessen des Versicherers, sondern der Aufsichtsbehörde. Ein ganz klares Beispiel für den Grundsatz: Systemschutz geht vor Verbraucherschutz.

Auch diese Regelung wird seitens der Crash-Propheten emotional als »Enteignungsgesetz« oder »gesetzlich legitimierter Raub« interpretiert, ohne die Folgen der Alternativen zu bedenken. Denn – die Parallelen zu Regelungen des SAG für die Kreditinstitute sind unübersehbar – es würde der Bevölkerung auch nichts nützen, wenn der Staat auf diese Regelung verzichten und den Systemzusammenbruch der Versicherungsbranche zulassen würde. Und dass aus Steuermitteln, d.h. vielleicht von Menschen, die sich nicht einmal einen Vorsorgevertrag leisten konnten, dann die Garantiezahlungen an private Versicherte finanziert werden, ist ganz abgesehen vom Problem »rechte Tasche, linke Tasche« sozialpolitisch nicht wünschenswert.

Bei sachlicher Betrachtung ist die mit negativen Emotionen aufgeheizte Diskussion um den angeblichen Enteignungsparagraphen §314VAG schon deshalb nicht zu verstehen, da die dortige Regelung absolut inhaltsgleich bereits seit Jahrzehnten im §89 des gleichen Gesetzes (also VAG alte Fassung) stand. Lediglich die Nummerierung des Paragraphen hat sich zum Jahr 2016 geändert.[163]

Aus Verbrauchersicht ist es höchst unbefriedigend, dass im Versicherungsbereich **keine klare Haftungskaskade** (wie oben für die Banken beschrieben) geregelt ist. So ist es im Gegensatz zu den Regelungen des Sanierungs- und Abwicklungsgesetzes grundsätzlich denkbar, dass ein notleidender Versicherer seine Leistungen herabsetzt und noch gleichzeitig seinen Aktionären Dividenden und seinen Führungskräften Boni bezahlt. Eine faire Verteilung von Chancen und Risiken sieht anders aus.

Versachlichend kann man also zusammenfassen, dass Leistungen aus Versicherungsverträgen im Fall eines schweren Finanzcrashs ein zusätzliches Vehikelrisiko enthalten und wohl nicht auf Null, jedoch auf einen geringeren Teilbetrag abgesenkt werden könnten. Viel wahrscheinlicher ist aber der Fall, dass einzelne Versicherer wegen zu hoher Kosten in Kombination mit sinkenden Erträgen auf das von ihnen verwaltete Sicherungsvermögen (früher Deckungsstock genannt) nicht nur keine Überschüsse erzielen, sondern selbst die Garantieverzinsung nicht mehr erwirtschaften. Und dass die Aufsichtsbehörde dann anweist, die Leistungen an die Versicherten zu kürzen. Dies muss nicht unbedingt dramatisch sein, sondern könnte z. B. einfach die einseitig festgesetzte Absenkung des Garantiezinses um 0,5 % oder 0,2 % auf Altverträge als Reaktion auf die Nullzinswelt sein. Welche Schlussfolgerung aus dieser Situation Sie persönlich für die Nutzung von kapitalbildenden Lebensversicherungsprodukten ziehen sollten, lesen Sie in Kapitel 5.7.

Dritter Sektor: Bausparkassen

Auch das Geschäftsmodell der Bausparkassen ist durch die Null- und Minuszinswelt bedroht. Aus Sicht des Kunden gibt es zwei Fragen, nämlich erstens nach möglichen Risiken aus der Nutzung des Vehikels Bausparvertrag. Und zweitens nach der grundsätzlichen Vorteilhaftigkeit von Bausparverträgen in der gegenwärtigen Zinslandschaft. Während die zweite Frage kurz, aber eindeutig in Kapitel 5.7 beantwortet wird, geht es nachfolgend nur um die Frage der Risiken.

Da Bausparer in der Ansparphase zunächst Gläubiger der Bausparkasse und erst nach Erhalt des Bauspardarlehens zum Schuldner werden, bezieht sich ihr Risiko des Verlustes der Einlage (also der Insolvenz der Bausparkasse) nur auf die erste Phase. Spezielle zusätzliche Risiken aus der besonderen Konstruktionsweise des Bausparkollektivs werden nachfolgend erläutert.

Auflösung des Bausparkasseneinlagensicherungsfonds (BESF): Sind Einlagen bei Bausparkassen noch sicher?

Ende Februar 2017 wurde der freiwillige Fonds für die unbegrenzte Einlagensicherung für Bausparverträge (Bausparkasseneinlagensicherungsfonds – BESF) aufgelöst, der zuvor die Bausparguthaben der meisten (nicht aller) privaten Bausparkassen in unbegrenzter Höhe für den Fall der Insolvenz einer Bausparkasse absicherte.

Dieser Wegfall wurde in der Presse und vor allem auch von den Crash-Propheten als weiterer Schritt zum Abbau des Verbraucherschutzes und Vorbote eines weiteren Niedergangs des Finanzsystems kommentiert. Versachlicht man den Vorgang jedoch, erscheint diese Interpretation stark überzogen. Denn Bausparguthaben stehen nach wie vor unter dem Schutz der gesetzlichen Einlagensicherung, wonach bis 100.000 Euro pro Kunde und Institut abgesichert sind. Nur sehr wenige Bausparverträge (ein paar hundert) überschreiten diesen Guthabenstand. Laut Stiftung Warentest beträgt das durchschnittliche Bausparguthaben lediglich ca. 5.500 Euro.[164] Schließlich wäre es für Verbraucher, die unbedingt bausparen wollen, ein Leichtes, Einlagebeträge, die über 100.000 Euro hinausgehen, auf mehrere Bausparkassen zu verteilen.[165] Ein Massenproblem, wie von den Crash-Propheten aufgebauscht, liegt hier jedenfalls nicht vor – sondern eher ein Scheinproblem.

Auflösung des Fonds zur bauspartechnischen Absicherung (FbtA)

Mit dem FbtA wurde noch ein weiterer Sicherungsfonds der Bausparkassen aufgelöst, was seitens der Crash-Propheten ebenfalls als Krisensignal interpretiert wird. Die wahren Zusammenhänge in Kürze: Die Rückstellungen des FbtA waren ursprünglich für den Fall gedacht, dass bei starken Zinssteigerungen viele Bausparer das dann sehr attraktive Bauspardarlehen in Anspruch nehmen und gleichzeitig nur wenig zusätzliche Mittel aus Verträgen in der Ansparphase ins Bausparkollektiv kommen. Exakt diese Situation gab es in den Jahren 1989 und 1990. Die Bausparkassen reagierten notgedrungen mit teilweise sehr starken Verlängerungen ihrer Zuteilungszeiten.[166] Mit den Reserven des Fonds (Stand 2017 ca. 1,34 Milliarden Euro) hätten die Bausparkassen bei dem obigen Fall die Mehrkosten teurer Marktfinanzierungen abdecken können, um den Bausparern die in Aussicht gestellten Bausparkredite ohne große Verzögerung zur Verfügung zu stellen. Mit der Novelle des Bausparkassengesetzes im Jahr 2015 hat der Gesetzgeber den Bausparkassen jedoch erlaubt, diese Rücklagen für andere Zwecke zu verwenden.

Dies erlaubt folgende Interpretationen:

1. Sowohl der Gesetzgeber als auch die Branche glauben nicht an ein Szenario stark steigender Zinsen, sondern den langfristigen Fortbestand der Null- und Negativzinswelt. (Prognosefrei ist das jedenfalls nicht.)
2. Die Not der Bausparkassen ist aktuell so groß, dass man die Rückstellungen zum Ausgleich heutiger Verluste sehr dringend benötigt. (Etwa nach dem Motto, was nützt eine Vorsorge für künftige Risiken, wenn die Bausparkasse bereits an den aktuellen in Insolvenz gerät.)
3. Das Risiko der Zuteilungssicherheit im Falle starker Zinssteigerungen (denn dafür wurde der Fonds ja 1990 gebildet), wird nun stillschweigend auf den Bausparer rückübertragen.

Aus wissenschaftlicher Sicht von Branchenkennern sind wahrscheinlich alle drei Interpretationen gemeinsam zutreffend. Sie werfen kein gutes Licht auf das Risikomanagement der Bausparbranche. Denn die Zuteilungssicherheit von Bauspardarlehen wäre im Szenario eines starken Zinsanstiegs wieder genauso bedroht wie in der Hochzinsphase der 80er Jahre. Jedoch betrifft dieses Risiko lediglich den Abruf von Bauspardarlehen. Einlagen von Bausparverträgen bis 100.000 Euro sind auch durch die Auflösung der Rückstellungen des Fonds zur bauspartechnischen Absicherung (FbtA) nicht gefährdet. Vielmehr ist die Vorteilhaftigkeit von Bausparverträgen insgesamt fraglich, wozu Sie in Kapitel 5.7 konkrete Empfehlungen lesen können.

Interview zum Thema *Systemschutz versus Verbraucherschutz*?

Interview mit Gabriel Hopmeier, CFP®, Finanzplaner und Honorarberater, sowie Andreas Mayer, Fachanwalt für Bank- und Kapitalmarktrecht und Mitglied des Vereins für Verbraucherrechte e. V.

(**GH** – Gabriel Hopmeier/**AM** – Andreas Mayer/**HW** – Hartmut Walz)

HW: Von unterschiedlichen Seiten hört man derzeit Stimmen, die vor einer Schwächung des Verbraucherschutzes im Bereich der Finanzdienstleistungen warnen. Sehen Sie diese Gefahr? Und falls ja – können Sie konkrete Beispiele benennen?

GH: Ja, ich gehe hierbei auf den Beratungsprozess (oder besser: Vermittlungsprozess) ein. Zum Honoraranlageberatungsgesetz wird Gerd Billen, Staatssekretär für Verbraucherschutz im BMJV, mit den Worten zitiert: *»Honorarberater werden in die Lage versetzt, Verbrauchern geeignete Versicherungen zu vermitteln, ohne dass ihre Unabhängigkeit gefährdet wird«* [»Der Neue Finanzberater«, Ausgabe 04/16, S. 06]. Genau darum geht es dem Gesetzgeber: Produktvermittlung, nicht Beratung! Stellen Sie sich mal vor, ein Rechts- oder Steuerberatungsgesetz würde mit der Begründung modifiziert, es erleichtere Rechtsanwälten und Steuerberatern die Produktvermittlung. 70 % meiner Tätigkeit als unabhängiger Honorarberater besteht im Streichen von unnötigen, teuren, unflexiblen, riskanten oder intransparenten Finanzprodukten meiner Mandanten, 25 % im Coaching zur Selbsthilfe und 5 % in der Unterstützung bei der Produktauswahl. Anstatt sieben unterschiedliche angebotsseitige Mikroregulierungsformen – passend zu den Produktschornsteinen großer Finanzkonzerne – braucht es eine angebotsseitige Regulierung und eine nachfrageseitige Regulierung. Honorarberater müssten mit Rechtsanwälten und Steuerberatern regulatorisch gleichgestellt sein und sich in gemeinsamen Kanzleien integrieren können. Über die Gewerblichkeit wird das derzeit leider verhindert. Eine derartige qualitativ hochwertige und nachfrageseitige Regulierung entlang der Kundenbedürfnisse wird vom Gesetzgeber aktiv verhindert und auch von den Landesregierungen untergraben. Anstatt Verbrauchern Zugang zu qualitativ hochwertiger Beratung im Einkauf zu verschaffen, liefert die Bundesregierung die Finanzverbraucher häppchengerecht einer hochprofessionellen Finanzindustrie aus.

AM: Ich möchte hier auf die Rechtsprechung eingehen. Die Einführung von weiteren Dokumentationspflichten, Produktinformationsblättern und dergleichen führt nicht zu einer Verbesserung der Beratungsleistung der verkaufsorientierten Finanzanlagenberater. Sie führt aber zu einer Bürokratisierung, die am Ende zu einer Verschlechterung der Beweissituation des Verbrauchers bezüglich der Beratung führt. An dem Grundproblem, dass der beratungsbedürftige Verbraucher nicht selbst beurteilen kann, ob er gut beraten wurde, ändert sich nichts. Der Verbraucher muss vor Gericht nach wie vor beweisen, dass er falsch beraten wurde, nicht der Berater muss die ordnungsgemäße Beratung beweisen.

Ein Beispiel: Die Justiz billigt Bausparkassen die Kündigung von Bausparverträgen schon nach Ablauf von 10 Jahren ab Zuteilungsreife (und nicht erst bei voller Ansparung der Bausparsumme) zu, obwohl dieses Kündigungsrecht bei Abschluss der Verträge weder in den Bausparbedingungen erwähnt wurde noch überhaupt im Bewusstsein der Bausparer oder gar der Bausparkasse war. Der Sparvorgang darf einseitig seitens der Bausparkasse beendet werden, der Anspruch auf das Bauspardarlehen geht dabei ebenfalls verloren. Die Niedrigzinsphase dient zur Rechtfertigung für Maßnahmen, die früher weder die Bausparkassen ergriffen hätten noch wahrscheinlich von der Justiz abgesegnet worden wären.

Die Justiz – vorneweg unser Bundesgerichtshof – müht sich redlich, eherne Verbraucherrechte, die zur Vertragsaufhebung und deren Rückabwicklung führen, einzudämmen. So denkt die Justiz in vielen Urteilen intensiv darüber nach, wie das eigentlich bestehende Recht des Widerrufs von vor langer Zeit abgeschlossenen Darlehens-, Lebens- und Rentenversicherungsverträgen durch eine ausufernde Anwendung von Verwirkungs- und Rechtsmissbrauchsgrundsätzen verhindert werden kann. Die disziplinierende Wirkung solcher Widerrufe gegenüber den Anbietern verschwindet dadurch. Wollte doch ursprünglich der Gesetzgeber die Frist für solche Widerrufe nur dann beenden, wenn die gesetzlich vorgeschriebenen Pflichtinformationen (z. B. Widerrufsbelehrung und Produktinformationen) vollständig, klar und richtig erteilt wurden. Von diesen Verbraucherschutzzielen bleibt am Ende nichts mehr übrig, wenn auch der nicht richtig belehrende Unternehmer sich auf Vertrauensschutz berufen darf mit der Begründung, er habe darauf vertraut, dass der Verbraucher seinen Vertrag nicht mehr widerrufen würde! Diesbezüglich bleibt nur noch die Hoffnung, dass der Europäische Gerichtshof ein Machtwort spricht. Aktuell liegen dem Gerichtshof einige Vorlagen der deutschen Justiz zur Entscheidung vor.

HW: Können Sie aus Ihrer Tätigkeit bestätigen, dass sich der Ton bzw. der Umgang zwischen den Finanzdienstleistern und ihren Kunden seit Beginn der Niedrig- und Nullzinsphase verschärft hat? Kennen Sie Beispiele – oder Gegenbeispiele?

GH: »Verschärft« hat sich gar nichts. Die Finanzindustrie war schon immer hinter dem Geld der Verbraucher her und die Bundes- und Länderregierungen haben sie dabei bereitwillig unterstützt. Aus jüngster Zeit kommt mir die Kündigungswelle von teuer bezahlten, hochverzinslichen alten Bausparverträgen in den Sinn. Davor das Abwürgen des Widerrufs von rechtlich fehlerhaften Immobilienkrediten. Davor die Abzocke mit Derivaten und geschlossenen Beteiligungen, die zur Finanzkrise 2007 und zu einer 67 Milliarden Euro schweren Bankenrettung auf Kosten der Verbraucher führte. Davor die Einführung von Rürup- und Riester-Knebelverträgen, als die überteuerten klassischen Versicherungen aufgrund eines fallenden Zinsniveaus schon nicht mehr so richtig liefen. Seit langen Jahren schon die Übervorteilung der gutgläubigen Bevölkerung mit vorgeblich geförderter betrieblicher Altersvorsorge, die dann im Rentenalter zu einem bösen Erwachen bei Steuer- und Sozialversicherungsabgaben führt – jetzt wieder getoppt durch die Nahles-Abzocke. Mittlerweile kippen auch schon die ersten Pensionskassen und bald werden die ersten Arbeitgeber für ihre schwachen betrieblichen Altersvorsorgeverträgen einstehen müssen. Mal schauen, was das noch gibt. Im Gegenzug finanzieren Banken, Versicherungen und Fonds dem Staat seine Schulden und sorgen in den Landeshauptstädten der Republik für Umsatz-, Gewerbesteuereinnahmen und Arbeitsplätze. Last but not least, statten sie ehemalige Politiker mit gut dotierten Pöstchen aus. Oder kennen Sie einen der Förderprodukteerfinder, der seine politische Kariere nicht in der Finanzindustrie hat auslaufen lassen?

AM: Ich meine schon, dass der Ton rauer geworden ist. Die BGH-Rechtsprechung befördert kundenunfreundliche Auslegungen von Kündigungs- oder Widerrufsklauseln. Dies schlägt auf die Verhaltensweisen der Anbieter natürlich durch. So haben heute Bausparkassen – im Gegensatz zu früher – kein Problem mehr damit, vertraglich zugesicherte Boni einzubehalten, obgleich die Kunden auf die notwendigen Erklärungen, um den (vertraglich zugesicherten) Bonus trotz Kündigung durch die Bausparkasse zu erhalten, im Kündigungsschreiben nicht hingewiesen wurden. Viele Kunden laufen in die Falle. Es wäre früher im Bausparwesen undenkbar gewesen, langjährige, treue Kunden so zu behandeln. Auch viele »Alte Hasen« aus dem Vertrieb sind entsetzt, wie sich die Zeiten geändert haben.

HW: Seitens der Crash-Propheten wird auch unterstellt, dass verbraucherunfreundliche Veränderungen der gesetzlichen Grundlage wie SAG oder VAG damit zusammenhängen, dass unser Staat sich hiermit auf einen kommenden Finanzcrash und damit die »schleichende Enteignung seiner Bürger« vorbereite. Halten Sie das für wahrscheinlich oder gibt es vielleicht ganz andere Gründe?

GH: Tatsache ist, niemand kann die Zukunft vorhersehen. Ich muss mir das jeden Morgen gleich nach dem Aufstehen immer wieder laut vorsagen, sonst vergesse ich es im Laufe des Tages bei so viel Medienrummel, der mich vom Gegenteil überzeugen will. Es ist vollkommen irrelevant, was andere vorhersagen. So hat Prof. Dr. Axel A. Weber als Bundesbankchef im August 2007 im Zusammenhang mit der IKB-Pleite noch vorhergesagt, dass Befürchtungen bezüglich einer Bankenkrise in Deutschland jeglicher Grundlage entbehren würden. Crashs vorherzusagen ist für Vermögensverwalter dagegen immer geschäftsfördernd. Zum einen: Sie treffen regelmäßig ein und man kann dann behaupten, richtig vorhergesagt zu haben. Zum anderen reagiert unser Gehirn evolutionshistorisch alarmierter auf negative Nachrichten und es klingelt schneller in der Kasse der Vermögensverwalter. Ich stelle mir eher die Frage, für wie wahrscheinlich ich einen Totalausfall des Finanzsystems halte? Welche anderen positiven und negativen Szenarien können eintreffen? Wie möchte ich diese Ereignisse untereinander gewichten – und wie muss ich mich vermögenstechnisch aufstellen, um meinen Gewichtungen zu entsprechen.

AM: Die Gesetze bereiten auf Ausnahmesituationen vor, die bislang der Gesetzgeber nicht reguliert hatte. Ich sehe darin keine Prognose, eher eine Reaktion auf Geschehenes. Interessant ist aber dennoch, weshalb derartige einschneidende Regelungen nicht Ergebnis und Gegenstand eines breiten gesellschaftlichen Diskurses waren, wo sie doch praktisch jeden Bürger – einschneidend – angehen.

HW: Herr Mayer, als Fachanwalt für Kapitalmarktrecht gehen Sie bei den Gerichten bis hin zum Bundesgerichtshof mit Klagen von Verbrauchern gegen Finanzdienstleister ein und aus. Können Sie einen Wandel in der Rechtsprechung (zulasten der Verbraucher) feststellen?

AM: Ich habe den Eindruck, dass es zunehmend schwerer wird, verbraucherfreundliche Rechtsprechung oder verbraucherschützende Vorschriften durchzusetzen. Sicherlich sind hierfür auch so manche Auswüchse von anwaltlich getriebenen »Massenklagen« mit verantwortlich. Entscheidend scheint mir aber zu sein, dass der Verbraucherschutz im Bereich der Finanzdienstleistungen keine wahrnehmbare Lobby mehr hat. Offenbar herrscht zunehmend der Eindruck in der Justiz, es müsse »jetzt einmal gut sein« mit dem »Spuk des Verbraucherschutzes«, wie ein prominenter Bankenvertreter einmal kolportierte. Dieses Gefühl macht sich angesichts der wirtschaftlich wankenden Anbieterseite wohl in der Justiz breit. Widerrufsrechte stellen essenzielle Verbraucherrechte dar. Diese sollen im Wesentlichen die Informiertheit des Verbrauchers vor einem bindenden Vertragsabschluss sicherstellen – und damit dem strukturellen Ungleichgewicht zwischen Verbraucher und Anbieter entgegenwirken. Wenn ein Verbraucher also nach vielen Jahren noch mit einem begründeten Widerruf kommt, dann wurde er nicht nach den geltenden gesetzlichen Mindeststandards informiert. Dass der Anbieter das nicht gerne macht, versteht sich von selbst. Also muss dem nachgeholfen werden mit dem Damoklesschwert der rückwirkenden Aufhebung des Vertrages noch nach vielen Jahren. Dieses Schwert ist stumpf geworden, weil die Justiz bei Darlehensverträgen und auch Lebens- und Rentenversicherungsverträgen das Widerrufsrecht selbst, aber auch die Rechtsfolgen so stark eingedämmt hat, dass eine abschreckende Wirkung nicht mehr vorhanden ist. Geschweige denn, eine marktwirtschaftlich wünschenswerte Bereinigung des Marktes von den schwarzen Schafen.

Denn es gibt immer auch Anbieter, die die gesetzlichen Bestimmungen sehr genau und mit Ernsthaftigkeit erfüllen! Geschützt wird der ignorante Rest.

HW: Haben Sie den Eindruck, dass die Verbraucher in den letzten Jahren selbstbewusster und klagefreudiger geworden sind? Und dass die Gerichte glauben, die Finanzdienstleister vor ihren Kunden schützen zu müssen?

AM: Ich habe den Eindruck gewonnen, dass die Gerichte früher – im Gegensatz zu heute – angesichts von Verbraucherklagen im Finanzdienstleistungsbereich eher mit einer grundsätzlichen Offenheit und einem Grundverständnis für die Verbraucherbelange an die Sache herangegangen sind. Auch ein gewisses soziales Verständnis hat sich eher gezeigt, so hatten die Gerichte eher die Bereitschaft, auf eine ausgleichende, gütliche Regelung hinzuwirken. Die Verfahren führten häufig zu Vergleichen. Wir erleben heute viel häufiger als früher, dass eine gütliche Einigung seitens der Gerichte erst gar nicht ernsthaft versucht wird. Oft wird sehr schnell deutlich gemacht, dass das Gericht der Klage keine Erfolgsaussichten beimisst, weil es die Rechtsvorschriften so oder so auslege, oder voraussichtlich der Beweis nicht erbracht werden könne – nach so klarer Positionierung vergleicht sich kein Gegner mehr. Es scheint heute eher ein Verständnis für die finanziellen und strukturellen Probleme der Banken und Versicherungsgesellschaften zu geben denn für die Nöte der Verbraucherseite. Dies mag aus einer latenten oder subtilen Angst vor dem Crash rühren, den man nicht auch noch selbst befördern will. Der Verbraucherschutz genießt in der täglichen Praxis keinen Vorrang und seine Umsetzung stellt bei der Auslegung der Gesetze kein prioritäres Ziel dar, das es effektiv umzusetzen gelte. Verbraucher haben es daher heute immer noch schwer – die Beweislastregeln und die drohenden Kosten bei Verfolgung ihrer Rechte sind Hürden, die es zu nehmen gilt. Wir erleben auch Gerichte, die sich um das System Sorgen machen, wenn es um grundsätzliche rechtliche Fragestellungen geht. Ich glaube, dass in den vergangen 2 – 3 Jahren tatsächlich eine Trendwende eingekehrt ist, um die Banken und Versicherungen mehr zu schützen. Zunehmend werden »Verwirkung« und »Rechtsmissbrauch« – oft ohne jede rechtliche oder soziale Rückkopplung – zur Verhinderung von Verbraucherrechten angewendet. Dies ist – nebenbei bemerkt – natürlich für die Gerichte auch eine rationelle Methode, um Klageverfahren recht schnell vom Tisch zu bekommen.

Dies erhöht den Aufwand für uns in der Beratung natürlich, wir versuchen aber dagegenzuhalten und auch bei den Gerichten Aufklärungsarbeit zu leisten. Interne Vorgänge bei Banken und Versicherungen, tatsächlich mögliche sehr hohe Provisionen und sonstige »Gebühren« und die damit für den Verbraucher verbundenen Kosten sind den Gerichten in der Regel gar nicht bekannt. Über diesen Weg – die massive Kostenbelastung, also das »Abgreifen von Rendite« darzustellen – sehen wir durchaus noch Möglichkeiten, auch sozial zu punkten und unseren darauf aufbauenden juristischen Argumenten Gehör zu verschaffen. Information ist auch hier die entscheidende Komponente.

HW: Können Sie aus Ihrem fachlichen Hintergrund eine Einschätzung des SAG abgeben? Die Crash-Propheten kritisieren es ja als »Enteignungsgesetz«.

GH: Es gibt den Spruch: *»Nachdem wir die Orientierung verloren hatten, verdoppelten wir unsere Anstrengungen.«* Wie gesagt, niemand kann die Zukunft vorhersehen. SAG und VAG sind ja nur ein kleiner Teil eines Sammelsuriums an konfusen und zahnlosen Aufsichts- und Regulierungsmaßnahmen der Bundesregierung nach der 2007er Krise. Weiter zu nennen sind auf Ebene der Banken: BaFin, ZB, EZB, europäischer Währungsfonds, die Institutionen (ehemals Troika), AFS, ESRB, ESM, Baseler Ausschuss, EBA, ESMA, SSM, SRM. Dann nochmals ähnliche Maßnahmen auf Ebene der Versicherungen. Dann auf Ebene der Fondsgesellschaften. Dann auf Ebene der Berater und Verkäufer usw. Am Ende gehören auch das SAG und VAG zum Paket. All das ist nicht mehr vermittelbar, nicht mehr nachvollziehbar und auch nicht notwendig. Auf jeden Fall schafft es Misstrauen in die Sicherheit des deutschen und europäischen Finanzsystems. Es öffnet Tür und Tor für Crash-Propheten.

HW: Wenn man das Gesetz als Geschwindigkeitsbeschränkung sieht, ist das BaFin ja die Polizei, die Radarfallen aufstellt. Mit anderen Worten: Jedes Gesetz ist nur so wirksam wie die Kontrolle seiner Einhaltung. Sind Sie mit der Arbeit des BaFin zufrieden?

GH: Wie gesagt, noch werde ich von der IHK kontrolliert. Es gibt Bestrebungen, mich zusätzlich auch noch von der BaFin kontrollieren zu lassen. Offenbar vertraut der Gesetzgeber weder in die Kompetenz von IHK noch von BaFin noch der von ihr getroffenen Maßnahmen. Diese sind so ausgestaltet, dass sie rechtlich, schematisch prüfbar sind. Niemand fragt nach der Qualität der Beratung im Mandanteninteresse, den Kosten der empfohlenen Produkte, der Übereinstimmung der Empfehlungen mit der Risikobereitschaft und -tragfähigkeit der Mandanten. Hauptsache, die Finanzdienstleister entsprechen den bürokratischen Vorgaben und führen Zwangsabgaben an die Aufsicht ab. Damit werden Beratung und Produkte für die Bevölkerung noch weiter verteuert und verkompliziert. Ein Sparkassenpräsident sagte mal, es sei »Strangulierung«, nicht »Regulierung«.

HW: Wenn man bedenkt, dass Altersvorsorgeverträge heute über einen Zeitraum von bis zu 40 bis 45 Jahren geschlossen werden, dann könnte man auf die Idee kommen, schon alleine wegen der Risiken aus den Anlagevehikeln (also z. B. Lebens- oder Rentenversicherungsverträge) auf diese komplett zu verzichten. Wie sehen Sie das?

GH: Nach über 3.500 Beratungen in den letzten knapp 20 Jahren bin ich viel zu stark negativ beeinflusst von den vielen schlechten Konsequenzen von Anlagevehikeln in den Vermögen der überwiegenden Mehrheit meiner Mandanten. Es gibt Ausnahmen für wenige höchstvermögende Individuen. Anlagevehikel sind zunächst teuer, unflexibel und meistens intransparent. Sie gehen in der Regel auch nicht mit dem technischen Fortschritt, der sie heute m. E. in der Regel und für die meisten Verbraucher überflüssig macht. Meistens werden sie mit dem Argument des Steuervorteils verkauft. Im Verkauf führt das sofort dazu, dass die Verbraucher Steuerfreiheit mit Rentabilität gleichsetzen, was keinesfalls zutrifft. Im Verkauf führt das Steuerargument leider auch dazu, dass Verbraucher alle anderen Aspekte des modernen Lebens, wie – internationale – Mobilität, Flexibilität in den persönlichen Zielen, Individualismus und auch langfristige rechtliche Sicherheit – SAG, VAG lässt grüßen – in diesem Moment vollkommen ausblenden. Insofern komme ich ohnehin schon nur ganz selten am Ende eines Beratungsprozesses überhaupt noch dazu, mich mit Mandanten über Anlagevehikel zu unterhalten – und noch viel seltener dazu, diese zu empfehlen. Ich werde hoffentlich keine 40 Jahre mehr leben, aber in der Altersvorsorge meiner Kinder haben diese Vehikel sicher keinen Platz.

AM: Wie Herr Hopmeier schon sagte, die Zukunft kennen wir alle nicht. Panik ist aber sicher nie ein guter Ratgeber – kein Vertrauen ist auch keine Lösung. Eine gute, neutrale Beratung scheint mir auch diesbezüglich der beste Rat zu sein. Die Vehikel selbst haben natürlich in der Regel ihre Schwächen – insbesondere auf Kosten- und Prognoseseite. Ich gehe aber aus meiner Beratungspraxis heraus davon aus, dass ein gar nicht so kleiner Teil unserer Bevölkerung sich den Service der Produktanbieter gerne etwas kosten lässt, um so von leidigen Entscheidungen befreit zu sein und um sich nicht jeden Tag mit irgendwelchen Finanzfragen herumplagen zu müssen. Vielen ist das ein Graus. Die Vehikel können auch die Spardisziplin fördern. Eine schlechte Vorsorge ist immer noch besser als gar keine.

GH: Dem »convenience«-Argument von Herrn Mayer möchte ich widersprechen. Heute ist es für digital ausgestattete Menschen ganz leicht –»convenient« – geworden, ihr Vermögen einfach, transparent, risikobewusst, breit gestreut und kostengünstig selbst zu verwalten. Sobald meine Mandanten realisieren, wie viele Wochen und Monate sie für die »convenience« eines Vehikels arbeiten müssen, sagen sie fast immer, dass sie das Produkt nicht erworben hätten, wenn ihnen diese Kosten vorab klar geworden wären. Meine Erfahrung ist, dass die Anleger in erster Linie irgendwie die Vorstellung haben, Vermögensverwalter könnten die Zukunft besser vorhersehen, Fehler vermeiden oder magische Anlageprodukte auswählen, die sie reich werden lassen. Obwohl schon längst wissenschaftlich widerlegt, hält sich der Mythos immer noch hartnäckig.

HW: Sehen Sie letztlich einen durchgängigen Zielkonflikt zwischen Verbraucherschutz und Systemschutz?

AM: Ich denke, dass die Diagnose in einem breiten Konsens ist: Das althergebrachte Finanzsystem wird so nicht überleben. Es muss sich ändern, reformiert werden. Der konsequent an den Bedürfnissen des Verbrauchers ausgerichtete Schutz der Verbraucherrechte kann diesen Wechsel nur befördern. Systemkonservativismus steht aber sicherlich im Gegensatz zu richtig verstandenem Verbraucherschutz!

Danke für das Gespräch!

3.7 Wohlstandsverschiebungen, Wohlstandsillusion, versteckte Lasten und unhaltbare Versprechungen

Die Ausgangslage

Deutsche Bürger leben derzeit zwar auf einem hohen Wohlstandsniveau, dessen Fortbestand ist jedoch durch eine unglückliche Kombination unterschiedlicher Einwirkungen gefährdet.

Zu den wichtigsten zählen:

- Ukraine-Krieg, der neben unermesslichem menschlichen Leid auch gewaltige Zerstörung bringt, die eines der »deep-risks« darstellt, welches auch Deutschland mittragen muss und wird,
- Spätfolgen und Nebenwirkungen einer Nullzinswelt,
- hohe Inflation, die nicht ausschließlich Folge der ultra-lockeren Geldpolitik ist,
- eine »typisch deutsche« Vermögensstruktur (zu hoher inflationsgefährdeter Geldvermögensanteil, zu geringe Sachvermögensquote, z. B. auch Eigenheimquote),
- ein »typisch deutsches« Sparverhalten (zu viele schlechte und teure Anlagevehikel),
- Macht der Finanzdienstleistungslobby, die erfolgreich effizientere und transparente Anlage- und Vorsorgevehikel verhindert,
- vorhersehbare demographische Entwicklung unseres Landes,
- hohe versteckte Lasten Deutschlands sowie
- einige Sonderfaktoren, wie bisher schlecht gemanagte Zuwanderung und deutliche Defizite in der öffentlichen Infrastruktur.

Diese Einflussfaktoren sollten ernst genommen werden und gehen in die konkreten Handlungsempfehlungen des Kapitels 5 ein, um dem Leitsatz eines konstruktiven, wackeren Verhaltensökonomen entsprechend das Beste aus den Gegebenheiten zu machen. Hierzu ist es zunächst nützlich, die sich aus der obigen Gemengelage ergebenden Umverteilungswirkungen näher zu verdeutlichen.

Die wichtigsten Umverteilungswirkungen

Es wäre unfair und populistisch, die im Folgenden erläuterten Umverteilungswirkungen einzig der Geldpolitik der EZB anzulasten, da es wie oben beschrieben, **eine Mehrzahl von verursachenden Faktoren** gibt. Ganz nach dem Motto »Das Ergebnis zählt« lassen sich – ohne Schuldzuweisungen oder Ursachensuche – folgende Umverteilungswirkungen ausmachen:

Sachvermögensbesitzer gewinnen – Geldvermögensinhaber verlieren

Diese Umverteilungswirkung ist schnell begründet: **Geldvermögen** wird geschädigt, da erstens dessen Verzinsung entweder gering oder null ist und zweitens gleichzeitig eine Geldentwertung durch Inflation erfolgt, sodass die Realverzinsung auf alle Fälle negativ wird. Stand 2022 lag mit zeitweise minus 8–9 % die negativste Realverzinsung von Geldvermögen seit der Hyperinflation des Zweiten Weltkrieges vor. Verstärkt wird dies drittens durch die Nominalbesteuerung, also einer Kapitalertragsteuerbelastung im Falle positiver Nominalerträge, selbst bei einer negativen Realverzinsung. Also **drei Minuspunkte**.

Sachvermögen wird aufgewertet, da es erstens nicht der Inflation unterliegt, zweitens die aus Sachvermögen stammenden Erträge wie Mieten oder Dividenden mit der Inflation mitsteigen. Die Barwerte künftiger Erträge haben die Sachvermögenspreise bereits stark ansteigen lassen, hier halten sich Chancen und Risiken die Wage – Kursverluste sind jederzeit möglich. Also **drei Pluspunkte bei einem Minuspunkt**.

Vermögende gewinnen – wenig Vermögende verlieren

Da Vermögende höhere Anteile an Sachvermögen und geringere Anteile an Geldvermögen besitzen, gehören sie infolge der oben genannten Punkte zwangsläufig zu denjenigen, die durch die Umverteilung profitieren.[167] Wenig Vermögende können durch die Aufwertung der Sachvermögen nicht oder kaum profitieren, erleiden jedoch auf ihre überwiegend im Geldvermögen befindlichen Reserven die oben genannten Inflationsverluste. Eng mit diesem Effekt korreliert auch die Tatsache, dass Direktanleger gegenüber Vehikelnutzern tendenziell gewinnen. Dies liegt ganz einfach an den Kosten und zusätzlichen Risiken vieler (nicht aller) Anlagevehikel. Vermögende legen höhere Anteile direkt an und nutzen zu deutlich geringeren Teilen Anlagevehikel. Vermögende sind somit weniger von der in Kapitel 3.4 erläuterten Krisenproblematik rund um die Vehikel von Banken, Bausparkassen, Versicherungsunternehmen und Einrichtungen der betrieblichen Altersvorsorge betroffen. Auch von der unbefriedigenden Entwicklung der staatlich geförderten Vorsorgevehikel Riester[168] und Rürup[169] sind Vermögende weniger oder überhaupt nicht betroffen.

Ältere gewinnen – Jüngere verlieren

Auch dieser Effekt hängt stark mit den im Durchschnitt unterschiedlichen Vermögensstrukturen zusammen, in diesem Fall zwischen Alt und Jung. Während bei den Älteren beispielsweise die Wohneigentumsquote (Sachvermögen) relativ höher ist, befinden sich die Jüngeren oft noch in der Ansparphase (Geldvermögen). In einer Niedrigzinswelt mit gleichzeitig steigenden Vermögenspreisen können sie jedoch kaum so schnell sparen, wie sich die Immobilien verteuern.

Sektor Staat gewinnt – Sektor Private verliert

Dieser Zusammenhang ist sehr offensichtlich. In der Sektorbetrachtung sind die Staaten stets die größten Schuldner und profitieren von niedrigen Zinssätzen, die sie sich zu großen Teilen langfristig gesichert haben, zum Beispiel durch die Begebung von Staatsanleihen langer Laufzeit. Durch negative Realzinsen kommt es zu einer erheblichen Umverteilungswirkung zulasten der Besitzer von Geldvermögen, die über Steuern in diesem Ausmaß politisch kaum durchsetzbar wäre.

Finanznaher Sektor gewinnt – finanzferner Sektor verliert (Cantillon-Effekt)

Diese Umverteilungswirkung entsteht durch den in Kapitel 3.1 bereits beschriebenen Cantillon-Effekt. Je schneller und unmittelbarer der Zugang zum billigen Geld der Zentralbanken, desto größer der Vorteil daraus, bevor die Entwertung des Geldes durch Vermögenspreisinflation immer weiter voranschreitet.[170] Beispielsweise sind große Unternehmen mit direktem Kapitalmarktzugang über Unternehmensanleihen Profiteure, während kleine Unternehmen, die den längeren Weg über kreditgebende Banken gehen müssen, zu den relativen Verlierern gehören. Jedoch hat die Wirkung des Cantillon-Effektes mit dem steilen Zinsanstieg in 2022 deutlich an Stärke verloren.

Einzelne Euro-Staaten gewinnen, andere verlieren

Nicht übersehen werden sollte die enorme Umverteilungswirkung zwischen den einzelnen Mitgliedstaaten der Eurozone. Von einigen Crash-Propheten und Populisten wird dies meist verkürzt zu der These: »Südstaaten gewinnen, Nordstaaten verlieren.« Sicherlich profitieren Staaten umso mehr von niedrigen Zinsen, je stärker sie verschuldet sind. Des Weiteren profitieren die höher verschuldeten Staaten von den EZB-Anleiheaufkäufen[171] umso stärker, je höher die Anleihebestände sind, da die EZB bis zu 30 % von diesen ankauft und hiermit die länderspezifischen Risikozuschläge senkt.[172] Auch die sehr unterschiedlich stark genutzten nationalen Anleiheaufkaufprogramme haben eine starke Umverteilungswirkung, deren Umfang kaum quantifizierbar ist.[173] In die gleiche Richtung geht das im Jahr 2022 eingerichtete geldpolitische EZB-Instrument »**T**ransmission **P**rotection **I**nstrument« (TPI), welches durch massive Markteingriffe die Finanzierungskosten mancher Euro-Staaten senkt und dabei zwangsläufig diejenigen anderer Euro-Staaten hebt (vgl. Erläuterung von TPI in Kapitel 3.2). Eine solche offensichtliche Umverteilung zwischen Euro-Staaten durch transparente Transferzahlungen wäre undenkbar.[174] Die obige Verkürzung »Südstaaten gewinnen, Nordstaaten verlieren« stellt jedoch nur die halbe Wahrheit dar, da es eben auch gegenläufige Effekte gibt und sich die relative Stärke und Schwäche einzelner Euro-Mitglieder im Zeitverlauf ändern. Man denke nur an die Phase »Deutschland als kranker Mann Europas«.

Modebegriff »Wohlstandsillusion«

Die Vermögenspreisinflation (Anstieg der Sachvermögenspreise in den letzten Jahren) bewirkt möglicherweise eine zu positive Wohlstandswahrnehmung durch breite Bevölkerungskreise. Dazu beitragen könnte auch die derzeit geringe Arbeitslosenquote und eine trotz der Corona-Pandemie befriedigende Entwicklung von Gehalts- und Rentenniveaus sowie staatliche Unterstützungs- und Ausgleichsmaßnahmen zur Abmilderung der Folgen steigender Energiepreise. Wohlstandsillusion könnte also bedeuten, dass viele Bürger zwar den deutschen Volkssport des Jammerns auf hohem Niveau betreiben, jedoch trotzdem die konkrete Bedrohung ihres gegenwärtigen Wohlstandsniveaus nicht realisieren. Denn die vordergründige Wahrnehmung und die Fakten sowie deren künftige Entwicklung können auseinanderlaufen, wie die nachstehenden kritischen Fragen andeuten:

- **Frage 1:** Was nützt den Eigenheimbesitzern die kommunizierte (um nicht zu sagen: theoretische) Wertsteigerung ihrer Immobilie, solange sie in dieser wohnen, sie nicht veräußern wollen und von der Wertsteigerung nichts »abbeißen« können? Und wenn das Eigenheim einen wachsenden Renovierungsstau aufweist, weil die Besitzer wegen des starken Handwerkermangels ihre Reparaturaufträge nicht vergeben oder die »gepfefferten Preise« für Handwerkerleistungen nicht bezahlen können?
- **Frage 2:** Kann man sich wirklich so unbeschwert über gestiegene Aktienkurse freuen, wenn man verstanden hat, dass diese nicht durch wirklich gestiegene Produktivität oder operative Gewinne getrieben sind, sondern durch Niedrigzins-Alternativen und Jenga-Finanzierung (vgl. Kapitel 3.5)?
- **Frage 3:** Ist das »Geschäftsmodell der deutschen Wirtschaft« wirklich nachhaltig durchsetzbar, wenn man bedenkt, dass es jahrzehntelang und selbst nach der Corona-Pandemie auf hohen Leistungsbilanzüberschüssen[175] beruht? Diese pendelten bis 2021 um die 8 % der gesamten Wirtschaftsleistung und betrugen z. B. in 2021 ca. 247 Milliarden Euro.[176] Selbst nach dem dramatischen Anstieg der Energiepreise in 2022 auf ein Niveau, das sicherlich nicht langfristig bestehen bleibt, gab es noch deutsche Leistungsbilanzüberschüsse. Diese Überschüsse Deutschlands entsprechen zwangsläufig Leistungsbilanzdefiziten anderer Länder. Daher ist es wenig verwunderlich, wenn Deutschland für den mehrfach erhaltenen Titel des »Leistungsbilanz-Weltmeisters« von Staaten mit hohen Leistungsbilanzdefiziten wie den USA und Frankreich, jedoch auch dem Internationalen Währungsfonds IWF und der EU-Kommission angegriffen wird.
- **Frage 4:** Ist die Frage 3 nach der Bewertung des Leistungsbilanzüberschusses nicht noch kritischer zu bewerten, wenn man bedenkt, dass diesem Überschuss kaum der Erhalt von Sachwerten (z. B. Goldlieferungen nach Deutschland oder Immobilienbesitz von Deutschen im Ausland) entspricht, sondern lediglich eine Zunahme von Forderungen Deutschlands gegen Dritte? Wie war das mit dem Merksatz: »In einer Welt überbordender Schulden ist es keine gute Idee, ein Gläubiger zu sein«?

Die nachstehenden Überlegungen versachlichen die – aktuell sehr emotional geführte – Diskussion um die Wohlstandsillusion.

Wohlstandsillusion: Einkommens- oder Vermögenssicht?

Im Vergleich der europäischen Volkswirtschaften gibt es große Unterschiede zwischen der Einkommens- und der Vermögenssituation. Während deutsche Bürger hinsichtlich der Brutto**einkommen** im EU-Vergleich mit Platz 3 ganz weit vorne stehen,[177] ist dies für die **Vermögen**ssituation nicht der Fall – jedoch ist die sachgerechte Erfassung von Vermögen und Schulden ungleich schwieriger als die Einkommenserhebung.[178] Reißerische Überschriften wie »Deutsche belegen beim Vermögen den letzten Platz« oder die Interpretation, es sei ein deutsches Kunststück, bei so hohen Einkommen so arm zu sein, werden der Wirklichkeit nicht gerecht.[179] Beispielhaft sei nur genannt, dass die Statistik die im EU-Vergleich hohen Forderungen der Deutschen in Form von Altersrenten nicht als Vermögen berücksichtigt.[180]

Aber auch wenn der Ausspruch »Armenhaus Deutschland« überzogen und dramatisierend erscheint, ist es wahrscheinlich, dass wir zumindest die Entwicklung unseres Wohlstands überschätzen. Und zwar dahingehend, dass das aktuelle **Wohlstandsniveau** der Deutschen **perspektivisch gefährdet** ist und zukünftig eher »kleinere Brötchen« zu erwarten sind. Dieser Schluss folgt aus dem Blick auf die nachstehende – sicher unvollständige – Aufzählung von **wohlstandssenkenden Einflüssen**:

- geopolitische Entwicklung seit 2022 mit zahlreichen Auswirkungen auf zusätzliche Staatsausgaben wie z. B. höhere Verteidigungsausgaben sowie Transferzahlungen an Kriegsparteien,
- demographische Entwicklung mit weitreichenden, überwiegend negativen Folgen,
- zunehmende Freizeitorientierung in Teilen der Bevölkerung (Work-Life-Balance), Wunsch nach kürzeren Arbeitszeiten und früherem Renteneintritt,
- starke Zunahme von Regulierung und Bürokratisierung mit hohen Kosten und Verbrauch an Humanressourcen,
- niedrige Innovationsrate,
- sinkende internationale Wettbewerbsfähigkeit und
- vor allem die fehlende Nachhaltigkeit eines volkswirtschaftlichen Geschäftsmodells, das von niedrigen Energie- und Rohstoffpreisen sowie der ständigen Erzielung von Exportüberschüssen abhängig ist.

Hinzu kommen noch nicht direkt erkennbare Belastungen (»stille Lasten«), die nachstehend erläutert werden.

Versteckte Lasten/nachrangige Schulden/implizite Verschuldung

Studierende der BWL lernen im ersten Semester, dass die wichtigsten Informationen über ein Unternehmen nicht in der Bilanz selbst zu finden sind, sondern vielmehr *unter* dem Bilanzstrich stehen. Gemeint ist damit, dass es zum Beispiel Lasten,

Eventualverbindlichkeiten, sonstige Verpflichtungen oder Risiken gibt, die nicht als Verbindlichkeiten in der Bilanz ausgewiesen werden müssen, jedoch in den Anmerkungen (»Notes«) berichtet werden. Wenn man diesen Gedanken auf Staaten und den Ausweis von Staatsschulden anwendet, ist man beim Thema »versteckte Lasten«, die auch als nachrangige Schulden, Schattenverschuldung oder implizite Verschuldung bezeichnet werden.

Der Ausdruck »Nachrangige Schulden« ist aus der Betriebswirtschaftslehre entlehnt und soll andeuten, dass diese Positionen besonders gefährdet, da am schlechtesten gesichert sind. Die Inhaber dieser Ansprüche stehen also »ganz hinten in der Schlange« bzw. »hinten in der Rangordnung«. Der Ausdruck implizite Schulden oder implizite Lasten ist ein von Volkswirten bevorzugtes Synonym für das gleiche Phänomen und wird wie folgt definiert:

Implizite Schulden ergeben sich aus jenen zukünftigen Leistungsversprechen des Staates, für die er unter herrschenden Steuer- und/oder Beitragssätzen keine oder keine ausreichenden Rückstellungen gebildet hat.[181]

Eine Vorsorge zur Absicherung von gegebenen zukünftigen Leistungsversprechen würde man jedem Unternehmen oder »ehrbaren Kaufmann« abverlangen. Sie entspräche auch dem Grundsatz der Nachhaltigkeit von Staatsfinanzen.[182] Heikel ist, dass implizite Schulden in der amtlichen Schuldenstatistik bislang nicht abgebildet werden. Mittlerweile werden sie aber in Deutschland im Rahmen des neuen Haushalts- und Rechnungswesens offengelegt.[183]

Ein **Beispiel** für versteckte Lasten bzw. nachrangige Staatsschulden: Selbstverständlich werden die umlaufenden Bundesanleihen als Staatsschulden erfasst und gehen in die Staatsschuldenquote ein. Jedoch gehen die **Pensionsverpflichtungen** des Staates gegenüber seinen Beamten ebenso wenig in die Statistik ein wie der – künftig mit Sicherheit steigende – **Bundeszuschuss in die Rentenversicherung**. Um ein Gefühl für die Größenordnung zu erhalten, sei die vorläufige Rekordsumme von 112,4 Milliarden Euro für das Jahr 2022 genannt.[184] Vor dem Hintergrund einer zunehmenden Anzahl von Ruhegeldempfängern[185] und gleichzeitig steigender Rentenbezugsdauern[186] erscheint es umso unverantwortlicher, diese Lasten nicht in die ausgewiesenen Schulden einzubeziehen.

Weitere Positionen von impliziten Schulden entstehen aus der gesetzlichen Sozialversicherung, wie Kranken-, Pflege- und je nach konjunktureller Entwicklung auch der Arbeitslosenversicherung.[187] In der Aufzählung versteckter Lasten nicht unerwähnt bleiben dürfen außerdem die übernommenen Staatshaftungen oder Staatsbürgschaften.[188]

Die Relevanz versteckter Lasten und Schulden darf nicht unterschätzt werden, da diese sowohl in Absolutwerten als auch in der Relation zum Bruttoinlandsprodukt (BIP) hoch sind.[189]

Bereits Stand 2019 geben die OECD-Staaten durchschnittlich ca. 8 % des BIP für Altersrenten und Pensionen aus (Italien und Griechenland sogar doppelt so viel). Die künftigen Rentenverpflichtungen des Staates sind enorm und betragen ein Mehrfaches der budgetierten geplanten Tilgungszahlungen der »offiziellen« Staatsschulden. Nachvollziehbare Schätzrechnungen beziffern die Gesamthöhe impliziter Schulden Deutschlands auf die drei- bis vierfache Höhe der explizit ausgewiesenen Staatsschulden.

Die Bewertung der Höhe versteckter Lasten enthält sicherlich noch erhebliche Unschärfen in beide Richtungen. Insbesondere haben es die Staaten selbst in der Hand, die impliziten Lasten durch Veränderung von Gesetzen, die eine Leistungspflicht oder deren Höhe begründen, zu beeinflussen.[190] Unter Makroökonomen völlig unbestritten ist, dass die zusätzliche Begründung erheblicher versteckter Lasten durch die Gesetzgebung der letzten Jahre (Mütterrente, Rente mit 63, Grundrente usw.) nur bei einer sofortigen Gegenfinanzierung der Barwerte der Verpflichtungen verantwortungsvoll gewesen wäre. Dies ist jedoch nicht erfolgt und die versteckten Lasten Deutschlands sind hiermit zusätzlich gestiegen.

Unhaltbare Versprechungen

Wenn man Wunder ausschließt, werden die meisten entwickelten Staaten und damit auch die meisten EU-Länder das Niveau der aktuell versprochenen Sozialleistungen (insbesondere Renten- und Pensionsleistungen, jedoch auch im Bereich der Krankenversicherungen) aus »normalen« Staatseinnahmen nicht dauerhaft finanzieren können. Die **Nachhaltigkeitslücke in der Staatsfinanzierung** ist eine unbestreitbare Tatsache. Die Finanzierung durch zusätzliche Einkommensteuern erscheint unrealistisch, so dass nur drei Möglichkeiten verbleiben.

- Entweder finanzieren die Staaten die Nachhaltigkeitslücke durch eine einmalige Vermögensabgabe bzw. wiederkehrende Vermögenssteuern[191] oder
- sie müssen durch Gesetzesänderungen die Höhe der nachrangigen Lasten senken – was Sozialeinschnitte bedeuten würde.
- Die dritte Möglichkeit, ein »Weiter so«, führt unweigerlich dazu, dass aus heute impliziten Schulden morgen explizite Staatsschulden werden.

Da es dem Staat leichter fallen dürfte, implizite Lasten abzubauen als den vollständigen Staatsbankrott auszurufen, ist zu erwarten, dass er eher Renten und Pensionen senkt, als Bundesanleihen nicht zurückzuzahlen. Somit wird hier wieder die **Nachrangigkeit der impliziten Lasten** sichtbar.

Daher sollten Sie bei allem Optimismus davon ausgehen, dass das Wohlstandsniveau in der Bundesrepublik Deutschland wie in der gesamten Eurozone wahrscheinlich zurückgehen wird. Die *unhaltbaren* Versprechungen werden aller Voraussicht nach eben auch *nicht gehalten* werden. Inwieweit und wie stark Sie hiervon persönlich betroffen sind, ist natürlich eine ganz andere Frage, zumal Sie in den Kapiteln 4 und 5 zahlreiche Ansatzpunkte finden, um sich vorzubereiten und zu schützen. Der zu erwartende Wohlstandsverlust muss jedoch keineswegs ruckartig und durch einen Crash oder eine Finanzkrise kommen. Viel wahrscheinlicher ist ein schleichender Prozess. Und gegen einen schleichenden Wohlstandsverlust helfen die Empfehlungen von Crash-Propheten ebenso wenig wie radikale »Prepper-Konzepte«.[192]

3.8 Mögliche Entwicklungswege – eine Finanz- und Staatsschuldenkrise heilt sich nicht von allein

Nach menschlichem Ermessen ist nicht zu erwarten, dass sich die aufgezeigten Probleme ohne massive Eingriffe ins Finanzsystem, also eine schmerzliche Operation mit wirtschaftlichen Verlusten für die Bürger, aus eigener Kraft bzw. von allein »lösen«.

Wenn Menschen nach den »Lösungsmöglichkeiten« einer Finanzkrise fragen, bleiben zwei Optionen oft unbedacht.

- Erstens, dass die Eurozone auch ohne »Lösung« noch sehr lange mit Knirschen und Rumpeln weiter existieren kann, bis dann – vielleicht erst in Jahrzehnten – eine grundlegende Bereinigung erfolgt.
- Zweitens, dass bei allen bedachten »Lösungsmöglichkeiten« stets noch das **unbekannte Unbekannte** – also ein Szenario, auf welches wir überhaupt nicht kommen – auftauchen kann.[193]

Warum prinzipiell bzw. theoretisch denkbar erscheinende Lösungswege praktisch mit größter Wahrscheinlichkeit nicht funktionieren, soll nachfolgend begründet werden. Dabei soll grob in drei Lösungsszenarien unterschieden werden: ein eher sanftes Szenario, ein eher unsanftes und die Zauberlösung der Modern Monetary Theory (siehe Kapitel 3.5).

Sanfte Lösungsszenarien (leider extrem unwahrscheinlich)

Der Lösungsweg »**Gesundsparen und Staatsschulden allmählich abbauen**« funktioniert höchstwahrscheinlich schon allein deshalb nicht, weil der Finanzbedarf des Staates nach Corona-Pandemie und Ukraine-Krieg nochmals erheblich steigen wird. Insbesondere werden die Länder der Eurozone ihre – politisch wohl leider notwendigen, jedoch volkswirtschaftlich völlig unproduktiven – Rüstungsausgaben stark erhöhen müssen. Und es ist völlig unrealistisch anzunehmen, dass die Staatsverschuldung in einer solchen Phase durch Haushaltsüberschüsse reduziert werden könne. Jedoch wäre das Szenario »Gesundsparen« auch ohne die zusätzlichen Rüstungsausgaben unwahrscheinlich.

Der Lösungsweg »**Schuldenquote durch (reales) Wachstum reduzieren**« wird auch als ein »Aus den Schulden Herauswachsen« bezeichnet.[194] Der Weg ist angesichts der **anhaltenden Wachstumsschwäche** ebenfalls kaum denkbar. Warum sollten die Volkswirtschaften, deren Wachstumsraten trotz kräftigen Einsatzes der »Droge« zusätzlicher Schuldenliquidität über die letzten Jahre unbefriedigend waren, nun bei einem Drogenentzug plötzlich stabil positiv bleiben? Die Niedrigzinspolitik und die Geldmengenexpansion waren ja nach der Überwindung der Finanzkrise der Jahre 2008/2009 eine Reaktion auf Wachstumsschwäche sowie fehlende Nachfrage nach Konsum- und Investitionsgütern. Dass das Wachstum künftig – ohne einen von außen kommenden Stimulus – von ganz allein zurückkommt, muss als Wunschdenken eingeordnet werden.

Der Lösungsweg »**Schulden durch (maßvolle) Inflation kontrolliert abbauen**« funktioniert nur, wenn gewährleistet ist, dass die Inflationsrate dauerhaft über dem Nominalzins liegt, sodass die Besitzer von Geldvermögen einen realen Verlust erleiden. Das ist ein in der Fachwelt altbekanntes Phänomen[195] und wird auch als **finanzielle Repression** bezeichnet.[196] Finanzielle Repression wurde zwar schon während der gesamten Nullzinsphase erreicht, wirkte jedoch aufgrund sehr kleiner Inflationsraten in der Eurozone bis Ende 2021 nur minimal. Mit dem steilen Anstieg der Inflationsrate im Jahr 2022 entlastete die finanzielle Repression die staatlichen Schulden aber plötzlich sehr »effizient«. Die bei EZB und IWF entwickelten Gedankenspiele, einen noch tieferen Realzins durch Bargeldvergällung (vgl. Kapitel 3.4) zu erreichen, erwiesen sich damit vorerst als überflüssig. Eine Inflationsrate von bis zu 10 % im Jahr 2022 bei vergleichsweise nur gering steigenden Nominalzinsen senkte die – nominell ausgewiesene – Staatsschuldenquote erheblich. Die Bevölkerung lastete die hohe Inflation nicht primär der Geldpolitik der EZB an. Vielmehr akzeptierte sie die Begründung einer durch geopolitisch verursachte Angebotsverknappung, steigende Energie- und Rohstoffpreise sowie den gesunkenen Euro-Kurs importierten Inflation. Stand 2023 erscheint das **Szenario längerer und stärkerer Finanzrepression durch Toleranz höherer Inflationsraten** als ziemlich wahrscheinlich.

Unsanfte Lösungsszenarien (unterschiedlich wahrscheinlich)

Der Lösungsweg »**Schulden durch extreme Inflation unkontrolliert abbauen**« könnte prinzipiell jederzeit als plötzlicher Reflex auf die Liquiditätsflut auftreten, wenn es durch ein oder mehrere Ereignisse (starker konjunktureller Einbruch, Häufung schlechter Nachrichten etc.) zu einem **Vertrauensverlust vieler Bürger in die Stabilität** der Währung kommt.[197] Am Ende stünden eine neue Währung (z. B. Euro 2, siehe die folgende Abbildung) oder neue nationale Währungen.

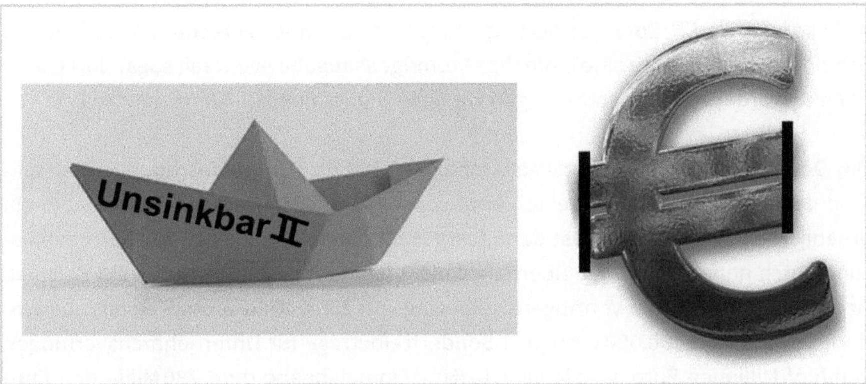

Abb. 37: Ähnlichkeiten sind rein zufällig

Die Entwicklung des Jahres 2022 ist jedoch ein starkes Indiz dafür, dass die Eurozone (noch) weit von einem solchen Kipp-Punkt (Minsky-Moment) entfernt ist. Entgegen den wiederholten Ankündigungen mehrerer Crash-Propheten zeigte sich die EZB sehr wohl in der Lage, die Leitzinsen stark anzuheben, und erwies sich keineswegs als handlungsunfähig. Ganz im Gegenteil: Nach mehreren Zinserhöhungen hat sie nun wieder Handlungsspielräume in beide Richtungen (weitere Erhöhungen oder auch – falls situativ nötig – Senkungen).

Die Sorge, die EZB könne die Zinsen in absehbarer Zukunft nicht wieder anheben, da die hoch verschuldeten Länder der Euro-Familie dann direkt in die Zahlungsunfähigkeit rutschen würden, hat sich als nicht zutreffend erwiesen. Denn erstens hat die EZB mit dem TPI ein Instrument geschaffen, mit dem sie die Finanzierungskosten dieser Länder selektiv senken kann (vgl. Kapitel 3.2 und 3.9). Und zweitens haben die Regierungen die Nullzinsphase genutzt, um einen höheren Anteil der Schulden auf lange Laufzeiten, also lange Zinsfestschreibungsfristen, umzustellen, sodass die jüngsten Marktzinsanstiege sie nur wenig belasten.

Der Lösungsweg **»geordneter Schuldenschnitt«**, zum Beispiel durch einen in gemeinsamen Verhandlungen beschlossenen Gläubigerverzicht (auch Schuldenerlass genannt), bedeutet, dass gleichzeitig die Schulden wie auch das korrespondierende Geldvermögen abgewertet würden. Sie erinnern sich: Jedem Euro Schulden entspricht ein Euro Geldvermögen, die reale Entschuldung (ohne Inflation) setzt also einen Abbau des Geldvermögens in exakt gleicher Höhe voraus.[198] Dieser Lösungsweg ist einem ungeordneten Schuldenschnitt unter dem Gesichtspunkt der Gerechtigkeit und der Vermeidung weiterer Schäden durch Dominoeffekte und Nebenwirkungen klar vorzuziehen. Und für die Bundesrepublik Deutschland isoliert gesehen wäre ein geordneter Abbau der deutschen Staatsschulden durch eine einmalige Vermögensabgabe durch deutsche Bürger mit einigen Schmerzen auch durchaus gangbar, da die (expliziten) deutschen Staatsschulden im Verhältnis zum privaten Vermögen der Deutschen gar nicht so hoch sind.[199] Zur Finanzierung und zur einigermaßen gerechten Verteilung des Schuldenverzichts wäre eine einmalige Vermögensabgabe eventuell sogar durchsetzbar und würde aufkommende Sorgen vor einer Staatspleite im Keim ersticken.[200]

Das Deutsche Institut für Wirtschaftsforschung hat für die Bundesrepublik Deutschland denkbare Szenarien für eine Vermögensabgabe durchgerechnet und dabei ein erhebliches Aufkommen selbst dann festgestellt, wenn der größte Teil der Bevölkerung durch hohe Freibeträge überhaupt nicht leistungspflichtig würde. Ein Beispiel: Bei einem persönlichen Vermögensfreibetrag von 250.000 Euro pro Person plus Kinderfreibetrag von 100.000 Euro plus Sonderfreibeträge für Unternehmensvermögen von fünf Millionen Euro, würde eine 10%ige Einmalabgabe rund 230 Milliarden Euro einbringen und nur die reichsten acht Prozent der Bevölkerung betreffen.[201]

In einer Gemeinschaftswährung und angesichts der für den Fortbestand des Euro wahrscheinlich unverzichtbaren gemeinschaftlichen Haftung für Schulden wird es jedoch nicht ausreichend sein, dass einzelne Länder wie z. B. die Bundesrepublik Deutschland ihr nationales Schuldenproblem lösen. In anderen EU-Staaten ist das Verhältnis von Staatsschulden zum Vermögen der Privaten zudem erheblich ungünstiger, sodass der Ruf nach Transferzahlungen zwischen den EU-Staaten laut würde. Ob jedoch in naher Zukunft angesichts bestehender nationaler Egoismen die erforderlichen hohen Transferzahlungen politisch durchsetzbar sind, ist hochgradig unsicher. Auch wenn einzelne EU-Staaten um den Verzicht auf Rückzahlung von (hohen) Teilen ihrer Staats- oder Auslandsschulden bitten und diese Bitte mit der Drohung eines Staatsbankrotts verbinden, könnte dies erhebliche Transferbelastungen auslösen.

Der Weg »**ungeordneter Schuldenschnitt**« verdient die Bezeichnung »Lösungsweg« nicht, da es sich eher um Auflösung als Lösung handelt. Einzelne EU-Staaten würden in diesem Szenario den Staatsbankrott erklären und ihre Staatsschulden nicht oder nur zu geringen Teilen zurückzahlen. Wahrscheinlich wäre dies mit einem Austritt dieser Staaten aus der Eurozone verbunden. Dieses Szenario ist besonders beängstigend, da es wahrscheinlich mit gegenseitigen Schuldzuweisungen und einer Verstärkung nationalistischer und radikaler politischer Positionen einhergeht. Im schlimmsten Fall könnte es den Prozess der europäischen Einigung torpedieren. Denn nicht nur bei Ehescheidungen liegt der Grund häufig im Streit um das »liebe Geld«.

Herausschiebe-Szenarien: Ist keine Lösung vielleicht doch eine Lösung?

Natürlich verdient simple Problemverschiebung durch das Vertagen von Krisen nicht die Bezeichnung Lösungsweg. Trotzdem ist das Hinausschieben eines Krisenausbruchs ein sehr wahrscheinliches Szenario. Jeder Volkswirt wird im ersten Semester mit dem berühmten Keynes-Zitat konfrontiert, der auf den Vorwurf, dass sein Vorschlag zur Stimulierung der Wirtschaft nicht langfristig funktioniere, wie folgt antwortete: *»Langfristig sind wir alle tot!«*[202]

So bietet die schleichende Verlagerung der Finanzierung von Staatsschulden auf Zentralbanken, wie ihn die Modern Monetary Theory empfiehlt, große Chancen der zeitlichen Verlagerung. Wenn es keinen Gläubigerstreik mehr gibt (weil die EZB die Gläubigerrolle immer stärker übernimmt) und auch Gläubiger keine hohen Risikoprämien bei zunehmender Staatsverschuldung fordern können (weil die EZB die Risikoprämien durch Markteingriffe künstlich gering hält), wird ein spontaner Ausbruch einer Schuldenkrise unterbleiben. Die Tatsache, dass die nachträglich offengelegte Staatsfinanzierung im Rahmen der ANFA[203] zunächst in Irland und später auch in anderen Ländern nicht im Chaos endete, sondern diese Länder akute Krisensituationen überwanden und auch heute noch zahlungsfähig sind, wird von den Anhängern der Modern Monetary Theory als klarer Erfolg und erstes Indiz für die Richtigkeit ihrer Thesen betrachtet. Selbst (gering) positive Zinsen sind in dieser schönen neuen MMT-Welt denkbar und belasten Staatsschulden überhaupt nicht, da der Staat ja die Zentralbankgewinne zurückerhält. Im Ergebnis lässt der Einsatz der Instrumentenkiste der MMT erwarten, dass der Ausbruch einer Eurokrise zumindest erheblich verzögert werden kann.

3.9 Schlussfolgerung

Bei besonnener Bewertung der Faktenlage liegt folgende Schlussfolgerung nahe: Es gibt eine ganze Reihe von ungelösten Problemen innerhalb der Eurozone, von denen jedes für sich grundsätzlich das Potenzial hat, eine Finanzkrise auszulösen. Ein Teil der Probleme geht auf Ursachen zurück, die außerhalb der Gemeinschaftswährung liegen (insbesondere die geopolitischen Bedrohungen im Zusammenhang mit dem Ukraine-Krieg). Andererseits hat die Eurozone seit ihrem Bestehen bereits eine Reihe von Krisensituationen überlebt und gerade auch die Kombination von Herausforderungen des Jahres 2022 überraschend souverän gemeistert. Ein Vergleich zweier kritischer Ereignisse macht dies deutlich: Im Jahr 2012 war die EZB auf dem Höhepunkt der Euro-Krise mit der »Whatever-it-takes-Rede« ihres damaligen Präsidenten Mario Draghi[204] noch als Feuerwehr tätig, um einen bereits lichterlohen Brand zu löschen. Hingegen trat sie zehn Jahre später, nämlich im Sommer 2022, mit dem bereits frühzeitig sorgfältig vorbereiteten TPI-Programm[205] dem ersten Züngeln von Flammen, nämlich der drohenden Spekulation gegen die Bonität einzelner EU-Staaten, entgegen.

Die EZB hat also in den letzten Jahren einen Teil der Konstruktionsmängel der Gemeinschaftswährung Euro behoben oder zumindest vorläufig notdürftig ausgebessert. Um aber die Gemeinschaftswährung langfristig robust zu machen, fehlen noch weitere Schritte und es ist nicht ausgeschlossen, dass der Euro auf dem Weg dorthin irgendwann zerbricht.

Insgesamt kann die aktuelle Faktenlage – trotz Corona-Pandemie und Ukraine-Krieg – aber überhaupt nicht als sicherer Hinweis auf ein nahes Ende des Euro oder einen unmittelbar bevorstehenden Euro-Crash interpretiert werden. Auch die Vorhersage eines direkt vor uns liegenden Weltsystem-Crashs ist hochgradig unseriös. Es ist durchaus möglich, dass es über viele Jahre zu keinem schweren Ausbruch einer Eurokrise oder weltweiten Finanzkrise kommt, sondern ein paar Probleme wirklich gelöst, andere Probleme gemindert und wieder andere erfolgreich weiter in die Zukunft hinausgeschoben werden, ohne dass es zu einem harten Krisenausbruch kommt.

Es bleibt bei der nüchternen Erkenntnis, dass man ein Chaos nicht vorplanen kann und sich Krisen nicht an irgendwelche Regeln halten. Daher werden im nachfolgenden Kapitel 4 wertvolle Anregungen für einen gelassenen Umgang mit möglichen Crashrisiken gegeben und der Blick auch auf die Wahrung von Chancen gelenkt. Gleichzeitig lernen Sie mit der »Strategie des geringsten Bedauerns« eine Vorgehensweise kennen, mit der Sie bei ganz unterschiedlichen Szenarien gelassen in die Zukunft schauen können.

4 Konstruktive Crash-Psychologie und Chancenorientierung

4.1 Rückbezüglichkeit – Warum es prinzipiell *un*möglich ist, einen Crash vorherzusagen

Nahezu alle Menschen haben eine hohe Affinität für Vorhersagen. Wahrscheinlich einfach deswegen, weil wir grundsätzlich die **Unsicherheit der Zukunft** hassen. Wir wüssten liebend gerne, was die Zukunft bringt. Und in den historisch viel simpleren Lebensstrukturen schufen ebenso simple Prognosen (z. B. Bauernregeln) einen kleinen Überlebensvorteil – oftmals zwar nur vermeintlich, manchmal jedoch sogar tatsächlich.

Crash-Propheten bedienen dieses tief in uns liegende Bedürfnis nach Vorhersagen. Und übertreffen sich in jüngster Vergangenheit gegenseitig in Hinblick auf die (angeblich) kommende Finanzkrise geradezu in irritierend präzisen Prognosen, wann diese eintreten wird. Die bisher konkreteste Angabe eines Crash-Propheten, die ich kenne, legte sich sogar auf ein bestimmtes Quartal eines Jahres für den »Doomsday« fest – meine humorvolle Rückfrage nach dem konkreten Tag und der Uhrzeit blieb leider unbeantwortet. Und das genannte Quartal ist nun schon wieder etliche Quartale vorbei. Hmm.

Es bleibt – auch wenn wir modernste Algorithmen bemühen und immense Datenmengen auswerten – der paradoxe Zusammenhang, dass jede Prognose auf den weiteren Verlauf der Ereignisse zwangsläufig Einfluss nehmen muss. Jede Prognose schwebt ja nicht im Vakuum, sondern beeinflusst das Verhalten von Menschen.

Prognosen sind rückbezüglich

Zur Verdeutlichung von Rückbezüglichkeit vorab ein anschauliches Beispiel: Nehmen Sie bitte an, Sie hätten ein etwas angespanntes Verhältnis zu Ihrer Nachbarin. Und müssen mit anschauen, wie Ihnen diese Nachbarin am **Samstag** um 19.43 Uhr einen Pflasterstein in Ihr Wohnzimmerfenster wirft, welches dann krachend zerbirst. Sie bleiben unverletzt, erkennen die Nachbarin genau und werden sofort sehr böse auf sie sein. Und zwar nicht irgendwann, sondern unmittelbar in dem Moment des Scheibenkrachens um 19.43 Uhr.

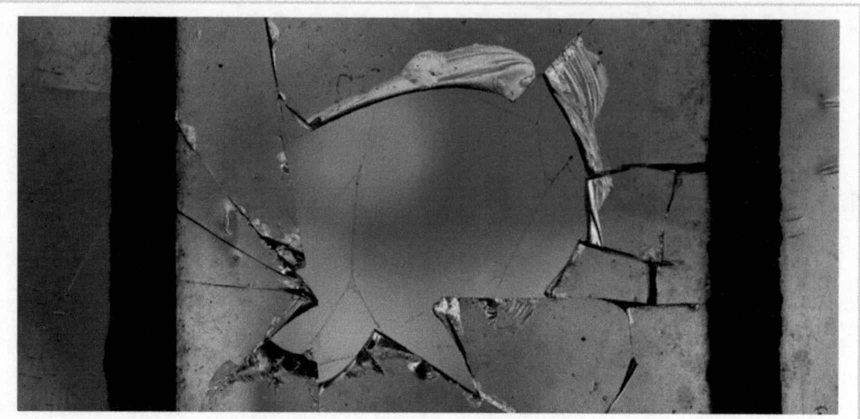

Abb. 38: Crash der Wohnzimmerscheibe

Bitte nehmen Sie nun an, dass Sie bereits am **Freitag,** also am Tag zuvor, von einem gemeinsamen Bekannten der durchgeknallten Nachbarin die Information erhalten, dass Ihre Nachbarin Ihnen am Samstag einen Pflasterstein ins Wohnzimmer werfen will. Werden Sie dann bis Samstag damit warten, Ihrer Nachbarin böse zu sein? Nein, Sie werden bereits am Freitag böse auf sie sein. Und wird Ihre Wohnzimmerscheibe am Samstag splitternd zerbersten? Es kommt darauf an. Vielleicht ja, weil Sie die Tat dokumentieren und die Nachbarin von der Polizei festnehmen lassen wollen. Wahrscheinlicher ist es aber, dass Ihre Scheibe unbeschädigt bleiben wird, weil Sie rechtzeitig den Rollladen herunterlassen, den »Freund und Helfer« schon vorab zu Hilfe rufen oder rechtzeitig ein freundliches Wort mit der Nachbarin wechseln werden.

Und was ist, wenn Sie schon am **Donnerstag** durch eine gute Freundin erfahren, dass am Freitag ein gemeinsamer Bekannter vorbeischauen wird, der Ihnen vertrauensvoll die Information gibt, dass am Samstag…? Richtig: Ihr Verhältnis zu der potenziellen Steinewerferin wird sich schon am Donnerstag verändern. Und die Chancen auf eine höhere »Restlebenserwartung« Ihrer Scheibe werden steigen. Und so weiter und so weiter… – das ist Rückbezüglichkeit.

Auch Crash-Prognosen sind zwangsläufig rückbezüglich

Was hat die bruchgefährdete Scheibe der obigen Geschichte mit möglichen Crashgefahren zu tun? Eine ganze Menge, denn sowohl die Prognose über den bevorstehenden Scheibencrash als auch eine Prognose hinsichtlich eines bevorstehenden Finanzcrashs haben einen rückbezüglichen Charakter. Denn jede Prognose über mögliche zukünftige Crashrisiken nimmt Einfluss auf das Eintreten eines Crashs in der Zukunft. Diese **Rückbezüglichkeit** wird auch als **Rekursivität, Reflexivität** oder **Kreiskausalität** bezeichnet. Sie gilt übrigens nicht nur für Crash-Prognosen, sondern für alle Arten von Prognosen.

Exkurs: Ein schneller Blick auf Kreiskausalität

Nur allzu häufig greift unsere Bewertung von Sachverhalten zu kurz, da wir gerne im linearen Ursache-Wirkungs-Denken verharren. Jedoch ist die Wirklichkeit meist komplizierter, wie die nachfolgende Abbildung zeigt.

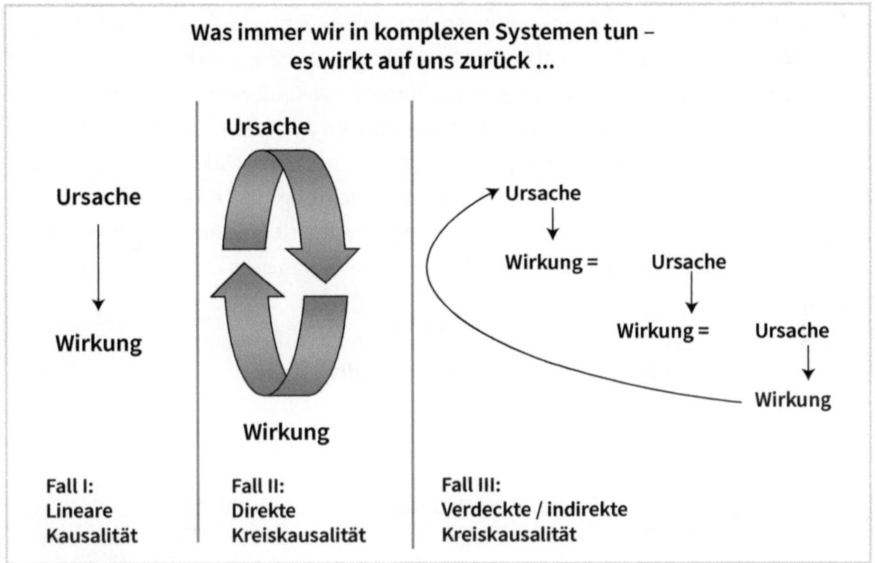

Abb. 39: Kreiskausalität

- **Fall I: Lineare Kausalität** bzw. die Vorstellung, dass eine Wirkung auf eine Ursache zurückgeht, ohne ihrerseits selbst wieder zurückzuwirken, trifft nur selten unsere Lebenswirklichkeit. Häufiger ist der Eindruck einer linearen Kausalität eine Täuschung, weil wir Rückwirkungen nur nicht wahrnehmen können.
- **Fall II:** Bei der **direkten Kreiskausalität** besteht eine direkte, meist auch erkennbare Rückwirkung zwischen Ursache und Wirkung, es geht tatsächlich im Kreis herum. In vielen Fällen lässt sich im Nachhinein nicht mehr feststellen, wo die Kreiskausalität begonnen hat, also was Ursache und was Wirkung ist. Das ist die sogenannte »Ei-Henne-Problematik«. Beispiele sind Eltern, die sich durch (Re-)Aktionen ihrer Kinder in ihrem eigenen Verhalten ändern. Wer erzieht hier wen? Und nicht erst seit Büchern mit Titeln wie *»So führe ich meinen Chef«* wissen wir, dass Führungskräfte ihren Namen daher haben, dass sie von ihrem Team geführt werden.
- **Fall III:** Hier gibt es Rückwirkungen, doch diese laufen über verschiedene Zwischenstufen ab. Außerdem kann es auf jeder Zwischenstufe noch zu Wirkungsverzögerungen kommen. Und wenn sich der Kreis am Ende früher oder später schließt, dann kann niemand mehr die **verdeckte Kreiskausalität** erkennen – geschweige denn Richtung und Stärke ihrer Wirkung. In der Natur finden sich unzäh-

lige Beispiele für diesen Fall – z. B., wenn vom Menschen verursachte Umweltgifte über viele Stufen der Nahrungskette letztlich auf unserem Tisch landen und Allergien auslösen.

Wirkrichtung von Prognosen

Werden Prognosen ernst genommen, so beschleunigen bzw. verstärken sie entweder das vorhergesagte Ereignis **(gleichgerichtete Wirkung)**. Oder die Vorhersage des Ereignisses führt zu Anpassungsmaßnahmen oder Ausweichverhalten, sodass das Ereignis eben gerade nicht eintritt **(gegenläufige Wirkung)**. Zwischen dem prognostizierten Ereignis und der Prognose selbst besteht zwangsläufig eine paradoxe Wechselwirkung – allerdings mit unsicherer Wirkrichtung. Die Unsicherheit bezieht sich darauf, ob die dominierende Wirkrichtung gleichgerichtet oder gegenläufig ist, also die Prognose das Eintreten des vorhergesagten Ereignisses eher stützt oder eher vernichtet.

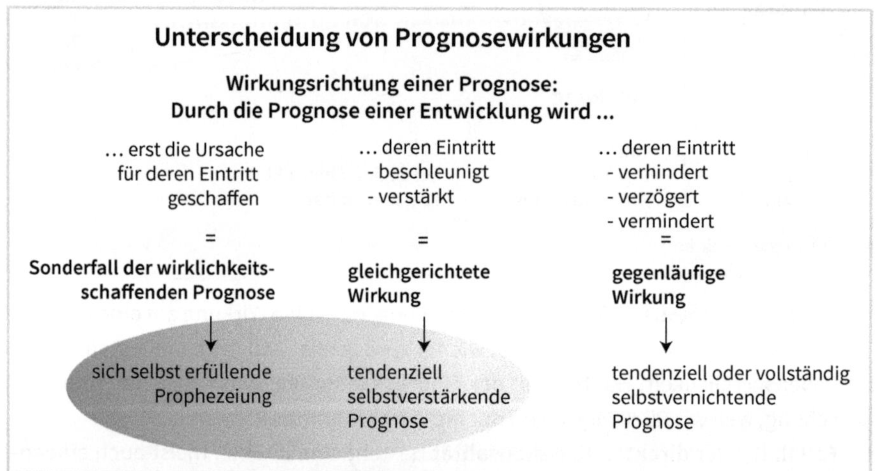

Abb. 40: Unterscheidung von Prognosewirkungen

Beispiele zum Verständnis

Fall I (Bildmitte): Gleichgerichtete Wirkung – selbstverstärkende Prognose mit tatsächlicher Ursache

In diesem Fall existiert ein tatsächlicher Ursache-Wirkungs-Zusammenhang. Für den Laien oder unaufmerksamen Beobachter ist dieser Zusammenhang aber nicht so leicht durchschaubar und nachzuvollziehen. Fachleute bilden jedoch z. B. auf Basis von (Früh-)Indikatoren Hypothesen über einen wahrscheinlichen weiteren Verlauf. Und dieser wird dadurch noch wahrscheinlicher, früher und/oder stärker eintreten.

Ein **Beispiel**: Ein Staat hat wegen jährlich zunehmender Verschuldung sinkende Haushalts- und damit Handlungsspielräume und gerät somit im Zeitablauf in immer stärkere Schwierigkeiten. Hier ist die zukünftige negative Entwicklung bereits angelegt. Kommt nun noch eine intensiv kommunizierte negative Prognose hinzu, die von mehr und mehr Marktteilnehmern als glaubwürdig und realistisch eingeschätzt wird, beschleunigt und verstärkt diese Prognose die negative Entwicklung. Allein die steigenden Risikoprämien verteuern die Finanzierung des Staates. Die verbleibenden Haushaltsspielräume sinken weiter und das Unheil nimmt seinen Lauf.

Fall II (links im Bild): Wirklichkeitsschaffende Prognose – sich selbst erfüllende Prophezeiung ohne tatsächliche Ursache

In diesem Fall existiert keine wirkliche Ursache für den Eintritt des prognostizierten Ereignisses, es gibt also keinen tatsächlichen Grund bzw. Zusammenhang. Eine zukünftige Entwicklung wird herbeigeredet. So hat in der Geschichte schon mehrfach das von Wettbewerbern gestreute Gerücht über die Insolvenz eines Kreditinstitutes einen tatsächlichen Bankenrun ausgelöst. Eine funktionierende und offen kommunizierende **Finanzdienstleistungsaufsicht** hat daher auch die Funktion, dem Aufkommen von Gerüchten die Grundlage zu entziehen.

Abb. 41: Berlin, Bankenansturm 1931 (Quelle: Bundesarchiv Bild 102 – 12023, Berlin, Bankenkrach, Andrang bei der Sparkasse/Georg Pahl/CC-BY-SA 3.0)

Eines der bekanntesten Zitate von Mario Draghi bezieht sich auf dieses Phänomen: *»Man kann auch an eingebildeten Krankheiten sterben.«*

Damit hat Draghi davor gewarnt, den Euro als eine im Wesentlichen funktionsfähige Gemeinschaftswährung durch möglicherweise übertriebenes Krisen- und Crashgeschwätz kaputtzureden. Dies wäre eine negative Rückwirkung. Ein **objektiv vermeidbares Crash-Ereignis** tritt also nur deshalb ein, weil viele Menschen an die negative Prognose glauben, das Vertrauen in die Gemeinschaftswährung verlieren und durch ihre Verhaltensveränderung selbst den Crash auslösen.

Ähnlich wäre es, wenn in einem überfüllten Festsaal ein Irrer plötzlich »Feuer, Feuer« ruft. Alle rennen zum Notausgang, behindern und rempeln sich gegenseitig. Es kommt zu Verletzten. Im Gewimmel fallen auch ein paar Kerzenleuchter um und entflammen eine Tischdecke. Am Ende lässt sich **nicht mehr zweifelsfrei nachweisen**, dass die Kerzenleuchter erst nachträglich umgefallen sind. Auf alle Fälle hätte eine brennende Tischdecke keinen schlimmen Brand ausgelöst, sondern wäre mit dem Eiskübel des Champagners zu löschen gewesen.

Die Geschichte mit der brennenden Tischdecke, die sehr leicht zu löschen gewesen wäre, zeigt auch, dass es zwischen den Fällen I und II (gleichgerichtete Wirkung – selbstverstärkende Prognose – mit tatsächlicher Ursache einerseits und wirklichkeitsschaffende Prognose – selbsterfüllende Prophezeiung – ohne tatsächliche Ursache andererseits) eine **Grauzone** gibt. Jeder gesunde Mensch ist ja angeblich ein Kranker, der nur noch nicht lange genug untersucht wurde. Und ebenso können auch Staaten und Wirtschaftssysteme trotz Mängel, Fehlentwicklungen und Ungleichgewichten sehr lange weiter funktionieren. Ob ein Crash letztlich von den Fakten her unausweichlich war oder ob die negative Prognose die Crash-Wirklichkeit erst geschaffen hat, wird man letztlich nicht abschließend beantworten können.

Fall III (rechts im Bild): Gegenläufige Wirkung – selbstvernichtende Prognose mit tatsächlicher Ursache

In diesem Fall existiert tatsächlich ein bestimmter Umstand, eine wirkliche Ursache bzw. ein Zusammenhang, die bei Fortgang der Entwicklung ein bestimmtes Ereignis zur Folge haben könnte. Prognostiziert man nun diese Entwicklung und ihre wahrscheinlichen Folgen, führt diese Vorhersage zu Anpassungsstrategien, Gegenmaßnahmen oder Ausweichverhalten, sodass das Ereignis und seine ursprünglich prognostizierten Folgen **eben gerade nicht eintreten**. Es kann also passieren, dass eine glaubwürdige Prognose ihren Eintritt gerade unwahrscheinlicher macht, hinauszögert oder sogar verhindert.

Als nach ersten Erfahrungen mit dem HIV-Virus in den Jahren nach 1983 die weitere Ausbreitung von **AIDS** prognostiziert wurde, gab es Hochrechnungen, dass die Zahl der Infizierten binnen 20 Jahren die Weltbevölkerung um den Faktor Drei übersteigen würde (es wurden also mehr AIDS-Kranke als Menschen auf der Welt prognostiziert).

Die tatsächliche Entwicklung war günstiger, weil die Prognose zu Verhaltensveränderungen und Gegenmaßnahmen (Medikamente, Kondome, Aufklärung usw.) führte.

Gleiches gilt für eine Vielzahl düsterer Prognosen der Vergangenheit. Dies soll jedoch nicht als ein Lustigmachen über frühere Prognosen missverstanden werden. Sondern soll zeigen, **wie nützlich Status-quo-Prognosen**[206] **sein können**. Sie fordern die Anpassungsfähigkeit des Systems heraus, provozieren Gegenmaßnahmen, verlangen innovative Herangehensweisen und tragen dazu bei, unerwünschte zukünftige Entwicklungen zu vermeiden.

Konstruktive Crash-Psychologie

Exakt diese mögliche Selbstvernichtung von Prophezeiungen begründet die von mir vertretene konstruktive Crash-Psychologie und damit die konstruktiven Crashgedanken. Denn wenn wir unerfreuliche Entwicklungen wie die katastrophalen Folgen eines Finanzcrashs antizipieren, dann steigen die Chancen, dass wir Gegenmaßnahmen ersinnen, ergreifen und einfordern – und das Finanzsystem überlebt. Ganz nach dem Motto: »Totgesagte leben länger!«

ZUSAMMENFASSUNG

Auch wenn wir Unsicherheit hassen und Vorhersagen lieben, sind Crashs nicht vorhersagbar. Denn jede Vorhersage wirkt auf den weiteren Verlauf der Entwicklung ein und verändert damit gerade das System und Wirkgefüge, welches sie vorherzusagen versucht – ein paradoxer Zusammenhang. Weil Prognosen in diesem Sinne rückbezüglich wirken, ist es nützlich, wenn wir eine optimistische Erwartungshaltung an den Tag legen. Ein solcher (realistischer) Optimismus nützt niemandem mehr als uns selbst …

In diesem Zusammenhang mag ich die Paradoxie des Zitates des englischen Fußballspielers Paul Gascoigne über die Titelchancen seines Vereins:

»Ich mache nie Voraussagen und werde das auch niemals tun.«

4.2 Realistischer Optimismus ist Pflicht

Warum es sich lohnt, mit der Möglichkeit eines Crashs konstruktiv umzugehen

Dem österreich-britischen Philosophen Karl Popper (1902 – 1994) verdanken wir die vielzitierte Ermunterung: *»Optimismus ist Pflicht.«*

Dem steht ein nicht ganz so bekanntes, aber trotzdem bedenkenswertes Zitat des deutschen Dramaturgen Heiner Müller (1929 – 1995) entgegen, der sinngemäß meinte: *»Optimismus ist lediglich ein Mangel an Information.«*

Das vorliegende Buch empfiehlt Ihnen eine Art **Synthese** aus den beiden Zitaten, nämlich **»Realistischen Optimismus«**. Ein Optimismus, der nicht aus Ignoranz oder Informationsmangel herrührt, sondern sich darin begründet, dass wir Menschen zwar oftmals schlimme kollektive Dummheiten begehen, aber auch immer wieder geradezu unglaubliche Lösungen für scheinbar unlösbare Probleme finden.

Daher soll auf ein weiteres Zitat von Karl Popper aufgebaut werden. Es lautet:

> »Unsere Einstellung der Zukunft gegenüber muss sein: Wir sind jetzt verantwortlich für das, was in der Zukunft geschieht.«

Konstruktive Crashgedanken fördern daher die realitätsnahe Hoffnung und verteidigen diese gegen Angst und das Gefühl der Hilflosigkeit. Unsere Gesellschaften sind voller Ideenreichtum, Selbstheilungskräfte und Selbstorganisation. Sie haben zudem die grundsätzliche Fähigkeit, aus Fehlern zu lernen – auch wenn wir diese nicht immer nutzen.

In Kapitel 4.1 wurden zwei zentrale Wirkzusammenhänge erkennbar, aus denen sich Chancen ergeben, nämlich:

- **Erstens**: Negative, aber sachlich korrekte Prognosen tragen die Chance in sich, dass sie sich selbst zerstören. Beispielsweise wenn die Handelnden erkennen, dass ein »Weiter so« wirklich nicht mehr länger funktionieren kann, und korrigierende Maßnahmen ergreifen, die vorher als zu unpopulär oder »teuer« erschienen.
- **Zweitens**: Den Schaden von generellen Schwarzmaler-Prognosen, die alles schlechtreden, den Weltuntergang vorhersehen und uns jeglichen Mut nehmen, können wir begrenzen oder vermeiden, indem wir sie einfach nicht zu ernst nehmen. Und uns auf das Eigeninteresse des Schwarzmaler-Geschäftsmodells ebenso besinnen wie die Tatsache, wie lange und oft uns Crashs in den letzten Jahren und Jahrzehnten bereits vorhergesagt wurden. Über viele Jahrzehnte hinweg erwies es sich im Durchschnitt als das größere Risiko, nicht investiert zu sein, als investiert zu sein, da rund 70 % der Jahre positive Anlegerrenditen erbrachten und nur 30 % negative Anlegerrenditen.

Zwar gibt es eine Vielzahl möglicher Krisenauslöser und Gefahrenherde für einen Crash des Euro – und auch anderer Währungen. Gleichwohl hat die ganz überwiegende Mehrheit der Menschen ein **vitales Interesse** daran, einen großen Finanzcrash zu vermeiden und wird (hoffentlich) zu Opfern bereit sein, um diesen zu verhindern.

Könnte die Einstellung »realistischer Optimismus« wie folgt für Sie passen?

Wenn der letzte Strohhalm, an den man sich klammert, in einem Glas Campari Soda steckt, dann ist es doch gar nicht so schlimm.

4.3 Der Wunschring

Die konstruktive Rolle von Vertrauen

Abb. 42: Der Wunschring

Die uralte Fabel »Der Wunschring« zeigt in verblüffender Aktualität, welch große Bedeutung Vertrauen für all unsere Lebensbereiche hat. Und in ganz besonderer Weise für unser Verhältnis zu Geld und Währungen. Also auch zum Euro… Hier ist die Fabel – einfach fabelhaft!

Der Wunschring

Vor langer Zeit war da ein junges Bauernpaar. Es mühte sich sehr, über die Runden zu kommen. Der Acker war karg, die Tiere oft krank. Sie hatten ein schweres Los. Eines Morgens kamen sie zu ihrem Feld und erschraken: Der Wind hatte des Nachts alles Korn geknickt. Die Ernte war dahin. Beide weinten bitterlich.

Da kam ein Rotkehlchen angeflogen und ließ einen Ring fallen: »Ich seh', wie ihr euch tagein, tagaus plagt, aber ob der Widrigkeiten doch zu nichts kommt. Nehmt diesen Zauberring. Er hat einen Wunsch für euch. Vielleicht braucht ihr ihn einmal. Dann dreht ihr den Ring am Finger und sprecht diesen einzigen Wunsch laut aus. Er wird alsbald in Erfüllung gehen. Aber Achtung, es ist tatsächlich nur ein einziger Wunsch für euch frei. Habt ihr ihn eingelöst, hat der Ring seine Zauberkraft verloren«, sprach das Vögelchen – und flatterte davon.

Das Bauernpaar sah sich verdutzt an, verwahrte den Ring sorgfältig und ging ans mühsame Tagwerk. Am Abend beschlossen die beiden, am nächsten Tag mit dem Ring zum Goldschmied zu gehen. Der besah sich den Ring und hörte das Bauernpaar erzählen, es sei ein Zauberring mit einem Wunsch darin. Na, man kann nie wissen, dachte der Goldschmied bei sich. Während er den Ring so drehte und wendete, erklärte er dem Bauernpaar, der Ring sei tatsächlich etwas Besonderes, sie sollen nur gut darauf achten. Als sich das Bauernpaar strahlend ansah, tauschte der Goldschmied flugs den Wunschring gegen einen gewöhnlichen Ring. Man kann ja nie wissen.

Nun waren alle froh: Der Goldschmied besaß einen Wunschring, das Bauernpaar besaß einen vermeintlichen Wunschring.[207] Guten Mutes und mit neuer Kraft ging das Bauernpaar wieder an sein Tagwerk. Oft saßen die beiden abends zusammen und fragten sich, wenn die Arbeit gar so schwer war, ob sie nicht den Wunschring nutzen sollten. Doch immer kamen sie zu dem Entschluss, es nicht zu tun. Der Ring hatte ja nur einen Wunsch frei. Und wer weiß, was noch kommen mochte – wozu sie ihn einmal wirklich brauchen würden. Ihr Tagwerk schafften sie schon so. Und tatsächlich, so ging es Jahr um Jahr. Das Bauernpaar kam immer besser über die Runden, kaufte noch einen Acker, zwei Kühe und bekam drei Kinder. Und wenn es doch mal arg wurde, überlegten sie gemeinsam, den Wunschring zu nutzen. Doch immer wieder dachten sie, was ihnen vielleicht noch zustoßen könnte – und bewahrten sich den einzigen Wunsch.

So wurde das Bauernpaar alt, sehr alt – und eines Nachts schliefen sie beide friedlich ein und wachten nicht mehr auf.

Und die Moral von der Geschicht': Vertraue, glaube, sonst funktioniert es nicht.

Eine vorsichtige Interpretation: Für das Leben des Bauernpaares erwies es sich letztlich als unbedeutend, ob der Ring tatsächlich diesen einen magischen Wunsch besaß oder nicht. Jedoch machte das **Vertrauen** in den magischen Wunsch einen großen Unterschied für alle weiteren Lebensentscheidungen und den Umgang damit.

Was würde wohl – nur mal so gedacht – passieren, wenn die Bürger der Europäischen Staatengemeinschaft dem Euro einfach weiter vertrauten ...?

4.4 Differenziertes Vertrauen ist empfehlenswert

Jede Währung steht und fällt damit, dass die Menschen ihr vertrauen. Sobald die Mehrzahl der Bürger einer Währung nicht mehr vertrauen, verfällt deren Wert und sie büßt ihre Funktionen ein. Es bilden sich Schwarzmärkte, der ineffiziente Tauschhandel nimmt zu und Ersatzwährungen (Zigaretten) oder Drittwährungen werden verwendet. Die Währung wird im einfachen wie im übertragenen Sinne **wertlos**, ihren Wert los.

Schwarzmaler beziehungsweise sehr negativ eingestellte Menschen werden an dieser Stelle argumentieren, dass die Geschichte von Geld und Währungen stets eine Geschichte von gebrochenem bzw. missbrauchtem Vertrauen war und ist. Und dass wir daher Währungen im Allgemeinen und dem Euro im ganz Besonderen nicht vertrauen sollten.

Dem sei hier ganz entschieden widersprochen. Der **Verzicht auf Geld** bzw. auf Währungen ist immens teuer und ineffizient. Wie soll das aussehen, eine arbeitsteilige Gesellschaft ohne Geld bzw. eine Währung? Diese gibt es auch tatsächlich nicht. Der Verzicht auf Geld würde – ökonomisch gesehen – einen Rückfall nicht ins Mittelalter, sondern schlimmer, in die Steinzeit bedeuten. Es würde also **enorme Opportunitätskosten** auslösen, wenn wir auf die Nutzung von Geld bzw. einer Währung verzichten. Darum macht das auch keiner, nicht einmal die Schwarzmaler.

Trotzdem sollten wir natürlich nicht naiv und blind vertrauen. Und uns dessen bewusst sein, dass die Lebenserwartung jeder Währung – und somit auch die des Euro – endlich ist.

»Alles, was kaputtgehen kann, wird irgendwann kaputtgehen.«

Auch viele andere Gegenstände des Alltags verwenden wir, obwohl diese prinzipiell kaputtgehen können. Denn bis sie kaputtgehen, können sie uns ja noch wertvolle Dienste erweisen. Und so ist das mit Geld und Währungen eben auch.

»Alles, was kaputtgehen kann, wird irgendwann kaputtgehen.
Die Frage ist nur wann! Und das kann schon noch dauern …«

Vertrauen ist in allen Lebensbereichen unerlässlich

Bitte machen Sie sich einmal in Ruhe klar, wie viel Vertrauen Sie jeden Tag schenken und wie selten Ihr Vertrauen missbraucht wird. Wenn Sie täglich unbewaffnet und ohne Panzerung oder Rüstung zur Arbeit oder zum Einkaufen gehen, seit Jahrzehnten immer wieder mit dem Auto auf einer Straße ohne Mittelleitplanke fahren, sich in einen Zug oder ein Flugzeug setzen oder sich in einem Restaurant von einem wildfremden Menschen bekochen lassen. Und und und.

Das Entsetzen über die vergleichsweise seltenen Unfälle, kriminellen Handlungen etc. zeigt gerade, dass unser Vertrauen in der ganz überwiegenden Zahl der Fälle berechtigt ist – und funktioniert.

Ohne Vertrauen könnte keine Gesellschaft bestehen. Und je größer das Misstrauen, desto geringer die wahrgenommene Lebensqualität einer Gesellschaft. Ohne Vertrauen ist kein soziales Miteinander möglich.

»Vertrauen ist der Anfang von allem.«

Ein schöner Satz. Nur leider war er 1995 auch der Werbeslogan einer großen deutschen Bank. Umso schlimmer, wenn genau dieses Vertrauen dann aus Eigennutz gebrochen wird.

Vertrauen ist ein zentraler ökonomischer Faktor

Vertrauen ist auch ein zentraler Wirtschaftsfaktor. Selbst wenn jemand keinerlei Ethos besäße und jegliche soziale Ausrichtung vermissen ließe, würde es sich für ihn ganz einfach aus ökonomischen Gründen lohnen, Vertrauen zu schenken. Sogar dann, wenn es manchmal enttäuscht wird, solange die Fälle des Vertrauensmissbrauchs nicht zu häufig und nicht zu schwerwiegend sind. Einfach, kurz und emotionslos zusammengefasst: Die Kosten des missbrauchten Vertrauens sind insgesamt erheblich kleiner als die (Opportunitäts-)Kosten des fälschlichen, unberechtigten Misstrauens.

Mit anderen Worten: Wer extrem misstrauisch ist und immer das Schlechteste unterstellt, dem entgehen so viele Chancen und Möglichkeiten, dass dieser Schaden den umgekehrten Schaden von ein paar Fällen missbrauchten Vertrauens schnell übersteigen kann.

> Offenbar ist sowohl völlige Vertrauensseligkeit als auch grundsätzliches Misstrauen weder sozial noch ökonomisch empfehlenswert. Der Königsweg liegt irgendwo dazwischen.

Noch ein Gedanke am Rande: Vertrauen beruht auf Gegenseitigkeit. Das heißt, auch der Staat sollte seinen Bürgern einen grundsätzlichen Vertrauensvorschuss geben und auf Maßnahmen verzichten, die ein generelles Misstrauen symbolisieren (Stichwort Überwachungsstaat).

> »Ein Staat, wie wir ihn wollen, lebt von Vertrauen.«

Voraussetzung für das Funktionieren des Staates ist das Vertrauen der Bürger in den Staat, umgekehrt aber auch das Vertrauen des Staates in seine Bürger. Nimmt das – gegenseitige – Misstrauen zu, schädigt das den Rechtsstaat.

Plädoyer für abgestuftes Vertrauen

Bezieht man das Thema Vertrauen nun wieder auf Geld und Währungen, insbesondere auf den Euro, so wird schnell deutlich: Schwarzmaler und Crash-Propheten entziehen unserer Währung jegliches Vertrauen – was völlig übertrieben ist. Hingegen zeigt ein großer Teil der Bevölkerung eine geradezu **blinde Vertrauensseligkeit** gegenüber »ihrem Geld«. Diese würde im Fall eines Euro-Crashs ihre hochgradige persönliche Verwundbarkeit auslösen. Wenn beispielsweise ein finanziell gut gepolstertes Rentnerpaar keinerlei Immobilienvermögen besitzt, abgesehen von Gebrauchsgegenständen, alle Reserven im Geldvermögen stecken und dieses dann auch noch zu 100 % auf Euro lautet, dann ist das zu viel des (naiven) Vertrauens.

ZWISCHENERGEBNIS

Vertrauen ist nicht digital – kein Schalter, den man ein- oder ausschaltet. Für Geldanlage und Vermögenssicherung empfiehlt es sich, Vertrauen einerseits und Vorsicht andererseits angemessen auszubalancieren. Daher sollten Sie Ihre Reserven unter drei Aspekten verteilen:

1. auf **unterschiedliche Anlageklassen/Vermögensklassen**,
2. auf **unterschiedliche Währungen** sowie
3. in Hinblick auf **unterschiedliche ernst zu nehmende Risikoarten** (deep risk) (siehe hierzu Kapitel 2.4).

Wie diese Balance praktisch umgesetzt werden kann, erfahren Sie in den Kapiteln 5 und 6. Welche Balance für Ihre individuelle Lebenssituation und Ihre Risikoneigung »passend« ist, haben Sie bereits in Kapitel 2.4 erarbeiten können.

4.5 Fehler erster und zweiter Art

Sind Sie mit dem Konzept »Fehler erster und zweiter Art«, auch »Alpha-Fehler versus Beta-Fehler«, vertraut? Das klingt nach Mathe und Statistik, was es letztlich auch ist. Aber man kann das Konzept in zwei Minuten verstehen und damit besser entscheiden und teure Entscheidungsfehler vermeiden.[208] Darstellung und Erläuterung sollen anhand einer typischen Vier-Felder-Matrix erfolgen. Dabei soll jeweils sofort Bezug auf potenzielle Crash-Gefahren genommen werden.

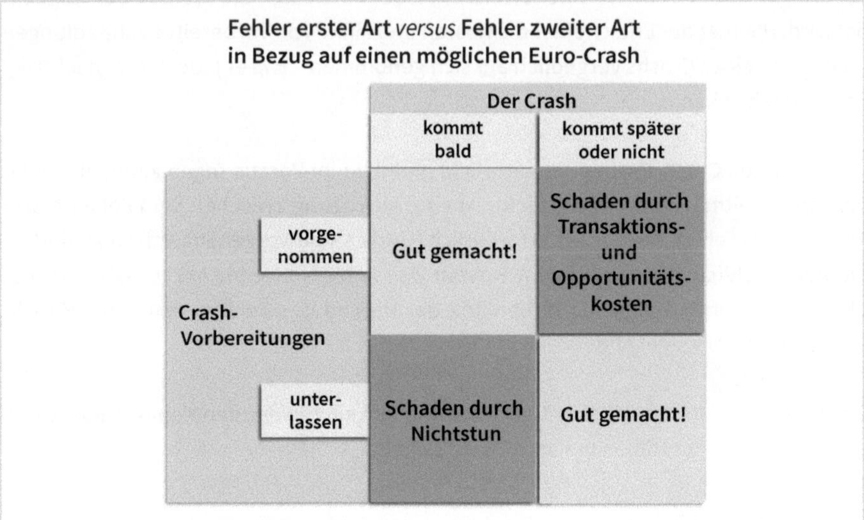

Fehler erster Art *versus* Fehler zweiter Art in Bezug auf einen möglichen Euro-Crash

		Der Crash	
		kommt bald	kommt später oder nicht
Crash-Vorbereitungen	vorgenommen	Gut gemacht!	Schaden durch Transaktions- und Opportunitätskosten
	unterlassen	Schaden durch Nichtstun	Gut gemacht!

Abb. 43: Fehler erster Art und Fehler zweiter Art

Die Vier-Felder-Matrix kombiniert jeweils zwei gegenläufige Szenarien. Hinsichtlich des **Eintretens eines Crashs** unterscheidet sie in »Der Crash kommt« und »Der Crash kommt später oder nicht«. Hinsichtlich der **Crashvorbereitungen** unterscheidet sie in »Crashvorbereitungen vorgenommen« und »Crashvorbereitungen unterlassen«. Damit ergeben sich vier Kombinationen (Ökonomen lieben übrigens solche Vier-Felder-Matrizen!).

Die beiden hellgrauen Felder zeigen Kombinationen, in denen der Entscheider alles richtig gemacht hat (oder einfach Glück hatte): Hat er sich auf einen Euro-Crash vorbereitet und tritt dieser dann bald ein (Feld **links oben**), so haben sich Mühe und Kosten der Vorsorge gelohnt. Ebenso gut gemacht hat es der Entscheider in der Konstellation **rechts unten**: Er hat sich Kosten und Mühen gespart, die sich ex-post, also im Nachhinein, tatsächlich auch als unnötig erwiesen haben, da es (noch) nicht zu einem Finanzcrash gekommen ist.

Die zwei dunkelgrauen Felder rechts oben und links unten zeigen die weniger glücklichen Konstellationen. In beiden Fällen erweist sich die Wahl des Entscheiders im Nachhinein als ungünstig, jedoch sind diese in Wahrscheinlichkeit und Schadensausmaß höchst unterschiedlich.

Im Fall **links unten** ist ein Finanzcrash eingetreten und hat den unvorbereiteten Entscheider getroffen, der nun den Schaden seiner Untätigkeit hinnehmen muss. Dieser Fall wird hier als **Fehler erster Art** bezeichnet.

Jedoch gibt es auch einen **Fehler zweiter Art**, der durch das Feld **rechts oben** abgebildet wird. Hier hat der Entscheider die Kosten und Mühe von Vorbereitungshandlungen für den Fall eines Crashs vergeblich auf sich genommen – wie er jedoch erst nachträglich feststellen kann.

Da (außer den Crash-Propheten natürlich) niemand im Voraus sagen kann, ob ein Finanzcrash zeitnah kommt oder nicht, ist eine **Abwägung** zwischen dem Fehler erster Art und dem Fehler zweiter Art erforderlich. Und es sind Vorgehensweisen zu finden, die bei **vergleichsweise geringen Kosten** des Fehlers zweiter Art (Crash-Vorsorge ohne Crash) einen möglichst hohen Teil der Risiken des Fehlers erster Art (Crash-Eintritt ohne Vorsorge) abdecken.

Genau dies wird Ihnen mit dem 12-Punkte-Plan im nachfolgenden Kapitel 5 sowie den anonymisierten Echtfällen in Kapitel 6 vorgestellt.

Halten Sie als Zwischenergebnis bitte fest:

- **Erstens:** Bei Entscheidungen unter Unsicherheit gibt es **immer einen Fehler erster und einen Fehler zweiter Art** – das lässt sich einfach nicht vermeiden.
- **Zweitens: Unerfahrene Entscheider** fokussieren sich gerne darauf, den Fehler erster Art zu vermeiden und übersehen dabei den Fehler zweiter Art. Oder auch exakt umgekehrt, das ist relativ egal.
- **Drittens: Kluge Entscheider** wägen Eintrittswahrscheinlichkeiten und die Schwere der Folgen beider Fehlerarten ab und versuchen eine Balance hinsichtlich beider Fehlerarten zu finden.
- **Viertens: Crash-Propheten** und Schwarzmaler verschweigen die hohen Kosten des Fehlers zweiter Art, also Kosten, Mühe und entgangene Chancen durch die Crashvorsorge. (Und sie verschweigen dabei auch, dass diese Kosten ausschließlich die Anleger treffen, während sie selbst an ihrem Crash-Prophetentum bestens verdienen.)

Wie überraschend hoch die Kosten von Crash-Vorbereitungen sein können und dass gerade der **Verzicht auf Chancen** den Durchschnittsbürger besonders viel Geld kostet, erfahren Sie im folgenden Kapitel.

4.6 Unterschätzte Kosten (und Nachteile) der Crash-Vorsorge

Die Kosten falscher Crash-Vorsorge können verheerend sein

Ein gewisses Maß an Vorsorge gegen unsere Lebensrisiken ist – bei allem grundsätzlichen Optimismus – sinnvoll. Dies gilt auch für die Vorsorge gegen Auswirkungen eines möglichen Finanzcrashs. Jedoch nur, soweit diese Risiken wirklich durch Vorsorge in ihrer Wirkung abminderbar sind. Und so lange durch unsere Vorsorge nicht unvertretbar hohe Kosten sowie neue Risiken und Nebenwirkungen entstehen. Sonst wird »*die Brühe teurer als die Brocken*«, wie man im Volksmund sagt.

Daher im Folgenden ein kurzer Blick auf die fünf wichtigsten Kostenarten sowie unvorteilhafte Nebenwirkungen bzw. neu geschaffene Risiken, die durch Crashvorsorge auftreten können:

1. Transaktionskosten durch angeblich crashsichere Produkte
2. Kosten aktiver Anti-Crash-Strategien (z. B. Tradingformen, Absicherungskonzepte, Einsatz von Derivaten und Stopp-Loss)
3. Illiquiditätskosten und -risiken bei exotischen Sachanlagen (z. B. Diamantenkauf)
4. Kosten durch neu eingegangene, ggf. sogar übersehene Risiken, z. B. das Inflationsrisiko
5. Opportunitätskosten durch Verzicht auf Rendite, z. B. unangemessen hohe Bestände an renditearmen Anlagen aus falscher Crash-Furcht

1. Transaktionskosten

Unter dem »**Prädikat**« **angeblicher Crash-Sicherheit oder Crash-Vorsorge** werden **Anlagevehikel mit hohen Transaktionskosten** vertrieben. Ganz überwiegend sind dies aktiv gemanagte Investmentfonds, zum Teil jedoch auch Zertifikate sowie AIF (alternative Investmentfonds, insbesondere geschlossene Fonds). Das Muster, mit dem Sie als Anleger übervorteilt werden, ist immer dasselbe und mit wachem Auge auch schnell zu durchschauen: Wenn Ihnen ein Crash-Prophet oder sonstiger Finanzanbieter einen typischen **Crash-Fonds** mit angeblichem Krisenschutz für den Fall eines Euro-Crashs anbietet, dann ist das ein Anlagevehikel mit hohen Transaktionskosten. Die Anlagevehikel sind **reine Umverpackungen**, die letztlich bestenfalls einen Mix aus althergebrachten, eigentlich seit Jahrhunderten bekannten Anlageklassen wie Aktien, Immobilien, Gold und möglichst sicheren Staatsanleihen enthalten. Die können Sie jedoch auch selbst erwerben, noch dazu erheblich effektiver. Die teuren Verpackungen mit der Aufschrift »crashsicher« brauchen Sie dafür nicht.

Ein Bild gefällig? Mancher mag Pfefferminztee, Kräuter- oder Kirschtee. Das alles gibt es in bester Qualität und zu angemessenem Preis und man weiß, was man hat. Manche Anbieter mischen nun solche Teesorten und verkaufen sie zu erheblich höherem Preis als **Wohlfühl-Tee**, Gute-Laune-Tee oder Anti-Stress-Mischung.

Ihr durch Transaktionskosten verlorenes Geld ist ja nicht wirklich weg – es hat jetzt nur ein anderer.

Die Verbindung zum Schwarzmaler-Geschäftsmodell ist hier unübersehbar. Die traurige Anlagewirklichkeit mutet Ihnen bis zu 5 % **Einmalkosten** für Agio bzw. Ausgabeaufschlag **plus** über 2 % jährlich wiederkehrende Kosten (TER, ongoing charges, laufende Kosten) **plus** nicht sichtbare Transaktionskosten auf Fondsebene **plus** zusätzliche Performance-Gebühren zu. Eine Wirklichkeit, mit der ängstliche Investoren sich seit etlichen Jahren eigentlich vor den verkündeten Crash-Risiken schützen wollten. Dabei wurden sie aber lediglich durch unnötig hohe Gebühren abgezockt. Doch ich möchte fair bleiben, es gibt auch gute Nachrichten. Die zusätzlichen Performance-Gebühren fielen bisher in keinem mir bekannten Fall an. Denn: Es gab **keine vergütungswürdige Performance** in den Anlagevehikeln der Crash-Propheten – ganz im Gegenteil.

Nehmen Sie mit: Hohe Transaktionskosten schädigen Sie, insbesondere über längere Laufzeiten. Einen einzigen Vorteil haben Transaktionskosten: Für Ihr dadurch verlorenes Geld besteht kein Crashrisiko mehr. Das muss nun der Crash-Prophet tragen …

2. Kosten aktiver Anti-Crash-Strategien

Das große und geradezu unüberschaubare Angebot an Anti-Crash-Strategien, die Ihnen nicht nur Verlustvermeidung **(Angst)**, sondern enorme Wertgewinne **(Gier)** versprechen, soll hier nur kurz angesprochen werden. Sie finden, insbesondere im Internet, aber auch in vielen Fachzeitschriften und etlichen Büchern der Crash-Propheten, eine Vielzahl von Empfehlungen für Trading-Strategien, die – mit überraschend kleinen Variationen – folgendem Muster folgen:

»Kaufen Sie Vermögensgegenstände, bevor diese im Wert steigen. Wenn diese nicht steigen, dann kaufen Sie sie nicht. Sollten Vermögenswerte im Kurs fallen, so sollten Sie diese bereits im Vorfeld verkauft haben, um sich vor Kursverlusten zu schützen. Und nachdem Vermögensgegenstände im Wert aufgrund des Crashs enorm gesunken sind, schichten Sie eben in diese um und profitieren von deren Wertsteigerungen. Sie müssen sich nur ein wenig informieren und eine **Marktmeinung** bilden – das ist gar nicht so schwer. Mit unserem täglichen Newsletter sind Sie der Masse der Anleger stets voraus und auf der sicheren Seite!«

Während die finanzpsychologisch ein wenig vorgebildeten Bürger die obige (Werbe-) Aussage nur mit einem müden Lächeln quittieren werden, ist leider zu befürchten, dass viele, eher wenig vorinformierte die oben genannte Aussage zumindest als »plausibel« erleben. Allein der hohe Werbeaufwand in den verschiedenen Medien kann als Indiz dafür gelten, dass die Botschaften ihre »Kunden« finden.

Hektische Aktivität und ständiges »Traden« kann jedoch keine vernünftige Reaktion auf die Gefahr eines Euro-Crashs sein, zumal auch und gerade im Crashfall **keine korrekte Prognose** von konkreten Kurs- oder Wertentwicklungen gelingen kann. Jedoch werden sich »Kunden« dieser Ratgeber am Ende wohl meist selbst die Schuld für ihr »Versagen« bzw. ihre Fehleinschätzungen geben. Und bis dahin mit ihren Transaktionskosten die Taschen der Ratgeber gefüllt haben.

3. Illiquiditätskosten und -risiken bei exotischen Sachanlagen

Im Zusammenhang mit einem möglicherweise bevorstehenden Finanzcrash werden auch zunehmend sogenannte exotische Sachanlagen ins Gespräch gebracht. Das sind beispielsweise edle Whiskeys, wertvolle Armbanduhren, glänzende Oldtimer, antike Porzellanpuppen. Die Vielfalt exotischer Sachanlagen hat sich aufgrund der zu Ende gehenden Nullzinswelt und durch die im Jahr 2022 enorm gestiegene Inflation stark erhöht.[209]

Die **Märkte für exotische Sachwerte** müssen insgesamt als inhomogen, intransparent und **spekulativ** bewertet werden. Eine weitere unerfreuliche Gemeinsamkeit exotischer Sachanlagen sind deren – im Vergleich zu klassischen Anlageklassen – erheblich höheren **Transaktionskosten**. Hinzu kommen, je nach konkretem Exoten, noch unterschiedlichste weitere **Aufwendungen** (Lagerkosten, Versicherungskosten, Schätzgebühren, gutachterliche Kosten ...). Neben den Kosten sind jedoch auch zusätzliche **Illiquiditätsrisiken** zu bedenken, die durch die Marktferne exotischer Sachanlagen entstehen. Während es z. B. bei Aktien, Anleihen oder ETFs relativ übersichtliche Märkte mit funktionierendem Wettbewerb, ordentlicher Transparenz und einer durch die

Vielzahl von täglichen Transaktionen meist gut nachvollziehbarer Preisbildung gibt, ist das bei den exotischen Anlagen nicht der Fall. Entweder handelt es sich um wenig liquide Nischenmärkte mit hohen Spannen zwischen An- und Verkaufspreisen. Oder man kann aufgrund der Individualität der exotischen Anlagen (z. B. Schmuckstücke, Oldtimer, Sammlerobjekte) überhaupt nicht von einem funktionierenden Markt sprechen bzw. dürfte diesen bestenfalls als Zufallsmarkt bezeichnen. Die Aspekte Transaktionskosten einerseits und Illiquidität andererseits gehen hierbei ineinander über.

Auf alle Fälle ist der Aspekt der **Liquidierbarkeit** bei exotischen Sachanlagen gerade für den Krisenfall besonders **kritisch** zu bewerten. Es ist zu befürchten, dass gerade bei einem Finanzcrash exotische Anlagen nicht oder nur mit sehr großen Abschlägen zu Geld zu machen sein werden. Bei einem Euro-Crash sind gewiss nur wenige Marktteilnehmer in der Verfassung, Porzellanpuppen oder alte Uhren zu erwerben. Und ob nach einer Krise in einem Umfeld, in dem weite Teile der Bevölkerung ihre Wohlstandsillusion verloren haben, das heutige Preisniveau auch nur annähernd wieder erreicht wird, ist ernsthaft zu bezweifeln. Außer emotionaler Rendite, also Ihrer puren Freude am Besitz dieser Exoten, ist da wenig zu erwarten. Die Empfehlung lautet also eindeutig, dass Sie exotische Sachanlagen nur dann erwägen sollten, wenn Sie diese Besitzfreude empfinden.

4. Kosten durch neu eingegangene, ggf. sogar übersehene Risiken

Beim Versuch, sich vor den Auswirkungen eines möglichen Finanzcrashs zu schützen, kann es paradoxerweise passieren, dass Anleger gerade neue, zusätzliche Risiken eingehen. Beispielsweise kann es beim Verlagern klassischer Anlagemittel auf vermeintlich krisensichere Sachwertanlagen in komplexeren Anlagevehikeln wie Geschlossene Fonds (AIFs) zu zusätzlichen Aufwendungen wegen juristischer Probleme kommen.

Ebenso kann die **Handlungsstarre** aus Furcht vor einem Verfall von Vermögenspreisen (also z. B. Aktien-Crash oder Aktien- und Immobilien-Crash) dazu führen, dass zu hohe Anteile im Geldvermögen gehalten werden. Mit dem niedrig bis unverzinslich geparkten Geld erleidet der Anleger einen erheblichen Inflationsschaden. Gerade den kumulierten Kaufkraftverlust im Geldvermögen sollten Sie nicht unterschätzen.

5. Opportunitätskosten durch Verzicht auf Rendite

Über längere Zeit niedrig bis unverzinslich geparktes Geld hat einen weiteren Nachteil:

> Die größten Feinde einer langfristigen Vermögensanlage sind nicht Kurs- und Preisänderungsrisiken, sondern Ertragsarmut oder Ertragslosigkeit.

Diese Erkenntnis gilt auch für Mittel, die aus Furcht vor einem möglichen Crash über lange Zeiträume hinweg minder rentabel und vor allem inflationsgefährdet »geparkt« werden.

Wer aufgrund von Crash-Befürchtungen seinen Investmentstil in defensiver Weise ändert und vor allem die angeblich besonders crashgefährdeten Aktien meidet und zugunsten renditeärmerer Alternativen umschichtet, wird über die Zeit beträchtliche Opportunitätsverluste (entgangene Gewinne, entgangene Kurssteigerungen, also entgangene Chancen) anhäufen. Diese können, wenn die Krise nicht kommt oder durch politische oder geldpolitische Maßnahmen in ihrem Ablauf verzögert oder vermindert wird, das Verlustrisiko durch den eigentlichen Crash ggf. sogar erheblich übersteigen.

Die sehr **unbefriedigende Performance** der Investmentvehikel von Crash-Propheten, die selbst Sachwertefonds, Vermögenssicherungsfonds etc. auf den Markt gebracht haben, lässt sich insbesondere durch diese Opportunitätskosten erklären. Wobei die hohen Kosten der Vehikel selbst noch hinzukommen.

Die nachstehende Gegenüberstellung vergleicht die Wertentwicklung vor Kosten von zwei idealtypischen Anlagestilen.

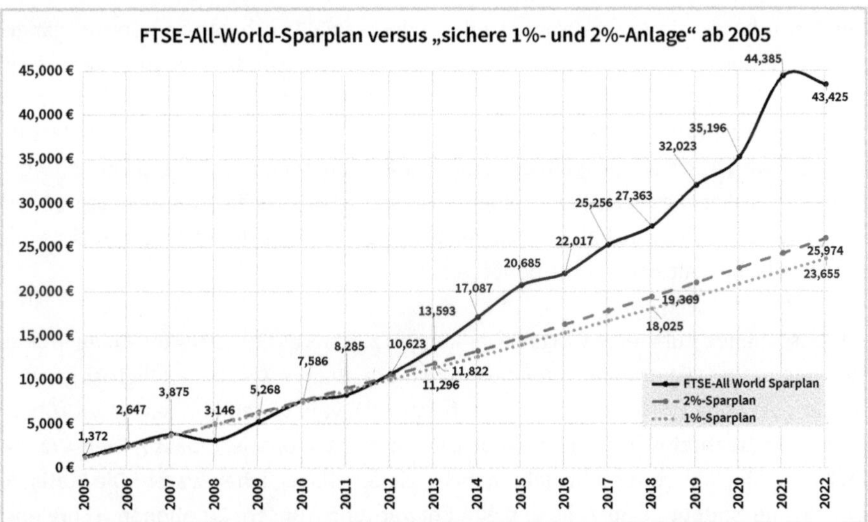

Abb. 44: FTSE-All-World-Sparplan versus »sichere 1 %- bzw. 2 %-Anlage« ab 2005 (Echtdaten)

Zwei knapp 30-jährige Anleger sind seit Januar des Jahres 2005 bereit, monatlich 100 Euro aus ihrem versteuerten Einkommen für ihre Altersvorsorge zu sparen. Der **erste** Anleger (schwarze Linie) vertraut sein Geld dem weltweiten Aktienmarkt an und investiert seine monatlichen 100 Euro mittels eines preiswerten ETF-Sparplans stur in einen passiven ETF auf den FTSE All World. Der ETF-Sparplan verzichtet auf Ausschüttungen, legt Dividenden also automatisch wieder in neue Aktien an (thesaurierende Variante). Damit entspricht seine Wertentwicklung – abgesehen von Kosten und kleinen Abweichungen – weitgehend der Entwicklung des FTSE-All-World-Performanceindex.

Der **zweite** Anleger (gepünktelte bzw. gestrichelte Linien) schließt einen »sicheren« Banksparplan ab, dessen Verzinsung wohlwollend mit durchschnittlich 1 % bzw. 2 % p. a. angenommen wird.

Die Abbildung zeigt, dass sich der FTSE-All-World-Sparplan zunächst bis ca. 2012 recht schwach entwickelte. Insbesondere der weltweit wirkende Crash der **Suprime-Krise** in den Jahren 2008 und 2009 führte zu relativen Verlusten gegenüber dem »risikofreien« 1%igen Banksparplan. Die nächste Krise **(Staatsschuldenkrise, Eurokrise)** des Jahres 2011 versetzte dem FTSE-All-World-Sparplan nochmals einen Dämpfer. Auch in späteren Jahren schwankte der FTSE All World. Jedoch finden die Schwankungen in immer größerem Abstand zum zeitgleichen Wert des Banksparplans statt. Ende 2022 verfügt der FTSE-All-World-Anleger trotz Corona-Pandemie, starkem Zinsanstieg und Ukraine-Krieg über einen Gegenwert von 43.425 Euro, während der sicherheitsorientierte Banksparplan-Anleger lediglich 23.655 Euro (1 % sicherer Zins) bzw. 25.974 Euro (2 % sicherer Zins) sein Eigen nennt (beide Werte vor Kosten).

Wenn nun heute ein Crash-Prophet oder Schwarzmaler erhebliche Kursrückgänge globaler Aktien für den Fall eines Crashs vorhersagt, dann sollte der **erste Anleger** sich nicht nervös machen lassen und gar all seine Aktien verkaufen. Sondern sich sagen, dass ein starker Kursrückgang zwar eintreten kann – jedoch nicht muss. Und dass er selbst bei weiteren Kursrückgängen von bis zu 40 % immer noch besser dastehen würde als sein risikoscheuer Kollege. Beide sind ja heute 18 Jahre älter als beim Start ihres Sparprozesses und beide haben noch mindestens 20 weitere Jahre vor sich, bis sie die ersten Teile ihrer Altersvorsorge benötigen.

Vorübergehende Kurs- bzw. Wertschwankungen z. B. bei aktienbasierten Anlagen sind für einen langfristig orientierten Anleger kein ernsthaftes Risiko. Je langfristiger dabei der gegebene Horizont ist, umso mehr Kursschwankungen können als »vorübergehend« betrachtet werden. Wie häufig ist es historisch passiert, dass Aktien-Crashs nach drei, fünf, acht oder zehn Jahren nicht wieder ausgeglichen waren? Die Statistik spricht eine eindeutige Sprache und gibt Entwarnung – unsere Emotionen »schreien« jedoch eine andere Botschaft.

4.7 Das Konzept der Robustheit verstehen

Weil wir es nicht wissen

Die Ausführungen in Kapitel 3 haben gezeigt, dass es etliche Hinweise auf einen bevorstehenden **Finanzcrash** gibt, der sogar zum Zusammenbruch des Euro als Gemeinschaftswährung führen kann. Sie haben jedoch auch gezeigt, dass ein solcher Crash **keineswegs zwingend unmittelbar bevorsteht.** Sondern ganz nach dem Motto »Totgesagte leben länger« durch vereinte Kräfte von Regierungen und Zentralbank(en) und nicht zuletzt einer konstruktiven Bürgerschaft, also uns allen, über längere, vielleicht sogar sehr lange Zeit hinausgeschoben werden kann. Und niemand, wirklich niemand den zeitlichen Eintritt eines Finanzcrashs vorhersagen kann. Genauso wenig lassen sich der Verlauf und die einzelnen Erscheinungsformen und (Neben-)Wirkungen eines Finanzcrashs konkret vorhersehen. Also z. B. ob es zu einem Deflationsszenario kommt oder eher zu einem extremen Inflationsszenario usw. usw. …

Der Crash kommt – oder er kommt nicht. Oder er kommt später. Oder er kommt anders. Vielleicht auch auf viele kleine Raten. Wir wissen es nicht.

»Alles kann passieren – auch das Gegenteil.«

Wie geht man nun aber in konstruktiver Weise mit einem so wenig vorhersagbaren Risiko um? Wie wollen und können Sie sich gegen eine Gefahr schützen, welche Sie so schlecht kennen und so unzureichend einzuschätzen vermögen? Können Sie das denn überhaupt?

Die gute Nachricht lautet: Ja, das können Sie! Und zwar leichter und besser als Sie gerade zu hoffen wagen. Und ganz ohne die Hilfe der Crash-Propheten. Ihr konstruktiver Ansatz könnte nämlich darin bestehen, dass Sie an einigen wenigen Stellschrauben drehen, die Ihre wirtschaftliche und auch **psycho-*logische* Widerstandskraft**, also Ihre Robustheit, erhöhen. Ganz nach dem Motto: Wir wissen nicht, wie stark der nächste Sturm wird und aus welcher Richtung die Böen kommen werden. Aber wir können unser Haus als robusten Bungalow anstatt als Jenga-Hochhaus bauen.

Abb. 45: Gleicht Ihr Vermögensaufbau einem Jenga-Hochhaus? Hoffentlich nicht.

Das Konzept der Robustheit

Robustheit ist das Gegenteil von Verletzbarkeit, Fragilität, Verwundbarkeit, Anfälligkeit. Also geht der Vorschlag dahin, dass Sie sich überlegen, wie Sie sich für den Fall eines Finanzcrashs robuster aufstellen und weniger verwundbar machen. Und zwar mit vertretbarem Aufwand, sowohl in geldlicher als auch zeitlicher Hinsicht. Die von Ihnen anzustrebende Robustheit kann sich sowohl auf Ihr Vermögen als auch Ihr Einkommen richten. Beim Einkommen sollten Sie dabei unterscheiden, ob es sich um Einkommen aus Vermögen (Dividenden, Miet- und Pachteinkünfte, Zinsen usw.) oder um Einkommen aus Ihrer Arbeitskraft handelt. Arbeitsfreies Einkommen (Renten, Pensionen etc.) sind als dritte mögliche Einkunftsart zu berücksichtigen.

Eine Vielzahl an ganz konkreten Empfehlungen und Ansatzpunkten zur Steigerung Ihrer finanziellen und materiellen Robustheit finden Sie in den Kapiteln 5 und 6 dieses Buches. Hier geht es erst einmal um den **Grundgedanken** und das **Konzept der Robustheit.**[210]

Die nachstehende Abbildung zeigt Ihnen zehn grundsätzliche Ansatzpunkte (ohne einen Anspruch auf Vollständigkeit zu erheben) für finanzielle Robustheit. Sie erkennen sofort, dass sich konstruktive Crashgedanken keineswegs allein auf Fragen der Vermögensanlage beschränken sollten, sondern über Vermögens- und auch Einkommenssicherung weit hinausgehen, denn Sie wollen auch angesichts möglicher Crashgefahren nachts ruhig schlafen.

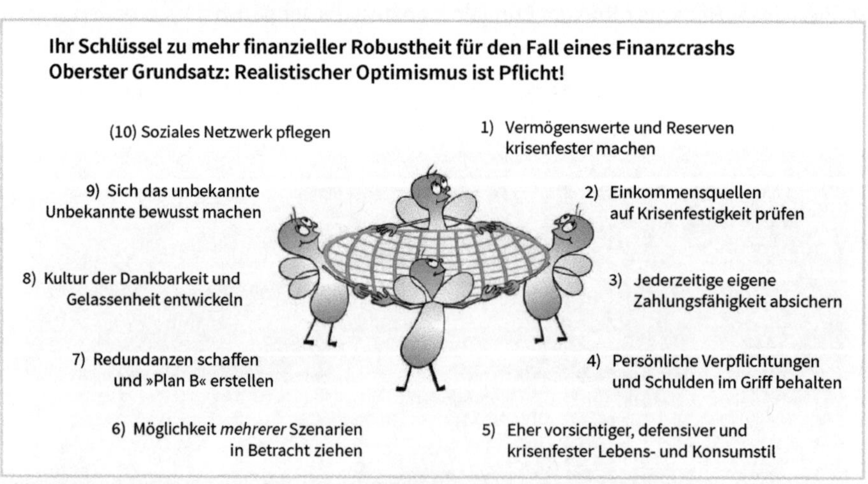

Abb. 46: Finanzielle Robustheit für den Fall eines Finanzcrashs

Konkret: Auf die **Punkte 1 bis 4** wird in Kapitel 5 sehr detailliert eingegangen – das sind die **rein finanziellen Aspekte**, sozusagen der Kernbereich der finanziellen und materiellen Robustheit.

Beim **Punkt 5** geht es um Ihre persönlichen Einstellungen, die Ihren **Lebens- und Konsumstil** prägen. Leben Sie bisher stets an der Grenze des Machbaren bzw. Finanzierbaren? Ist am Ende des Geldes häufig noch Monat übrig? Dann würde es im Krisenfall für Sie sehr schnell ungemütlich und ein zurückhaltender Konsumstil würde Ihnen – ehrlich gesagt – bereits jetzt schon guttun.

Punkt 6 bezieht sich auf unsere – sehr menschliche, aber trotzdem unzweckmäßige – Vorliebe, uns eine ganz konkrete Entwicklung bzw. ein ganz konkretes Szenario vorzustellen und uns gedanklich darauf vorzubereiten. Bitte bekämpfen Sie diesen inneren Wunsch an sich selbst und lassen Sie Gedanken an ganz unterschiedliche Szenarien (also **Ambiguität**) zu, auch wenn es unbequem ist und oftmals schwerfällt. Erst das Denken in Ambiguitäten, in verschiedenen Bildern und Szenarien, ermöglicht es Ihnen, einen realistischen »Plan B« für sich und Ihre Lieben zu erstellen.

Punkt 7: Hier sind Sie nun bei »Plan B«. Sie stellen sich die Frage, wie Sie **Abhängigkeiten reduzieren** können. Zum Beispiel die Abhängigkeit von einer einzigen – ggf. bedrohten – Einkommensquelle. Oder auch vom Funktionieren einer »auf Kante genähten« Finanzierung. **Redundanzen** und alternative Pläne sind immer gut für Sie und Ihre Robustheit. Vertiefende Beispiele hierzu finden Sie in Kapitel 5.11 und dem Schlagwort »**Realoptionen**«.

Punkt 8: Bitte nicht lächeln oder auslachen. Wenn Sie eine persönliche **Kultur der Dankbarkeit** entwickeln, wird niemand so stark davon profitieren wie Sie selbst. Lassen Sie sich Ihren **Seelenfrieden** nicht von Schwarzmalern und Crash-Propheten zerstören. Wenn man diesen Leuten Glauben schenken würde, hätten mehrere Generationen von unfähigen und korrupten Politikern uns seit Ende des Zweiten Weltkrieges schon lange ins Verderben geführt. Hmm, das ist mir jetzt gar nicht so aufgefallen… Sicherlich stehen wir vor großen Herausforderungen. Aber die gehen weit über Finanz- und Wirtschaftsprobleme hinaus und sind nicht per se unlösbar. Wenn wir für das, was wir haben, maximal dankbar sind und notfalls auch mit einem Stückchen Kuchen weniger zufrieden sein werden, dann dient das unserer seelischen Gesundheit und dem sozialen Frieden in unserer Gesellschaft.

Punkt 9: All unsere Sorgen und Gedanken beziehen sich ausnahmslos auf Probleme oder Bedrohungen, die wir uns vorstellen, also denken können. Dies sind bekannte Risiken, die auch als das »*bekannte* Unbekannte« bezeichnet werden. Die Geschichte zeigt jedoch, dass die schlimmsten Bedrohungen und Risiken nie vorhergesehen wurden – man konnte sie sich einfach nicht vorstellen. Also sollte uns stets bewusst sein, dass die übelsten Gefahren im ***»unbekannten Unbekannten«*** lauern. Der grundsätzliche Respekt hiervor bewahrt uns vor naivem Machbarkeitsglauben und allzu leichtfertigem Umgang mit unseren Lebensrisiken. Er fördert – bei allem grundsätzlichen

Optimismus – unsere Bereitschaft, stets an unserer Robustheit zu arbeiten und diese weiter zu verbessern.

Punkt 10 bezieht sich auf Ihr **soziales Netzwerk**, also die Pflege Ihrer zwischenmenschlichen Beziehungen und Kontakte. Wie vielen Menschen können Sie wirklich vertrauen und wie viele vertrauen Ihnen? Wen könnten Sie im Notfall um einen echten Freundschaftsdienst bitten und für wen sind Sie selbst ohne jedes Zögern bereit, einen solchen Freundschaftsdienst zu leisten? Vor ein paar Jahrhunderten und insbesondere in Krisenzeiten war den Menschen die Bedeutung ihrer sozialen Kontakte viel bewusster als heute. Das könnte bald wieder ganz anders werden. Und wer über ein intaktes soziales Netz verfügt und ebenso bereit ist, zu geben wie im Notfalle auch zu nehmen, der wird enorm an Robustheit gewinnen.

4.8 Strategie des geringsten Bedauerns als pragmatische Leitlinie

Die Strategie des geringsten Bedauerns ist in den Sozialwissenschaften, auch in Varianten als »Minimum-Regret-Regel« oder »Savage-Niehans-Regel«, bekannt. Die verschiedenen Erscheinungsformen können schnell recht komplex und unübersichtlich werden, daher wird hier nur der Grundgedanke vorgestellt.

Wenn Sie der **Strategie des geringsten Bedauerns** folgen, dann verhalten Sie sich so, dass Sie

- **(a)** entweder bei Eintritt des schlimmsten Szenarios noch mit dem kleinstmöglichen Schaden davonkommen oder
- **(b)** über alle bekannten Szenarien hinweg mit dem kleinsten durchschnittlichen Schaden (korrekter: kleinsten Erwartungswert des Schadens) davonkommen.

Der Leitgedanke »Strategie des geringsten Bedauerns« ist also eine höchst praktikable Richtschnur und Handlungsempfehlung für all jene, die nicht aktiv traden oder zocken wollen oder von der Hoffnung getrieben sind, durch einen Finanzcrash reich zu werden. Also letztlich für Menschen, die für sich selbst dem Gedanken der Robustheit folgen wollen.

Zwischen den Varianten (a) und (b) kann es bei konkreten Fragen sehr starke Abweichungen geben. Da in diesem Buch die These vertreten wird, dass sich ein Chaos nicht planen lässt und eben »alles passieren kann – auch das Gegenteil«, ist es naheliegend, dass sich die Empfehlungen an der Variante (b), also der **Minimierung des über alle bekannten Szenarien hinweg erwartbaren Schadens,** orientieren. Im folgenden Kapitel finden Sie konstruktive praktische Hinweise zur Umsetzung dieser Variante.

Dass einfache, kostengünstige und leicht umsetzbare Vorgehensweisen in Hinblick auf die Risikobegrenzung gegenüber besonders »innovativen« und komplexen oft überlegen sind, wird am nachfolgenden Beispiel deutlich: Im Jahr 2012 erläuterte ein Vermögensverwalter die von ihm selbstentwickelte Strategie der »Alternative Downside Protection«. Er berichtete, er habe für gut betuchte Kunden in großem Stil finanzmarktnotierte Anlagen, insbesondere Aktien und Anleihen, veräußert und dafür – finanzmarktfern – Wald erworben (hoffentlich nicht auf Kredit). Nach den jüngsten sehr trockenen Sommern plus Borkenkäferbefall erscheint die »Alternative Downside Protection-Strategie« mittlerweile in ganz anderem Lichte. Einfaches und preisgünstiges Diversifizieren wäre eindeutig besser und risikoärmer gewesen als ein teures und pseudo-innovatives Downside-Protection.

5 Ihr 12-Punkte-Plan für mehr Robustheit

Vorüberlegungen

Der angemessene konstruktive Umgang mit möglichen Crashgefahren kann je nach Alter, Beruf, Familienverhältnissen, der persönlichen Risikotoleranz und gegebenen (Vermögens-)Verhältnissen und Verpflichtungen sehr unterschiedlich aussehen. Trotzdem gibt es einige sehr wertvolle und **grundsätzlich gültige Regeln und Handlungsempfehlungen** – gegen die jedoch wahrscheinlich über 90 % der Bevölkerung unseres Landes verstoßen. Und sich damit in unnötiger Weise wirtschaftlichen Risiken und Nachteilen im Fall eines Euro-Crashs aussetzen. Dabei wäre es in den meisten Fällen für die betroffenen Bürger weder teuer noch aufwändig, eine gewisse Vorsorge gegen die schlimmsten Folgen eines Crashs zu treffen. Bildlich gesprochen ist für den größten Teil der Bürger eine preiswerte und schnelle »Schutzimpfung« machbar. Diese wirkt nicht gegen alles, vermindert jedoch die Risiken bereits beträchtlich und macht uns robuster gegen die Folgen eines möglichen Euro-Crashs.

Der nachstehend vorgestellte 12-Punkte-Plan ist eine solche »Schutzimpfung« für Ihr Vermögen und Ihr zukünftiges Einkommen. Dabei sind mit Einkommen nicht nur Kapital- oder Mieteinkünfte gemeint, sondern alle Einkunftsarten, also auch Ihr Einkommen aus selbstständiger, freiberuflicher Tätigkeit oder als Arbeitnehmer usw. Mit dem 12-Punkte-Plan können Sie, unabhängig von Ihrer aktuellen konkreten Faktenlage und Lebenssituation, bereits Ihre persönliche Robustheit für den Fall eines Währungscrashs erheblich steigern. Auf diese Überlegungen aufbauend werden im anschließenden folgenden Kapitel 6 anhand ganz spezifischer Lebenssituationen darüber hinausgehende individuelle Hinweise gegeben, von denen Sie die passenden unschwer auf Ihre eigene Lebenssituation übertragen können.

Und noch ein Hinweis: An verschiedenen Stellen finden Sie die nachfolgend abgebildete Kochmütze. Sie ist ein Symbol für eine ganz persönliche Empfehlung nach dem Motto:

I eat my own cooking!

Was ich hier empfehle oder ablehne, das mache ich selbst für mich und meine Familie ebenso. Man sagt ja, wenn der Koch mit am Tisch sitzt, muss man vor dem Essen nicht beten. Wenn Sie also im Folgenden die Kochmütze sehen, wissen Sie: Hier sitzt der Autor selbst mit am Tisch und isst, was er zuvor gekocht hat.

5.1 Diversifizieren Sie so breit wie möglich

Dass Diversifikation, also eine Streuung Ihrer Geldanlagen, ganz grundsätzlich vorteilhaft und vor allem risikosenkend wirkt, gilt als »no brainer«. Das hat sich also angeblich mittlerweile herumgesprochen und ist »theoretisch klar«. Trotzdem verstößt der ganz überwiegende Teil der Menschen gegen elementare Grundsätze der Risikostreuung. Und zwar zu einem geringen Teil aus Bequemlichkeit, zu einem erheblich höheren Teil jedoch aus einem falschen oder zumindest sehr unzweckmäßigen Verständnis von Sicherheit heraus. Dieses Verständnis führt dazu, dass faktisch riskante Anlagen als scheinbar sicher betrachtet und umgekehrt risikomindernde Anlagebausteine als zu riskant betrachtet und abgelehnt werden. Eine starke Behauptung? Hier kommt der Beweis.

Der Fels in der Brandung – ein starkes, aber falsches Bild!

Menschen folgen in ihrem Handeln Bildern und Geschichten. Je stärker ein Bild ist, desto stärker handlungsleitend wirkt dieses. Gute, positive Bilder und Metaphern führen uns so zu einfach genialen Entscheidungen. Jedoch gibt es auch falsche Bilder, die naheliegend, verführerisch und leicht verständlich sind, uns aber leider immer und immer wieder in die falsche Richtung weisen. Ein irreführendes Bild ist die Vorstellung vom Fels in der Brandung. Mit anderen Worten und dem Finanzbezug: das Bild vom **fixen Bezugspunkt für die schwankenden Vermögenspreise**, die auf den Wellen der Wertänderungen tanzen.

Abb. 47: Der Fels in der Brandung – ein starkes, aber falsches Bild!

Die **falsche Botschaft** dieses Bildes lautet: Wenn Ihnen eine Anlage den Rückerhalt eines festen Euro-Betrags in der Zukunft garantiert, dann ist diese Anlage sicher. Schwankt der zukünftige Euro-Betrag, dann ist sie unsicher.

Die **fatale falsche Schlussfolgerung** aus dem Bild lautet sodann: Alle Sachanlagen sind riskant und unsicher und auch Geldvermögen, welches auf andere Währungen als Euro lautet, ist riskant. Hingegen sind auf Euro lautende Geldforderungen (abgesehen vom Risiko des Zahlungsausfalls) sicher, also felsenfest. Der **Euro** wird durch diese Sichtweise **als fixer Bezugspunkt der Risikobewertung** gewählt, was im Ergebnis aber völlig falsch ist.

Die **zweckmäßigere Sichtweise** entspricht dem Bild eines Sportlers, der auf einem Surfbrett steht und nichts dagegen tun kann, dass das Auf und Ab der Wellen sein Board kräftig durchschüttelt und er keinen fixen Standpunkt hat. Jedoch besitzt der Surfer die Fähigkeit, diese Bewegungen auszubalancieren und mit unterschiedlichsten Wellen und »Schwankungen« zu leben. Wenn das Brett auf der einen Seite sinkt, dann hebt es sich auf der anderen Seite. So müssen zwar die beiden Füße des Surfers schwanken. Jedoch schwankt schon seine Hüfte erheblich weniger und der Kopf ist relativ ruhig.

Abb. 48: Das Bild eines Surfers als zweckmäßige Sichtweise

Lassen Sie uns das Bild auf die aktuelle Situation und Lebenswirklichkeit der meisten Bürger übertragen. Wir hätten gerne mit unserer Heimatwährung Euro einen festen und unverrückbaren Bezugspunkt, auf den wir alles beziehen können und auf dessen Basis wir Reserven, Vorsorge und Wohlstand berechnen können. Damit wäre also der Euro für uns das Maß aller Dinge. Wir bewerten somit alle Vermögenspositionen und andere Währungen stets von der unverrückbaren Basis unseres **Felsen Euro** aus, der **scheinbar** ein fixer und unveränderlicher Ankerpunkt ist. Was aber, wenn der Fels bröckelt oder einfach überspült wird?

Viel besser ist es, wenn wir die Wellen, also Schwankungen einzelner Geldanlagen, gelassen hinnehmen und einen großen Teil dieser Schwankungen durch Streuung – also **Risikoausgleich zwischen den Einzelanlagen** – ausgleichen können (im Bild oben die Füße). Und dabei einen ruhigen Kopf behalten. Mit diesem zweckmäßigen Bild werden Sie viel gelassener. Sie werden den Blick auf die wirklich bedrohlichen anstatt nur spektakulären Risiken richten (Kapitel 2.4) und an Robustheit gewinnen (vgl. Kapitel 4.7). Damit werden Sie im Falle eines Finanzcrashs vergleichsweise glimpflicher davonkommen!

DIE BEIDEN GRUNDLEGENDEN FEHLER DER EURO-FELS-IN-DER-BRANDUNG-SICHTWEISE

Menschen, die mit dem Bild »Fels in der Brandung« dem falschen Ziel »sicherer zukünftiger Vermögenserhalt in Euro« folgen, machen zwei schwerwiegende Fehler:

- **Erstens:** Sie halten zu viel Geldvermögen und zu wenig Sachvermögen.
- **Zweitens:** Sie streuen unzureichend zwischen den verschiedenen Sachanlageklassen, diversifizieren daher nicht oder zu wenig und tragen als Folge unnötig hohe finanzielle Risiken.

Fatale Paradoxie: **Gerade der (falsche) Versuch der Risikovermeidung vieler Bürger führt zu unnötig hohen Risiken.**

Relativität des Risikos verstehen

Geradezu zwangsläufig muss Sachvermögen immer einen schwankenden Wert und somit die »Gefahr« von Kurs- oder Wertverlusten haben, wenn man Risiko fälschlich so definiert, dass man den Wert aller Güter und Anlagen in einer Währung – also z. B. Euro – misst. Es lohnt sich jedoch, dieses weitverbreitete Verständnis zu hinterfragen. Warum sollte gerade die eigene Heimatwährung denn stets das Maß aller Dinge sein? Vor allem, wenn man bedenkt, dass man den Geldwert ja nicht direkt essen kann und wir unsere materiellen Bedürfnisse letztlich mit realen Gütern decken. Das Verständnis, alle **Werte in Währung** zu definieren und diese als »**Maß aller Dinge**« zu verstehen, erweist sich als besonders fatal, wenn die Heimatwährung, auf die sich alles Denken und Messen bezieht, durch Inflation, also Kaufkraftverlust, ihren Wert verliert. Noch schlimmer, wenn die Währung gegenüber anderen Währungen abwertet oder sogar völlig zusammenbricht.

DIE PROBLEMATIK DER MASSGUTWAHL VERSTEHEN

Jedes Kind hat schon einmal aufgeregt im Bahnhof gerufen: »Wir fahren, wir fahren« – jedoch war es der Nachbarzug, der fuhr, nicht der eigene. Wenn man auf dem Bahnsteig steht, ist die Sache klar: Das Kind irrt. Für ein Alien hoch oben ist die Frage, wer sich da bewegt und wer nicht, schon überhaupt nicht mehr so eindeutig. Oder noch kürzer: *»Wenn Chuck Norris Liegestütze macht, dann macht Chuck Norris natürlich keine Liegestütze. Sondern er drückt die Welt nach unten!«*[211] Das ist die Problematik mit der Maßgutwahl.[212] Es kommt darauf an, welchen Bezugspunkt Sie wählen. **Maßgut** ist dabei die Größe oder Einheit, für die wir uns entschieden haben, um einen Wert oder eine Veränderung zu messen oder zu bewerten. Das können nominelle Größen wie Euro oder US-Dollar sein. Das können aber auch reale Größen wie Gramm Gold, Zentner Kartoffeln, Liter Dornfelder Rotwein oder Tasse Milchkaffee sein (wobei ich die letzte Alternative eindeutig bevorzuge). Da unsere Entscheidung für ein bestimmtes Maßgut dabei stets subjektiv ist, muss auch das Risiko subjektiv sein. Wenn also der Dornfelder teurer wird und der Kaffee preiswerter, ist das für Sie als Weinliebhaber vielleicht ein Risiko (Verlust), aber für mich als Koffein-Junkie eine Chance (Gewinn) ...

Als Zwischenergebnis also die Empfehlung: Stellen Sie Ihr Bild von riskanten versus sicheren Geldanlagen kritisch in Frage. Hieraus ergibt sich wahrscheinlich auch eine neue Sicht, ob das Verhältnis Ihres Geldvermögens (inflations- und ausfallgefährdet) zu Ihrem Sachvermögen (inflationssicher) zweckmäßig ist (vgl. dazu Kapitel 5.2). Hinterfragen Sie, ob – bei aller Loyalität zu unserem Land und der Eurozone – das Messen Ihrer Reserven und die Bewertung von deren Wertentwicklungen stets und ausnahmslos in der »Einheit« Euro erfolgen sollte.

I eat my own cooking! – Machen Sie es wie ich!

Machen Sie es wie ich und hören Sie auf, stets nur in Euro zu denken. Der Euro ist nicht das Maß aller Dinge – insbesondere wenn die Inflation anzieht. Lassen Sie alternativ oder ergänzend noch andere Wertmaßstäbe = Maßgüter (wie US-Dollar, Feinunze Gold oder Tasse Espresso) zu. Damit erhalten Sie einen erheblich umfassenderen Blick auf mögliche Risiken Ihrer Geldanlage und Vorsorge. Sie werden dadurch mittel- und langfristig ruhiger – selbst wenn Sie im ersten Schritt erst einmal erschrecken, weil Sie plötzlich die Täuschung nur scheinbar sicherer Anlagen im Euro-Geldvermögen sowie die **Geldillusion** erkennen.

Ebenen der Diversifikation

Ein Gewinn an Robustheit durch konsequentere Diversifikation kann auf verschiedenen Ebenen erzielt werden, die einer hierarchischen Logik folgen und daher ganz nach dem Motto »das Wichtigste zuerst« auch von oben nach unten abgearbeitet werden sollten:

Oberste Ebene: Streuung zwischen Geld- und Sachvermögen

Im ersten Schritt sollten Sie vor dem Hintergrund Ihrer persönlichen Verhältnisse prüfen, welche Relation von Geldvermögen zu Sachvermögen in Hinblick auf eine möglichst große Robustheit Ihrer Vorsorge angebracht wäre. Dazu hilft Ihnen zunächst eine klare Unterscheidung zwischen diesen beiden Vermögenskategorien.

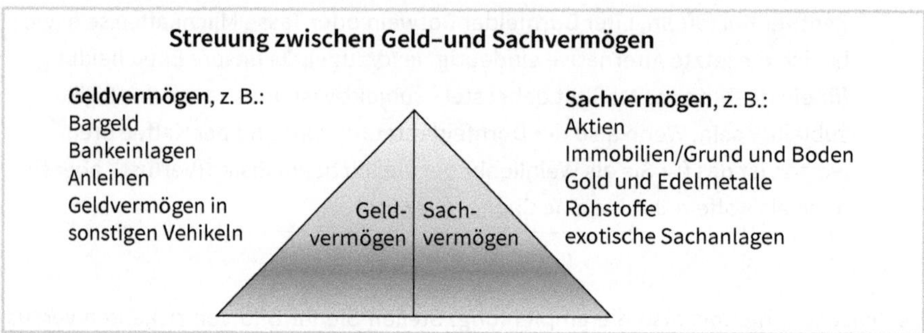

Abb. 49: Streuung zwischen Geld- und Sachvermögen

Die Abbildung symbolisiert ein ausgeglichenes Verhältnis zwischen Geld- und Sachvermögen. Je nach individueller Lebenssituation und der Einschätzung möglicher Crashgefahren kann jedoch eine abweichende Aufteilung – meist zugunsten höherer Sachvermögensanteile – geboten erscheinen.

UNTERSCHEIDUNG VON GELDVERMÖGEN UND SACHVERMÖGEN

Geldvermögen ist immer eine **Forderung** gegenüber einem Dritten und lautet stets auf eine klar definierte Währung – also zum Beispiel Euro. Beispiele für Geldvermögen sind Bargeld (also Münzen und Scheine), aber ebenso alle Formen von Bankeinlagen (Sicht-, Termin-, Spareinlagen) sowie als Wertpapiere verbriefte Geldforderungen (wie Anleihen, Schuldverschreibungen, Obligationen oder Banksparbriefe). Auch zahlreiche Anlagevehikel wie Bausparverträge, kapitalbildende Lebens- und Rentenversicherungen, Anlagezertifikate und viele weitere Produkte der Finanzdienstleistungsindustrie sind dem Geldvermögen zuzurechnen. Außerdem sollten Sie auch sonstige Zahlungsansprüche, wie z. B. Zahlungen aus der staatlichen Altersrente oder Pensionen, Riester- und Rürup-Verträgen sowie der betrieblichen Altersversorgung (bAV) dem Geldvermögen zurechnen.

Sachvermögen ist das Eigentum an Gegenständen, die als »geldwert«, man könnte auch sagen »werthaltig« oder »wertvoll«, betrachtet werden und somit als **Wertspeicher** dienen können. Der Wert von Sachvermögen muss jedoch stets in eine Bezugswährung – also zum Beispiel in Euro – umgerechnet werden. Daher kann und wird der Wert des Sachvermögens definitionsgemäß immer schwanken. Beispiele für Sachvermögen sind Aktien, Immobilien, Gold und andere Edelmetalle sowie Rohstoffe und zahlreiche exotische Anlagegegenstände (Oldtimer, Schmuck, Kunst, alter Rotwein, Whiskey …).

Die Bestimmung des für Ihre Situation geeigneten Verhältnisses von Geld- zu Sachvermögen ist von grundlegender Bedeutung. Fachleute zählen diesen Prozess daher auch zur **»strategischen Vermögensallokation« (asset allocation).** Wenn Sie hier einen erheblichen Fehler machen und zum Beispiel ausschließlich auf Geldvermögen setzen, stehen Sie im Falle eines Finanzcrashs sehr verwundbar dar. Selbst die ausgefeilteste Diversifikation auf den nachfolgenden Ebenen hilft Ihnen dann nichts mehr. Aus diesem Grund finden Sie konkrete Hilfen zur Erfassung Ihrer aktuellen Vermögenszusammensetzung sowie dessen Beeinflussung im nachstehenden Kapitel 5.2.

Zweitoberste Ebene: Streuung zwischen verschiedenen Anlageklassen

Diese Überlegung erfolgt logisch nach der Aufteilung zwischen Geld- und Sachvermögen und wird folglich in einem Schritt für die Anlageklassen des Geldvermögens und in einem weiteren Schritt für die Anlageklassen des Sachvermögens durchgeführt. Die nachstehende Abbildung zeigt Ihnen die wichtigsten Möglichkeiten zur Streuung auf Ebene der Anlageklassen – getrennt nach Sachvermögen und Geldvermögen.

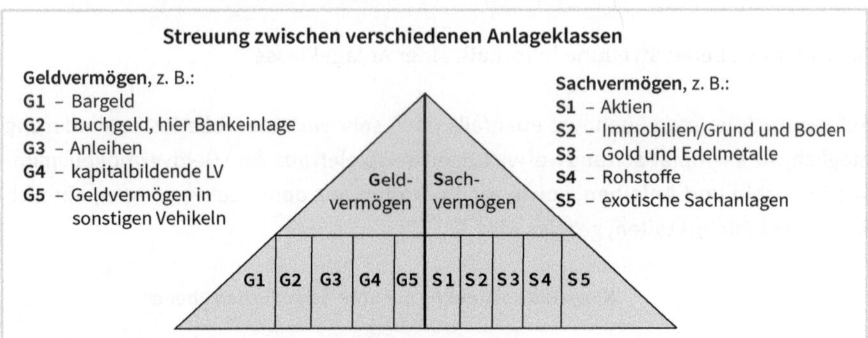

Abb. 50: Streuung zwischen verschiedenen Anlageklassen

Ohne auf unterschiedliche Expertenempfehlungen über angeblich »optimale« Gewichtungen von einzelnen Anlageklassen einzugehen, können Sie mit wenigen einfachen Grundsätzen Ihre Robustheit erheblich steigern:

1. Prinzipiell ist das Einbeziehen jeder Anlageklasse eine Überlegung wert, denn die Wertschwankungen zwischen den Anlageklassen sind nicht vollständig gleichgerichtet (also nicht hundertprozentig positiv korreliert). Die Hinzunahme jeder weiteren Anlageklasse bietet somit also erst einmal die Chance, Ihr Gesamtrisiko zu senken.

2. Trotzdem kann es sein, dass Sie aus Gründen der Bequemlichkeit oder aus Kostengründen eine Anlageklasse meiden. Beispielsweise könnte dies auf die Anlageklasse Rohstoffe zutreffen, die Sie einfach durch Gold bzw. Edelmetalle mit abbilden. Oder auch für die Gruppe der exotischen Sachanlangen, die Ihnen vielleicht aus gutem Grund als zu umständlich, intransparent oder illiquide erscheinen. Solche Überlegungen sind auf alle Fälle berechtigt und zu berücksichtigen.
3. In manche Anlageklassen können Sie auch gar nicht oder nur schwer investieren, ohne dafür Anlagevehikel (also Umverpackungen) zu nutzen. Solche Anlagevehikel bewirken jedoch nicht nur Kosten, sondern können eigenständige Risiken verursachen (vgl. Kapitel 5.7). Können Sie im Rahmen Ihrer finanziellen Möglichkeiten keine kosten- und risikoarmen Vehikel für eine Anlageklasse finden, so werden Sie wahrscheinlich die entsprechende Anlageklasse nicht nutzen. Auch das ist richtig.
4. Schließlich sollten Sie Ihre persönlichen Werte und Wünsche nicht vorschnell dem Leitgedanken der Risikostreuung opfern. Ist Ihr Anteil an Immobilienbesitz aktuell zu hoch, leben Sie jedoch in dieser Immobilie und fühlen sich rundum wohl darin, so darf man Ihre Ist-Situation nur dann kritisch bewerten, wenn Sie hochgradig verschuldet sind und eine krisengefährdete Einkommenssituation haben. Die von Crash-Propheten pauschal gegebene Empfehlung »Veräußern Sie sofort Ihre Immobilie, denn Sie werden nach dem Crash erheblich weniger dafür bekommen«, halte ich für verantwortungslos und reinen Aktionismus.

Drittoberste Ebene: Streuung innerhalb einer Anlageklasse

Auf der drittobersten Ebene ist ebenfalls noch sehr wirkungsvolle Risikominderung möglich, die exemplarisch an zwei wichtigen Beispielen aus dem Geldvermögen, nämlich **Buchgeld und Anleihen,** sowie zwei weiteren aus dem Sachvermögen, nämlich **Aktien und Edelmetallen,** gezeigt wird.

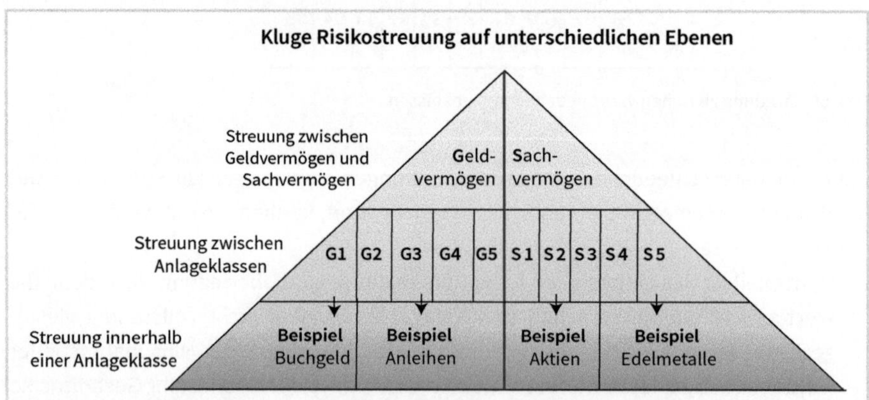

Abb. 51: Streuung innerhalb einer Anlageklasse

Die **Diversifikation bei Anlagen in Buchgeld** kann ganz einfach durch Kontoführung bei unterschiedlichen Kreditinstituten erfolgen. Dies ist aus Gründen der Einlagensicherung spätestens dann geboten, wenn Ihr gesamter Anlagebetrag über 100.000 Euro liegt.[213]

Für die Diversifikation bei Anlagen in **Anleihen** bietet sich die **Streuung auf unterschiedliche Schuldner** an, die hoffentlich nicht alle gleichzeitig insolvent werden. Erheblich wirkungsvoller ist jedoch die in den Kapiteln 5.5 und 5.6 näher erläuterte **gleichzeitige Diversifikation über mehrere Emittenten und mehrere Währungen,** wodurch sich auch gleich das Klumpenrisiko einer ausschließlichen Euro-Anlage verringern lässt.

Diversifikation bei Anlagen in **Aktien:** Ein hoher Anteil der Aktiendepots deutscher Bürger enthält lediglich einen einzigen Aktienwert, nämlich die **Aktie des Arbeitgebers.** Oftmals ist es nämlich so, dass die Arbeitnehmer vergünstigte Mitarbeiteraktien erhalten, die sie dann selbst nach Auslaufen der Sperrfrist im Depot belassen. Hiermit bauen sie ein **doppeltes Klumpenrisiko** auf. Denn sie kumulieren erstens das Risiko des Arbeitsplatzverlustes mit dem Anlagerisiko und zweitens setzen sie bei der Aktienanlage unnötig alles auf eine Karte, obwohl es heutzutage sehr preiswerte und transparente Vehikel zur Streuung über tausende Aktienwerte gibt.

Die nachstehende Tabelle stellt den maximalen Wertverlust einer einzelnen Aktie (schlecht) gegenüber einer engen (immer noch schlecht) oder möglichst breiten (gut) Diversifikation von Aktienanlagen in der letzten Finanzkrise gegenüber.

Ausgewählte Kursverluste in einem schlimmen Krisenjahr (Beispiel Finanzkrise 2008, Kursverlust im Jahresverlauf)

Bezeichnung der Position	Anzahl Einzeltitel	Kursverlust
Infineon – damals schlechtester Einzelwert im DAX	1	- 88 %
DAX 30 Performance-Index (siehe hierzu Endnote 214)	30	- 40 %
MSCI-World-Index	ca. 1.680	- 32 %

Tab. 3: Ausgewählte Kursverluste im Krisenjahr 2008

Das obige Beispiel ist rein explorativ, d. h., nicht als allgemeingültiger Beweis nach streng wissenschaftlichen Maßstäben geeignet. Jedoch soll es als **grundsätzlicher Hinweis auf zwei Zusammenhänge** genügen.

- **Erstens:** Durch Streuung (Diversifikation) innerhalb einer Anlageklasse (hier Aktien) lässt sich die Stärke der Auswirkung von Risiken auf Ihr Gesamtvermögen (Portfolio) noch weiter senken.

- **Zweitens:** Dabei nimmt der Nutzen von Streuung meist mit der Anzahl der Einzelpositionen ab, er entwickelt sich also **degressiv**. In der Tabelle oben bedeutete eine Streuung in 30 DAX-Werte[214] keine Minderung des Risikos um den Faktor 30, aber immerhin um den Faktor 2 (statt – 88 % nunmehr – 40 %).

Und schließlich ein Beispiel für eine **Streuung innerhalb der Anlageklasse Edelmetalle:** Hier könnten Sie neben **Gold** noch **Silber** oder Edelmetalle der **Platin-Gruppe** (Platin, Ruthenium, Rhodium, Palladium, Osmium, Iridium) einbeziehen. Ob und wie weit diese zusätzliche Diversifikation sinnvoll ist, hängt wiederum von Ihrer Bequemlichkeit sowie den Kosten eventuell verwendeter Vehikel ab. Bei physischem Edelmetallerwerb ist zu bedenken, dass Sie **nur Gold vollkommen mehrwertsteuerfrei** kaufen können.

GANZ TRAURIGES MISSVERSTÄNDNIS – SO BITTE NICHT

Nach einem Vortrag spricht mich strahlend ein Zuhörer an, bedankt sich für die erhaltenen Anregungen und freut sich darüber, dass er offenbar alles richtig gemacht habe, da er echt gut streue. Obwohl er sich – so seine Einlassung – auf Anlagen im Geldvermögen konzentriere. Auf meine Nachfrage ergab sich, dass seine Reserven in drei verschiedenen Lebensversicherungen und zwei Bausparverträgen steckten. Autsch, alles Geldvermögen, alles inflationsgefährdet und alles ausfallgefährdet. So war das mit dem Diversifizieren nicht gemeint!

I eat my own cooking! – Machen Sie es wie ich!

Diversifikation ist eine scheinbar primitive, jedoch äußerst wirkungsvolle Strategie zur Erhöhung Ihrer Robustheit – nicht nur für den Fall eines Finanzcrashs, sondern überhaupt. Nutzen Sie diese. Es ist sinnvoll, der hierarchischen Logik der Vermögensallokation beim Diversifizieren zu folgen, also zunächst zwischen Geld- und Sachvermögen, dann zwischen unterschiedlichen Anlageklassen und im letzten Schritt innerhalb von Einzelanlagen jeder Anlageklasse zu diversifizieren.

Die Streuung auf Ebene der Anlagevehikel ist nicht völlig sinnlos (sie kann das Insolvenzrisiko hinsichtlich der Vertragspartner verringern). Ohne Diversifikation auf den höheren Ebenen ist sie jedoch völlig unzureichend. Es besteht insbesondere die Gefahr, dass Sie in unterschiedlichen Verpackungen trotzdem risikogleiche Inhalte halten. Sie haben sich ja auch nicht bereits ausgewogen ernährt, nur weil Sie Schokolade von unterschiedlichen Herstellern essen.

5.2 Balancieren Sie Geld- und Sachvermögensanteile Ihrer Reserven gut aus

In einer Welt überbordender Schulden ist es keine gute Idee, ein Gläubiger zu sein.

Die 3,2 Billionen-Euro-Frage

Sie kennen wahrscheinlich die 250.000-Euro-Frage, die 500.000-Euro-Frage und auch die 1.000.000-Euro-Frage aus der beliebten Quiz-Show »Wer wird Millionär?« Aber haben Sie sich schon einmal die 3,2 Billionen-Euro-Frage gestellt?

3,2 Billionen Euro sind eine Zahl mit 12 Stellen hinter der 3, das sieht dann so aus:

3.200.000.000.000 Euro

Und das ist nach der monatlich aktualisierten Statistik der Deutschen Bundesbank nur der **Teil des Geldvolumens**, den die privaten Haushalte Stand Ende 2022 als weitgehend unverzinsliche Liquidität auf unterschiedlichen Einlagekonten bzw. in festverzinslichen Wertpapieren und »Sonstigen« halten.

Eine vollständige Übersicht der Struktur des Geldvermögens der Deutschen finden Sie in der nachfolgenden Abbildung.

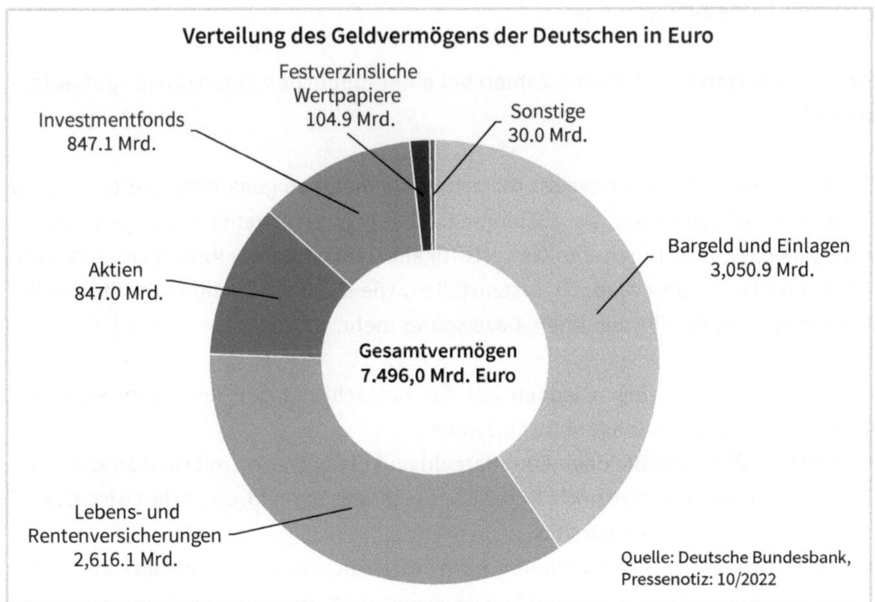

Abb. 52: Die Verteilung des Geldvermögens der Deutschen

Nicht in der Darstellung enthalten ist das **Sachvermögen der Deutschen** in Höhe von rund 9,5 Billionen Euro, welches zu knapp 2/3 aus Wohn- und Industriebauten sowie knapp 1/3 aus Grund und Boden besteht. Beim restlichen Sachvermögen handelt es sich nur noch um vergleichsweise geringe Positionen. Geld- und Sachvermögen zusammen ergeben das Gesamtvermögen der Deutschen, welches Ende 2022 übrigens bei ca. 17 Billionen Euro lag.

Bei näherer Betrachtung **des Geldvermögens** sehen Sie, dass zu den gerade erläuterten 3.050,9 Mrd. (= rund 3 Billionen) Euro der Position »Bargeld und Einlagen« noch 2.616,1 Mrd. Euro Forderungen aus Lebens- und Rentenversicherungen sowie Festverzinsliche Wertpapiere in Höhe von 104,9 Mrd. Euro hinzukommen. **Bitte beachten Sie:** Nur hinter dem überschaubaren Aktienvermögen der Deutschen (847,0 Mrd. Euro) und ca. einem Drittel Aktien und Immobilien in Investmentfonds (847,1 Mrd. Euro) stecken inflationssichere Sachwerte (vgl. Unterscheidung Geld- und Sachvermögen in Kapitel 5.2).[215]

Zusammengefasst: Nehmen Sie das von der Deutschen Bundesbank ausgewiesene Geldvermögen von 7.496,0 Mrd. Euro und ziehen davon die Aktien mit 847,0 Mrd. Euro sowie den Sachwertanteil der Investmentfonds (1/3 von 847,1 Mrd., also 282,4 Mrd. Euro) ab, so verbleibt ein prinzipiell inflations- und durch Zahlungsausfälle gefährdetes Geldvermögen von 6.366,6 Mrd. Euro, gerundet 6,4 Billionen Euro. Bei diesem Betrag handelt es sich also um die Summe aller Geldforderungen der Deutschen, wovon der ganz überwiegende Anteil auf Euro lautet.

Sind die Deutschen mit diesen Zahlen bei einer möglichen Finanzkrise »gut aufgestellt«?

Zunächst sollte man sich bewusst machen, dass die oben genannten Werte nur eine Gesamtbetrachtung über die Zusammensetzung verschiedener Vermögensformen ermöglichen. Es sind Durchschnittswerte für alle Deutschen. Für Ihre eigene ganz konkrete Umsetzung gilt es jedoch, festzustellen, wie die individuellen Verhältnisse bei Ihnen bzw. Ihrer Familie aussehen. Dazu später mehr.

Abgesehen davon springen jedoch bei der Betrachtung der Vermögenswerte der Deutschen zwei heikle Dinge sofort ins Auge:

- **Erstens:** Über 3,05 Billionen Euro Bargeld und Einlagen sind mit rund 18 % des Gesamtvermögens viel zu hoch. Dabei ist es nicht das Bargeld, das zu hoch ist. Es sind die **Einlagen**, die **zu hoch** sind.
- **Zweitens:** Die rund 6,4 Billionen Euro **inflations- und zahlungsausfallgefährdetes Geldvermögen** sind mit fast 38 % des Gesamtvermögens ebenfalls viel **zu hoch**.

Beide Prozentwerte weisen darauf hin, dass die Deutschen erhebliche Vermögensreserven besitzen, die gleich durch zwei Erscheinungsformen des **deep risk** bedroht sind, die im Falle eines Finanzcrashs regelmäßig auftreten: nämlich **Zahlungsausfall bzw. Insolvenz** sowie **Inflation.**

Kurzum: Im Durchschnitt verfügen deutsche Bürger ganz eindeutig über zu viel (inflations- und ausfallgefährdetes) Geldvermögen im Verhältnis zu dem von diesen Risiken nicht betroffenen Sach- bzw. Realvermögen. In vielen Einzelfällen ist dieses Verhältnis sogar noch ungünstiger. Gerade bei weniger vermögenden Menschen, die oftmals über kein Immobilieneigentum verfügen, dominieren die Geldvermögensanteile in den Reserven und liegen oftmals über 90 % und sogar bei knapp unter 100 %. Da Wohnimmobilien einen zentralen Anker des Sachvermögens darstellen, trägt auch die geringe Wohneigentumsquote deutscher Haushalte dazu bei, die geschilderte Problematik z. B. im Vergleich zu den Südstaaten Italien und Spanien zu verschärfen.

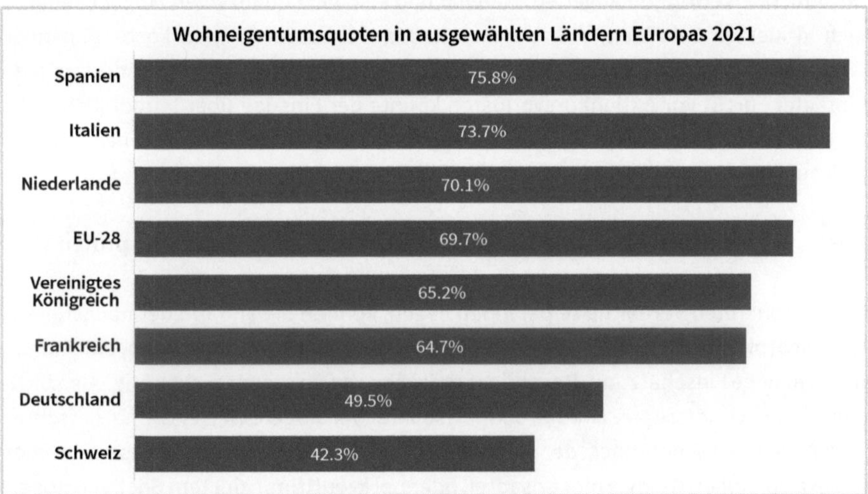

Abb. 53: Wohneigentumsquoten in ausgewählten Ländern Europas 2021 (Quelle: https://de.statista.com/statistik/daten/studie/155734/umfrage/wohneigentumsquoten-in-europa/)

Der oben nachgewiesene hohe Anteil des Geldvermögens der Deutschen am Gesamtvermögen wäre bereits in wirtschaftlich ruhigen Zeiten unvorteilhaft. Im Falle eines möglichen Euro-Crashs führt der hohe Geldvermögensanteil jedoch zusätzlich zu einer – eigentlich völlig unnötigen – **Risikokonzentration.** Sowohl die Folgen hoher Inflationsraten als auch Schwierigkeiten von Banken und Versicherern sowie ein Zusammenbruch der Binnenwährung ließen sich mit einem höheren Sachvermögensanteil erheblich abmildern.

Kurioserweise hat der frühere EZB-Chef Mario Draghi den Deutschen schon vor Jahren den Rat gegeben, ihre **Geldvermögensanteile abzubauen** und dafür **stärker in**

Sachvermögen zu investieren. Jedoch tun sich bis heute die meisten Bürger schwer damit, Draghis Rat anzunehmen, da sie die (Sach-)Vermögenspreise schon damals als zu hoch empfanden – obwohl diese seither noch weiter enorm angestiegen sind. Heute wissen wir, dass ein höherer Anteil von Sachvermögen bzw. eine stärkere Umschichtung ins Sachvermögen die bessere Entscheidung gewesen wäre. Auch wenn es beim aktuellen Vermögenspreisniveau manchem wehtut, sollten Menschen mit ganz überwiegendem Anteil an Geldvermögen eine Korrektur ihrer Vermögensstruktur vornehmen. Dies sollte zwar nicht hektisch, aber doch zeitnah erfolgen. Gerade weil wir nicht in die Zukunft sehen können, ist die Beobachtung, dass die Vermögenspreise seit der Jahrtausendwende bereits kräftig gestiegen sind, überhaupt kein Hinweis darauf, dass sie nicht noch weiter steigen werden. Also ist auch hier die (in Kapitel 4.8 näher erläuterte) Strategie des geringsten Bedauerns empfehlenswert.

Gemäß dieser Strategie sollten Haushalte mit hohem Geldvermögensanteil den **Aufbau von Sachvermögen** angehen. Maßvoll und – je nach finanziellen Möglichkeiten – auch in kleinen Schritten, z. B. durch Nutzung transparenter und kostengünstiger Vehikel wie Aktien-ETFs mit möglichst breiter Streuung. Bürgern mit besonders ausgeprägter Furcht vor Aktienkursverlusten könnte der Einstieg über Immobilien-ETFs oder ETFs auf konsumnahe Branchen (»*gegessen und getrunken wird immer*«) in Hinblick auf ihre Anlegerpsychologie leichter fallen.

Umsetzungsschritt 1: Geld- und Sachvermögensanteile Ihrer Reserven prüfen

Wie die konkreten Verhältnisse bei Ihnen liegen, können Sie anhand der nachstehenden **Privatbilanz** feststellen. Es geht lediglich um grobe Verhältnisgrößen, eine kurze, überschlägige Einschätzung. Besondere Präzision ist überhaupt nicht nötig. Also bitte keine Scheu vor dieser raschen Grobanalyse Ihrer Vermögenswerte. Oftmals erschrecken Anwender schon nach der ersten ansatzweisen Sichtung ihrer Reserven über den extrem hohen Geldvermögensanteil oder bei **kreditfinanziertem Sachvermögen** über exakt das Gegenteil, nämlich der Dominanz von Sachvermögen bei gleichzeitigen Netto-Geldschulden. Ein Anschauungsbeispiel einer Privatbilanz finden Sie nachstehend.

Die Logik der Privatbilanz ist einfach zu verstehen: Die **linke** Seite erfasst alles, was Ihnen gehört – und zwar eben getrennt nach Geld- und Sachvermögen –, und bildet zusammen die Summe Mittelbindung = Vermögen. Die **rechte** Seite führt zunächst einmal alle möglichen Arten von Schulden oder Verpflichtungen auf. Diese werden zusammengezählt und bilden die Summe Fremdkapital. Aus der Differenz zwischen Vermögen und Fremdkapital ergibt sich Ihr **freies Eigenkapital** (auch Nettovermögen genannt). Diese Größe ist hoffentlich deutlich positiv – wenn sie kleiner als Null ist, wären Sie überschuldet.

Privatbilanz (HURTIG)

AKTIVA = Da ist Ihr Geld gebunden				PASSIVA = Da kommen Ihre Mittel her			
Kurzfristiges Geldvermögen		**67.000 €**	10,40%	**Kurzfristige Verbindlichkeiten**		**13.000 €**	2,02%
Barreserve	inflationsgefährdet	10.000 €		Dispositionskredit	inflationsgefährdet	0 €	
Sichteinlagen		18.000 €		Kreditkartenkonto		1.000 €	
Termineinlagen		34.000 €		Konsumentenkredit			
Spareinlagen		0 €		Leasing (KFZ)		12.000 €	
Geldmarktkonten		0 €		Privatkredit			
Sonstiges		5.000 €		Sonstiges		0 €	
Mittel- und langfristiges Geldvermögen		**80.000 €**	12,41%	**Langfristige Verbindlichkeiten**			
Spareinlagen mit vereinb. Kündigung	inflationsgefährdet	0 €		Hypothekendarlehen	inflationssicher	0 €	
Bundesanleihen		10.000 €		Bauspardarlehen		0 €	
Geschäftsanteile		0 €		...			
Bausparverträge [aktuelles Guthaben]		18.000 €		...			
Lebensversicherung(en) [Rückkaufswerte]		52.000 €		...			
...							
...							
Kapitalisierte Renten- und sonstige Forderungen		**467.000 €**	72,46%	**Kapitalisierte Verpflichtungen**			
Barwert Altersrente	i.gefähr	347.000 €		Unterhaltsleistungen	i.sicher	0 €	
Barwert betriebliche Altersversorgung		120.000 €		...			
Konsum- /Sachvermögen		**29.000 €**	4,50%	**Summe Fremdkapital**		**13.000 €**	2,02%
Immobilien [eigengenutzt]	inflationssicher	0 €					
Kunst		0 €					
Schmuck		20.000 €					
Sonstige Wertgegenstände		9.000 €					
Sachvermögen ohne Konsumnutzung		**1.500 €**	0,23%	**Freies Eigenkapital (also Ihre Reserve)**		**631.500 €**	97,98%
Immobilie I [vermietet]	inflationssicher	0 €		**Informatorisch:**			
Immobilie II [vermietet]		0 €		Eigenkapital ohne			
Aktiendepot I		0 €		Barwerte Renten:		**164.500 €**	
Aktiendepot II		0 €					
Garten [verpachtet]		0 €		Eigenkapital mit			
Goldmünzen		1.500 €		Barwerte Renten:			
Summe Mittelbindung = Vermögen		**644.500 €**	**100,00%**	**Summe Mittelherkunft = Schulden und Eig**		**644.500 €**	**100,00%**

Abb. 54: Beispiel 1 einer Privatbilanz – Frau Hurtig

Gehen Sie einfach Position für Position durch, nutzen Sie die Privatbilanz als Checkliste und geben Sie einfach grob geschätzt Ihre Werte ein. Besondere Beachtung verdienen die beiden Zeilen »Barwert Altersrente« und »Barwert betriebliche Altersversorgung (bAV)«. Auf deren Errechnung gehe ich später noch ein. Hier erst einmal die Interpretation zweier Beispiele:

Die obigen Echtdaten stammen von **Frau Hurtig**, einer alleinlebenden 58-Jährigen, die zu Miete wohnt und deren Bilanz ganz eindeutig einen **zu hohen Geldvermögensanteil** aufweist. Der Sachvermögensanteil von Frau Hurtig liegt bei unter 5%. Neben der gesetzlichen Rente und der bAV, die zwangsläufig Geldforderungen sind, stecken auch die sonstigen Reserven von Frau Hurtig im Geldvermögen.

Als Gegenbeispiel wurde Herr Frisch, 67 Jahre alt und im Ruhestand, der Einfachheit halber ebenfalls Single, jedoch im eigenen Reihenhaus auf dem Lande lebend, gewählt. Seine Privatbilanz sieht wie folgt aus:

Privatbilanz (FRISCH)

AKTIVA = Da ist Ihr Geld gebunden				PASSIVA = Da kommen Ihre Mittel her			
Kurzfristiges Geldvermögen		**13.000 €**	**1,98%**	**Kurzfristige Verbindlichkeiten**		**500 €**	**0,08%**
Barreserve	inflationsgefährdet	2.000 €		Dispositionskredit	inflationsgefährdet	0 €	
Sichteinlagen		4.000 €		Kreditkartenkonto		500 €	
Termineinlagen		0 €		Konsumentenkredit			
Spareinlagen		5.000 €		Leasing (KFZ)		0 €	
Geldmarktkonten		0 €		Privatkredit			
Sonstiges		2.000 €		Sonstiges		0 €	
Mittel- und langfristiges Geldvermögen				**Langfristige Verbindlichkeiten**			
Spareinlagen mit vereinb. Kündigung	inflationsgefährdet	0 €		Hypothekendarlehen	inflationssicher	0 €	
Bundesanleihen		0 €		Bauspardarlehen		0 €	
Geschäftsanteile		0 €		...			
Bausparverträge [aktuelles Guthaben]		0 €		...			
Lebensversicherung(en) [Rückkaufswerte]		0 €		...			
...							
...							
Kapitalisierte Renten- und sonstige Forderungen		**194.000 €**	**29,53%**	**Kapitalisierte Verpflichtungen**			
Barwert Altersrente	I.gefährdet	194.000 €		Unterhaltsleistungen	i.sicher	0 €	
Barwert betriebliche Altersversorgung		0 €		...			
Konsum-/Sachvermögen		**180.000 €**	**27,40%**	**Summe Fremdkapital**		**500 €**	**0,08%**
Immobilien [eigengenutzt]	inflationssicher	180.000 €					
Kunst		0 €					
Schmuck		0 €					
Sonstige Wertgegenstände		0 €					
Sachvermögen ohne Konsumnutzung		**270.000 €**	**41,10%**	**Freies Eigenkapital (also Ihre Reserve)**		**656.500 €**	**99,92%**
Immobilie I [vermietet]	inflationssicher	120.000 €		**Informatorisch:**			
Immobilie II [vermietet]		150.000 €		Eigenkapital ohne			
Aktiendepot I		0 €		Barwerte Renten:		**462.500 €**	
Aktiendepot II		0 €					
Garten [verpachtet]		0 €		Eigenkapital mit			
Goldmünzen		0 €		Barwerte Renten:			
Summe Mittelbindung = Vermögen		**657.000 €**	**100,00%**	**Summe Mittelherkunft = Schulden und Eige**		**657.000 €**	**100,00%**

Abb. 55: Beispiel 2 einer Privatbilanz – Herr Frisch

Es fällt auf, dass **Herr Frisch** – abgesehen von seinen überschaubaren Rentenansprüchen – nur über **geringes Geldvermögen** verfügt, welches gerade mal ca. 2 % seines Gesamtvermögens ausmacht. Selbst unter Einbeziehung seiner Renten liegt sein Geldvermögensanteil bei nur rund einem Drittel seines Gesamtvermögens.

Exkurs: Überschlagsrechnung für die Barwerte von Renten

Für die Barwerte Ihrer Altersrente (egal welcher Quelle) finden Sie grobe Näherungswerte, indem Sie die **zu erwartende Monatsrente** (z. B. gemäß Rentenauskunft) **auf das Jahr umrechnen** und dann **mit einer fiktiven Rentenbezugsdauer multiplizieren** (Pessimisten z. B. 16 Jahre, Optimisten z. B. 28 Jahre). Vom errechneten Euro-Betrag werden **90 % als Barwert zum Zeitpunkt des Renteneintritts** angenommen (die 10 % Abzug sind eine pauschale Minderung für mögliche Zinseffekte während der Rentenzeit, auch wenn wir aktuell keine Zinsen haben). Und wenn Sie noch nicht direkt vor oder in der Rente stehen, dann ziehen Sie sicherheitshalber aus dem gleichen Grund nochmals **pro Jahr bis zum Renteneintritt 2 %** vom Ergebnis ab. Wenn Sie die Prozentwerte für die Abzüge angesichts veränderter Zinssätze und Inflationsraten für nicht angemessen halten, steht es Ihnen völlig frei, geringere oder – viel wahrscheinlicher – höhere prozentuale Abschläge anzusetzen.

- **Rechenbeispiel 1:**
  Frau Hurtig, die sportliche 58-Jährige aus obigem Beispiel, darf in neun Jahren eine monatliche gesetzliche Rentenzahlung von 1.400 Euro erwarten, also jährlich 16.800 Euro. Multipliziert sie diese mit der optimistischen Bezugsdauer von 28 Jahren, errechnet sie 470.400 Euro * 90 %, also ca. 423.000 Euro – bezogen auf den Zeitpunkt ihres Renteneintritts. Für die neun Jahre bis zum Renteneintritt zieht sie nochmals 18 % ab, sie multipliziert also die 423.000 Euro mit dem Faktor 0,82 (100 % – 18 % = 82 %, also Faktor 0,82) und kommt auf rund 347.000 Euro. Diesen Betrag finden Sie in der entsprechenden Zeile »Barwert Altersrente« des ersten Beispiels wieder.
- **Rechenbeispiel 2:**
  Herr Frisch, 67 Jahre alt und bereits Rentenempfänger, erhält eine monatliche Altersrente von 984 Euro, also jährlich gerundet 12.000 Euro. Er ist zuversichtlich, diese noch 18 Jahre lang zu beziehen und errechnet also einen Barwert von 12.000 Euro * 18 * 0,9 = rund 194.000 Euro – ebenfalls in der Zeile »Barwert Altersrente« ablesbar.

Die obigen Schätzrechnungen sind sehr grob und keineswegs verbindlich oder »wissenschaftlich sauber«, sondern eher »Pi mal Daumen«. Das sollte aber wenig stören, da es hier nicht um Präzision geht und es bei der Entwicklung der Zahlen sicher ohnehin einige Unsicherheiten gibt. Vielmehr geht es darum zu erkennen, dass Ihre **Renten- und Betriebsrentenansprüche Teil des Geldvermögens** sind und wahrscheinlich einen nicht unerheblichen Teil zukünftiger Einkünfte darstellen. Das sollten Sie nicht übersehen. Gleiches gilt für den Fall, dass Sie Renten aus privaten Lebens- oder Rentenversicherungen erwarten. Sollten Sie aus Privatrentenversicherungen zwischen Verrentung und Kapitalabfindung (Ablaufleistung, Einmalzahlung) wählen dürfen, ist regelmäßig die Kapitalabfindung vorteilhafter. In diesem Fall tragen Sie den korrigierten Auszahlungsbetrag (Auszahlungsbetrag minus 2 % pro Jahr bis zum Erhalt) in das Feld »Barwert Altersrente« ein.

Somit haben Sie einen groben Überblick Ihrer Vermögenszusammensetzung und Ihres freien Eigenkapitals, ob mit oder ohne die überschlägig geschätzten Barwerte der Renten. Wenn Sie sich vertieft mit Ihrer Privatbilanz beschäftigen wollen, hilft Ihnen die in der Endnote genannte Quelle weiter, über die Sie auch eine bequeme EXCEL-Datei für die automatische Errechnung erhalten.[216]

Umsetzungsschritt 2: Geld- und Sachvermögensanteile Ihrer Reserven anpassen

Nachdem Sie durch Ihre Privatbilanz ein Gefühl für die relativen Anteile von Geld- und Sachvermögen Ihrer Reserven erhalten haben, gibt es nun drei Möglichkeiten.

- **Erstens:** Sie sind mit dem Verhältnis von Geld- zu Sachvermögen so einigermaßen **zufrieden**, dieses entspricht ganz gut Ihrer Abwägung von Chancen und Risiken. Ihrer Einschätzung nach balancieren Sie ordentlich zwischen den Gefahren von Geldvermögen (insbesondere starker Inflation und Zahlungsausfällen) einerseits und den Gefahren des Sachvermögens (insbesondere massivem und lang andauerndem Wertverfall) andererseits. In diesem Fall gilt es, vor allem die »Füße still zu halten« und sich vom Krisengeheul der Crash-Propheten und Schwarzmaler nicht beunruhigen zu lassen.
- **Zweitens:** Sie stellen fest, dass Ihr **Geldvermögensanteil zu hoch** ist. Sie sind also verwundbar hinsichtlich Inflations- und Ausfallrisiken. Bevor Sie nun aber Geldvermögen in Sachvermögen umschichten, sollten Sie sicherstellen, dass Ihre **Liquiditätsreserve erhalten** bleibt. Verfügen Sie über hohe bzw. darüber hinausgehende Bestände leicht auflösbaren Geldvermögens, zum Beispiel auf Einlagekonten, so wäre die Verminderung dieser Positionen die erste Wahl. Schwieriger wird es, wenn Sie erhebliches Geldvermögen in wenig liquiden Geldvermögensvehikeln wie Bausparverträgen, kapitalbildenden Lebens- oder Rentenversicherungen gebunden haben. In diesem Fall ist die Sinnhaftigkeit dieser Vehikel zu hinterfragen. Im Falle von Frau Hurtig kann das Bausparguthaben von 18.000 Euro wahrscheinlich ohne großen Schaden aufgelöst werden. Ob sie hingegen die Lebensversicherung mit einem Rückkaufswert von 52.000 Euro liquidiert, sollte sie idealerweise mit Unterstützung eines interessensneutralen Versicherungsberaters klären. Ein kleiner Schritt in die richtige Richtung wäre zumindest die Beitragsfreistellung und die Verwendung der freiwerdenden Mittel für einen kostenarmen und transparenten Sparplan auf Aktien-ETFs.
- **Drittens:** Sie stellen fest, dass Sie einen sehr hohen bzw. unangemessen **hohen Sachvermögensanteil** besitzen. Sie sind also verwundbar bei einem Aktien-Crash, einem Crash der Immobilienmärkte sowie – allgemeiner gesagt – in stärkeren und länger andauernden Deflationsszenarien. Jedoch ist auch in diesem Fall keine übertriebene Hektik angebracht. Vor allem sind mögliche Kosten der Liquidation von Sachvermögen sowie eine sinnvolle alternative Anlage der dadurch entstehenden Geldmittel zu bedenken. Herr Frisch könnte in seinem Fall eine der beiden vermieteten Immobilien – wahrscheinlich mit gutem Gewinn – veräußern. Während ein Teil der freiwerdenden Mittel dann zur Erhöhung seiner zu geringen Liquidität sowie einer zusätzlichen monatlichen Entnahmereserve dient, könnte der andere Teil in einen ausschüttenden, möglichst gut streuenden und defensiven, kostenarmen Aktien-ETF gehen. Damit würde dann ein guter Teil der wegfallenden Mieteinnahmen durch Dividenden ersetzt und gleichzeitig das mit der vermieteten Immobilie verbundene Klumpenrisiko vermieden.

I eat my own cooking! – Machen Sie es wie ich!

Da Geld- und Sachvermögen gerade im Falle eines Finanzcrashs sehr unterschiedlichen, zum Teil sogar gegensätzlichen Risiken ausgesetzt sind, ist es wichtig, dass Sie zwischen diesen beiden Vermögensgruppen sorgfältig ausbalancieren.

Sie wissen, dass es keine allgemein gültige Empfehlung zur »richtigen« Aufteilung zwischen Geld- und Sachvermögen geben kann. Und Sie haben verstanden, dass der Geldvermögensanteil deutscher Haushalte im internationalen Vergleich recht hoch ist, sodass es nicht unbedingt sinnvoll ist, sich an Nachbarn und Bekannten zu orientieren.

Erstellen Sie, ganz wie ich, Ihre private Vermögensbilanz, gerne sehr einfach und ohne Anspruch auf genaue Werte. So erhalten Sie einen guten Überblick der individuellen Struktur Ihrer ganz persönlichen Haushaltsreserven. Und Sie heben den Blick und gestalten das »große Ganze«, anstatt sich im »Klein-klein« zu verzetteln.

Ansprüche auf künftige Renten beziehen Sie mit einer groben Barwertschätzung ein. Diese erhöhen nämlich den Geldvermögensanteil in der Privatbilanz meist enorm. Würden Sie diesen Fakt übersehen, erhielten Sie ein verzerrtes Bild Ihrer Vermögensverhältnisse.

Wenn Sie Korrekturbedarf an Ihrem persönlichen Verhältnis zwischen Geld- und Sachvermögen feststellen, greifen Sie mit ruhiger Hand und emotionsarm sowie unter Berücksichtigung der anfallenden Transaktionskosten ein. Sie wissen: Hektik, Aktivitätsdruck und Herdenverhalten dienen den Marktakteuren, Crash-Propheten und Schwarzmalern, aber nicht Ihnen.

5.3 Unterscheiden Sie zwischen Barliquidität und Buchliquidität

Der kleine Unterschied

»Das Leben ist so ungerecht! Um mein Taschengeld zu bekommen, muss ich aufräumen, meine Schuhe putzen und lieb sein. Und meine Eltern bekommen das Geld – und zwar viel Geld – einfach so. Ich habe es selbst gesehen. Sie stecken eine Plastikkarte in einen Schlitz, geben ein Zauberwort ein und schon kommt das Geld aus der Wand!« (Kindermund)

Beim Thema »Liquidität« kommt es häufig zu Missverständnissen. Ein typisches Beispiel: Einerseits lesen Sie Empfehlungen, dass Sie weniger Geldvermögen und mehr Sachvermögen halten sollten. Gleichzeitig wird Ihnen jedoch empfohlen, Sie sollten etwas Geld an einem sicheren Platz »bunkern«. Wie passt das zusammen? Beide Empfehlungen sind korrekt! Die Auflösung des wahrgenommenen Widerspruchs ist einfach, wenn Sie zwischen Bar- und Buchliquidität unterscheiden.

- **Barliquidität** sind Geldscheine und Münzen (wobei auf letztere wegen des geringeren Wertanteils nicht gesondert eingegangen wird). Grundsätzlich kann dieses Bargeld sowohl die heimische Währung als auch Fremdwährungen sein. Im letztgenannten Fall spricht man auch von »Sorten«. Sorten sind nichts anderes als Geldscheine und Münzen in fremder Währung. Also z. B. die US-amerikanischen Dollar, die von Ihrem letzten Urlaub noch daheim herumliegen. Am Rande wären noch digitale Währungen wie z. B. Kryptowährungen (Bitcoin und andere) als exotische, aber grundsätzlich mögliche Erscheinungsformen von Barliquidität zu nennen.
- **Buchliquidität** sind Guthaben auf Einlagekonten von Banken und Sparkassen (Festgelder, Kündigungsgelder, Geldmarktanlagen, geldmarktnahe Anlagen). Im engeren Sinne sind hier nur Konten gemeint, von denen man das Geld täglich abrufen kann, also Girokonten und Tagesgeldkonten. Im weiteren Sinne gehören auch Festgelder und Kündigungsgelder sowie Spareinlagen dazu, da diese Liquidität entweder kulanzhalber meist jederzeit zur Verfügung gestellt wird oder aber nach Ablauf der Restlaufzeit einer meist kurzen Festschreibungsdauer (ganz überwiegend ein bis drei Monate) zur Verfügung steht. Ein Festgeld mit einer Vertragslaufzeit von über einem Jahr sollte jedoch in Hinblick auf mögliche Crashrisiken nicht mehr als »Buchliquidität«, sondern als mittelfristiges Geldvermögen definiert werden.

UNTERSCHEIDUNG ZWISCHEN BARLIQUIDITÄT UND BUCHLIQUIDITÄT

Barliquidität stellt juristisch gesehen einen **Anspruch gegen eine Notenbank bzw. einen Staat** oder eine Staatengemeinschaft dar.

Buchliquidität stellt eine **Forderung** des Kontoinhabers **gegenüber der kontoführenden Bank** dar.

Das ist ein großer Unterschied, da der Gegenwert von Barliquidität im Krisenfall erst dann gefährdet ist, wenn die Zahlungsfähigkeit der Zentralbank oder des Staates entfällt. Hingegen sind die Forderungen gegenüber einer Bank oder Sparkasse bereits dann gefährdet, wenn nur eben dieses konkrete Institut in Insolvenz gerät. Die Wahrscheinlichkeit der Insolvenz Ihres kontoführenden Kreditinstituts ist dabei naturgemäß höher als die Wahrscheinlichkeit eines Staatsbankrotts.

Motive zum Halten von Barliquidität

Für das **Halten von Bargeld** gibt es vier wesentliche Motive: Nämlich erstens die Sicherung der eigenen Zahlungsfähigkeit im Falle eines (vorübergehenden) Zusammenbruchs der Bargeldversorgung oder digitaler Zahlungssysteme. Zweitens das Misstrauen gegenüber der Zahlungsfähigkeit von Kreditinstituten im Krisenfall (trotz Absicherung durch Einlagensicherung) oder drittens ein generelles Misstrauen gegenüber dem Staat. Ein viertes Motiv könnte sein, Negativzinsen auf Einlagenkonten zu entgehen. Kurz im Einzelnen:

1. **Sicherung der eigenen Zahlungsfähigkeit**
   Hier geht es um die Vorsorge für den Fall extremer Situationen, in denen Sie keinen Zugriff mehr auf Ihr Buchgeld haben, also aus Buchgeld kein Bargeld machen können. Das könnten in bestimmten Crash-Szenarien ein **staatliches Auszahlungsverbot** bzw. die **Begrenzung von Bargeldverfügungen** sein. Ebenso die (zeitweilige) **Schließung von Banken sowie von Geldausgabeautomaten**. Darüber hinaus könnten es jedoch auch technische Gründe wie ein sogenannter »**Blackout**« oder ein Angriff durch **Software-Viren** auf die Programme der Kreditinstitute und Zahlungsdienstleister sein. Oder einfach wenn das Kartenterminal defekt ist, ganz banal das Mobiltelefon keinen Empfang oder Strom hat oder aber die Bezahl-App nicht funktioniert. Auch wenn Sie das Risiko technischer Störungen als gering einschätzen, so bleibt trotzdem ein Restrisiko. Niemand würde einen Wolkenkratzer bauen, in dem es kein Treppenhaus gibt, auch wenn man häufig den Aufzug nimmt.
2. **Misstrauen gegenüber der Zahlungsfähigkeit von Kreditinstituten im Krisenfall**
   Hier geht es nicht um die Sorge vor zeitweiligen Störungen der Bargeldversorgung, sondern darum, dass Bürger lieber eine Forderung an den Staat oder die Zentralbank als eine Forderung an ein Kreditinstitut haben. Die Präferenz von Bargeld gegenüber Buchgeld zielt hier also auf ein Szenario ab, indem zwar der Staat oder die Staatengemeinschaft nicht insolvent werden, also der Euro Bestand hat. Jedoch gleichzeitig Kreditinstitute zahlungsunfähig werden und die Einlagen die Sicherungsgrenze von 100.000 Euro pro Kunde und Institut übersteigen. Oder die Einlagensicherung insgesamt zusammenbricht. Wie wahrscheinlich diese Konstellation »Zusammenbruch von Banken und Einlagensicherung bei gleichzeitigem Fortbestand der Währung« ist, ist nur schwer einzuschätzen.
   Die relevanten Hintergrundinformationen rund um Bankenunion, Sanierungs- und Abwicklungsgesetz (SAG) sowie Europäisches Einlagensicherungssystem (EDIS) haben Sie in Kapitel 3.6 erhalten. Lassen Sie diese Überlegungen nochmals in Ruhe auf sich wirken.
3. **Generelles Misstrauen gegenüber dem Staat**
   Manche Bürger fühlen sich durch die in den letzten Jahren rasant angewachsene Transparenz ihrer Daten und Handlungen unwohl und erleben sich als »voll-

kommen gläsern«. Ein natürlicher Reflex hierauf ist nicht nur das Bestreben, durch Bargeldzahlung eine Vielzahl von Datenspuren zu vermeiden, sondern eben auch gewisse Bargeldbestände zu horten. So lange es sich um legal erworbenes und versteuertes Geld handelt, ist dem nichts entgegenzuhalten.

4. **Vermeidung von Negativzinsen auf Einlagenkonten**
   Wenn Sie von Mühe und Risiken der Bargeldhaltung absehen, gilt der Grundsatz: Solange die Kosten der Bargeldhaltung geringer sind als die Verluste durch negative Einlagenzinsen, ist es – rein wirtschaftlich betrachtet – sinnvoll, Bargeld gegenüber den Einlagen auf Konten vorzuziehen. Stand 2023 gibt es keine negativen Einlagenzinsen, jedoch kann diese Situation jederzeit erneut eintreten und das Bankensystem ist zwischenzeitlich auf die Berechnung von sogenannten Strafzinsen bestens vorbereitet. Seien Sie also ebenfalls vorbereitet.

Motive zum Halten von Buchliquidität

Das **zentrale Motiv, Geldvermögen auf Konten aufzubewahren,** besteht darin, dass es **bequem** ist und sich so gleichzeitig **Kurs- oder Wertschwankungen** vermeiden lassen. Mit anderen Worten: Nominal bleibt das Geld auf dem Konto sicher. Auch dieses Motiv ist verständlich und sachlich gerechtfertigt, denn gerade in Extremsituationen gibt der Wert vieler Anlageklassen wie z. B. Aktien, Immobilien, Rohstoffe gegenüber der Anlageklasse »Bargeld« erheblich nach. In solchen Situationen gilt der alte Spruch: »Cash is King.«

Der Charme von Buchgeld bestand für viele Jahrzehnte zudem in der Tatsache, dass es hierfür sogar noch eine gewisse **Verzinsung** gab, auch wenn diese häufig unter der Inflationsrate lag. Rückgerechnet und unter Berücksichtigung der heutigen Kapitalertragssteuersätze haben Buchgeldanlagen lediglich in ca. einem Drittel aller Monate seit Ende des zweiten Weltkrieges tatsächlich einen positiven Realzins abgeworfen. In den übrigen ca. zwei Dritteln der Monate haben die Anleger, obwohl ihr Geld auf dem Konto nominal meist mehr geworden ist, **real** – also in Kaufkraft gerechnet – **Geld verloren.**

Trotzdem ist eine gewisse Buchgeldquote angesichts möglicher Crashszenarien absolut sinnvoll und stabilisiert Ihre Gesamtsituation zum Beispiel im Falle herber Kursverluste von Sachanlagen sowie in Phasen der Deflation. Gemäß der in Kapitel 4.8 empfohlenen Strategie des geringsten Bedauerns ist und bleibt Buchgeld – auch im Falle von Nullzinsen bzw. geringen Minuszinsen – eine grundsätzlich sinnvolle Anlageklasse, selbst wenn ihr Anteil in den meisten Fällen reduziert werden sollte.

Die Motive für das Halten von Bar- bzw. Buchliquidität sind also völlig unterschiedlich. Nachfolgend erfahren Sie mehr über für Sie zweckmäßige Anteile am Gesamtvermögen, Möglichkeiten zur Sicherung Ihrer Barliquidität sowie denkbare Alternativen.

5.4 Sichern Sie Ihre Barliquidität

Als Leser dieses deutschsprachigen Buches liegt Ihr Lebensmittelpunkt wahrscheinlich in der Eurozone und Sie bezahlen die Güter und Dienstleistungen Ihres persönlichen Bedarfs (egal ob bar oder in digitaler Form) annähernd zu hundert Prozent in Euro. Ausnahmen sind lediglich Auslandsreisen außerhalb der Eurozone sowie wenige Interneteinkäufe, die nicht in Euro zahlbar sind. Kurzum: Im Alltag sind Sie – zumindest kurzfristig – auf die Möglichkeit des Bezahlens in Euro angewiesen, der hierzulande zudem das gesetzliche Zahlungsmittel ist. Da sich der Ablauf eines möglichen Währungscrashs und seine verschiedenen Phasen nie vorhersagen lässt (und schon gar nicht exakt), ist es wichtig, eine angemessene Barliquidität (also wirklich Geldscheine und ein paar Münzen) zu besitzen. Was im Einzelfall angemessen ist, bleibt Ansichtssache und hängt von Ihrer konkreten Lebenssituation ab. Als **Orientierung** kann jedoch **Ihr Geldbedarf (nicht Ihr Einkommen!) für 2 – 3 Monate** zur Abdeckung nötiger Lebensausgaben dienen.

Das Halten einer Euro-Bargeldreserve ist absolute Pflicht

Wie verletzlich die Tendenz zur völligen Bargeldabstinenz immer mehr Haushalte macht, zeigen etliche Beispiele, von denen lediglich zwei herausgegriffen werden sollen.
Erster Fall: Zum Zeitpunkt der Zuspitzung der Krise um die mittlerweile verstaatlichte Hypo Real Estate waren im Oktober 2008 in einigen Ballungszentren die Geldausgabeautomaten vollständig geleert. Erst die sogenannte **Kanzlergarantie**, nämlich eine Erklärung der damaligen Bundeskanzlerin Angela Merkel gemeinsam mit dem damaligen Finanzminister Peer Steinbrück, brachte eine Entspannung.[217] Ein solcher Vorgang kann sich – in schlimmerem Umfang – jederzeit wiederholen. Unter dem Stichwort Bankenansturm oder Bankenrun ist dieses Phänomen bekannt (siehe Kapitel 4.1).
Zweiter Fall: Im Jahr 2022 kam es zu bundesweiten Störungen beim bargeldlosen Zahlen (Kartenzahlung) bei gleich mehreren großen Einzelhandelsfilialisten und Lebensmitteldiscountern. Die Behebung dauerte z. T. mehrere Tage. Wohl dem, der vorsorglich einen Wolkenkratzer mit Treppenhaus besitzt – also stets Bargeld mit sich führt.

Abb. 56: Bundesweite Störungen beim bargeldlosen Zahlen 2022

Daher ist eine gewisse Bargeldhaltung nicht nur legal, sondern eine absolut notwendige Vorsichtsmaßnahme. Das Aufbewahren von ehrlich verdientem und natürlich auch versteuertem Geld ist völlig in Ordnung. Die Deutsche Bundesbank sieht das übrigens genauso.[218] Euro-Banknoten sind gesetzliches Zahlungsmittel in Deutschland.[219] Und wer das Bargeld in Frage stellt, angreift oder Bargeld aufbewahrende Bürger in die Nähe von organisiertem Verbrechen, Drogenhandel oder Prostitution rückt, der tut dies häufig aus Eigeninteresse. Zum Beispiel, weil er an Geld- oder Kreditkarten verdient. Oder von den Datenströmen des bargeldlosen Bezahlens profitiert. Oder von noch Schlimmerem ... Zum Thema Bargeldhaltung, Bargeldvergällung ohne Bargeldverbot usw. siehe Kapitel 3.4.[220]

I eat my own cooking! – Machen Sie es wie ich!

- **Erstens: Verwahren Sie einen gewissen Bargeldbetrag an einem sicheren Platz.**
  Durch die Aufbewahrung von Bargeld erhöhen Sie Ihre Robustheit und Handlungsfähigkeit für den Fall eines Crashs. Eine gewisse Bargeldreserve in Euro ist somit für Sie unerlässlich – also Pflicht.
- **Zweitens: Zahlen Sie, so oft es geht, bar.**
  Nur wenn wir alle auch in »guten Zeiten« mit Bargeld bezahlen und damit den **Bestand einer Bargeld-Infrastruktur** (Bargeldkassen, Geldausgabeautomaten usw.) sichern, kann Euro-Bargeld im Krisenfall zur Verfügung und Verwendung stehen. Menschen, die heute alles mit Karte oder sonstigen digitalen Instrumenten bezahlen und glauben, sie könnten dann in einer Krise auf Bargeld zurückgreifen, denken zu kurz. Mit der Bargeld-Infrastruktur ist es wie mit dem Artensterben: Was einmal ausgestorben ist, kommt eben nicht mehr zurück.
- **Drittens: Lassen Sie uns wachsam bleiben und für unser Bargeld kämpfen!**
  Ein Kontrollstaat gefährdet die Privatsphäre des Einzelnen massiv und die vollständige Sichtbarmachung und Archivierung aller Zahlungsströme von uns Bürgern ist ein großer Schritt in Richtung dieser Gefahr.

Exkurs: Bedenken Sie Bargeldhaltung in Fremdwährungen

Während eine Bargeldreserve in Euro wirklich für jedermann Pflicht ist, steht das Halten einer zusätzlichen Bargeldreserve in ausgewählten **Fremdwährungen** – also **Sorten** – zwischen »Pflicht« und »Kür«. Zumindest ein wenig Bargeld in Fremdwährung sei an dieser Stelle trotzdem empfohlen. Aufwand und Kosten dieser Vorsichtsmaßnahme können Sie als eine Art »Versicherungsprämie« betrachten. Sie sind angesichts schwacher Zinsverluste so gering, dass sie kaum ins Gewicht fallen. Folglich ist es einfach vorausschauend und klug, auch für eine Situation vorbereitet zu sein, in der mit Euro-Bargeld nichts mehr geht.

Die Frage nach der für Sie angemessenen **Höhe der Bargeldhaltung in Fremdwährungen** hängt stark von Ihrer individuellen Lebenssituation und der Intensität Ihrer persönlichen Erwartungen und Befürchtungen ab.

Eine erste grobe Orientierung liegt bei **einem Fünftel des Wertes Ihrer Euro-Bargeldhaltung.**

Eine geeignete Fremdwährung für Bargeldhaltung ist auf alle Fälle der **US-Dollar**. Hierfür spricht schon allein die Rolle des US-Dollar als Reservewährung vieler unterschiedlicher Länder und Krisengebiete und seine nahezu weltweite Akzeptanz. Ob und welche weiteren Währungen Sie ansonsten berücksichtigen sollten, ist umstritten. Aufgrund der regionalen Nähe wird häufig der **Schweizer Franken** genannt. Historisch waren die Eidgenossen tatsächlich in vielen Krisen ein wahrer Hort der Stabilität. Andererseits steht hinter dem Schweizer Franken eine nur sehr kleine Volkswirtschaft. Auch gegenüber den Währungen anderer Mitglieder der Europäischen Union, die nicht den Euro nutzen (Dänemark, Schweden, Polen, Ungarn, Bulgarien, Rumänien, Kroatien und der Tschechischen Republik), bestehen ähnliche Vorbehalte. Relativ nah und trotzdem nicht in der EU ist Norwegen, weshalb die **Norwegische Krone** von manchen ebenfalls als Sorte zur Aufbewahrung empfohlen wird. Jedoch ist auch hier die Frage, ob Währungen mit starker Nähe zum Euro eine Krise der Gemeinschaftswährung unbeschadet überstehen. Eine kontroverse Einstellung besteht gegenüber dem **Britischen Pfund**, welches man nach vollzogenem Brexit und damit weiter zunehmendem Abstand zur Eurozone ganz bewusst als Gegenanker betrachten könnte. Bitte bedenken: Es geht hier nicht um Währungsspekulation, sondern um eine zusätzliche Ausweichalternative für den Fall der Fälle.

Andere Währungen außerhalb Europas – abgesehen vom US-Dollar also zum Beispiel Yen, Reminbi sowie Australischer, Neuseeländischer und Kanadischer Dollar – kommen **in Form von Buchgeld**, insbesondere erstklassigen Staatsanleihen (siehe nachfolgend), zweifellos zur Absicherung für den Fall eines Euro-Crashs in Frage. Wohlgemerkt in Buchgeld und nicht in Form von Bargeld, da es im Falle eines Krisenszenarios kaum denkbar erscheint, dass man in Deutschland mit einer dieser Sorten Güter oder Dienstleistungen des täglichen Bedarfs bezahlen kann.

Überlegungen zum Horten von **Gold** – von vielen Zeitgenossen liebevoll als »Ur-Geld« bezeichnet – finden Sie in Kapitel 5.8.

I eat my own cooking! – Machen Sie es wie ich!

Legen Sie sich zumindest einen kleinen Bargeldbestand in Fremdwährungen zu. Völlig unabhängig von Ihrer persönlichen Sicht auf die USA, sollte der US-Dollar dabei für Sie die erste Wahl sein.

5.5 Hinterfragen Sie Euro-Anleihen

In Kapitel 3.3 haben Sie einen umfassenden Überblick über die Zinslandschaft, sowohl im Euro-Raum als auch international, erhalten. Durch die Ausführungen zur Jenga-Finanzierung haben Sie zudem von den Nebenwirkungen der Geldmengenausweitung und des billigen Geldes erfahren, nämlich zunehmender Ver- und Überschuldung nicht nur des Staates, sondern auch der Haushalte und der Unternehmen. Eine zentrale These lautete:

»In einer Welt überbordender Schulden ist es keine gute Idee, ein Gläubiger zu sein«.

Trotzdem benötigen Sie allein schon wegen des Grundsatzes der maximalen Risikostreuung über möglichst alle Anlageklassen hinweg auch etwas liquides bzw. liquidierbares (also verfügbares) Geldvermögen. Die Strategie des geringsten Bedauerns (Kapitel 4.8) legt dies ebenfalls nahe. Denn sollte es beispielsweise zu einem massiven Deflationsszenario kommen, bietet das Geldvermögen einen beruhigenden Gegenanker zu den Verlusten der Sachanlageklassen. Die Frage ist jedoch, ob dieses Geldvermögen in Anleihen gebunden sein soll. Und falls ja, ob es dann tatsächlich Euro-Anleihen sein müssen oder nicht Fremdwährungsanleihen die bessere Alternative wären.

Im Ergebnis wird hier **von auf Euro lautenden Anleihen eher abgeraten.**

Denn:

- **Fall A:** Soweit es sich bei Euro-Anleihen um solche **mit guter Bonität** handelt, werden Sie damit in der näheren Zukunft mit hoher Wahrscheinlichkeit Realverluste erzielen, da die aktuelle Verzinsung den Inflationsschaden keineswegs ausgleicht. Zudem erleiden Sie im Fall von Zinserhöhungen Kursverluste auf die im Depot befindlichen Euro-Anleihen.

- **Fall B:** Soweit es sich um Anleihen **mit schwächerer Bonität** handelt, kann es sein, dass Sie eine kleine positive Rendite erwirtschaften, die jedoch kein Zins, sondern eine **Risikoprämie** ist – und dieser steht ein ungleich höheres zusätzliches Risiko gegenüber.

Fall A: Die Zinsfalle verstehen

Die deutsche Bundesanleihe gilt unumstritten als die Anlagemöglichkeit mit dem geringsten Ausfallrisiko im Euroraum. Fachleute nennen dies »Benchmark«, alle anderen Anleihen also, egal ob Staatsanleihen oder Unternehmensanleihen usw., haben ein größeres Ausfallrisiko, welches durch renditesteigernde **Risikoprämien** (auch Bonitätsprämien genannt) vergütet werden muss, um Anleger zu finden.

Der Benchmark-Charakter der deutschen Bundesanleihe sollte jedoch nicht vorschnell so interpretiert werden, als hätte diese tatsächlich ein Ausfallrisiko von »Null«. Vielmehr zeigt es einfach nur, dass risikoärmere oder wirklich risikofreie Alternativen fehlen. Im Falle eines eskalierenden Euro-Crashs oder eines weltweiten Zusammenbruchs des Finanzsystems kann es jedoch sehr wohl auch zur Zahlungsunfähigkeit der Bundesrepublik Deutschland und somit zum Ausfall von deutschen Bundesanleihen kommen. Ganz abgesehen von diesem Restrisiko weisen alle deutschen Bundesanleihen tief negative Realzinsen auf. Damit ist bei mehr oder weniger konstanten Marktzinsen Ihr realer Vermögensverlust bei Anlage in Bundeswertpapieren so lange vorprogrammiert, bis die Inflationsrate unter die im historischen Vergleich geringe Zinsrate gedrückt wird. Und das kann sehr lange dauern – vielleicht über ein Jahrzehnt.

Was aber würde passieren, wenn die Zinsen auf breiter Front aufgrund einer rigideren EZB-Politik anstiegen, um die Inflationsrate zu übertreffen und einen positiven Realzins zu ermöglichen? Das ist zwar sehr unwahrscheinlich, jedoch wenn man prognosefrei vorgeht, eine legitime Frage. Bei **Zinssteigerungen** wären weitere **Kursverluste** der Bundesanleihen in Ihrem Depot die Folge und zwar umso stärker,

- je stärker die Zinssteigerung ausfällt und
- je länger die noch verbleibende Restlaufzeit der Anleihe ist.

Die nachfolgende Abbildung verdeutlicht diesen Zusammenhang. Je höher die Zinssteigerung (waagerechte Achse nach rechts), desto geringer der verbleibende Kurswert der Anleihe (senkrechte Achse nach unten). Vergleichbar ist der Zusammenhang bei unterschiedlichen Restlaufzeiten. Je länger diese sind (z. B. die unterste Linie, 30 Jahre), desto mehr fällt der Kurswert der Anleihe (senkrechte Achse nach unten).

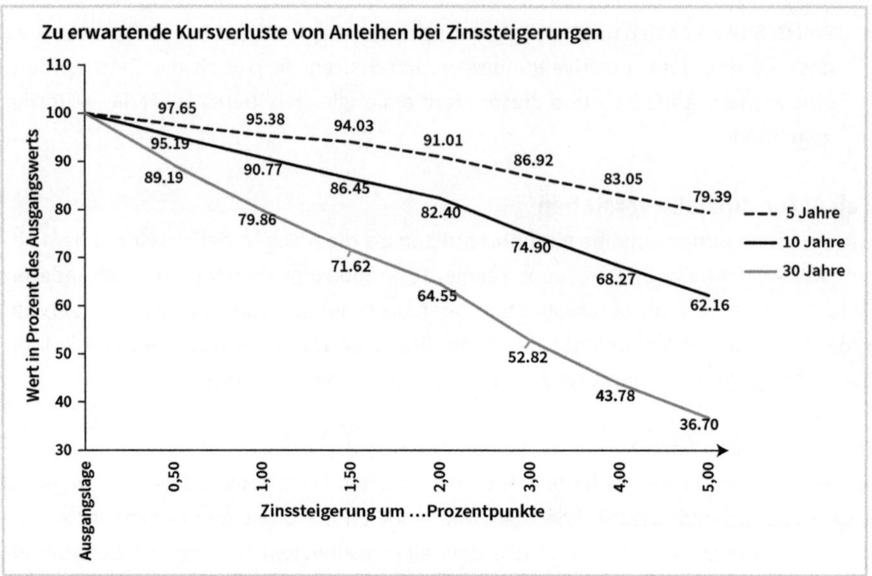

Abb. 57: Kursverluste von Bestandsanleihen durch Zinssteigerungen

Eine Leseprobe:

Eine Anleihe mit zehnjähriger Restlaufzeit (schwarze Linie) verliert bei einer Zinssteigerung um 4 Prozentpunkte, also z. B. von minus 0,5 % auf plus 3,5 % circa 31,73 % ihres Wertes, denn ihr Kurs sinkt von 100 % auf 68,27 %. Bei einer Anleihe mit dreißigjähriger Restlaufzeit (graue Linie) genügt bereits eine Marktzinssteigerung von drei Prozentpunkten für eine Halbierung des Wertes. Steigt die Marktrendite von z. B. minus 0,2 auf plus 2,8 Prozent, so fällt der Kurswert von 100 % auf 52,82 %. Diese Werte sind errechnet, jedoch keinesfalls Theorie, da die Marktteilnehmer auch alle rechnen können und somit die Preisstellungen den rechnerisch »richtigen« Kursen entsprechen.

Zinsfalle verstehen

Prägnant zusammengefasst stecken Euro-Anleihebesitzer in folgendem Dilemma: Sowohl im Szenario von unter der Inflationsrate verbleibenden Marktzinsen als auch im Szenario kräftig steigender Marktzinsen erleiden sie Verluste. Der einzige Ausweg bestünde in einem so starken Rückgang der Inflationsrate, dass selbst bei unverändertem Marktzinsniveau wieder positive Realzinsen entstünden. Bitte entscheiden Sie selbst, für wie wahrscheinlich Sie eine solche Entwicklung halten.

Fall B: Bonitätsrisiken und Risikoprämien verstehen

Ein verständlicher Reflex vieler Anleger ist es, von risikoarmen Anleihen (also z. B. den oben beschriebenen bonitätsstarken deutschen Bundesanleihen) auf **Anleihen**

schlechterer Schuldnerbonität zu wechseln, um zumindest eine kleine positive Verzinsung[221] zu erzielen. Eine spürbare Mehrverzinsung im Vergleich zur deutschen Bundesanleihe bieten sogenannte Hochzinsanleihen (engl. high yield bonds), deren frühere Bezeichnung »**junk bonds**«, also **Schrottanleihe** oder Ramschanleihe, den Realitäten näherkommt.

Vor dem Hintergrund eines möglichen Finanzcrashs sind **Hochzinsanleihen** aus zwei Gründen **klar abzulehnen**. Erstens sind die Risiken aufgrund der starken Zunahme der Verschuldung der Emittenten (also kreditsuchender Unternehmen) in den letzten Jahren erheblich gestiegen. Zweitens sind die Risikoprämien auf sehr niedrigem Niveau, d. h., für nur kleine Bonitätsprämien übernehmen die Anleger ein erhebliches »**deep risk**«, nämlich den Totalausfall.

Abb. 58: Risikoprämien sind kein Zins!

Risikoprämien sind kein Zins!

Bitte vermeiden Sie zwei folgenschwere Fehlschlüsse:

- **Erstens:** Trennen Sie gedanklich stets zwischen Zinsen und Risikoprämien. Auch »Hochzinsanleihen« ermöglichen in Wahrheit keinen positiven Realzins. Sondern weisen einen negativen Realzins auf, der nur nicht erkennbar wird, da er mit einer Risikoprämie verrechnet wird. Wenn Sie also glauben, Realzinsverlusten zu entkommen, indem Sie auf bonitätsschwache Unternehmensanleihen ausweichen, unterliegen Sie einem Selbstbetrug. Sie können lediglich Bonitätsprämien einstreichen, die Sie bitte als erhaltene Versicherungsprämie für den Fall der Zahlungsunfähigkeit des Schuldners betrachten (Risikoprämie).
- **Zweitens:** Anleger, die in Hochzinsanleihen investieren, begnügen sich häufig mit **zu geringen Bonitätsprämien**, wie eine kleine Demonstrationsrechnung zeigt. So benötigen Sie z. B. volle 50 Jahre, um den Zahlungsausfall mit einer Risikoprämie von 2 % p. a. wieder auszugleichen. Teilen Sie einfach 100 % Verlust beim Zahlungsausfall durch 2 % Prämie pro Jahr und schon erhalten Sie die 50 Jahre. Und der Zahlungsausfall sollte bitte erst am Ende der 50 Jahre eintreten, denn sonst kommt ja auch die Risikoprämie nicht mehr. Und Steuern auf die 2 % sind in der Rechnung noch nicht drin. Ach so ja, was ist mit Inflation? – Wollen Sie, dass ich weiter argumentiere …?

I eat my own cooking! – Machen Sie es wie ich!

Meiden Sie, wenn Sie Durchschnittsanleger sind, sowohl risikoarme Bundesanleihen mit garantiertem Zinsverlust als auch bonitätsschwächere höherverzinsliche oder Hochzinsanleihen in Euro. Über allen schwebt wie beschrieben die Zinsfalle. Bei den risikoarmen Bundesanleihen haben Sie sichere Verluste durch Negativzinsen. Und bei den risikoreicheren Unternehmensanleihen sind die erhältlichen Bonitätsprämien bei Weitem nicht ausreichend, um Ihr Risiko, gerade im Crashfall, angemessen zu kompensieren.

Nur wenn Sie sehr vermögend sind, kann die Anlage in Euro-Bundesanleihen bester Bonität (AAA) mit Schmerzen empfehlenswert sein. In diesem Fall müssten Sie die Negativverzinsung als Versicherungsgebühr interpretieren.

Bei Beträgen von unter 100.000 Euro sind zinslose Bankeinlagen und selbst Bargeldhaltung in Euro im Vergleich zur Zinsfalle das kleinere Übel für Sie. Zudem können Sie neben dem Ur-Geld »Gold« (Kapitel 5.8), auch Geldvermögen in anderen Währungen als den Euro bedenken, was im folgenden Kapitel näher beleuchtet wird.

5.6 Erwägen Sie Staatsanleihen in Fremdwährungen

Bereits in den Kapiteln 5.4 und 5.5 haben Sie die Überlegung der Streuung von Geldvermögen über verschiedene Währungen (=Währungsdiversifikation) kennengelernt und die Empfehlung mitgenommen, einen Teil Ihrer Bargeldreserve in Noten/Scheinen von möglichst anerkannten Währungen außerhalb des Euro zu halten.

Die gleiche Überlegung, nur vielleicht noch in etwas größerem Ausmaß, gilt auch für das Buchgeld – also **Fremdwährungskonten** oder **Fremdwährungsanleihen**. Unter den Gesichtspunkten Kosten/Gebühren, erzielbare Rendite und auch verbleibendes Bonitätsrisiko (Ausfallrisiko) sind vor allem erstklassige Staatsanleihen von Ländern außerhalb der Eurozone eine Empfehlung wert.

Währungen von Staaten mit aktuell angespannter politischer oder wirtschaftlicher Lage werden in der Betrachtung ausgeklammert. Hier wären zum Teil zweistellige Renditen möglich – daran sieht man, wie hoch der Markt das Risiko einschätzt. Für eine risikoarme Währungsdiversifikation als Vorbereitung auf die Risiken eines möglichen Finanzcrashs kommen jedoch lediglich Staatsanleihen von Ländern mit einer vergleichsweise soliden Haushaltslage und wirtschaftlichen Verfassung in Frage.

In der geographischen Nähe zur Eurozone sind hier beispielsweise Norwegen, Schweden, die Schweiz und – mit Abstrichen – auch Großbritannien zu nennen. Man könnte jedoch die Währungen von diesen Wirtschaftsräumen gerade als »zweite Wahl« ansehen, weil diese zu eng mit der Eurozone verwoben sind. Beispielsweise darf man zweifeln, ob die kleine Schweiz, die wie ein »gallisches Dorf« von Ländern der Eurozone umgeben ist, sich dem Sog eines möglichen Euro-Crashs entziehen kann. Folgt man dieser Überlegung, kommen z. B. Staatsanleihen von Australien, Neuseeland, Kanada, Singapur oder den USA in Frage.

Währungsrisiko mit völlig neuen Augen sehen

Viele Anleger in der Eurozone würden den Kauf von jeder Art von Anleihen in Fremdwährung – also jeder Währung, die nicht Euro ist – bereits per se als Spekulation betrachten. Denn der Wechselkurs dieser Währung kann im Verhältnis zum Euro schwanken.

Lassen Sie sich auf einen Perspektivenwechsel ein: Die meisten Deutschen erhalten Arbeitseinkommen, Renten, Pensionen und viele andere Zahlungen ausschließlich in Euro. Und sie haben viele Anlage- und Vorsorgeprodukte, deren Gegenwerte ebenfalls auf Euro lauten. Diese Menschen spekulieren oftmals, ohne es überhaupt zu wissen. Denn sie setzen alles auf eine einzige (Währungs-)Karte. Nämlich auf die Zukunft der Eurozone und einen Fortbestand der Gemeinschaftswährung. Wäre es nicht viel weitsichtiger und letztlich risikoärmer, einen Teil der Reserven in möglichst sicheren Staatsanleihen von relativ gesunden Währungen außerhalb des Euro zu halten? Vergleicht man z. B. Australien und Italien beim Verhältnis Staatsverschuldung zu Bruttosozialprodukt oder hinsichtlich der gegen Devisen verkäuflichen Rohstoffe, so steht Australien ungleich besser da. Überzeugt? Das Risiko, dass ausländische Währungen bei einem wahren Aufblühen der Eurozone im Wert sinken würden, können Sie doch sicherlich verkraften.

Aus Bequemlichkeits-, Praktikabilitäts- und Kostengründen erscheint der Erwerb ausländischer Staatsanleihen im Vergleich zur Eröffnung von Fremdwährungskonten als vorzugswürdig. Daher wird nachstehend der einfache Weg zum Kauf von Fremdwährungsanleihen beschrieben. Der Erwerb ausländischer Staatsanleihen ist recht einfach. Optimale Voraussetzung ist, dass Sie ein kostenarmes Wertpapierdepot besitzen – am besten bei einer Online-Bank. Wie Sie die verbleibenden Schritte angehen, lesen Sie im nachstehenden Exkurs:

Exkurs: Umsetzungshilfe – Wie Sie passende Staatsanleihen außerhalb der Eurozone auswählen

Sie benötigen die **ISINs** (=Wertpapierkennnummern) von Staatsanleihen der von Ihnen gewünschten Währungen. Hierzu treffen Sie zunächst eine Vorauswahl hinsichtlich der **Währung** (z. B. Norwegische Krone, Kanadischer Dollar usw.) und starten danach eine Internetrecherche mit den zwei Suchbegriffen »Staatsanleihen Land XYZ«, also z. B. »Staatsanleihen Australien«. Rasch werden Sie Übersichtsseiten finden, die Listen der entsprechenden Staatsanleihen enthalten. Aus diesen Listen können Sie die Restlaufzeit, Kuponhöhe (vom Schuldner bei der Emission nominell versprochener Zinssatz), Kurs der Anleihen und die Rendite beim Halten der Anleihe bis zur Endfälligkeit ersehen. Meist steigt die Endfälligkeitsrendite mit der Restlaufzeit (positive Laufzeitprämie). Jedoch sind die Laufzeitprämien derzeit recht gering – der Zinsunterschied zwischen kurz- und langlaufenden Anleihen ist also nicht besonders hoch. Sollten die Marktzinsen in der Fremdwährung ansteigen, drohen bei längeren Restlaufzeiten und vorzeitigem Verkauf der Anleihe Kursverluste (vgl. Abbildung 57 zur Zinsfalle, Kapitel 5.5). Wenn Sie die Anleihe jedoch bis zum letzten Tag halten (das geht freilich zulasten Ihrer Flexibilität), ist Ihnen die Endfälligkeitsrendite sicher.

Auf Basis dieser Daten treffen Sie Ihre Entscheidung. Sie wählen die gewünschte Staatsanleihe aus und kopieren sich die zugehörige ISIN, die Sie anschließend bequem direkt in das Orderformular Ihrer Online-Bank eintragen können. In Hinblick auf die hierbei anfallenden Mindestgebühren sollte der Anlagebetrag pro Auslandsanleihe eher bei 5.000 Euro als bei 1.000 Euro liegen – für kleinere Beträge ist diese Vorgehensweise ebenso ungeeignet wie für einen Sparplan.

I eat my own cooking! – Machen Sie es wie ich!

Setzen Sie – ganz wie ich – bei Ihren Anlagen im Geldvermögen nicht alles auf eine (Währungs-)Karte und hinterfragen Sie, ob es so klug ist, wenn all Ihre Reserven auf Euro lauten. Ergänzen Sie das Wort Währungsrisiko stets um das Wort Währungschance oder bedenken Sie, dass eine vollständige Vermeidung von Währungsrisiken Sie direkt in ein Klumpenrisiko (das ist nämlich »Alles auf eine Karte gesetzt«) führt. Kurzum: Wenn Sie es sich leisten können, kaufen Sie ein paar Fremdwährungsanleihen gemäß den obigen Überlegungen. In Frage können auch Anleihe-ETFs kommen, wobei Sie jedoch kritisch auf die drei Kriterien

- Kosten,
- Schuldnerbonität und
- Restlaufzeiten

achten sollten.

Zwar können Sie mit Anleihe-ETFs sehr bequem gleich mehrere verschiedene Währungen in einem Produkt erwerben, jedoch überzeugen mich viele dieser Produkte nicht. Entweder fand ich die Kosten zu hoch oder die durchschnittlichen Laufzeiten zu lang oder war unglücklich über beigemischte schlechte Schuldnerbonitäten. Es gibt nur wenige aus meiner Sicht für Sie vorteilhafte Anleihe-ETFs – eine Empfehlung darf ich hierzu nicht aussprechen.

5.7 Meiden bzw. liquidieren Sie crash-sensible Anlagevehikel

Im Falle eines Finanzcrashs drohen Ihren Anlagen, egal welcher Anlageklasse, Risiken – das ist Ihnen völlig klar. Je nach Anlageklasse sind unterschiedliche Risiken relevant. Ihr Geldvermögen kann durch Inflation an Wert verlieren (vermutlich gewinnt dann aber Ihr Gold an Wert), Ihre Aktien können im Kurs sinken und Ihre Immobilie weniger wert sein (gleichzeitig steigt in diesem Fall jedoch der reale Wert Ihrer Liquiditätsreserven).

Das alles sind Risiken der originären Anlageklassen, in denen Ihr Geld letztendlich tatsächlich steckt. Für diese Risiken auf Ebene der Anlageklassen gibt es eine Entschädigung, auch **Risikoprämie** genannt. Beispielsweise erhalten Sie bei Aktien gegenüber Zinsanlagen (wie Anleihen) eine Mehrrendite in Form einer **Eigenkapitalprämie** dafür, dass Sie das Risiko von Schwankungen der Aktienkurse tragen. Für Ausfallrisiken erhalten Sie eine Mehrrendite in Form einer **Bonitätsprämie** und für die schlechte Veräußerbarkeit langfristig gebundener Anlagen eine **Illiquiditätsprämie**. Soweit Märkte funktionieren, sind solche Prämien langfristig »fair«, was nicht ausschließt, dass es kurzfristig zu geringe Risikoprämien geben mag oder dass mächtige Akteure, wie z. B. die EZB, durch Markteingriffe auch die Risikoprämien manipulieren. Doch abgesehen von diesen Ausnahmen gilt der Grundsatz:

Marktrisiken werden durch Risikoprämien vergütet.

Soweit zu den Risiken auf Ebene der Anlageklassen (also Aktien, Anleihen, Immobilien, Gold, Rohstoffe, Cash ...)

Ein großer Teil Ihrer Reserven ist heutzutage jedoch nicht direkt in einer Anlageklasse investiert, sondern über eine Art »**Umverpackung**«, die als Anlagevehikel bezeichnet wird, beispielsweise Anlagezertifikat, gemanagter Aktienfonds oder Bausparvertrag. Diese Anlagevehikel können jedoch – gerade in Krisenzeiten oder im Fall eines Finanzcrashs – eigenständige, also **zusätzliche Risiken** in ganz erheblichem Umfang auslösen. Allerdings werden die Risiken auf Vehikelebene regelmäßig überhaupt nicht oder nur sehr unzureichend durch Risikoprämien vergütet, da der private Anleger sie nicht oder nicht ausreichend erkennen kann und darüber von einem interessengeleiteten Vertrieb auch nicht informiert wird.

Dabei ist die Vermeidung oder Verminderung der Risiken von Anlagevehikeln in vielen Fällen einfach und preiswert möglich. Wenn Sie im ersten Schritt Anlageklassen und Anlagevehikel unterscheiden und im zweiten die Risiken der wichtigsten Anlagevehikel kennen, sind Sie in Hinblick auf die **Crashrisiken von Anlagevehikeln** schon erheblich weiter. Die nachfolgende Abbildung unterscheidet drei grundsätzlich mögliche Wege zur Geldanlage durch den Privaten.

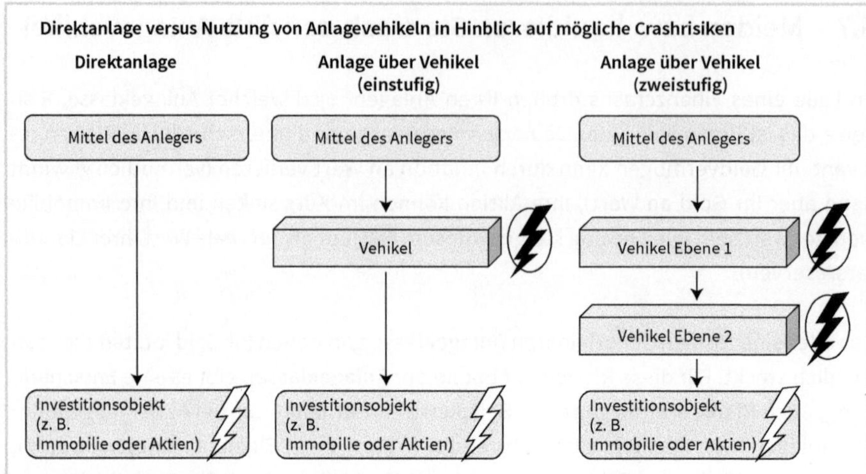

Abb. 59: Unterschiedliche Crashrisiken bei Direktanlage oder Nutzung von Anlagevehikeln

Erläuterung der Abbildung: Die drei hellen Blitze unten stehen für Risiken Ihrer Mittelanlage (Geldanlage) auf der Ebene der Anlageklasse, die drei schwarzen Blitze stehen für zusätzliche Risiken der Anlagevehikel.

Bei der **Direktanlage (linker Fall)** sind die erstgenannten Risiken auch Ihre einzigen Risiken. Hier gibt es kein Anlagevehikel, in das Ihre Mittel fließen, sondern Sie investieren Ihr Geld unmittelbar direkt in die Anlageklasse, wie z. B. Immobilien oder Aktien.

Im **mittleren Fall** verwenden Sie **ein Anlagevehikel** (z. B. ein Anlagezertifikat), wodurch zwangsläufig zusätzliche Risiken dieses Anlagevehikels auftreten. Die von Ihnen dem Anlagevehikel übergebenen Mittel verbleiben nicht dort, sondern werden letztlich stets in eine oder mehrere Anlageklassen (also z. B. Immobilien oder Aktien) überführt, sodass die Risiken der Anlageklasse bestehen bleiben. Durch das Vehikel können die Risiken auf Ebene der Anlageklasse jedoch im günstigen Fall verringert werden – z. B. durch eine Streuung, die Ihnen als Anleger ohne das Vehikel nicht oder nicht so gut gelungen wäre. Unter Risikoaspekten wählen Sie also Vehikel, die möglichst wenig zusätzliche Vehikelrisiken erzeugen und gleichzeitig maximale Streuung sonstiger Risiken ermöglichen. Wegen des vermeidbaren Ausfallrisikos bei den oben genannten Anlagezertifikaten (Emittentenrisiko) sind diese also schon mal als unvorteilhaft abgelehnt.

Im **rechts dargestellten Fall** werden die Mittel des Anlegers **gleich zweifach »verpackt«**, nämlich zunächst durch eine Umverpackung auf Ebene 1 und dann nochmals durch eine weitere Verpackung auf Ebene 2. Als Beispiel für diesen Fall kann eine fondsgebundene Lebens- oder Rentenversicherung dienen. Der Anleger zahlt in den Versicherungsvertrag ein (Umverpackung). Der Versicherer leitet die nach Abzug von Kosten verbleibenden Mittel an eine Kapitalanlagegesellschaft weiter, die diese in Investmentfonds (weitere Verpackung) einbringt. Erst die Investmentfonds legen in originären Anlageklassen (also beispielsweise Aktien, Immobilien) an. Manchmal investieren sie jedoch sogar in Dachfonds, also aktiv gemanagte Fonds, die dann ihrerseits wieder in andere Investmentfonds anlegen. In diesen – durchaus häufigen – Fällen hat der »arme Anleger« bereits drei Umverpackungen – und damit auch drei Kosten- und Risikoquellen …

Hintergrundwissen zu Anlageklassen und Anlagevehikeln

Als **Anlageklasse** bezeichnet man den Gegenstand, in den Sie Ihre Mittel letztendlich binden. Die Anlageklasse beantwortet also die Frage: Wo beziehungsweise worin stecken Ihre Mittel?

Das könnten tatsächlich

1. Bar- oder Buchgeld sein, jedoch auch
2. Anleihen,
3. Aktien,
4. Immobilien (und unbebauter Grund und Boden),
5. Gold, andere Edelmetalle sowie Rohstoffe.

Mit diesen fünf Anlageklassen sind die traditionellen Möglichkeiten auch schon ausgeschöpft. Übrig bleiben lediglich noch ein paar randständige und nicht für jedermann geeignete Anlageklassen, die zu Recht als **»exotische Anlageklassen«** bezeichnet werden (siehe Kapitel 4.6 sowie 5.10). Hierzu gehören Kunstwerke, Schmuck, teurer Rotwein und Whiskey, Oldtimer, aber auch Porzellanfiguren, Sammlermünzen und Kryptowährungen.

Anlagevehikel sind hingegen lediglich verkaufsfähige Umverpackungen, hinter denen letztlich immer eine Anlageklasse oder eine Kombination aus mehreren Anlageklassen stecken. So kann sich z. B. ein Investmentfonds sowohl auf Aktien als auch auf Geldmarktpapiere, Anleihen oder Immobilien beziehen. Ebenso wird ein Lebensversicherer das Sicherungsvermögen (früher: Deckungsstock) seiner Kunden letztlich in unterschiedlichen Anlageklassen investieren.

Fünf wichtige Fakten über Anlagevehikel:

1. Anlagevehikel erzeugen niemals eine eigene Rendite (Verpackungen sind nicht nahrhaft). Sie geben lediglich die Rendite der zugrunde liegenden Anlageklassen weiter.
2. Die Nutzung von Anlagevehikeln erzeugt jedoch zwangsläufig **zusätzliche Kosten** (das soll hier jedoch nicht unser Thema sein).[222]
3. Aus **Kundensicht** besteht der Nutzen von Anlagevehikeln ausschließlich darin, ihm einen **besseren Zutritt zu Anlageklassen** zu verschaffen oder ihm den Zu-

tritt zu gewünschten Anlageklassen überhaupt erst zu ermöglichen (also z. B. mit geringen Mitteln in eine großvolumige Anlage investieren zu können oder den Zugang zu einer Investitionsmöglichkeit in einem fernen Land möglich zu machen).

4. Für die **Finanzdienstleister** bieten Anlagevehikel **viele Vorteile**. So lassen sich ständig neue (Schein-)Innovationen erzeugen, mit denen man das Kundeninteresse gewinnen kann. Außerdem lassen sich in den Hüllen attraktive Gebühren und sonstige Ertragspotenziale einbauen. Schließlich können auch ansonsten nicht oder nur schlecht vermarktbare Anlagegegenstände am Markt »untergebracht« werden.
5. Während es nur fünf originäre Anlageklassen plus ein paar exotische Anlageklassen gibt, sind am deutschen Markt angeblich rund 1,8 **Millionen Anlagevehikel** zum Vertrieb zugelassen – der größte Teil davon sind Investmentzertifikate.[223]

Vor dem Hintergrund der Gefahr eines Euro-Crashs lohnt es sich daher für Sie, konsequent zwischen Anlageklassen und Anlagevehikeln, aber auch zwischen Arten von Anlagevehikeln zu unterscheiden, da sich diese gerade auch in Hinblick auf das Ausmaß der in ihnen steckenden Risiken enorm unterscheiden.

Nachfolgend werden die beliebtesten Anlagevehikel in Hinblick auf ihr zusätzliches Risiko geprüft. Im Einzelnen sind dies

- alle Einlagekonten (Giro-, Tagesgeld- oder Festgeldkonto) bei Kreditinstituten,
- Anlagezertifikate (= Investmentzertifikate) sowie Bankanleihen,
- Versicherungsverträge mit Sparcharakter und
- Bausparverträge.

a) Vehikelrisiko von Einlagekonten bei Kreditinstituten

Einlagekonten sind insbesondere Giro- oder Sparkonten sowie Tagesgeldkonten und Festgeldkonten. Die durch gesetzliche Änderung ausgelösten Risiken dieser Vehikel sind in Kapitel 3.6 (Konflikt zwischen Systemschutz und Verbraucherschutz) erläutert. Ausgangspunkt ist die gesetzliche Einlagensicherung (Einlegerschutz), wonach bis 100.000 Euro pro Einleger und Institut abgesichert sind. Achtung, mit dem Begriff »Institut« sind alle zu einem Unternehmen zugehörigen rechtlichen Einheiten gemeint: So sind z. B. Postbank oder DSL Bank jeweils »eine Niederlassung der Deutsche Bank AG« und »maxblue, der Online Broker der Deutschen Bank«.

Wichtiger Hinweis: Kontobestände **über 100.000 Euro**[224] sind also grundsätzlich nicht geschützt. Das Risiko der Insolvenz Ihres Kreditinstitutes hinsichtlich von Guthaben jenseits dieser Grenze sollten Sie daher eindeutig nicht tragen.[225] Vermeiden Sie das Restrisiko, indem Sie einfach höhere Einlagevolumina auf mehrere Kreditinstitute verteilen. Das ist ohne Kosten und mit wenig Aufwand möglich.

Schwieriger wird es hinsichtlich der Risikobewertung für Einlagen bei Kreditinstituten **unter** der Grenze von **100.000 Euro**, wenn der Gesamtbetrag der Einlagen einer Person sehr hoch ist, also z. B. eine knappe Million Euro auf zehn unterschiedliche Konten verteilt wurde. Hier gäbe es z. B. den Fall eines Kleinunternehmers, der gerade seinen Betrieb veräußert hat und nun 980.000 Euro verteilt. Kann er zu Recht ruhig schlafen? Mit Blick auf den o. g. Einlegerschutz, wonach bis 100.000 Euro pro Einleger und Institut abgesichert sind, ja. Also »eigentlich« Entwarnung.

I eat my own cooking! – Machen Sie es wie ich!

Die durch die aktuelle Gesetzeslage überhaupt nicht gestützte, aber durch Lebenserfahrung und die Historie naheliegende Befürchtung geht dahin, dass es zwei Wahrheiten gibt. Offiziell und nach menschlichem Ermessen ist es extrem unwahrscheinlich, dass die Regelungen des § 89 SAG (vgl. Kapitel 3.6) auf Einlagen unter der Grenze der gesetzlichen Einlagensicherung angewendet werden. Jedoch könnte es sein, dass Private mit insgesamt hohem Einlagevolumen bei einem schweren Finanzcrash doch schlechter gestellt werden, indem man die Kontenstände zusammenfasst und die Verteilung auf verschiedene Konten als eine Art Umgehung interpretiert. Wegen dieser Restunsicherheit sollten der Unternehmer und bei ähnlichem Verhältnis auch Sie selbst – ohne Hektik und ohne Inkaufnahme hoher Transaktionskosten – sicherheitshalber einen Teil dieser Mittel in Staatsanleihen bester Bonität, idealerweise aufgeteilt in unterschiedliche Währungen, umschichten. Ist eine Währungsdiversifikation nicht gewünscht, so kann auch ausschließlich in deutsche Bundesanleihen umgeschichtet werden. Das damit verbundene Kursrisiko für den Fall weiterer Zinssteigerungen begrenzen Sie, indem Sie kurze bis mittlere Restlaufzeiten wählen.

b) Vehikelrisiko von Anlagezertifikaten

Für das bei Anlagezertifikaten unvermeidbare **Emittentenrisiko**, also das Risiko, dass das ausgebende Kreditinstitut insolvent wird, gibt es keine adäquate Vergütung, also keine messbare bzw. angemessene Risikoprämie. Der Grund hierfür besteht einfach darin, dass der private Anleger das zusätzliche Risiko der **Umverpackung »Zertifikat«** nicht kennt oder nicht adäquat bewertet. Das Emittentenrisiko ist jedoch ernst zu nehmen und geht weit über das Risiko von Einlagekonten hinaus, denn bei Zertifikaten gibt es **keinen Einlagenschutz** in irgendwelcher Form. Der Schaden, den beispielsweise die Anleger weltweit mit Zertifikaten der Investmentbank Lehman Brothers erlitten haben, war immens. Allein ca. 50.000 deutsche Bürger, denen über ihre Banken und Sparkassen Lehman-Brother-Zertifikate vermittelt worden waren, erlitten einen Vermögensverlust von rund einer Milliarde Euro. Zwar hat sich der deutsche Markt für Anlagezertifikate seit Lehman Brother in etwa halbiert, jedoch ist das Volumen von über 70 Milliarden – nicht zuletzt aufgrund der massiven Bewerbung der für die Finanzanbieter äußerst lukrativen Zertifikate und dank der Lobbypolitik des Deutschen Derivate Verbands – nach wie vor beträchtlich.

Gerade vor dem Hintergrund von Risiken einer möglichen Finanzkrise sollten Sie das Emittentenrisiko von Zertifikaten ganz einfach dadurch vermeiden, indem Sie auf Zertifikate völlig verzichten. Abgesehen von wirklich exotischen Anlagethemen und meist kurzfristigen Wetten mit sehr spekulativem Charakter sind alle Anlage- und Vorsorgemotive auch ohne Verwendung von Zertifikaten umsetzbar. Im Ergebnis also die Empfehlung, künftig keinerlei Zertifikate mehr zu erwerben und bestehende Zertifikate durch transparente und kostengünstige Vehikel mit gleicher oder ähnlicher Funktion, aber ohne Emittentenrisiko, zu ersetzen. Es gibt eine Fülle weiterer Argumente gegen Anlagezertifikate, die Sie bei tieferem Interesse z. B. in meinem Finanzblog[226] nachlesen können. Insbesondere sind viele Zertifikate als **Schiefe Wette** aufgebaut, deren Logik für den Privatanleger nur schwer zu verstehen ist.[227]

I eat my own cooking! – Machen Sie es wie ich!

Manche Leute kochen konsequent glutenfreie oder laktosefreie Menüs. Sie sollten daher im übertragenen Sinne – gerade in Hinblick auf die Risiken eines möglichen Finanzcrashs – ein konsequent **zertifikatfreies** Anlagemenü haben.

Selbstredend ist mein Anlageportfolio konsequent zertifikatefrei gehalten. Und irgendwie vermisse ich Anlagezertifikate auch überhaupt nicht…

Bankanleihen, Bankschuldverschreibungen und Sparbriefe sind in die Gruppe festverzinslicher Anlagen ohne erstklassige Bonität einzuordnen. Dies bedeutet, dass der Anleger für das verbleibende Bonitätsrisiko eine angemessene Risikoprämie erhalten müsste. Dass dies in der Regel aber derzeit nicht der Fall ist, können Sie vertieft in Kapitel 5.5 nachlesen.

c) Vehikelrisiko von Versicherungsverträgen mit Sparcharakter

Bei den Versicherungsverträgen mit Sparcharakter sind folgende Erscheinungsformen besonders relevant:

- Klassische kapitalbildende Lebens- oder Rentenversicherung
- Fondsgebundene Lebens- oder Rentenversicherung
- Riester-Versicherungen

- Rürup-Versicherungen
- Exotische Varianten der sogenannten »Neuen Klassik«, z. B. Indexpolicen

Die juristischen Unterschiede im Detail sind hochkomplex, jedoch meist nicht ausschlaggebend vor dem Hintergrund der viel wichtigeren Frage nach den Vehikelrisiken – der Frage also, ob im Falle eines Finanzcrashs oder einer durch andere Gründe ausgelösten Insolvenz des Versicherers Ihr Vorsorgevermögen gefährdet ist.

Wenn Sie eine **Versicherungspolice** anstelle einer Direktanlage besparen, entsteht zwangsläufig ein **zusätzliches Vehikelrisiko**. Dieses ist zwar von der Eintrittswahrscheinlichkeit als ein 1/6-Risiko im Sinne der Risikomatrix von Kapitel 2.4 einzuschätzen – also extrem unwahrscheinlich, jedoch im Falle des Eintritts auch schwerwiegend.

Die Regelungen des § 314 VAG, vormals wortgleich § 89 VAG a. F. (vgl. Kapitel 3.6) wurden zwar bislang noch nicht angewendet, was Sie jedoch angesichts der Gefahr eines möglichen Finanzcrashs nicht völlig in Sicherheit wiegen sollte, da etliche Versicherer schon aufgrund der Kombination aus (zu) hohen Kosten einerseits und anhaltender Niedrigzinswelt anderseits mit dem Rücken zur Wand stehen.

Für den tiefergehend interessierten Leser

Ist das Vehikelrisiko bei Fondspolicen kleiner als bei Verträgen mit Sicherungsvermögen?

Bei traditionellen Renten- oder Lebensversicherungen fließen die Sparanteile in ein sogenanntes Sicherungsvermögen (früher Deckungsstock genannt). Gleiches gilt auch für Innovationen und Scheininnovationen, welche die Versicherungsbranche als »Neue Klassik« bezeichnet. Anders ist es bei sogenannten Fondspolicen (auch fondsgebundene Lebens- oder Rentenversicherungen genannt). Hier wird aus dem nach Abzug verschiedener Kosten verbleibenden Sparanteil des Kunden ein individuelles Vertragsguthaben (Rückkaufswert) gebildet, welches sich aus der Wertentwicklung der vom Kunden gewählten ETFs oder aktiv gemanagten Investmentfonds ergibt. Jedoch ist die Vorstellung falsch, dass die Versicherungsgesellschaft für jede Fondspolice tatsächlich ein eigenes Wertpapierdepot bildet, welches diesem als Sondervermögen zuzurechnen und damit bei einer Schieflage des Versicherungsunternehmens insolvenzsicher sei. Vielmehr steht auch das Vertragsguthaben einer fondsgebundenen Lebens- oder Rentenversicherung rein rechtlich gesehen im Eigentum der Versicherungsgesellschaft und nicht etwa des Versicherungsnehmers.[228]

I eat my own cooking! – Machen Sie es wie ich!

In meinem Haushalt gibt es eine extrem **kostengünstige und transparente Netto-Fondspolice**[229] mit überschaubarem Volumen. Sie sehen, ich persönlich schätze das Vehikelrisiko nicht als so groß ein, als dass ich den

Versicherungsmantel gekündigt hätte. Als alleinige Altersversorgung würde ich die Netto-Fondspolice aber nicht akzeptieren, sondern lediglich als einen von mehreren Bausteinen.

Gleichzeitig rate ich jedoch ganz klar vom **Neuabschluss** klassischer kapitalbildender Lebens- oder Rentenversicherungen ab und zwar nicht primär wegen des Vehikelrisikos, sondern wegen der wirtschaftlichen Unvorteilhaftigkeit.[230] Mit diesen Produkten sparen Sie sich – ganz unabhängig von allen Crashgefahren – mit Sicherheit arm.

Leider gilt dieser Rat ebenfalls für die Produkte der **»Neuen Klassik«**, die lediglich Scheininnovationen mit schlechtem Risiko-Rendite-Verhältnis darstellen. Und ebenso für die marktüblichen Fondspolicen (Bruttopolicen) mit meist unangemessen hohen Kosten.[231]

Wie Sie persönlich mit Ihren **Bestandsverträgen** sinnvoll umgehen, muss individuell geprüft werden (am besten mit Hilfe eines wirklich unabhängigen Honorarberaters, der Ihre Interessen vertritt). Der in den Büchern einiger Crash-Propheten zu lesende Rat »Kündigen Sie alle Versicherungen und legen Sie Ihr Geld dann in meinen crash-sicheren Fonds an« ist pauschal, eigennützig und verantwortungslos. Auch andere Anlagevehikel sind nicht völlig frei von Risiken.

d) Vehikelrisiko von Bausparverträgen

In Kapitel 3.6 haben Sie bereits gelesen, dass bei sachlicher Bewertung Ihr Risiko, Bauspareinlagen bis zur Höhe von 100.000 Euro wegen einer Schieflage der Bausparkasse zu verlieren, trotz der erfolgten Auflösung verschiedener Sicherungsfonds gering ist und exakt dem Risiko entspricht, welches Sie auch bei sonstigen Guthaben bei Banken und Sparkassen haben. In Hinblick auf Risiken aus einem möglichen Finanzcrash ist das Vehikel »Bausparvertrag« bei Einlagesummen von unter 100.000 Euro exakt so einzuschätzen wie entsprechende Einlagen bei Banken und Sparkassen. Wenn Sie also z. B. einen von der Bausparkasse noch nicht gekündigten Bausparvertrag mit einem aus heutiger Sicht **attraktiven Ansparzins** besitzen, so wäre es unsinnig, diesen unter Risikogesichtspunkten aufzulösen, solange Sie gleichzeitig Bankeinlagen besitzen.

Neben der Frage nach den Risiken des Vehikels »Bausparvertrag« bezogen auf die Ansparphase dürfen Sie jedoch zu Recht hinterfragen, ob Bausparen in einer Welt geringer Nominalzinsen und stark negativer Realzinsen überhaupt Sinn macht – völlig losgelöst vom Risiko des Einlageverlustes. Und ob es wahrscheinliche Szenarien gibt, in dem sich Bausparen für Sie tatsächlich lohnen könnte.

Die **kurze** Antwort lautet: »Nein.«

Die **etwas ausführlichere** Antwort lautet: »Wenn man Wunder ausschließt – Nein!«

Die **ganz ausführliche** Antwort lautet: Der Abschluss und das Besparen eines Bausparvertrages mit dem Ziel eines späteren Bausparkredites ist nur in den wenigen Fällen vorteilhaft, in denen die Ansparphase während sehr geringer Marktzinsen und die Darlehensphase während sehr hoher Marktzinsen stattfinden. Solche Konstellationen hat es in den letzten Jahrzehnten nur selten gegeben. Angesichts hoher Staatsverschuldung einiger Euro-Mitgliedstaaten erscheinen starke Zinssteigerungen auch zukünftig als eher unwahrscheinlich. Selbst wenn es zu starken Zinssteigerungen käme, wäre es fraglich, ob die Bausparkassen die Bedienung der dann vorteilhaften Bauspardarlehen leisten könnten. Denn fast alle haben in den Nullzinsjahren ihre Risikovorsorge für den Fall starker Zinssteigerung aufgegeben und den entsprechenden Fonds zur bauspartechnischen Absicherung (FbtA) zur Deckung laufender Verluste verwendet (vgl. Kapitel 3.6). Kurzum: Bei einem niedrigeren Darlehenszinsniveau für Immobilienfinanzierungen sind Bausparverträge eindeutig unvorteilhaft. Und im Fall einer starken Zinssteigerung werden die Bausparkassen entweder insolvent oder sie werden die nachgefragten Bausparkredite durch Verschlechterung der Zuteilungsregeln – ganz wie in der Hochzinsphase von 1990 – nicht oder nur stark verzögert bedienen. Der Gesetzgeber wird die Bausparkassen dabei sicher unterstützen (er hatte ja der Entnahme der Rückstellungen aus dem Fonds zur bauspartechnischen Absicherung zugestimmt). Denn es gilt: Systemschutz geht über Verbraucherschutz. Auf die Vorteilhaftigkeit eines Bausparvertrages sollten Sie also lieber nicht spekulieren. Sondern sich – bevor Sie einen Abschluss erwägen – qualifiziert informieren. Vor allem unterschätzen die meisten Verbraucher die Auswirkung der langjährigen Ansparverluste auf die Effektivkosten einer späteren Bausparfinanzierung.[232]

Auch bei Würdigung aller historischen Verdienste der Bausparkassen ist das Geschäftsmodell »Bausparkollektiv« weitgehend nutzlos geworden.[233] Der Abschluss von Bausparverträgen ist somit – von extrem seltenen Ausnahmen abgesehen[234] – nur dann sinnvoll, wenn der reine Sparprozess vorteilhaft ist (was allenfalls aufgrund der Bausparförderung der Fall sein kann). Und warum der Staat aus Steuermitteln ein Vehikel subventioniert, welches angesichts der Existenz anderer effizienter Zinssicherungsinstrumente »aus der Zeit gefallen« zu sein scheint und den Bürgern keinen Nutzen stiftet, kann man lediglich nachvollziehen, wenn man die Macht der Bausparlobby verstanden hat.

I eat my own cooking! – Machen Sie es wie ich!

Meine Familie und ich haben keine Bausparverträge und gedenken auch nicht, welche abzuschließen. Diese Ablehnung resultiert jedoch nicht in erster Linie aus der Sorge vor den Vehikelrisiken, sondern der grundsätzlichen Unvorteilhaftigkeit des Bausparens. Gleiches gilt leider auch meist für Bestandsverträge.[235]

Risiken aus Anlagevehikeln – zusammenfassende Empfehlungen

Unter dem Gesichtspunkt konstruktiver Crashgedanken soll hier nicht Angst und Schrecken vor – vielleicht extrem unwahrscheinlichen – Risiken verbreitet werden. Jedoch ist sachlich festzustellen, dass sich unser Staat schrittweise auf die Möglichkeiten der Insolvenz der »Hersteller« von Investmentvehikeln vorbereitet und gemäß dem Leitgedanken »Systemschutz geht über Verbraucherschutz« dem Risiko von Haftungsansprüchen gegen den Staat bzw. den Steuerzahler entgegenwirkt. Dabei verlagert er zwangsläufig dieses Risiko auf die Nutzer der Vehikel. Dass diese politische Entwicklung weder verantwortungslos, dumm oder aggressiv ist und nicht als »Enteignung der Bürger« interpretiert werden sollte, haben Sie in Kapitel 3.6 gelesen. Ob die Risikoverlagerung für Sie im Endeffekt tatsächlich eine Verschlechterung Ihrer Position darstellt, ist schwer abzuschätzen, da die meisten von Ihnen wahrscheinlich gleichzeitig zwei Hüte aufhaben. Sie sind einerseits Steuerzahler und andererseits Kunde der Finanzdienstleistungsindustrie. Es kommt darauf an, bei welchen Anlagevehikeln Sie betroffen sind. Und so wird die Tendenz »Systemschutz geht über Verbraucherschutz« wahrscheinlich den Effekt »linke Tasche – rechte Tasche« haben. Lassen Sie uns nur hoffen, dass nicht beide Taschen leer sind …

Abb. 60: Systemschutz geht über Verbraucherschutz

Bevor Sie nun vorschnell ein Vehikelrisiko kappen, indem Sie laufende Verträge mit geringeren Auflösungskosten (Zertifikate), mittleren Auflösungskosten (Bausparverträge) oder hohen Auflösungskosten (Versicherungsprodukte mit Sparcharakter) beenden bzw. kündigen, bedenken Sie bitte, was Sie mit den frei gewordenen Mitteln dann tun wollen und welche Rendite sowie neue Risiken hier auf Ihre Reserven warten. Risikofreie Anlagen mit Rendite gibt es erst im nächsten Leben – wir alle leben aber noch in diesem!

Die Alternative von etwas Schlechtem ist nicht automatisch etwas Gutes.
Es könnte auch etwas noch Schlechteres sein.

Auch hier gilt: Hinterher ist man immer schlauer. Besonders schlau werden Sie, wenn Sie Ihren Vertrag von unabhängiger Seite prüfen lassen. In Frage kommen hierfür die Verbraucherzentralen, der Bund der Versicherten oder ein unabhängiger Versicherungsberater, Rentenberater bzw. Honorarberater. Auch spezialisierte Rechtsanwaltskanzleien sind neutrale Gutachter für Ihr weiteres Vorgehen.

Übrigens: Versunkene Kosten, wie auch Ihre vertane Zeit und Mühe, sollten dabei Ihre Zukunftsentscheidungen nicht beeinflussen.

5.8 Halten Sie Ur-Geld – die älteste Währung der Welt

Sie ahnen es schon – hier ist von Gold die Rede. Gold ist ein seit rund 6.000 Jahren funktionierender Wertspeicher und gleichzeitig eine immer – gerade auch in Krisenzeiten – funktionierende Tausch- und Recheneinheit. Gold ist ein Sachwert und keine Forderung gegen einen Dritten, die ausfallen könnte, wenn dieser pleitegeht. Ebenso hat sich Gold in vielen Krisen – und zwar überraschenderweise sowohl in inflationären als auch deflationären Phasen – als stabilisierendes Element im Vorsorgeportfolio bewährt. Kritiker wenden ein, dass der Goldpreis keineswegs stabil sei, sondern schwanke. Doch wer die Relativität des Risikos und die Auswirkungen der Maßgutwahl verstanden hat (vgl. Kapitel 5.1), weiß, dass es nicht darum geht, mit Gold eine »Fels in der Brandung«-Anlageklasse zu erwerben (die gibt es nämlich nicht). Sondern einen zusätzlichen Portfolio-Baustein zu besitzen, der die Gesamtschwankungen der gesamten Reserven reduziert, da sich der Wert von Gold langfristig meistens gegenläufig zur Wertentwicklung anderer Anlageklassen entwickelt.

Zudem ist Gold in seiner Bewertung weltweit autark. Auch wenn es immer wieder (unbestätigte und nicht beweisbare) Gerüchte über angebliche Interventionen bzw. Manipulationen der Zentralbanken in Hinblick auf den Goldpreis gibt. Einen Markt mit einem weltweit so großen Volumen kann man jedoch bestenfalls temporär manipulieren. Mittel- bis langfristig ist und bleibt Gold eine **weltweit akzeptierte Krisenwährung** und ein **stabilisierender Faktor** in jedem risikoorientierten Vorsorgekonzept.

Wenn Sie der **Strategie des geringsten Bedauerns** folgen, zudem akzeptiert haben, dass Sie nicht in die Zukunft schauen können und daher eine möglichst breite Streuung Ihrer Reserven anstreben, dann ist es keine Frage mehr, ob Gold im Rahmen der Krisenvorsorge einbezogen werden soll.

Vielmehr bleiben die beiden folgenden Fragen:
1. Welchen Anteil an den Vorsorgereserven sollte Gold besitzen?
2. Sollte es physisches oder virtuelles Gold (d. h. Goldbesitz über Vehikel) sein? Oder eine Mischung von beidem?

Zu Frage 1: Hilfen zur Bestimmung des für Sie »richtigen« Anteils von Gold an Ihren Vorsorgereserven

Die Antwort hängt zum einen von **Ihrer persönlichen Positionierung auf dem Risikokontinuum ab** (vgl. Kapitel 2.5). Je weiter rechts Sie sich hier selbst sehen, desto höher sollte Ihr Goldanteil sein.

Einfache Praktikerempfehlung eines Kollegen

Ein Fachkollege rät seinen Mitmenschen, ihre persönliche Einschätzung auf einen Zettel zu schreiben, mit welcher prozentualen Wahrscheinlichkeit die Eurozone in den nächsten zehn Jahren zerbrechen wird, also z. B. 5 % oder 25 % oder … Exakt diesen Wert empfiehlt er dann als Goldquote (gerechnet auf Basis des freien Anlagevermögens, also z. B. ohne die selbstgenutzte Wohnimmobilie).

Mein Kommentar dazu: Eine sehr vereinfachte Sichtweise, aber als Denkanstoß im Prinzip richtig, um Ihre Balance zwischen Risikoangst und Chancenorientierung (= Vermeidung von Opportunitätskosten) zu finden.

Ein weiterer Anhaltspunkt für Ihre »richtige« Goldquote ist **Ihre sonstige Aufteilung zwischen Geld- und Sachvermögen.** Wenn Sie einen geringen Sachvermögensanteil haben (z. B. weil Sie kein Wohneigentum besitzen), dann spricht dies für eine höhere Goldquote. Besitzen Sie hingegen Sachvermögen, das sogar noch teilweise fremdfinanziert ist (also negatives Netto-Geldvermögen), dann ist eine geringere Goldquote empfehlenswert.

Von Extremfällen abgesehen kann als Orientierung für die Untergrenze einer empfehlenswerten Goldquote ein Wert von ca. 5 % Ihres freien Anlagevermögens genannt werden, für die Obergrenze etwa 20 %. Die Obergrenze ziehe ich – ganz bescheiden – aus der Tatsache, dass Gold eben keine Rendite oder laufende Ausschüttung erzielen kann; es ist eine völlig unproduktive, also defensive Anlageklasse.

Ethische und ökologische Komponente des Goldbesitzes

Darf man in Gold investieren, obwohl es Goldminen gibt, die das Edelmetall in ökologisch bedenklicher bzw. nicht nachhaltiger Weise und/oder unter ethisch fraglichen Arbeitsbedingungen abbauen? Die Antwort hierauf ist einfach und schwer zugleich und kann letztlich nur von Ihnen selbst gegeben werden.

Bei nahezu allen von Ihnen erworbenen Gütern Ihres täglichen Bedarfs (vom T-Shirt bis zur Lithium-Batterie Ihres Elektroautos) ist diese Frage zu stellen und kann nur teilweise befriedigend beantwortet werden. So wie Sie ein Nahrungsmittel aus zertifiziertem Anbau kaufen können, so können Sie ebenso nach ESG- bzw. SRI-Kriterien[236] zertifiziertes Gold erwerben. Fragen und Restrisiken bleiben in allen Fällen. Das Gewissen kann vielleicht durch das Argument beruhigt werden, dass der größte Teil des handelbaren Goldes ohnehin uralt ist – und nur rund 1,5 % des Goldbestandes jährlich aus laufender Produktion kommen.[237] Andererseits kann Gold ohne Verluste immer wieder umgeschmolzen werden – es hat keine DNA.

Letztlich müssen Sie also auf die Echtheit und Wahrheit des jeweiligen Zertifikates vertrauen, wenn Sie beispielsweise 100 % recyceltes Gold aus Industrieabfällen oder Schmuck erwerben. Zurückverfolgen können Sie den Weg und die Geschichte »Ihres Goldes« jedoch nicht.[238]

Zu Frage 2: Physisches Gold oder Goldbesitz mit Hilfe von Anlagevehikeln?

Es gibt eine Reihe von Möglichkeiten des Goldbesitzes, die in die zwei Kategorien »physisch« und »virtuell« unterschieden werden können. Während Sie bei **physischem** Goldbesitz das Edelmetall unmittelbar in Händen halten und an einem Ort Ihres Vertrauens lagern können, erwerben Sie bei den **virtuellen** Erscheinungsformen lediglich Miteigentumsrechte (Anteile an Goldminengesellschaften) oder Gläubigerrechte (einen schuldrechtlichen Anspruch auf Auslieferung des Goldes oder Zahlung einer Geldsumme, die sich an der Entwicklung des Goldpreises orientiert). Sie finden die Aufstellung der wichtigsten Erscheinungsformen in der nachstehenden Tabelle, wobei die grau unterlegten wegen höherer Kosten, Risiken oder anderer Nachteile als »zweite Wahl« bewertet werden.

Physisches Gold	Virtuelles Gold
Goldmünzen	Gold-ETCs mit Hinterlegung durch Tresor-Gold (z. B. EUWAX Gold, Xetra-Gold oder WisdomTree Physical Swiss Gold)*
Goldbarren	ETFs auf Goldaktien
Gold-Riegelchen/Kinebar (Kinebarren)	Gemanagte Fonds auf Goldaktien
Gold-Nuggets	Gold-Zertifikate oder Gold-ETCs ohne Hinterlegung mit Tresor-Gold
Goldstaub	Goldsparpläne
Goldschmuck	Goldpreisindizierte Anleihen

Tab. 4: Erscheinungsformen von physischem und virtuellem Gold

*Erläuterung zu Gold-ETCs mit Hinterlegung durch Tresor-Gold

ETCs (Exchange Traded Commodities) sind börsengehandelte Wertpapiere, deren Wertentwicklung an einen Rohstoffpreis oder die Entwicklung eines Korbes aus mehreren Rohstoffen geknüpft ist. Hier geht es um ETCs mit Goldhinterlegung, die einen Lieferanspruch auf Gold verbriefen oder, je nach Wunsch, ersatzweise die Bezahlung in Euro versprechen. Zwar sind diese mit Tresor-Gold hinterlegten ETCs juristisch gesehen Zertifikate (vgl. Kapitel 5.7 – Risiko aus Vehikeln). Der Anleger trägt also das Emittentenrisiko, es besteht keine Einlagensicherung und die Emittenten können das Produkt dem Kunden gegenüber kündigen. Auch können Verwahrentgelte anfallen. Jedoch gelten ein paar für den Privatanleger vorteilhafte Besonderheiten.

Beispiele für diese Anlageform sind **EUWAX Gold** (Boerse Stuttgart Securities GmbH), welches zu **100 % mit physischem Gold hinterlegt** ist, das entsprechend in einem Tresor lagert, **WisdomTree Physical Swiss Gold** (Wisdom Tree Metal Securities Ltd.), welches ebenfalls zu **100 %** mit physischem Gold hinterlegt ist, und **Xetra-Gold** (Deutsche Börse Commodities GmbH), Hinterlegungsquote **95 %**. Das zertifikate-spezifische Risiko ist somit auf schlimmstenfalls 5 % gesenkt. In all diesen Fällen wird der ETC zudem steuerlich wie physikalischer Goldbesitz behandelt. Gewinne bis unter 600 Euro genießen eine Steuerfreigrenze. Und ab einer Haltedauer von über einem Jahr sind auch darüber hinausgehende Gewinne vollständig steuerfrei, da sie als private Veräußerungsgewinne von der Kapitalertragsteuer ausgenommen werden. Inwieweit das durch Tresor-Gold hinterlegte Zertifikat Ihren Bedürfnissen entspricht, erkennen Sie nachstehend. Die Frage »physisch oder virtuell« lässt sich nämlich einfach beantworten, wenn Sie Ihre Motive für den Goldbesitz kennen.

- **Motiv 1:** Wünschen Sie lediglich, ein **Gegengewicht zu inflationsgefährdetem Geldvermögen** in Ihrem Portfolio zu haben, weil Sie von einer »Lösung« der Überschuldungskrise durch Inflation ausgehen, dann genügt virtuelles Gold. Auch im Fall eines Währungszusammenbruchs genügt virtuelles Gold, sofern gewährleistet ist, dass Ihr Kontraktpartner seinen Verpflichtungen nachkommt.
- **Motiv 2:** Suchen Sie hingegen eine Vorsorge für **den Fall eines extremen Crash-Ereignisses** mit Zusammenbruch der Bargeldversorgung und Handlungsunfähigkeit der Finanzinstitutionen, so benötigen Sie eindeutig physisches Gold.
  Es gilt der Grundsatz:

> Wenn die Flut kommt, ist es besser, ein Rettungsboot zu besitzen, als nur einen Berechtigungsschein auf den Bezug eines Rettungsbootes.

Da für die meisten Bürger beide oben genannten Motive vorliegen dürften, liegt ein »Sowohl als auch« von physischem und virtuellem Goldbesitz nahe. Empfohlen wird ein Kern-Goldanteil, der physisch ist (also Ihr persönliches Rettungsboot für alle Fälle). Der darüber hinausgehende höhere Goldanteil darf virtuell sein. Hier sollten Sie die börsenfähigen Gold-ETCs mit Hinterlegung durch Tresor-Gold (z. B. Xetra-Gold, Euwax-Gold) bevorzugen, die nicht der KESt[239] unterliegen und gleichzeitig ein geringeres Vehikelrisiko aufweisen. Erwägenswert sind auch ETFs auf Goldminenaktien. Da

Sie mit diesen jedoch sowohl positive wie auch negative Wertentwicklungen des Goldpreises hebeln,[240] d. h. vergleichsweise stärkere Veränderungen erzeugen, sollten Sie hierin nur kleinere Volumina investieren.

I eat my own cooking! – Machen Sie es wie ich!

Verstehen Sie Gold als eine defensive Anlageklasse, die zwar keine laufenden Erträge erbringt, jedoch zur Stabilisierung Ihrer Vorsorge beiträgt. Denn der Goldpreis schwankt zwar, aber seine Schwankung korreliert eben nur teilweise mit der anderer Anlageklassen. Mittel- und langfristig stellt Gold auch einen guten Inflationsschutz dar. Ein Goldanteil innerhalb Ihrer Reserven ist aus wissenschaftlicher Sicht eindeutig empfehlenswert. Seine angemessene Höhe ist erstens von Ihrer Risikoscheu abhängig. Zweitens davon, wie hoch Ihr sonstiger Sachvermögensanteil Ihrer Reserven ist. Wenn Sie sich gegen den Fall extremer Crash-Szenarien absichern wollen, benötigen Sie physisches Gold, ansonsten genügt für das Motiv »Portfoliostabilisierung« der Erwerb von virtuellem Gold. Hierbei achten Sie sowohl auf die Risiken der Vehikel als auch deren steuerliche Behandlung. Goldbesitz erweitert sowohl Ihre Robustheit als auch Ihre Handlungsmöglichkeiten im Falle einer Finanzkrise ganz erheblich. Hierauf wird in Kapitel 5.11 weiter eingegangen.

Noch ein paar Gedanken zu Silber, anderen Edelmetallen oder Rohstoffen

Die Preise von Silber, anderen Edelmetallen oder Rohstoffen entwickeln sich keineswegs parallel zum Goldpreis – ganz im Gegenteil. Berücksichtigen Sie die **Haltekosten**, die bei Gold lediglich im Zinsverlust sowie ggf. in den Kosten für ein Schließfach bestehen, jedoch bei anderen Edelmetallen und insbesondere bei Rohstoffen aufgrund der kleineren **Wertdichte**[241] recht hoch werden können. Beim physischen Kauf aller Edelmetalle außer Gold fällt **Mehrwertsteuer** an, was hier dann tendenziell die Nutzung virtueller Anlageformen vorteilhafter macht.

Diamanten: Diese haben eine enorme Wertdichte. Der Markt ist jedoch sehr unübersichtlich, allein aufgrund der vier wertbestimmenden Cs (Cut, Colour, Clearness, Carat) bei der Diamantenbewertung. Hinzu kommen Kunstdiamanten = Zirkonias. Die Transaktionskosten bei An- und Verkauf betragen jeweils mindestens 15 %, die Mehrwertsteuer kommt noch obendrauf. Sie merken schon – es ist sehr viel Vorsicht angebracht!

Kryptowährungen: Nur wenn Sie »Spielgeld« zur Verfügung haben und im guten Wortsinne »Computerfreak« sind, kann eine Geldanlage in digitale Währungen (Kryptowährungen) hinsichtlich sehr überschaubarer Beträge bedenkenswert sein. Ansonsten rate ich von Kryptowährungen eher ab. Wenn Sie defensive Anlagestrategien verfolgen, lassen Sie Kryptowährungen außen vor. Für »innovative« und risikofreudige Anleger empfehle ich, das Engagement in Kryptowährungen auf reines »Spielgeld« (also lieber 2 % als 5 %) Ihrer Finanzanlagen zu begrenzen und dabei bitte auch an das Finanzamt zu denken.

Tatsächlich erlebt

Nach einer Vortragsveranstaltung kam ein sympathischer Mann auf mich zu und vertraute mir ohne Umschweife an, er habe sich schon vor Jahrzehnten eine Tonne Kupfer in den Keller gelegt und schlafe seither deutlich ruhiger. Ich war zunächst sehr beeindruckt und hatte natürlich sofort das Bild eines bis unter die Decke mit Kupferbarren gefüllten Kellerraums im Kopf. Da der Mann keine Frage hatte, sondern nur erzählen wollte, beglückwünschte ich ihn einfach nur zu seinem guten Nachtschlaf. Zurück im Büro errechnete ich Volumen und Wert einer Tonne Kupfer und war gleich zweifach sehr überrascht. Überraschung 1: Eine Tonne Kupfer, die in einen Würfel gegossen würde, hat nicht einmal eine Kantenlänge von fünfzig Zentimeter – das passt also selbst bei verpackten 20-Kilo-Barren leicht in einen Kubikmeter Raum und somit auch in einen kleineren Keller. Überraschung 2: Die Tonne Kupfer hatte zum Zeitpunkt unserer Begegnung gerade mal einen Wert von ca. 5.000 Euro – heute ca. 6.000 Euro (im Einkauf natürlich teurer, da Mehrwertsteuer, eine schöne Händlerspanne und Frachtkosten anfallen).

Ziehen Sie Ihre eigenen Schlussfolgerungen aus dem Fall. Vielleicht finden Sie die Kupferhaltung »rührend«, andererseits wären bei schwerer Schlaflosigkeit die 5.000 oder 6.000 Euro auch schnell für Ärzte, Heilpraktiker und Globuli ausgegeben. Wenn also Kupfer gegen Schlaflosigkeit hilft … Ich kenne auch jemanden, der Recycling-Alu hortet – da wird es richtig »rührend«, denn Alu ist noch preiswerter als Kupfer und gleichzeitig auch noch leichter und benötigt folglich noch viel mehr Lagerraum.

Nachstehend finden Sie eine übersichtliche Visualisierung relevanter Kennzahlen verschiedener (Edel-)Metalle. Ausgangspunkt sind ein Investitionsbetrag von 10.000 Euro und die Preise Stand Ende 2022 (jeweils ohne Mehrwertsteuer und ohne Nebenkosten). Als Grundlage wurde Gold gewählt, d. h., die Kennziffern »Wertdichte« und »Relatives Volumen« sind ins Verhältnis zu Gold gesetzt.

Zur Interpretation: Für 10.000 Euro erhalten Sie entweder 184 Gramm Gold oder 14,6 Kilogramm Silber oder 1,25 Tonnen Kupfer oder 3,6 Tonnen Aluminium. Die jeweilige **Wertdichte**, also das Verhältnis Kilopreis Gold zu Silber (Faktor 79), zu Kupfer (Faktor 6.760) bzw. zu Aluminium (Faktor 23.000), ist nur ein erster Hinweis auf das benötigte Lagervolumen, da Gold im Beispiel die vergleichsweise höchste Dichte hat. Folglich benötigen Sie bei Silber fast das 146-fache **Volumen**, bei Kupfer das 14.630-fache und bei Aluminium etwa das 140.000-fache Volumen. Hoffentlich haben Sie viel Platz!

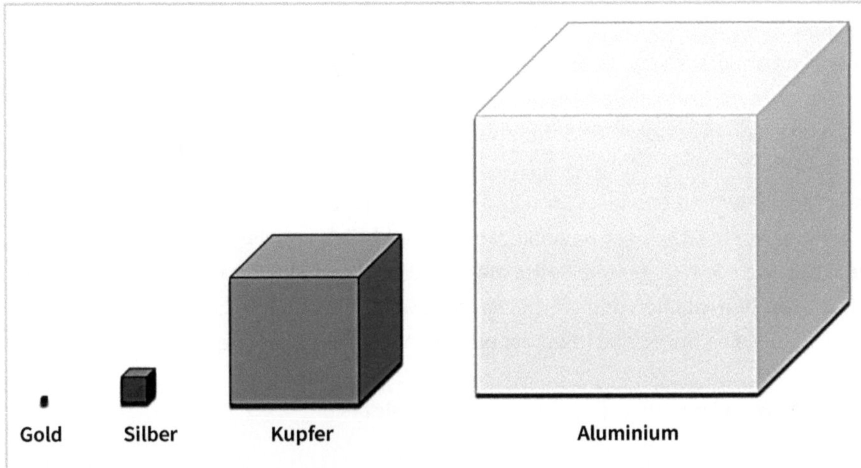

Parameter	Gold	Silber	Kupfer	Aluminium
Dichte in g/cm³	19.32	10.49	8.92	2.70
Preis pro kg in Euro	54,270	685	8.03	2.77
Masse für 10.000 Euro in g	184	14,600	12,45,000	36,10,000
Kantenlänge für 10.000 Euro in cm	2.12	11.16	51.88	110.17
relative Wertdichte zu Gold	1	1/79	1/6.760	1/23.000
erforderliches Volumen im Verhältnis zu Gold	1	146 fach	14.630-fach	140.000 -fach

Abb. 61: Gold ins Verhältnis gesetzt

5.9 Begrenzen Sie Ihren persönlichen Verschuldungshebel

Ausgangspunkt: Risiken hoher Verschuldung

Bereits in Kapitel 3.5 haben Sie die Risiken kennengelernt, die für jede Währung – also auch den Euro – aus einer hohen Verschuldung resultieren. Sie wissen, dass es keineswegs nur auf die Staatsverschuldung ankommt. Sie wissen auch, dass die aktuelle Situation durch (zu) hohe Schulden auf mehreren Ebenen gekennzeichnet ist, nämlich neben den

- **Staatsschulden** auch
- **Schulden der privaten Haushalte** und
- **Schulden der produzierenden und handelnden Unternehmen.**

Die Auslandsverschuldung sowie die Verschuldung von Banken in ihrer Rolle als Finanzintermediäre sind gesondert zu betrachten. Jedoch dürfen die Schulden der Finanzintermediäre nicht plump addiert werden, da diese ja gerade die Aufgabe haben, Mittel von Investoren an Schuldner weiterzuleiten (fälschliche Doppelzählung).

Während der bemerkenswerte Spruch: »In einer Welt überbordender Schulden ist es keine gute Idee, ein Gläubiger zu sein« ganz offensichtlich verständlich ist, stellt sich hier die Frage nach dem Gegenteil: **Sollte man** angesichts der Möglichkeit eines Euro-Crashs selbst **Schulden machen** und von geliehenem Geld gegebenenfalls Sachvermögen, also zum Beispiel eine Immobilie (denkbar wären aber auch Aktien oder Gold), anschaffen?

Der ganz überwiegende Expertenrat lautet: **»Nein!«**

Es ist **nichts dagegen einzuwenden**, wenn Sie eine Immobilie unter maßvollem Einsatz von Fremdmitteln (Faustregel: möglichst unter 60 % der Kaufsumme, und bei ansonsten stabilen Einkommens- und Vermögensverhältnissen unter 80 % der Kaufsumme) erworben haben. In den meisten Fällen wird die Immobilie eine Wohnimmobilie sein. Und hier wiederum sehr häufig eine **Wohnimmobilie zur Eigennutzung**. In Hinblick auf mögliche Crashrisiken, die natürlich auch auf den Immobilienmarkt ausstrahlen können, sollten die sich aus obigen Kennzahlen ergebenden Eigenkapitalanteile von 40 % bzw. in Ausnahmen 20 % möglichst nicht unterschritten werden. Gleichzeitig ist aus Gründen der Robustheit auch bei den aktuell im historischen Vergleich immer noch günstigen Zinssätzen zur regelmäßigen Tilgung der Immobilienkredite zu raten, die besser 2,5 % als nur 1 % p. a. betragen sollte.

Abzuraten ist jedoch von der Strategie mancher Zeitgenossen, die mit minimalen Eigenmitteln und teilweise sogar völlig ohne haftendes Eigenkapital Immobilien (oder in selteneren Fällen auch Aktien) **fremdfinanzieren**. Dies geschieht in der Erwartung, dass die Finanzierungszinssätze auf lange Sicht niedrig und die Preise der Immobilien oder anderen Vermögensgegenstände weiterhin hoch oder steigend bleiben. Auch wenn einige Argumente für diese Erwartung sprechen, so verbleibt doch stets ein Restrisiko. Wenn sich die Zukunft entgegen der Erwartung entwickeln sollte, werden Investoren mit geringem Eigenkapitalanteil die ersten sein, deren Objekte in die Zwangsversteigerung gehen, und somit dazu beitragen, dass das Preisniveau weiter unter Druck gerät, andere Immobilien als Folge ebenfalls in die Zwangsversteigerung geraten und sich der Zyklus selbst verstärkt.

Ein hoher persönlicher Verschuldungshebel ist also aus zweierlei Gründen abzulehnen. Erstens führt er im Falle eines Finanzcrashs zu einer völlig unnötigen Risikoerhöhung für die Betroffenen. Und zweitens trägt jeder Einzelne, der mit wenig Haftungskapital ein »großes Rad« dreht, zur Bildung von Preisblasen der entsprechenden Gütermärkte bei. Und erhöht damit die Wahrscheinlichkeit einer späteren crashhaften Korrektur.

Bewusste Spekulation auf Verfall der Schulden durch einen Finanzcrash?

Häufig erwägen Private den Erwerb von Sachvermögen (ganz überwiegend Immobilien) mit möglichst hohem Fremdmittelanteil aufgrund der folgenden Überlegung:

- **Phase 1:** Bereits im Vorfeld einer Krise könnte die Inflation anziehen und den nominellen Wert des Sachvermögens nach oben treiben, während die niedrig verzinslichen Schulden konstant blieben. So könnte man also das erhaltene »**gute Geld**« später durch »**schlechtes Geld**« **zurückzahlen** und damit einen Reibach machen.
- **Phase 2:** Käme es später durch einen Finanzcrash zum Zusammenbruch des Euro, so müsste dieser durch eine neue Währung abgelöst werden. Dabei – so die Hoffnung – wäre ein sogenannter **Währungsschnitt** wahrscheinlich – also die Abwertung der alten Währung (jetziger Euro) zu der dann gültigen neuen Währung.

Durch einen solchen Schnitt (nehmen wir der Einfachheit halber einmal das bei früheren Währungsschnitten häufig verwendete Verhältnis 10 zu 1 an) würden die Besitzer von Geldvermögen dann um 90 % ihrer Ersparnisse gebracht, während die Schuldner schlagartig 90 % ihrer Verbindlichkeiten loswürden. Und wären damit die lachenden Gewinner eines Crashs.

Kurzum: Phase 1 treibt die Preise der Sachwerte, Phase 2 reduziert die Schuldenlast für deren Finanzierung …

Vor dieser Erwartung bzw. Spekulation sei ausdrücklich gewarnt.

Denn erstens sind die Annahmen der beiden Phasen keineswegs zwangsläufig eintretende Abfolgen, d. h., andere Krisenverläufe oder Szenarien mit völlig gegensätzlichen Auswirkungen (z. B. Deflation) sind ebenso möglich – und schon geht der Schuss nach hinten los. Zweitens haben Staaten in vergleichbaren historischen Situationen den »warmen Regen« solcher Spekulation auf Umstellungsgewinne (auch »Windfall-Profits« genannt) im Rahmen von »lastenausgleichenden Maßnahmen« weitestgehend oder sogar vollständig »abgeschöpft«. Die nachstehende Infobox zeigt eine kleine Auswahl von staatlichen Interventionen, die in Deutschland bereits zur **Abschöpfung von Gewinnen aus Inflation und Währungszusammenbrüchen** vorgenommen wurden. Auch andere Staaten haben ganz ähnliche Zwangsmaßnahmen angewandt – nur eben unter anderen Bezeichnungen.

Blaupausen aus der deutschen Geschichte

Ausgewählte »**lastenausgleichende Maßnahmen**« nach früheren Währungszusammenbrüchen in Deutschland, um Gewinne aus Inflation, (kreditfinanziertem) Sachvermögen oder der Abwertung von Schulden abzuschöpfen:

- **Soforthilfeabgabe/Vermögensabgabe**
  Substanzsteuer auf Vermögenswerte, die im Gegensatz zu einer wiederkehrenden Vermögenssteuer einmalig erhoben wird. Hierfür gibt es zahlreiche Beispiele mit unter-

schiedlichen Namen (Wehrbeitrag, Reichsnotopfer usw.) in der deutschen Geschichte, aber auch in der Historie anderer Länder. Jüngste Erscheinungsform in Deutschland ist das Lastenausgleichsgesetz aus dem Jahr 1952. Damals sollten nach dem Zweiten Weltkrieg vor allem die Millionen Flüchtlinge und Vertriebene integriert sowie die Kriegsfolgen entschädigt werden. Anlass vergleichbarer Zwangsmaßnahmen sind die Umverteilung von Vermögen und damit ein sozialer Lastenausgleich, oft aber auch die Verringerung von Staatsschulden sowie die Finanzierung von Kriegskosten. Vermögensabgaben greifen dabei meist erst ab gewissen Grenzen und können größere Vermögen mit wachsenden Abgabesätzen belasten. Zur Vermeidung von unbilligen Härten, insbesondere Zwangsversteigerungen, erfolgt regelmäßig eine langfristige Kreditierung der Belastung (z. B. Verteilung der Abgabezahlungen durch den Vermögenseigentümer auf 25 oder 30 Jahre).[242]

- **Hypothekengewinnabgabe = Hauszinssteuer = Gebäudeentschuldungssteuer**
  Sonderabgabe für private Hauseigentümer, deren Immobilienkredite durch Inflation nahezu vollständig entwertet – also faktisch getilgt – würden. Mit anderen Worten: Schuldnergewinne aus der Abwertung der Verbindlichkeiten werden abgeschöpft. Beispiele in Deutschland sind wiederum das oben erwähnte Lastenausgleichsgesetz aus dem Jahr 1952, aber auch das Gesetz über den Geldentwertungsausgleich bei bebauten Grundstücken von 1926 nach der Hyperinflation der Jahre 1914 bis 1923. Der Staat finanzierte mit diesen Mitteln zunächst den Bau von Sozialwohnungen, später jedoch den Zweiten Weltkrieg.
- **Kreditgewinnabgabe**
  Diese Abgabe entspricht der Hypothekengewinnabgabe, zielt aber anders als diese nicht auf Private, sondern auf Gewerbebetriebe, deren Schulden (und zwar nicht nur Immobilienkredite) durch Inflation bzw. Hyperinflation faktisch getilgt würden. Auch hier werden also Gewinne aus der Abwertung von Verbindlichkeiten abgeschöpft. Diese Abgabe fand sich ebenfalls im deutschen Lastenausgleichsgesetz aus dem Jahr 1952.

Auch wenn sich Geschichte nicht zwangsläufig wiederholen muss: Die Risiken und Unwägbarkeiten des hochverschuldeten Erwerbs von Sachvermögen überwiegen die Chancen. Und gerade für den Fall eines möglichen Finanzcrashs sollte gelten, dass wir auch privat keine Jenga-Türme bauen, sondern mit gutem Beispiel vorangehen: mit dem festen Willen, die Verpflichtungen, die wir eingehen, später auch zu erfüllen.

Zumal wir wissen:

Man kann eine Krise und ein Chaos nicht planen.
Vielmehr kann alles passieren – auch das Gegenteil!

Der Blick in die Geschichte ist zwar wertvoll, soll jedoch nicht den Eindruck vermitteln, dass die in der Vergangenheit realisierten Maßnahmen eine abschließende Aufzählung der staatlichen Möglichkeiten der »**Sonderfinanzierung**« durch Abgaben seiner Bürger darstellt. Vielmehr gibt es in unserer heutigen globalen und digitalen Welt ggf. eine Vielzahl neuer »kreativer« Möglichkeiten, die wir uns überhaupt noch nicht vorstellen können. Zur Robustheit gegenüber den Risiken eines möglichen Finanzcrashs gehört daher auch, sich stets die Existenz des *unbekannten* Unbekannten bewusst zu machen.[243]

I eat my own cooking! – Machen Sie es wie ich!

Spekulieren Sie nicht mit hohem Kredithebel auf künftige – und daher immer unsichere – Wertverschiebungen durch einen möglichen Finanzcrash. Spielen Sie **Jenga** nur mit Holzklötzchen im Familien- und Freundeskreis.

Sowohl die Erwartung auf weitere Aufwertung von Sachvermögen als auch auf (Teil-)Erlass von Kreditschulden könnte bitter enttäuscht oder durch »Lastenausgleichsprogramme« des Staates konterkariert werden. Lassen Sie sich aber umgekehrt nicht von Crash-Propheten Ihre geliebte Wohnimmobilie madig machen, nur weil diese noch nicht ganz abgezahlt ist. Und gerade wenn Sie Ihr Eigenheim langfristig nutzen wollen, sollte Ihnen das theoretische Risiko, dass es im Crashfalle vorübergehend an Wert verliert, schlichtweg egal sein.

5.10 Meiden Sie Aktivitätsdruck, Hypes, Blasen und Herdenverhalten sowie exotische, schwer liquidierbare und kostenintensive Anlagen

Das Dilemma, die Ausgangslage

Wir alle müssen mit den Genen und Anlagen von gestern in der Gegenwart von heute möglichst gute Entscheidungen für die Zukunft von morgen treffen.

Jedoch ist unser genetisches Erbe für heutige Zukunftsentscheidungen eher Fluch als Segen. Ganz nach dem Titel des – absolut empfehlenswerten – Buches »Die Steinzeit steckt uns in den Knochen«[244] sind wir von unserer Entwicklung her nämlich darauf trainiert, **auf** beunruhigende bzw. **negative Nachrichten** eher mit einer **spontanen Aktivität** zu reagieren, als dass wir die »Füße still halten« und erst einmal besonnen nachdenken und die Lage analysieren. Nachdenken und Analysieren würden oftmals zu dem Ergebnis führen, dass bewusstes und **wohlüberlegtes Nichtstun** im Vergleich zu einer hektischen, neue Kosten und Risiken auslösenden Transaktion die klügere Alternative wäre. Mit anderen Worten: Wenn unsere Vorfahren bei der Nahrungssuche im Wald unsicher waren, ob das knackende Geräusch von einem sterbenden Baum oder einem nahenden Raubtier verursacht wurde, dann haben sie vorsichtshalber lieber sofort das Weite gesucht, ohne lange nachzudenken oder zu analysieren. Damit haben eher die Schnellen und Aktiven ihre Gene weitergeben können als die Bedächtigen und Nachdenklichen. Damit könnte es zusammenhängen, dass wir noch heute – gerade bei spektakulär erscheinenden Nachrichten und solchen, die Emotionen und Ur-Ängste auslösen – tendenziell einen starken Anreiz verspüren, »irgendetwas zu tun und zu handeln«. Auch wenn schnelles Handeln in der heutigen Büro- und Schreibtischwelt nicht mehr überlebenswichtig und sinnvoll ist.

Der subjektiv wahrgenommene Anreiz, »etwas tun zu müssen«, selbst wenn Nichtstun die bessere Alternative wäre, wird auch als schädlicher **Aktivitätsdruck (action bias, activity bias)** bezeichnet. Aktivitätsdruck (eine weitere Bezeichnung ist »Fight or flight« – »Kämpfe oder fliehe«) fördert vorschnelles, nicht hinreichend durchdachtes Handeln und Aktionismus, der später häufig wieder durch gegengerichtetes Handeln ausgeglichen werden muss. Ganz nach dem Motto: »**Hauptsache voran, die Richtung ist egal.**«

Aktivitätsdruck

Menschliche Tendenz, auch dann Aktivitäten zu entfalten, wenn das Handeln offensichtlich nutzlos oder sogar schädigend wirkt. Diese Tendenz ist umso stärker, je unklarer und undurchschaubarer die Situation ist.[245]

In der nachfolgenden Tabelle finden Sie einige Treiber für Aktivitätsdruck:

Name des Treibers	Erläuterung der Funktionsweise
Überschätzung der Gestaltbarkeit oder Machbarkeit	Die Möglichkeiten, eine Situation durch Einwirken (Handeln) zu verbessern, werden zu positiv eingeschätzt und die Gefahren einer Verschlimmerung übersehen oder nicht ernst genug genommen. Dies kann sich auf die eigene Person sowie auf Dritte beziehen (vgl. die beiden nachfolgenden Zeilen).
Selbstüberschätzung (overconfidence bias)	Der Glaube an die eigenen Kenntnisse, Fähigkeiten und Fertigkeiten liegt über dem objektiv tatsächlich gegebenen Niveau. Daher traut der Handelnde sich selbst zu viel zu und wird zu schnell bzw. zu häufig aktiv.
Fremdüberschätzung, insbesondere von Experten	Das Zutrauen in die Kenntnisse, Fähigkeiten und Fertigkeiten Dritter liegt über deren objektiv tatsächlich gegebenem Niveau. Insbesondere gegenüber »Experten« neigen Menschen zu einer Anbetungshaltung (Experte = Erlöser). Hierdurch empfinden die »Experten« wiederum einen Handlungsdruck (Erklärungsdruck).
Monokausales Denken	Verkürzung komplexer Wirkzusammenhänge auf »den **einen** Grund«. Sobald eine Ursache gefunden ist, wird die Suche nach möglichen weiteren Ursachen aufgegeben.
Übersehen von Rückbezüglichkeit	Mögliche Neben- oder Rückwirkungen des eigenen Handelns bzw. von Maßnahmen werden ignoriert oder unterschätzt. Würden Betroffene diese hingegen antizipieren, so würden sie weniger handeln.

Name des Treibers	Erläuterung der Funktionsweise
Antizipation der Außenwirkung	Wer nichts tut, macht eine schlechte Figur, wirkt unmotiviert oder faul. Es wirkt einfach engagierter und motivierter, wenn man dem abfahrenden Zug wenigstens noch ein paar Meter hinterhergelaufen ist ... Sinnvoll und ressourcenschonend ist das nicht.
Wirtschaftliches Eigeninteresse des Handelnden	Liegt vor, wenn sich die Vergütung an der Anzahl der Aktivitäten orientiert (Vermögensverwalter verdient durch die Umschichtungen, Arzt durch die gesetzten Spritzen ...)

Tab. 5: Treiber von Aktivitätsdruck

Ist Aktivitätsdruck das Gegenteil von Handlungsstarre?

Vielleicht erleben Sie an dieser Stelle einen Widerspruch in den Empfehlungen, da in Kapital 5.2 davor gewarnt wurde, dass die Deutschen weiterhin unverhältnismäßig viel Geldvermögen auf zinslosen Konten »liegen« lassen, und dies mit einer Handlungsstarre begründet wurde. Jedoch ist die Handlungsstarre keineswegs das Gegenteil von Aktivitätsdruck. Der Aktivitätsdruck entsteht in komplexen, schwer durchschaubaren Situationen. Hier wird eindeutig zu viel, zu schnell und zu wenig bedacht agiert – mit negativen Folgen. Die Handlungsstarre ist jedoch gerade bei einfachen, eigentlich leicht zu durchschauenden Situationen zu beobachten. Die Entscheidungsträger könnten mit überschaubarem Aufwand ausweichen, aber sie tun es nicht.[246]

Beim Investieren korreliert Aktivität nicht mit Leistung.
Warren Buffet

Durch die reißerischen Darstellungen möglicher Crashgefahren von Crash-Propheten, so abstrus oder unwahrscheinlich sie auch sein mögen, werden Sie zu Aktivitäten verleitet, die ganz sicher Transaktionskosten auslösen, deren Nutzen jedoch höchst ungewiss ist.

I eat my own cooking! – Machen Sie es wie ich!

Lassen Sie sich durch die tägliche Nachrichtenlage und die reißerischen Aussagen der Finanzpornografie nicht aus der Ruhe bringen und vermeiden Sie hektische Aktivitäten.

Gerne teile ich mit Ihnen folgende Einstellung:

»Renne nicht, wenn du laufen kannst. Laufe nicht, wenn du gehen kannst. Gehe nicht, wenn du stehen kannst. Stehe nicht, wenn du sitzen kannst. Sitze nicht, wenn du liegen kannst.«

Denn: Jede Bewegung schwächt.

Abb. 62: Kein Aktivitätsdruck – erst recht, wenn das Handeln wahrscheinlich nutzlos oder sogar schädigend wirkt.

Hypes, Blasen und Herdenverhalten

Entsteht aufgrund der übertriebenen oder sogar unwahren Darstellung der Eindruck, dass viele andere Bürger ein bestimmtes Anpassungs- oder Vorsorgeverhalten zeigen, werden Sie selbst verleitet, dies ebenso zu tun. Auch das ist eine Form von Aktivitätsdruck, die zu **Herdenverhalten** führt. Wir werden häufig davon beeinflusst, wie andere (angeblich) in gleicher oder ähnlicher Situation entschieden haben, ob sie zum Beispiel für einen prophezeiten Crash schon Anpassungs- oder Vorsorgemaßnahmen getroffen haben. Wenn Sie mit dieser Masse mitrennen, laufen Sie jedoch wahrscheinlich einem **künstlich geschaffenen Trend** bzw. Medienhype hinterher – und tragen sogar dazu bei, diesen zu verstärken. Der Trend beschleunigt sich selbst, die Preisblase erhält neue Nahrung. Ein uraltes gesellschaftliches Muster, welches sich in der aktuellen Stimmungslage eindrucksvoll zeigt und durch die digitalen Medien, insbesondere Social Media, eine enorme Verstärkung erfährt.

Der Appell, einen kühlen Kopf zu bewahren und sich der Ausverkaufs- oder sogar Endzeitstimmung bei überschießenden Marktentwicklungen zu entziehen, ist einmal mehr der Versuch, mit **Vernunft gegen Gefühle** zu argumentieren. Trotzdem der Rat: Versachlichen Sie, hinterfragen Sie, plausibilisieren Sie und stellen Sie immer wieder die **zentrale Frage**:

Cui bono? Wem nützt das?

Wem nützt der Rat, wem nützt die Kauf- oder Verkaufsempfehlung, wem nützt der Hype auf irgendwelchen exotischen Anlagemärkten und wem nützt die Ihnen gerade angebotene Transaktion oder der mit der Crash-Angstmacherei gleich mitangebotene Krisenfonds?

Wenn auch in diesem Buch geraten wird, zu hohe Geldvermögensanteile in den eigenen Gesamtreserven behutsam zu reduzieren und maßvoll Sachvermögensanteile aufzubauen, dann ist das keine Empfehlung, sich an Hypes oder Preisblasen zu beteiligen. Es gibt in Deutschland nach wie vor fair bewertete Sachanlagen – einschließlich Immobilien –, insbesondere wenn man von einigen »Hot Spots« absieht. Außerdem gibt es ja auch Sachanlagen, die weltweit gehandelt werden und damit von lokalen Hypes unabhängig sind.

Abb. 63: Kein Herdenverhalten, keinen Hypes hinterherrennen – es sei denn, sie glauben: Kuhfladen sind lecker, Millionen Fliegen können nicht irren …

I eat my own cooking! – Machen Sie es wie ich!

Hinterfragen Sie bei jedem Tipp, den Sie erhalten, welches Eigeninteresse der Tippgeber daran hat, dass Sie seiner Empfehlung folgen. Schätzen Sie Rat, den Sie erhalten haben, höher ein, wenn Sie zuvor darum gebeten haben und seien Sie besonders kritisch bei unerbetenem Rat. Seien Sie stolz darauf, selbst auch mitunter eine abweichende Meinung zu haben. Wir wissen ja, was die wichtigste Eigenschaft dafür ist, ein gutes Mitglied einer Schafherde zu sein: Man muss ein Schaf sein.

Kostenintensive Anlagen

Auch wenn ein Anlagevehikel objektiv gut geeignet ist, Ihrem Wunsch nach mehr Robustheit zu entsprechen bzw. als Gegenmittel für mögliche Risiken aus einem Finanzcrash zu dienen, sollten die Transaktionskosten sich in Grenzen halten. Angesichts negativer Realzinsen und zunehmender Sorgen vor einem Finanzcrash sind nämlich bei vielen Anlagevehikeln die Transaktionskosten kräftig gestiegen. Dies betrifft sowohl Einmalkosten beim Erwerb (z. B. Agio, Ausgabeaufschlag) als auch fortlaufende Kosten.

Ein weiteres Beispiel für regelmäßig unterschätzte Einmalkosten: Ein vorschneller **Immobilienerwerb** führt heutzutage schnell mal zu rund 10 % Transaktionskosten. Hat sich der Entscheider »vergriffen« und möchte eine Korrektur seiner spontanen Entscheidung zwischen Angst und Gier vornehmen, so ist das eben nicht gerade günstig – und die steuerlichen Aspekte kommen noch hinzu (Stichworte: Spekulations- bzw. Veräußerungsfrist, Drei-Objekt-Grenze usw.). Das Beispiel soll keine Anleitung zu grundsätzlicher Passivität sein, jedoch sollte uns stets bewusst sein, dass jede Transaktion eben Transaktionskosten auslöst und diese beträchtlich sein können.

Ein weiteres Beispiel ist die **Fondsindustrie**: Hier tun sich gerade die Vehikel, die als Problemlösung von Crash-Propheten und Schwarzmalern angeboten werden, mit besonders hohen Kosten hervor.[247] Selbst wenn ein Finanzcrash zeitnah eintreten sollte, wäre die Vorsorge mittels dieser Vehikel eine vergleichsweise schlechte Wahl, da Sie auch ohne teure Sachwertefonds, Vermögenssicherungsfonds, Wertefonds oder Anti-Crash-Fonds eine mindestens ebenso gute, aber viel preiswertere Vorsorge treffen können. Denn auch die Anti-Crash-Fonds können keine eigenen Anlageklassen »backen«, sondern greifen auf die wenigen Anlageklassen zurück, die die Märkte seit Jahrhunderten bieten. Außer Kryptowährungen ist nämlich keine neue Anlageklasse erfunden worden. Und wenn der Crash nicht sehr bald kommt, dann gilt für die teuren Vehikel: **Außer Spesen nichts gewesen!**

Exotische und schwer liquidierbare Anlagen

Für Vermögenspositionen, die individuell und somit nicht standardisierbar sind, können sich naturgemäß keine hoch liquiden Märkte wie Aktien-, Renten oder Edelmetall- und Rohstoffbörsen bilden. Immobilien sind nicht nur immobil, sondern auch individuell und so kann sich die Veräußerung schon leicht über einen Zeitraum von mehr als einem Jahr hinziehen.

Sorge sollte die anhaltende Tendenz zum Kauf von exotischen Sachanlagen wie Sammlergegenständen, Whiskey, teurem Rotwein, Fliegeruhren, Schmuckstücke, Porzellanfiguren, Oldtimer usw. durch die breite Masse bereiten. Die Exoten gibt es schon lange und wurden als Nische von Liebhabern und ganz engen Zielgruppen – oftmals auch ohne primäres finanzielles Interesse, dafür aber mit hohem Sachverstand ausgestattet – gehegt und gepflegt. Aktuell werden exotische Sachanlagen jedoch gehypt. Auch ganz normale Geschäftsbanken werben mit der Vermittlung solcher »alternativen Anlagen« – wahrscheinlich aus dem Eigeninteresse heraus, »alternative Provisionseinnahmen« zu schaffen. Ganz nach dem Motto: »Gekauft ist schnell«, sollten Sie sich jedoch die Frage nach der Liquidierbarkeit, also **Wiederverkäuflichkeit,** solcher exotischen Anlagen stellen. Eine gute Anlage ist erst dann eine gute Anlage, wenn sie am Ende der gewünschten Anlagedauer auch wieder in vorteilhafter Weise aufgelöst und zu Geld gemacht werden kann. Und dazu ist es – ganz abgesehen von den oben genannten Transaktionskosten – eben erforderlich, dass Sie für diese Anlage auch wieder interessierte Käufer finden werden. Diese Überlegung gilt grundsätzlich und nicht nur im Crash-Falle, jedoch verschärft sich die Überlegung im Falle eines Crashs noch zusätzlich.

Ist es bei klarem Nachdenken nicht sehr fraglich, ob es nach einem Crash-Ereignis und in einem von Turbulenzen und großer Unsicherheit geprägten Klima ausreichend coole und hoch liquide Menschen geben wird, die gute Preise für edlen Whiskey und die ganzen gut gepflegten Fliegeruhren, Porzellanfiguren und Oldtimer zahlen, die aktuell als »alternative Investments« angeschafft werden? Die Illiquiditätsfalle ist unübersehbar!

Abb. 64: Wer wird Ihnen in der Krise all die gut gepflegten Fliegeruhren und Oldtimer zu Geld machen?

I eat my own cooking! – Machen Sie es wie ich!

Ich bin mir dessen bewusst, dass Angst und Panik ebenso wie Geiz und Gier schon immer schlechte Ratgeber waren und dass die Flucht vor einem Risiko schnurstracks in das nächste Risiko – oder hohe Kosten – führen kann. Und daher ist für mich gerade beim Erhalt von negativen bis skandalösen Informationen über unmittelbar bevorstehende Crashgefahren der Hinweis wichtig, dass **Ruhe die erste Bürgerpflicht ist**. Da Sie sich bereits im Rahmen Ihrer Möglichkeiten gemäß dem Prinzip des geringsten Bedauerns auf krisenhafte Entwicklungen vorbereitet haben, bessern Sie Ihre Vorbereitungen nun bestenfalls ruhig und gelassen noch ein wenig nach. Also müssen Sie nun – genau wie ich – keine hektischen und wenig durchdachten Transaktionen unter Zeitdruck durchführen, an der nur Dritte ganz sicher und risikofrei verdienen.

5.11 Schaffen Sie zusätzliche Realoptionen

Bedenken Sie Anpassungen Ihres Lebensstils

Die bisherigen Empfehlungen richteten sich primär auf die Erhöhung Ihrer persönlichen Robustheit gegenüber Risiken eines möglichen Finanzcrashs, die sich auf Ihren **Vermögensschutz** und zum Teil auch den Schutz des Einkommens aus Ihrem Vermögen bezogen (Punkt **(1)** in der folgenden Abbildung).

In diesem Kapitel wird nun der Rahmen erweitert und der Blick gehoben. Neben den obigen Aspekten geht es nun zusätzlich um die **Sicherung Ihres Einkommens aus sonstigen Quellen**, wie selbstständiger bzw. unselbstständiger oder freiberuflicher Arbeit, Nebentätigkeiten, Hobbies, Ruhestandseinkommen, sonstigem arbeitsfreien Einkommen (Punkt **(2)** der Abbildung). Zudem soll ein konstruktiver Blick auf Ihre **wiederkehrenden (zwangsläufigen, fixen) Ausgaben** und sonstigen (wirtschaftlichen) Verpflichtungen geworfen werden (Punkt **(3)** der Abbildung). Lassen sich diese ändern, um Sie selbst unabhängiger und weniger anfällig zu machen? Ein paar grundsätzliche Überlegungen zum Wert eines belastbaren sozialen Netzwerkes und verlässlicher Freunde und Mitstreiter (Punkt **(4)** der Abbildung) runden das Bild ab. Die Kombination dieser Aspekte wird Sie für den Fall einer möglichen Finanzkrise robuster machen und Ihrem Nachtschlaf guttun.

Einigen Lesern der ersten Auflage fehlte in meiner Auflistung der Vermerk **Gesundheit.** Man solle sowohl auf seine physische (Bewegung, Ernährung, frische Luft, Vorsorgeuntersuchungen …) als auch auf seine psychische Gesundheit achten. Diesen Hinweis habe ich hier gern aufgenommen.

Viele der in diesem Kapitel gegebenen Empfehlungen sind weder »völlig neu« noch besonders originell. Trotzdem ist es sehr wichtig, sie ernst zu nehmen und, wann immer sie sinnvoll und machbar erscheinen, auch umzusetzen. Schauen Sie einfach einmal, ob nicht ein paar passende Anstöße und Gedanken für Sie persönlich dabei sind. Viele Mitmenschen leben ohne jegliche Realoptionen in den Tag hinein und würden von einer möglichen Finanzkrise völlig unvorbereitet getroffen. Von denen würden Sie sich dann erfreulich unterscheiden.

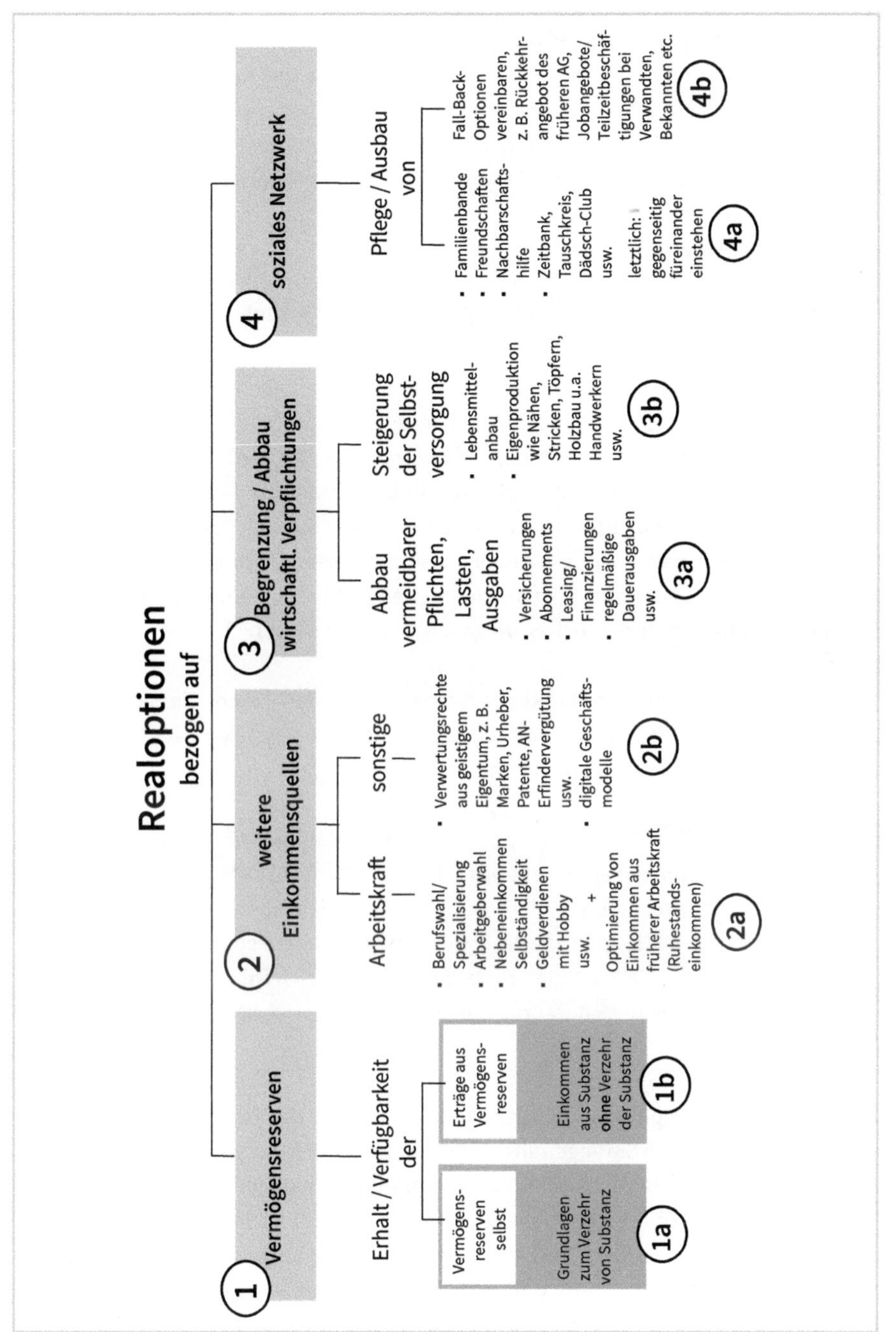

Abb. 65: Ihre Realoptionen für mehr persönliche Robustheit

Leitgedanke und praktischer Denkrahmen

Sicher kennen Sie den kategorischen Imperativ von Immanuel Kant.[248] Das Kapitel 5.12 wird darauf zurückkommen. Neben dem kategorischen Imperativ von Kant gibt es jedoch noch einen – nicht so bekannten, aber in unserem Kontext sehr gut passenden – »kybernetischen Imperativ«, der auf Heinz von Foerster zurückgeht.[249]

Sein Imperativ lautet so:

> »Handle stets so, dass die Anzahl der Wahlmöglichkeiten größer wird.«

Von Foerster kann man in weiterer oder engerer Sicht verstehen. Die weitere Sicht ist, dass unser Handeln die Handlungsmöglichkeiten der gesamten Gesellschaft vergrößern soll. Das ist ein hoher Anspruch, der hier nicht weiter verfolgt wird. Die engere Sicht ist, dass wir mit unseren Handlungen heute zumindest weitere Türen für uns selbst öffnen oder angelehnt lassen, durch die wir in der Zukunft gehen können. Beziehen Sie hier neben dem »Handeln« auch das »Unterlassen« in Ihre Überlegungen ein. Denn Türen können auch zuschlagen, indem man nichts tut – und den Dingen seinen Lauf lässt. **Denn auch durch Nichtstun geschieht *nicht* nichts.**[250]

Dieser Leitgedanke führt Sie direkt zur Suche nach neuen Türen, die Sie durch Ihre Entscheidungen oder Ihr Handeln öffnen bzw. angelehnt lassen können. Der Ökonom nennt solche Türen auch **Realoptionen**.

> **REALOPTIONEN**
>
> Eine **Realoption** ist eine Wahlmöglichkeit, mit der Sie auf künftige Entwicklungen reagieren können, deren Eintreten möglich, aber prinzipiell unvorhersehbar sind. Realoptionen sind also zusätzliche Chancen bzw. Alternativen für den Fall des Falles. Kluge Menschen schaffen sich frühzeitig solche Realoptionen und je unsicherer die Zukunft ist, desto wichtiger und wertvoller sind diese.

Je **mehr** solcher **Handlungsmöglichkeiten** Sie sich für die Zukunft schaffen, desto weniger anfällig werden Sie gegenüber irgendwelchen »Störungen« oder ungeplanten oder unplanbaren Ereignissen oder zukünftigen Entwicklungen. Im Idealfall erleben Sie diese Ereignisse überhaupt nicht als »Störung«, da Sie nicht nur auf *ein* Szenario oder auf *einen* Plan festgelegt sind. Vielmehr können Sie auch mit der Entwicklung xy leben und haben Plan B, Plan C und vielleicht sogar Plan D. Ein einfaches Beispiel: Während ein unerfahrener Investor wie selbstverständlich von der Vermietung seiner frisch erworbenen und nun zu sanierenden Immobilie für Einzelhändler ausgeht (denn diese war auch zuvor schon als Ladenlokal vermietet), plant der in Realoptionen denkende Investor mit wenig Mehrkosten gleich die Alternative (Zahn-)Arztpraxis, Rechtsanwaltskanzlei, Frisörsalon, Café, Brotmanufaktur u. ä. mit ein. Somit ist eine spätere

Nutzungsumwidmung ohne großen Aufwand möglich und »Plan B« und »C« bei Bedarf schnell ausführbar.

Abbildung 65 zeigt Ihnen vier Handlungsfelder, mit denen Sie Ihre Realoptionen, also Chancen, Alternativen und Wahlmöglichkeiten, erweitern können. In den bisherigen Empfehlungen dieses Buches wurde lediglich eines, nämlich das ganz linke Handlungsfeld (Vermögensreserven, Punkt 1), in den Kapiteln 5.1 bis 5.10 angesprochen. Offen sind also noch die verbleibenden Handlungsfelder (Punkte 2 bis 4 der Abbildung), für die nachstehend Tipps und Anregungen genannt werden sollen.

Vorab: Nun wird im Folgenden keineswegs starr empfohlen, bei jeder Einzelentscheidung stur die Alternative mit der höheren Robustheit bzw. der größeren Anzahl an Realoptionen zu wählen. Die Empfehlung geht vielmehr dahin, dass Sie im **Gesamtpaket** aller vier Bereiche sicherstellen, dass Ihre Situation nicht zu fragil wird. Ein einfaches Beispiel auch hier: Jemand mit sehr robusten Arbeits- und Alterseinkünften sowie verlässlichen Realoptionen bei Jobs kann sich ein höheres Risiko bei der Anlage seiner Reserven erlauben als jemand, der sowohl ein hohes Arbeitsplatzrisiko hat als auch nur wenig Alterseinkünfte erwarten darf.

Sicher bedenken Sie, dass es nicht fein ist, wenn das Schaffen eigener Handlungsmöglichkeiten zulasten von anderen geht. Sich selbst viele Handlungsoptionen offenzuhalten, andere dabei jedoch im Unklaren zu lassen, hinzuhalten oder gar zu schädigen, wird hier nicht empfohlen.

Punkt 1: Realoptionen bezogen auf Vermögensreserven

Die Kapitel 5.1 bis 5.10 betrafen den Erhalt bzw. die Verfügbarkeit Ihrer Vermögensreserven (Punkt 1 der obigen Abbildung).[251] Im Folgenden werden darüber hinausgehende Realoptionen behandelt, die in der obigen Abbildung als Punkte (2) bis (4) vorgestellt wurden, damit Sie mehr persönliche Robustheit erlangen.

Punkt 2: Realoptionen hinsichtlich weiterer Einkommensquellen neben Kapital und Vermögen

2a) Realoptionen zur Sicherung Ihres Arbeitseinkommens

Möglichkeiten zur besseren Absicherung Ihres Arbeitseinkommens können sich – je nach Ihrem Alter und der Frage, ob Sie aktuell noch beruflich tätig sind oder nicht – auf Ihr aktuelles Arbeitseinkommen oder auf Ihr Ruhestandseinkommen beziehen. Wichtige Realoptionen für das Haupt-Arbeitseinkommen werden schon mit dem **gewählten Ausbildungsberuf oder Studienfach** geschaffen. Wer die Wahl seiner Ausbildungs- oder Studieninhalte allein nach dem Lustprinzip (respektvoller gesagt: der Interessenlage) entscheidet, zeigt ein gesundes Selbstbewusstsein, sollte jedoch – ganz unabhängig von einem möglichen Finanzcrash – klare und realistische Vorstellungen davon haben, wie der Lebensunterhalt auch ohne Beruf im gewählten Ausbildungsfach oder Studiengebiet bestritten werden kann. Empfehlenswert ist die Anwendung des Ansatzes »Integriertes Marketing«[252] bezogen auf Sie selbst. Dies bedeutet sowohl einen Blick nach innen (Ihre Fähigkeiten, Interessen und Stärken) als auch nach außen (Breite des Arbeitsmarktes, Anzahl der Branchen mit Bedarf an Ihren Fähigkeiten, Bedrohungspotenziale der angestrebten Spezialisierung, Synergieeffekte von erworbenen Qualifikationen usw.). Mit ein wenig Nachdenken und Suchen lassen sich meist Ausbildungsberufe oder Studienfächer finden, die ein »Sowohl als auch« ermöglichen.

In Hinblick auf mögliche Crashrisiken ist für die meisten Berufsbilder gut vorhersagbar, ob sie im Falle engerer Budgets von Unternehmen und öffentlichen Arbeitgebern gefragt sein werden oder nicht. Mit ein wenig Nachdenken und Informationsbeschaffung kann dies jeder Interessierte unschwer selbst herausfinden, sodass sich hier weitschweifende Ausführungen erübrigen. (Hinweise für weiterführendes Lesen gibt es in der Endnote[253].)

Zwei konstruktive Grundgedanken noch dazu:

1. Die schwere Wirtschaftsrezession der 20er Jahre des letzten Jahrhunderts in Folge des »Schwarzen Freitags« wird gerne als schlimmstes und abschreckendes Beispiel gewählt. Jedoch haben selbst in dieser Rezessionsphase nur rund ein Viertel aller Beschäftigten ihre Arbeit verloren.
2. Es gibt ein Leben neben der Digitalisierung – so müssen meine Fenster letztlich noch immer vom Handwerker eingebaut werden. Dass er sie dabei mit neuester Technologie ausmisst, bestellt und den Prozess optimiert, ändert nichts daran. Die Berufs- oder Studienfachwahl entscheidet also bereits über eine Vielzahl von Realoptionen. Dasselbe gilt, wenn man sich im Laufe des Berufslebens umorientiert.

Der nächste Punkt betrifft den Grad der **Spezialisierung innerhalb des Berufsfeldes.** In den meisten Fällen ist Spezialisierung zwar sowohl gut für die Karriere als auch für die Entlohnungshöhe. Jedoch kann man sich auch leicht »um die Ecke« spezialisieren. Während funktionelle Spezialisierung (also vertiefte Lösungsfähigkeiten für ein Problem, welches auch bei anderen Zielgruppen und in anderen Branchen auftritt) meist viele Realoptionen schafft, ist bei Spezialisierung auf enge Märkte und Zielgruppen ohne Ausweich- oder Zweit- und Drittverwertungsmöglichkeiten das Gegenteil der Fall. Das Gleiche gilt für den Fall der Weiterbildung.

Auch durch die **Arbeitgeberwahl** sowie die konkrete Branche, in die Sie einsteigen, kann die Zahl von Realoptionen vergrößert oder verkleinert werden. Dieser Zusammenhang benötigt keine umfassende Erläuterung, sondern will einfach bei der konkreten Entscheidung mit bedacht sein. Ein Ingenieur der Automobilindustrie, der sich fünfzehn Jahre mit der Optimierung mechanischer Getriebe beschäftigt hat, ist beim Umbruch zu getriebelosen Elektroautos wahrscheinlich nicht mehr vermittelbar.

Robuster und unabhängiger werden Sie auch durch weiteres **Arbeitseinkommen (neben dem Haupteinkommen).** Immer mehr Deutsche gehen einer Nebentätigkeit nach.[254] Auch die Einstellung der (Haupt-)Arbeitgeber gegenüber einer Zweittätigkeit ihrer Mitarbeiter ist in den letzten Jahren erheblich liberaler geworden. Häufig tut sich die Möglichkeit zu einer Zweit-, teilweise sogar Dritttätigkeit im Zusammenhang mit der Flexibilisierung der Arbeitszeiten im Hauptjob auf. Nicht selten profitieren beide, Arbeitnehmer und (Haupt-)Arbeitgeber von der Umtriebigkeit des Arbeitnehmers. Ganz abgesehen vom zusätzlichen Einkommen bieten Nebentätigkeiten auch einen Einblick in andere Unternehmen, Branchen, Funktionen und schaffen somit eine breitere Vernetzung und Realoptionen. Schon oft haben Betroffene bei Verlust des Hauptjobs ihre bisherige Nebentätigkeit erfolgreich zur neuen Haupttätigkeit ausgebaut. Haben Sie eine mögliche Zweittätigkeit schon einmal als **Diversifikation Ihres Arbeitseinkommens** betrachtet? Die möglichen Erscheinungsformen sind vielfältig und prinzipiell alle positiv und besser als Passivität. Vom 520-Euro-Job über das Geldverdienen mit dem eigenen Hobby bis hin zu einer Nebentätigkeitsselbstständigkeit ist vieles denk- und machbar. Ebenso flexible Verdienstgestaltungen in Zeiten der Kindererziehung, Weiterbildung, Angehörigenpflege usw. Unter dem Gesichtspunkt der Robustheit und der Schaffung von Realoptionen ist lediglich wichtig, dass Neben- und Zweiteinkünfte nicht nur unter dem kurzfristigen rein finanziellen Aspekt (zusätzliches Geld heute) gesehen werden. Gemeint hier ist vielmehr die Perspektive für die Sicherung von Haushaltseinkünften im Falle der Senkung oder des Verlusts des derzeitigen Haupteinkommens. Als positive Nebenwirkung von Nebentätigkeit berichten viele Menschen zudem von einem großen Spaßpotenzial.

Realoptionen in Hinblick auf Ihre Ruhestandseinkommen

Die Optimierungsmöglichkeiten in Hinblick auf **Ruhestandseinkommen** angesichts einer möglichen Finanzkrise sind sehr begrenzt, da die Empfänger von Renten, Pensionen u. ä. meist keine oder nur sehr eingeschränkte Wahlmöglichkeiten besitzen. So bieten die gesetzliche Rente sowie Rürup-Verträge, abgesehen von der Wahl des Renteneintrittsalters, keine Gestaltungsmöglichkeiten. Bei Riester-Verträgen können bis zu 30 % des Ersparten ausgezahlt werden (wozu ich angesichts der unbefriedigenden Berechnung der Renten grundsätzlich rate). Jedoch wird und der Rest zwangsweise in eine Rente umgewandelt.[255] Bei Verträgen der betrieblichen Altersversorgung[256] sowie Lebens- und Rentenversicherungsverträgen ist meist die freie Wahl zwischen monatlicher Rente und Teilkapital- oder Einmalzahlung möglich. Voraussetzung hierfür ist ein sogenanntes Kapitalwahlrecht, welches in den meisten Verträgen vorgesehen ist. Die zentrale Frage bei all diesen Verträgen besteht also in der Entscheidung darüber, ob angebotene künftige Altersrenten nicht besser als (vorgezogene) Einmalzahlung (Ablaufleistung) entnommen werden sollen.

In Hinblick auf die Risiken eines möglichen Finanzcrashs ergeben sich **drei mögliche Vorteile von Ablaufleistungen: Erstens** können Betroffene ihre Geldvermögensquote senken, indem sie sich die Ablaufleistung auszahlen lassen und dann zeitnah in Sachvermögen anlegen. **Zweitens** können Vehikelrisiken der Versicherungsverträge (vgl. Kapitel 5.7) vermieden werden, wenn statt einer über Jahrzehnte laufenden Rente eine Einmalleistung gewählt und dann eine Direktanlage (Kauf von Aktien oder einer Immobilie), der Abbau von Schulden oder eine Neuanlage in Vehikeln mit geringerem Vehikelrisiko (z. B. transparenter ETF) erfolgt. Mit anderen Worten: Nachdem Sie Ihr Geld ausgezahlt bekommen haben, kann Ihnen persönlich egal sein, was aus Ihrem einstigen Versicherer wird. **Drittens** können Sie vermeiden, dass Ihr Versicherer das angesparte Kapital durch Anwendung zu geringer Rentenfaktoren in viel zu kleine Renten umrechnet, die zudem keinerlei Inflationsschutz gewähren. Wie werthaltig ist eine nominell konstante Garantierente eines Versicherers, wenn Sie sich aufgrund steigender Preise im Zeitablauf immer weniger davon leisten können?

2b) Realoptionen aus weiteren Einkommensquellen außerhalb Arbeits- und Vermögenseinkünften

Zusätzliche Robustheit können Sie aus weiteren Einkommensquellen erzielen, die nicht auf unmittelbare Vermögens- oder Arbeitseinkünfte zurückgehen. Nein, hier ist nicht von Erbschaft oder Lottogewinn die Rede. Auch nicht von Sozialhilfe und anderer »Stütze«. Und auch nicht von Einkünften, die Sie auf Basis von bereits angespartem Kapital oder aufgebautem Vermögen erzielen. Beide letztgenannten Fälle sind bereits in Punkt (1) links in der Abbildung erfasst und eine Spekulation auf die anderen »Einkünfte« möchte ich nicht befeuern. Vielmehr sind hier **Einkommensquellen** gemeint, **denen keine Vermögensmasse zugrunde liegt**, deren Erträge oder Substanz man entnehmen kann und die auch nicht direkt aus aktueller Arbeitskraft oder Renten herrühren. Sie werden oft irreführend als »arbeitsfreies Einkommen« bezeichnet[257] und stellen wohl eher eine Nische dar, über die zwar viel geredet und geschrieben wird (Wunschdenken), die jedoch praktisch nur eine sehr überschaubare Rolle spielt. Konkret können dies **Verwertungsrechte aus geistigem Eigentum**, z. B. Marken, Urheberrechten, Patenten und Arbeitnehmer-Erfindervergütungen, sein. Erheblich häufiger und mit größeren Beträgen kommt es bei Freiberuflern zu monatlichen oder jährlichen **Dauereinkünften für die Überlassung** von Arzt- oder Rechtsanwaltspraxen, Steuerbüros etc. Daneben kommen auch **Einnahmen aus digitalen Geschäftsmodellen** in Betracht, z. B. des vielzitierten Studierenden, der einst eine App entwickelte und noch heute von deren vollautomatisch abgewickelten Verkäufen profitiert. Sie sehen, all das sind eher Ausnahmen für Einkommen. Jedoch seien sie hier zumindest kurz erwähnt – sollten sie als Möglichkeit doch nicht ganz außer Acht bleiben.

Punkt 3: Realoptionen durch die Begrenzung/den Abbau wirtschaftlicher Verpflichtungen

3a) Realoptionen durch den Abbau vermeidbarer Pflichten, Lasten, Ausgaben

Die bisherigen Überlegungen bezogen sich darauf, Ihr Einkommen möglichst zu stabilisieren und auf mehrere Quellen zu verteilen. Eine mögliche Folge jeder Form einer Finanzkrise kann sein, dass Ihr verfügbares Haushaltseinkommen trotz dieser Anstrengungen sinkt. Also ist es naheliegend, bereits heute die Ausgaben sowohl in Hinblick auf Höhe wie auch auf die Zusammensetzung zu prüfen und robuster und krisenfester zu machen. (Auch wenn diese Empfehlung regelmäßig schlechte Laune verursacht und mit einem spontanen »Geht nicht« beantwortet wird…) Zwischen Ihnen und einem krisenfesten Ausgabeverhalten steht nur ein Hindernis: Ihr guter Wille.

Ausgabeverhalten prüfen, Ausgaben flexibel gestalten

Die Fakten: Im Jahr 2022 betrug die Quote überschuldeter Haushalte in Deutschland rund 8,5% nach 10% im Jahr 2019. Damit waren rund 6 Millionen der volljährigen Bürger überschuldet oder wiesen nachhaltige Zahlungsstörungen auf.[258] Weitere rund 20% der Haushalte befinden sich an der Überschuldungsgrenze. Und auch bei äußerlich unauffälligen Haushalten ist am Ende des Geldes häufig zu viel Monat übrig.

Empfehlung eines erfahrenen Motorradfahrers, der viele Jahre täglich auf der Maschine saß: Ich habe immer darauf geachtet, dass zwischen den Reifen meines Motorrads und dem Straßenrand auch in der engsten Kurve noch etwas Abstand ist, und habe den Grenzbereich stets gemieden. Denn in meinem Leben habe ich sowohl rasante als auch alte Motorradfahrer erlebt. Doch die alten fuhren nicht rasant und die rasanten…

Also, auch wenn die Empfehlung letztlich wenig »sexy« klingt – stellen Sie Ihre Haushaltsausgaben auf den Prüfstand und hinterfragen Sie zwei Dinge:

- **Ausgabenniveau**
  Hier geht es um das **Verhältnis Ihrer regelmäßigen Ausgaben zu Ihrem nachhaltigen Haushaltseinkommen** (ohne Sondereinkünfte wie Urlaubs- und Weihnachtsgeld, Prämien, Boni, Überstundengeld etc.). Es geht nicht um absolute Euro-Beträge, sondern um eine Relation, also den Abstand des Reifens Ihres Motorrads vom Straßenrand in der Kurve. Wenn die Kurve nicht so eng ist, können Sie etwas schneller fahren, jedoch niemals um den Preis, dass der Abstand zum Straßenrand kleiner wird.
- **Ausgabenstruktur**
  Damit ist das **Verhältnis von frei gestaltbaren zu bereits zwangsläufig vorgegebenen Ausgaben** gemeint. Das ist die Antwort auf die Frage: Wie viele Prozent Ihres monatlichen Nettoeinkommens sind verplant, also »weg«, noch bevor Sie überhaupt das erste Brötchen kaufen können?

Zum Ausgabenniveau

Die meisten Menschen neigen dazu, ihre Ausgaben zeitnah an ein steigendes Einkommen anzupassen. Bildlich gesprochen: Sie fahren immer mit maximaler Geschwindigkeit und dicht am Straßenrand – egal wie weit oder eng die Kurve ist. Umgekehrt fällt die Anpassung an sinkende Einkommen sehr schwer. Es wäre mit Verzicht und empfundenen Opfern verbunden. Deren Vermeidung führt dann oftmals in die private Verschuldung. Das ist schon – ganz ohne die Gefahr einer Finanzkrise – kein robustes Verhalten, jedoch offenbar eine Folge des von vielen erlebten Konsumdrucks in unserer Gesellschaft, dem man mit moralisierenden Belehrungen und Empfehlungen nicht beikommt. Anstelle von Ratschlägen, die vom Leser ganz schnell eher als Schläge denn als Rat wahrgenommen werden, im Folgenden nur eine stichwortartige Aufzählung von psycho*logisch* bewährten Möglichkeiten, um mit weniger Schmerzen den Abstand des Motorrades von der Leitplanke – also die persönliche Robustheit in Hinblick auf das Ausgabeverhalten – zu erhöhen.

AUSGABENNIVEAU SENKEN – ABSTAND ZWISCHEN AUSGABEN UND EINNAHMEN HERSTELLEN

- Sparleistung stets direkt nach Einkommenseingang vom laufenden Konto entnehmen (und nicht abwarten, was für Sparen und Vorsorge übrigbleibt); am besten einen Dauerauftrag direkt nach Gehaltseingang dafür einrichten.
- Einkommenssteigerungen ebenso wie außerplanmäßige Sondereinkommen nicht durch zusätzliche Ausgaben entnehmen, sondern voll oder zumindest hälftig in Sparen und Vorsorge geben.
- Zwischen »brauchen« und »wollen« unterscheiden.[259]
- Konsumdruck (demonstrativer Konsum in Form von materiellen Statussymbolen) durch andere selbstbewusste, aber kostenarme Statussymbole ersetzen.[260]
- Die gemeinsame Nutzung nicht ständig, sondern nur zeitweise benötigter Güter (gelegentlich nutzen statt besitzen) ermöglicht ebenfalls erhebliche Einsparungen und hat eine Vielzahl weiterer positiver – insbesondere ressourcenschonender, nachhaltiger – (Neben-)Wirkungen.
- in Literatur oder Blogs/Foren erkunden, was z. B. auch unter dem Aspekt von Nachhaltigkeit beim Konsum-, Mobilitäts-, Kommunikationsverhalten usw. noch reduzierend möglich und passend ist.

Zur Ausgabenstruktur

Wenn man die Zusammensetzung der Ausgaben eines durchschnittlichen Haushaltes heute mit beispielsweise der vor fünfzig Jahren vergleicht, so fällt auf, dass der Anteil bereits vorgegebener (Ökonomen würden sagen: fixer) Ausgaben gegenüber den monatlich frei gestaltbaren Ausgaben beträchtlich angestiegen ist. Mieten und Nebenkosten, Leasingraten für das Auto und Konsumkreditraten für andere Produkte, Versicherungsprämien und nicht zuletzt die in jüngerer Vergangenheit zunehmenden Abo-Modelle[261] führen zu einem hohen Anteil von kurzfristig nicht abbaubaren Haushaltsausgaben. Diese Ausgaben binden und machen unfrei. Kurzum: Viele Haushalte sind in den letzten Jahren immer verletzbarer gegenüber Einkommenssenkungen geworden, da sie immer mehr »auf Kante genäht« sind und erheblich weniger »Manövriermasse« in ihren Ausgaben haben – und das gilt natürlich umso mehr im Falle eines möglichen Finanzcrashs. Dem gilt es entgegenzusteuern, um wieder Handlungsoptionen aufzubauen.

AUSGABENSTRUKTUR VERBESSERN – QUOTE VON VORGEGEBENEN (FIXEN, WIEDERKEHRENDEN) ZU STETS NEU ENTSCHEIDBAREN (VARIABLEN, EINMALIGEN) AUSGABEN VERRINGERN

- Überblick gewinnen: alle wiederkehrenden Ausgaben erfassen und ins Verhältnis zum regelmäßigen Einkommen setzen (bitte vorher für einen stabilen Sitzplatz sorgen für den Fall, dass Sie umfallen).
- Wiederkehrende Ausgaben Position für Position durchgehen, Restlaufzeit prüfen und, soweit möglich, beenden (laufen Positionen »automatisch« aus, z. B. Konsumkredite bzw. Leasingverträge, oder handelt es sich um zeitlich unbegrenzte Belastungen, solange Sie diese nicht aktiv kündigen, z. B. Handy-Verträge sowie Mitgliedschaften in Vereinen oder Fitnessstudios?).
- Sonderfall Abo-Verträge: Wo haben Sie solche Dauerverpflichtungen, welches Volumen besitzen diese insgesamt und welcher Teil ließe sich (wann) reduzieren?
- Sonderfall Versicherungsverträge: Welche Versicherungen benötigen Sie (noch)? Brauchen Sie die Flachglasversicherung tatsächlich? Lebt Ihr Dackel überhaupt noch, für den Sie die Hundehalter-Haftpflichtversicherung abgeschlossen hatten? Gibt es Doppelversicherungen bzw. Überschneidungen?
- Langfristige Verträge mit Ausgabencharakter hinterfragen – Flexibilität ist Trumpf (Beispiel Fitness-Studio: Natürlich bekommen Sie bei einem langfristigen Vertrag eine Reduktion, dafür sind Sie jedoch eine dauerhafte Ausgabenpflicht eingegangen. Vielleicht hilft Ihnen das Wissen, dass das Geschäftsmodell von Fitnessstudios auch darin besteht, dass viele Menschen Geld dafür ausgeben, letztlich doch **keinen Sport** treiben zu müssen ...).
- Neue wiederkehrende/fixe Ausgaben vermeiden, insbesondere bei Lockvogelangeboten nicht schwach werden (also z. B. nächstes Handy bar bezahlen, ggf. eben die Neuanschaffung hinauszögern; oder statt der Wahl des angeblich kostenlosen Kfz-Leasings besser einen Sonderrabatt bei Barzahlung heraushandeln usw.).

All diese Gedanken und Anregungen sind keinesfalls vollständig und Sie kommen bei eigener Recherche sicher noch auf weitere kreative Ideen. Die Vorschläge sollen nur ein erster Anstoß sein, auf die Sie gut aufbauen können. Dass die Vorschläge ganz überwiegend nicht »vergnügungssteuerpflichtig« sind, muss ich Ihnen leider zumuten. Aber ein hedonistischer Lebensstil und Robustheit für Krisensituationen haben noch nie harmoniert.

Im Ergebnis sollte sich das Verhältnis Ihrer wiederkehrenden/fixen Ausgaben zu einmaligen, individuell neu entscheidbaren und damit vermeidbaren Ausgaben erheblich verbessern, sodass Sie auch im Falle eines Rückgangs Ihres laufenden Einkommens nicht sofort in Handlungsdruck oder die Verschuldungsfalle geraten. Betrachten Sie jegliche Zahlungsverpflichtung als einen Ballast in einer möglichen künftigen Krise, dessen Vermeidung Ihnen Handlungsoptionen, Robustheit und Freiheit verschafft. Auch hier ist ein gesunder Nachtschlaf eine sofortige Belohnung für Ihr kluges Tun.

3b) Realoptionen und Ersparnisse durch Steigerung der Selbstversorgung

Niemand möchte Ihnen raten, zum vollständigen Selbstversorger zu werden, aufs Land zu ziehen (wenn Sie nicht ohnehin schon dort leben und sich pudelwohl fühlen), Ihr Getreide selbst anzubauen und Vieh großzuziehen. Das wären extreme Empfehlungen, die auch in der Breite der Bevölkerung niemals funktionieren könnten.[262] Jedoch könnte es zu vielen Bürgern passen, ihren Selbstversorgungsgrad ein wenig zu steigern. Das muss überhaupt nicht gleich eine Nebenerwerbslandwirtschaft sein, sondern ganz bescheiden der eigene Gemüsegarten, wie es Michelle Obama, die Ehefrau des früheren US-Präsidenten, im Weißen Haus vorgemacht und der amerikanischen Durchschnittsfamilie ans Herz gelegt hat. Beispiele für weitere Anknüpfungspunkte finden Sie in nachstehender Aufzählung:

SELBSTHILFE UND SELBSTVERSORGUNG BEGINNEN BZW. ERWEITERN

Mögliche Beispiele sind:

- Einfache Reparaturen und Handwerkeraufgaben
- Nähen, Stricken, Kleiderpflege
- Instandhaltung von Alltagsgegenständen (wie der Radwechsel beim eigenen Kfz)
- Heizen mit selbst zerkleinertem Holz (ein nachwachsender Rohstoff)
- Ausbau der handwerklichen Kompetenz durch Geben und Nehmen im Dätsch-Club (Dätsch steht für »Tätest du dies oder jenes für mich«) und damit Erweiterung der oben genannten Möglichkeiten im Rahmen der Nachbarschaftshilfe, im Freundeskreis usw.
- Ein paar Lebensmittel selbst anbauen sowie backen, kochen, haltbar machen usw.

Neben der rein finanziellen Ersparnis gibt es noch einen nicht zu unterschätzenden Zusatznutzen. All die oben genannten Tätigkeiten »erden« uns, stärken unseren Respekt vor der Leistung anderer und verhindern, dass wir in unseren Ansprüchen und Vorstellungen maßlos werden oder »abheben«. Ich kenne einige Vorstände und Geschäftsführer, die in ihrer Freizeit einen Kartoffelacker bewirtschaften oder stolz darauf sind, Reparaturen selbst durchzuführen. Niemand dieser Damen und Herren würde sich als »Master of the Universe«[263] bezeichnen oder ist ansonsten gefährdet, größenwahnsinnig zu werden. Insoweit sind ein wenig Selbsthilfe und Selbstversorgung auch psycho*logisch* eine gute Therapie und steigern neben der finanziellen auch die psychische Robustheit.

Punkt 4: Realoptionen durch die Pflege/den Ausbau des sozialen Netzwerks

Hier geht es einerseits um die ernstgemeinte Pflege belastbarer sozialer Kontakte und andererseits um die vorausschauende Vereinbarung von zusätzlichen Handlungsoptionen für bestimmte Situationen. Beides wird nachfolgend erläutert.

4a) Belastbare soziale Beziehungen werden in Krisensituationen wichtiger

In einer Zeit des professionellen Networking und von Social Media (von Kritikern als ***asoziale Medien*** bezeichnet) sind tiefe und im Notfall auch wirklich belastbare soziale Beziehungen eher selten geworden.

Wirklich belastbare soziale Beziehungen

Nachstehende Gedanken geben einen paradoxen Zusammenhang treffend wieder: *Stell dir vor, du hast mehrere tausend Facebook-Freunde und ganz aktuell ein ernstes Problem. Und keiner hat Zeit … Oder: Komisch, sie hatte 7.381 Follower auf Instagram, doch auf ihrer Beerdigung waren nur ihr Mann und die beiden Kinder …*

Wir können nicht hunderte oder tausende wirklich ernsthafte soziale Beziehungen haben. Ganz nach dem Motto »Weniger ist mehr« wird sich in krisenhaften Situationen zeigen, dass ein **kleines**, aber **belastbares**, vertrauensvolles **Netz** an freundschaftlichen Kontakten, sei es Familie oder (möglichst langjährige)[264] Wegbegleiter, von unschätzbarem Wert sein kann. Alleine können wir uns nie gegen alle Unwägbarkeiten des Lebens und das *unbekannte* Unbekannte (und das geht weit über die Folgen einer möglichen Finanzkrise hinaus) schützen. Daher ist das Eingebundensein in gute soziale Kontakte, die aufrichtig, ehrlich und bedingungslos sowohl ein bereitwilliges Geben und Helfen als auch – im Notfalle – die Annahme von Hilfe und Unterstützung als Selbstverständlichkeit betrachten, sicher ebenso wertvoll wie Ihre Bargeldreserve oder ein paar Silbermünzen.

Auch eine gut abgesprochene **Nachbarschaftshilfe** wird Sie in Krisensituationen stabilisieren. Wie in allen sozialen Beziehungen gilt auch hier, dass Sie bereits in guten Zeiten für ggf. schlechte Zeiten in soziale Beziehungen investieren und bereit sind, zuerst zu geben – unwissend, ob Sie jemals nehmen werden. **Zeitbanken, Tauschkreise** und der in diesem Kapitel bereits genannte **Dätsch-Club** sind weitere Möglichkeiten. Letztendlich geht es einfach darum, dass wir wieder stärker gegenseitig füreinander einstehen – was die eigentliche Ursache und Daseinsberechtigung für die Bildung von Gesellschaften war und ist. Und was vielleicht in Zeiten des überschäumenden Wohlstands zu Unrecht ein wenig in den Hintergrund gerückt ist. Ganz wie das »Erden« der eigenen Psyche durch ein wenig handwerkliche oder fachfremde Arbeit im eigenen Haushalt (Gemüseanbau für den Hausgebrauch) ist auch dieses »gegenseitig füreinander Einstehen« eine uneingeschränkt positive und gesunde »Nebenwirkung« Ihrer Vorbereitung auf einen möglichen Finanzcrash.

4b) Rückfalloptionen vereinbart man in guten Zeiten für schlechte Zeiten

Rückfalloptionen (auch als Fall-Back-Optionen, Fall-back-Lösungen u. ä. bekannt) sind nichts anderes als eine Untergruppe der Realoptionen, von denen Sie bereits gelesen haben. Ursprünglich aus dem Bereich der Sicherheitstechnik, des Risikomanagements und der Zuverlässigkeitstheorie stammend, werden heute Rückfalloptionen – sozusagen als Plan B oder Plan C – in allen Lebensbereichen beschrieben und empfohlen.

Sicherlich sind Ihnen solche Überlegungen nicht unbekannt, jedoch ist die Frage, wie konsequent Sie Rückfalloptionen bislang zu Ihrem eigenen Schutz gegen die Folgen einer möglichen Finanzkrise eingesetzt haben. Ein mittelständisches Unternehmen in meiner Region verfährt beispielsweise nach der Regel: »Jeder, der in unserem Unternehmen angestellt war und nicht gerade silberne Löffel geklaut hat, ist nach seiner Kündigung stets als **Rückkehrer** wieder willkommen.« MitarbeiterInnen, die z. B. in der Hoffnung, an anderer Stelle mehr oder leichter Geld zu verdienen, gekündigt haben, erhalten somit eine Fall-Back-Option und über 10 % der aktuellen Belegschaft war schon einmal zwischenzeitlich in anderen Unternehmen angestellt (gar nicht selten bei der Konkurrenz …). Offensichtlich nutzt diese Rückkehroption beiden Seiten, denn MitarbeiterInnen, die nach der eigenen Kündigung später wieder zurückkehren, erweisen sich danach als besonders einsatzfreudig und loyal. Wenn Sie also bei einem Arbeitgeber kündigen, um anderweitig oder in einer Selbstständigkeit Ihr Glück zu versuchen, so schlagen Sie möglichst nicht die Tür zu, sondern gehen in einer Weise, die eine spätere Rückkehr nicht ausschließt.

Ebenso sollten Sie lieb gemeinte **Angebote** aus dem Familien-, Freundes- und Bekanntenkreis für einen späteren Eintritt in einen (Teilzeit-)Job, der vielleicht nicht ganz

Ihrem aktuellen Vergütungsniveau entspricht und nicht Ihr Traumjob ist, nie komplett ablehnen. Sondern vielmehr klarmachen, dass Sie aktuell zwar keinen Bedarf haben, aber das grundsätzliche Angebot sehr wohl zu schätzen wissen.

Nicht zuletzt funktionieren solche Fall-Back-Optionen auch in guten und gleichberechtigten **Partnerschaften**. Sicher kennen auch Sie Fälle, in denen bei Paaren ein Partner völlig unerwartet beruflich gestrauchelt ist, der oder die andere in die Bresche sprang und im Gegenzug die häuslichen Pflichten einfach umgeschichtet wurden.

Letztlich macht das **Denken in Realoptionen** Ihr Leben unter unsicheren Umständen erheblich einfacher und nimmt vielen Unwägbarkeiten und Szenarien einen guten Teil der Schwere und des Dramas. Lassen Sie uns versuchen, immer weniger in Kästchen zu denken oder allzu strikte Pläne zu schmieden, von denen jede Abweichung als Störung erlebt wird. Der Weg entsteht beim Gehen und Robustheit bedeutet – weit über die Folgen von Finanzkrisen hinaus –, dass wir **mit unterschiedlichsten Entwicklungen gut leben** können.

5.12 Akzeptieren Sie die Grenzen des Machbaren

Die bisherigen Teile des Kapitels 5 enthalten eine Vielzahl von – meist mit überschaubarem zeitlichen Aufwand und vertretbaren Kosten – durchführbaren Maßnahmen, mit denen Sie Ihre Robustheit gegenüber verschiedenen Auswirkungen eines möglichen Finanzcrashs erhöhen können. Die praktischen Empfehlungen gingen vom Ausbalancieren zwischen Sach- und Geldvermögen, über die Diversifikation auf unterschiedlichen Ebenen und die Beachtung von Vehikelrisiken bis hin zur vollständigen Vermeidung besonders crashgefährdeter Anlage- und Vorsorgeinstrumente.

Der Fairness halber soll hier deshalb auch erwähnt werden, dass es **Szenarien und Risiken gibt, gegen die Sie nichts oder kaum etwas ausrichten können** und bei denen all Ihre Vorsorgebemühungen enden. Zumindest dann, wenn Sie

- **nicht auswandern,**
- **die Gesetze einhalten** und
- **sich einigermaßen ethisch verhalten** wollen.

Die Wohlstandsillusion der vergangenen Jahrzehnte weicht derzeit gerade einer etwas pessimistischeren – jedoch damit auch viel realistischeren – Selbsteinschätzung. Die eingetretenen »Deep Risks« Inflation und Zerstörung schädigen uns alle – entweder direkt oder indirekt. Auch wenn Ihr ganz persönliches Hab und Gut nicht direkt betroffen war, werden Sie indirekt an den Folgen dieser Risiken mit beteiligt werden. Und wie der Name »Bürger« schon zeigt, werden Sie in der einen oder anderen Form

»bürgen«, also zur Folgenbeseitigung einer Finanzkrise einen wirtschaftlichen Beitrag leisten. Unser Rechtsstaat wird im Falle einer schweren Krise versuchen, die entstehenden Lasten einigermaßen fair auf möglichst viele Schultern zu verteilen. Der Anspruch vollständiger Gerechtigkeit ist hierbei hoch und wird angesichts individueller Bewertung, was gerecht sei, kaum zu halten sein. Jedoch wird der Staat durch einen Lastenausgleich bemüht sein, Belastungsspitzen zu mindern und beispielsweise Krisengewinner (Entschuldung von darlehensfinanzierten Sachanlagen durch Hyperinflation) in irgendeiner Form zur Kasse zu bitten.[265] Auch die Besitzer von großen Sachvermögen gehören zu den Gewinnern eines möglichen Finanzcrashs und werden unter dem Gesichtspunkt eines Lastenausgleichs voraussichtlich zu Abgaben verpflichtet werden.

Keine Anleitung zum Auswandern und keine Anstiftung zum Gesetzesbruch

Wenn Sie keine Anleitung dafür erwarten, wie Sie sich durch Auswandern oder illegale Vermögensverlagerungen der Verantwortung für unseren Staat und unsere Gesellschaft entziehen, dann können Sie hier weiterlesen.[266]

Ohne allzu viel Theorie oder Philosophie vorab eine kurze Erinnerung an den kategorischen Imperativ von Immanuel Kant.[267] Es gibt verschiedene Formulierungen des kategorischen Imperativs und zwar von Kant selbst, sodass hier anstelle eines Zitates nur eine verständliche »Übersetzung« erfolgen soll. Sie lautet:

»Handle stets so, dass die Gesellschaft auch funktionieren kann, wenn alle so handeln würden wie du!«

Oder wie im Volksmund vereinfacht: »Was du nicht willst, das man dir tu, das füg auch keinem anderen zu.«

Auch wenn diese Gedanken überhaupt nicht neu sind, so bilden sie trotzdem einen wertvollen Rahmen dafür, was wir tun und was wir lassen sollten, wenn wir uns auf einen möglichen Finanzcrash vorbereiten.

- Wir können uns nicht alle ein größeres Stück vom Kuchen nehmen, ohne dass die Stücke der anderen kleiner werden.
- Wir können uns nicht vom Tragen entstehender Lasten drücken, ohne dass andere dann mehr Lasten tragen müssen.
- Wir können nicht die Vorteile einer Gesellschaft in Anspruch nehmen, jedoch die Nachteile meiden.
- Wir können nicht alle den Schaden aus einer möglichen Finanzkrise auf andere abwälzen – irgendwo muss der Schaden ja aufgefangen werden.
- Es können nicht alle auswandern (genauso wenig wie alle einwandern können).
- Und vieles, vieles mehr ...

Diese Überlegungen zeigen sofort auf, welche Empfehlungen der Crash-Propheten ethisch vertretbar sind und welche nicht. Wer die Quellen seines Wohlstands durch die Leistungen und Strukturen unserer Gesellschaft und unseres Staates erlangt hat und sich (mit seiner Familie) nun angesichts möglicher Solidarleistungen drückt, ist ganz einfach ein **egoistischer Parasit.** Diese Überlegungen führen zu den Grenzen des legal und ethisch für Sie Machbaren bei der persönlichen Vorbereitung für den Fall einer möglichen Finanzkrise.

GRENZEN DES MACHBAREN

In einem Workshop für Führungskräfte konfrontiert der Trainer die Teilnehmer mit einer Abfolge von herausfordernden Aufgaben, für die es jedes Mal eine völlig überraschende Lösungsmöglichkeit gibt. Damit bauen die Teilnehmer unbewusst die Erwartung auf, dass die gestellten Aufgaben stets lösbar sein müssen.
Am Ende stellt er die Frage: Können Sie nur mit drei Streichhölzern ohne Knicken ein Viereck bilden? Die Antwort ist so einfach und doch zerbrechen sich die Teilnehmer minutenlang den Kopf.
Die Antwort lautet nämlich ganz einfach: »Nein«.

Lösung: Man kann mit drei Streichhölzern ohne Knicken eben kein Viereck bilden.[268]

»Wenn es (ganz objektiv) keine Lösung gibt, dann muss ich auch keine suchen!«[269]

Wenn es keine Lösung gibt, können wir uns also die Mühe der Suche sparen. Das ist das Gute an der Erkenntnis, dass es für manche Probleme keine Lösung gibt. Und wenn es keine Lösung gibt, sind wir auch nicht dafür verantwortlich, dass wir keine Lösung finden – es ist dann nicht unsere Schuld oder unser Versagen.

Die Grenzen für den Schutz gegenüber Folgen eines möglichen Finanzcrashs werden durch Gesetze, Ethik, aber auch Ihre persönlichen Werte und Einstellungen gesetzt. Und dadurch, was Sie zu tun und welche Opfer und Kosten Sie einzugehen bereit sind. Je größer Ihre Absicherungsbestrebungen, desto größer die für Sie erforderlichen Opfer – diesen Zusammenhang zeigte bereits die Abbildung des Kontinuums in Kapitel 2.5. Unseriöse Anlage- und Crashberater versprechen tolle **Vorsorge ohne Opfer** – das ist jedoch **nicht realistisch.**

Nachfolgende Tabelle zeigt in der linken Spalte ausgewählte Krisenszenarien sowie staatliche Interventionsmöglichkeiten im Zusammenhang mit einem möglichen Finanzcrash auf. In der mittleren Spalte werden exemplarische Vorsorge- bzw. Gegenstrategien genannt, die Sie ergreifen können. Rechts lesen Sie sowohl die Bewertung des hierfür erforderlichen Aufwands als auch ggf. die Einschätzung der Wirksamkeit der Strategie. Die von oben nach unten dunkler werdende Hintergrundfarbe ist ein Hinweis darauf, wie gut Sie sich schützen können: Weiß – wird vermutlich funktionieren, Hellgrau – funktioniert mit Einschränkungen, Dunkelgrau – es ist kein legales Ausweichen möglich.

Achtung: Die Tabelle enthält keine Angaben zur Wahrscheinlichkeit der einzelnen Krisenszenarien, da deren Prognose völlig spekulativ wäre.

Ein **Beispiel** hierzu: Die Platzierung des **Goldverbotes** als Maßnahme, gegen die es kein reguläres Entrinnen gibt, könnte leicht dahingehend fehlinterpretiert werden, dass der Aufbau einer Goldquote wenig Sinn macht. Jedoch kam es historisch bei Finanzkrisen und Staatsbankrotten nur in sehr wenigen Fällen zu einem Goldverbot. Nach Meinung zahlreicher Experten würde sich ein solches Verbot auch kaum lohnen, da der Wert des privaten Goldbesitzes beispielsweise im Vergleich zum privaten Immobilienvermögen gering ist und den Aufwand der Durchsetzung eines Goldverbotes nicht lohne. Also könnte privater Goldbesitz als Krisenvorsorge durchaus sinnvoll sein. Private könnten ihre Vermögenssituation z. B. in langen und starken Inflationsphasen durch den Goldbesitz stabilisieren und würden diesen im Falle einer einmaligen Vermögensabgabe oder Einführung einer Vermögenssteuer ganz redlich mit angeben und damit legal bleiben.

Szenario	Vorsorgestrategie/ Gegenstrategie	Bewertung des nötigen Aufwands
starke Inflation, Hyperinflation	hohe **Sach**vermögensquote, Edelmetallanteile im Portfolio, insbes. Gold	gering
Deflation	Mindest**geld**vermögensquote erhalten, Bargeldhaltung	gering, jedoch nur bedingt wirkungsvoll, da sich Folgen primär auf Arbeitseinkommen richten
Zusammenbruch einzelner Kreditinstitute	Vermeidung von Einlagebeträgen über der 100.000-Euro-Grenze (Einlagensicherung)	gering
Zusammenbruch einzelner Versicherungsunternehmen	**künftig:** Vermeidung von Versicherungen als Vorsorge (Trennen von Versichern und Sparen),	mittel
	kritische Prüfung bestehender Verträge, ggf. Beitragsfreistellung oder sogar Kündigung	hoch
Massenhafter Zusammenbruch von Banken und/ oder Versicherungen, Bausparkassen	konsequente Meidung aller diesbezüglichen Vehikel, lediglich Nutzung von Girokonten zur Zahlungsabwicklung	extrem hoch bis nahezu unmöglich
Bargeldverbot bzw. Bargeldvergällung in Zusammenhang mit tiefen Negativzinsen	Ausweichen in Sachwerte, insbesondere Gold und Silber – ansonsten keine legale Möglichkeit außer Auswandern	hoch, aber nicht unmöglich
Staatsbankrott eines einzelnen EU-Landes, das nicht der eigene Wohnortstaat ist	Vermeidung der Staatspapiere dieser Länder! Jedoch viele weitere indirekte Folgewirkungen (z. B. Ausfälle in zahlreichen Anlage- und Vorsorgevehikeln), die damit nicht zu verhindern sind.	sehr unterschiedlich – jedoch nur bedingt wirkungsvoll
	erstklassige Anleihen sowie Sorten von Staaten außerhalb der EU halten	gering
Staatsbankrott Deutschlands (Ihr Wohnortstaat)	Meidung deutscher Bundesanleihen und sonstiger Bundeswertpapiere! Jedoch viele weitere Auswirkungen, z. B. auf Vergütung im Öffentlichen Dienst, Renten, Pensionen usw., ebenso Ausfälle in Anlage- und Vorsorgevehikeln, die damit nicht zu verhindern sind.	sehr unterschiedlich – jedoch nur bedingt wirkungsvoll
	erstklassige Anleihen sowie Sorten von Staaten außerhalb der EU halten	gering

Szenario	Vorsorgestrategie/ Gegenstrategie	Bewertung des nötigen Aufwands
Staatsbankrott aller EU-Länder und anschließende Währungsreform	hohe Sachwertanteile, erstklassige Anleihen sowie Sorten von Staaten außerhalb der EU halten	hoch – jedoch nur bedingt wirkungsvoll
Goldverbot	keine legale Möglichkeit außer Auswandern	---
Kapitalverkehrsbeschränkungen	keine legale Möglichkeit außer Auswandern	---
dauerhafte Vermögenssteuer	keine legale Möglichkeit außer Auswandern	---
Lastenausgleichsmaßnahmen, z. B. in Form einmaliger Vermögensabgaben	keine legale Möglichkeit außer Auswandern	---

Tab. 6: Ausgewählte Krisenszenarien sowie staatliche Interventionsmöglichkeiten im Zusammenhang mit einem möglichen Finanzcrash

Erkenntnis

Wir haben akzeptiert, in vielen Lebensbereichen mit verbleibenden Restrisiken zu leben. Wir ernähren uns gesund, bewegen uns ausreichend, haben eine optimistische Grundeinstellung und unterliegen trotzdem dem Risiko einer schlimmen und lebensverkürzenden Krankheit. Auch wenn uns die Gesundheit sehr wichtig ist, geben wir unser Geld aber doch nicht einem Wunderheiler oder »Erlöser«, der uns Unsterblichkeit und ewige Gesundheit verspricht. Lassen Sie es uns in finanziellen Dingen genauso machen.

I eat my own cooking! – Machen Sie es wie ich!

Machen Sie es wie ich und sorgen Sie konstruktiv und in Übereinstimmung mit Ihren Erwartungen und Ihrem persönlichen Schutzbedürfnis (vgl. Kontinuum in Kapitel 2.5) vor, ohne den Wunderheilern oder Erlösern in finanziellen Angelegenheiten auf den Leim zu gehen. Allein durch Streuung Ihrer Risiken auf mehreren Ebenen und die Vermeidung von Klumpenrisiken (vgl. Kapitel 5.1), einen kritischen Blick auf die Gefahren aus manchen Anlagevehikeln (vgl. Kapitel 3.6 und 5.7) und den Aufbau angemessener Realoptionen (vgl. Kapitel 5.11) werden Sie zum robustesten Prozentsatz der deutschen Bevölkerung gehören. Für die Zukunft bleiben wir wachsam und informiert, wobei wir bei allen Informationen stets die Frage »Cui bono – wem nützt es?« stellen und Finanzpornografie schlicht und einfach ignorieren.

6 Voll aus dem Leben

6.1 Lebensecht: Lucia und Tobias Grün

Das Kurzprofil von Lucia (28) und Tobias (31) Grün

Junges Paar (noch) kinderlos | lebt in renoviertem Eigenheim auf dem Lande | langfristiges Immobiliendarlehen | beide in Gesundheitsberufen tätig | Luxusproblem aufgrund »warmen Regens« durch Schenkung | **starkes Interesse an gesunder und nachhaltiger Lebensführung**

(Position auf dem Kontinuum: 3,0)

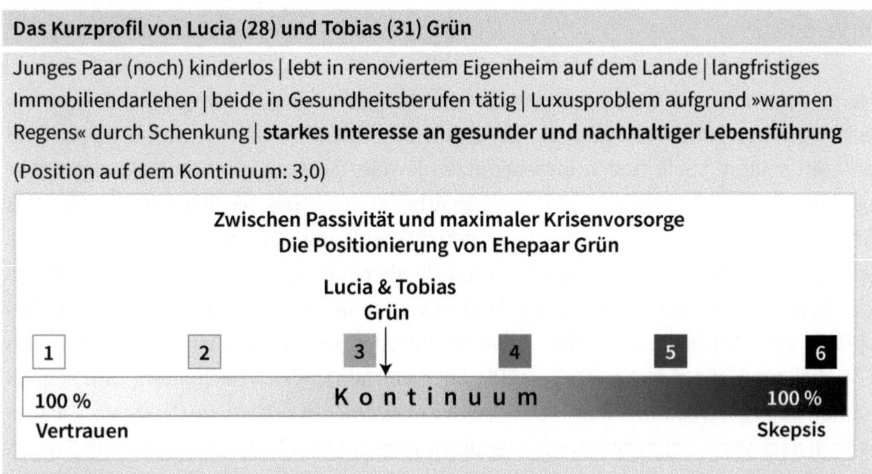

Lucia und Tobias Grün kennen sich aus Kindheitstagen – ihre Story könnte als Blaupause von »Tausendmal berührt…« von Klaus Lage gedient haben, wenn die beiden nicht zu jung dafür wären. Aus zwei Nachbarorten auf dem »flachen Land« stammend, haben die beiden bereits recht früh die Entscheidung füreinander getroffen. Und auch gemeinsam entschieden, dass sie das Landleben lieben, Natur, Tiere und selbst angebautes Gemüse mögen und keinen Großstadtlärm brauchen. Ebenso schätzen sie die Bodenständigkeit und Tradition ihrer beiden elterlichen Familien, mit denen sie ein super Verhältnis haben, ohne dass man ständig »aufeinander klebt«. Während Lucia als MTA (Medizinisch-technische Assistentin) in einem Krankenhaus arbeitet, verdient Tobias als angestellter Physiotherapeut sein Geld in einer regionalen Praxis. Nach dem Tod von Tobias' Großvater, bei dessen Pflege sich beide »Enkel« liebevoll und intensiv engagiert hatten, zog die Großmutter aus eigenem Antrieb ins Betreute Wohnen und »verkaufte« ihr Haus zu einem sehr günstigen Preis an Tobias und Lucia. Trotzdem war eine Finanzierung nötig – zumal die jungen Leute ihre eigenen Ersparnisse weitgehend für die Renovierung des Hauses einsetzten. Mitten in der Niedrigzinsphase schlossen Lucia und Tobias daher einen Hypothekenkredit mit langjähriger Laufzeit als »Volltilger« und dem Recht auf jährliche Sondertilgung von 5% der Darlehenssumme ab. Das bedeutet, dass bei Auslaufen der Zinsbindung selbst ohne Sondertilgungen keine Restschuld und somit kein Zinsänderungsrisiko mehr bestehen wird. Die überschaubare monatliche Darlehensannuität (Zins und Tilgung) wird das junge Paar auch dann noch stemmen können, wenn es – z. B. nach der Geburt von Kindern – Arbeitszeiten reduzieren muss.

Das Luxusproblem

So weit, so gut. Wenn sich nun nicht Lucias Eltern völlig überraschend zu einer Schenkung von 200.000 Euro an ihre drei Kinder – also Lucia und ihre beiden Brüder – entschieden hätten, weil sie lieber jetzt von »warmer Hand« geben wollen als irgendwann zu vererben.

Nun teilen Lucia und Tobias also das Luxusproblem, wie sie einen ungeplanten warmen Geldregen von rund 67.000 Euro krisensicher und ihren ideellen Werten entsprechend anlegen sollten. Lucia und Tobias benutzen jeweils ein Auto mit Verbrennungsmotor, um zur Arbeit zu gelangen, und legen pro Arbeitstag 38 bzw. 56 Kilometer zurück. Das finden sie zwar selbst nicht gut, aber angesichts fehlender realistischer Alternativen als vorläufig unvermeidbar. Vielleicht könnten sie aber zum Ausgleich mit einer nachhaltigen Geldanlage etwas fürs Klima tun? Sofort waren nachhaltige Anlageprodukte im Gespräch, von »Green Bonds« über aktive Nachhaltigkeitsfonds bis zu unterschiedlichen ETF-Varianten, die sich als »ESG«, »SRI« oder »sustainable« bezeichneten. Und schnell kamen auch geschlossene Fonds (Alternative Investmentfonds) in die Diskussion, waren jedoch nach vertiefter Information über den mangelnden Anlegerschutz auf dem Grauen Kapitalmarkt und das Negativbeispiel »Prokon«[270] auch ebenso schnell wieder abgehakt.

Sie erkannten jedoch, dass zwischen »Wollen« und »Können« – also dem tiefen Wunsch, ihr Geld nachhaltig anzulegen, und den Möglichkeiten, dies auf den globalen Finanzmärkten auch wirklich zu tun, eine gewaltige Lücke klafft. Und dass eine hohe Gefahr darin besteht, sich mit scheinbar nachhaltigen Geldanlagen für nicht nachhaltiges Konsumieren und Handeln im Alltag sozusagen freizukaufen (sich also sozusagen an einer Art von modernem Ablasshandel zu beteiligen …) Viele Nachhaltigkeitskriterien der Fonds waren für Lucia und Tobias nicht nachvollziehbar oder überprüfbar und für Greenwashing-Produkte wollten sie erst recht keine höheren Gebühren bezahlen. Gleichzeitig missfiel es ihnen aber auch, durch schlechte Risikostreuung höhere Risiken auf sich zu nehmen und gleichzeitig einen Renditeverzicht zu erleiden. Wäre es wirklich sinnvoll, das Geld nur aus moralischem Anspruch heraus mit Renditeverzicht anzulegen, während eher skrupellose Initiatoren und Investoren von »Sündenfonds«, Private Equity Fonds und auch Dividendenfonds einfach dagegenarbeiteten und Überrenditen gerade bei den nicht nachhaltigen Anlagen erzielten? Das gefiel ihnen nach reiflicher Überlegung gar nicht: ein unvorteilhaftes Geschäft, das nur eine Ersatzhandlung zur Entlastung ihres schlechten Gewissen wäre.

Die Lösung des Luxusproblems

Auf eine Anlagealternative, ihr Geld wirklich nachhaltig und trotzdem einigermaßen rentabel zu investieren, kam das junge Paar von ganz allein – kurioserweise beim gemeinsamen Duschen: Warum nicht ganz individuell – also ohne jeglichen Bezug zu den internationalen Finanzmärkten – in etwas Nachhaltiges im Bereich Energie investieren? Ohne überhöhte Gebühren, nicht nachvollziehbare Nachhaltigkeitskriterien und die Gefahr von Gegentransaktion durch Sündenfonds und deren Freunde? Das renovierte eigene Haus hatte eine große Dachfläche, auf die man Solarmodule installieren konnte, um eigenen Strom zu »ernten«. Warum also nicht jenseits der globalen Kapitalmärkte – sozusagen vor bzw. besser: *über* der eigenen Haustür – investieren? Die darauffolgenden Informationsgespräche mit verschiedenen Anbietern von Solartechnik führten zu dem Ergebnis, dass bei den aktuellen Installationskosten und Verbrauchs- und Einspeisevergütungen die Installation einer kleinen Solaranlage inklusive Batteriespeicher mit einer Peak-Leistung von rund 6 kW/h betriebswirtschaftlich optimal sei. Nur weniger als ein Drittel der Dachfläche würde mit Solar-Panels bestückt werden müssen. Die Gesamtkosten lägen dann bei 25.000 Euro und könnten sogar durch KfW-Förderkredite teilfinanziert werden.

Diese Argumente und Musterrechnungen überzeugten das Paar zunächst. Aber nach dem ersten Drüberschlafen und weiterem Nachdenken fühlte sich das Ganze nur halbherzig und eher betriebswirtschaftlich als nachhaltig an. Lucia platzte beim Frühstück mit dem Gedanken heraus, betriebswirtschaftliche Kennzahlen gegenüber dem Nachhaltigkeitsaspekt zurückzustellen und einfach die gesamte Dachfläche für Photovoltaik zu nutzen. Mit einer viel größeren Anlage und rund 20 kW/h Peak-Leistung würde zwar an sonnenreichen Tagen viel Strom zu für sie schlechten Preisen ins Netz eingespeist werden. Andererseits könnte das Paar perspektivisch gesehen selbst in der dunklen Jahreszeit fast immer zwei E-Autos mit Strom betanken und die unvermeidbaren Fahrten zur Arbeit dann klimaneutral durchführen. »Das wäre unser ganz persönlicher Klimaschutzbeitrag«, freute sich Lucia. »Dann machen wir es aber 100%ig und installieren noch eine richtige Blackout-Lösung«, fügte Tobias lachend hinzu. Ihm war nämlich mittlerweile viel daran gelegen, auch bei einem Ausfall des Stromnetzes wirklich autark zu sein. »Das ist Robustheit im praktischen Alltag!« Gesagt, getan. Das entsprechende Angebot für die »große« Lösung lag bei rund 75.000 Euro – nicht zuletzt auch wegen der zwischenzeitlich gestiegenen Preise. Jedoch enthielt das Angebot nun auch alle nötigen Komponenten für eine vollständig vom Netz unabhängige Stromerzeugung. Lucia und Tobias würden damit also über eine Stromversorgung verfügen, die gleichzeitig nachhaltig und klimaschonend wie auch robust im Sinne von krisenfest ist. Mit diesem Gefühl können sie ruhig schlafen. Verstärkt wurde dies noch durch die entspannende Aussicht, dass es angesichts steigender Energiepreise gar nicht sicher war, ob die »betriebswirtschaftlich unsinnige, große Lösung« in wenigen Jahren nicht doch noch rentabel werden würde. Also eine Robustheit mit hohem Chancen- und Renditepotenzial!

Analyse und Empfehlung aus neutraler Sicht

Investitionen vor Ihrer Haustüre und unter Ihrer direkten Kontrolle können – gerade in krisenhaften Zeiten – eine interessante Alternative zu dem anonymen Investieren auf globalen Finanzmärkten sein. Bedenken Sie, dass eine Investition, die Ihnen künftig Ausgaben erspart, ebenso rentabel sein kann wie eine, die Ihnen zusätzliche Einnahmen erbringt. Und dass das Gelingen von nachhaltigem Investieren vor der eigenen Haustür besser überprüfbar ist als Geldanlagen, die angeblichen Nutzen in der Ferne versprechen. Wenn Sie mit einer Investition in die eigene Energieversorgung gleichzeitig auch Ihre Robustheit in Bezug auf Blackout-Risiken erhöhen, so ist dies eine Win-win-Situation mit Vorteilen sowohl für Sie als auch für alle anderen Verbraucher, die netzabhängig sind. Natürlich ist ein lokales Einzelinvest ein Klumpenrisiko – 75.000 Euro auf »ein Pferd« zu setzen, kann sich in der Regel nur derjenige erlauben, der ansonsten schon einigermaßen solide aufgestellt ist. Da jedoch dabei »das Pferd« direkt im eigenen Stall steht, macht das Klumpenrisiko für viele vielleicht eher vertretbar.

Abb. 66: Photovoltaik auf dem eigenen Dach

6.2 Lebensecht: Lea Steigle

Das Kurzprofil von Lea Steigle (22)

Alleinstehende Studierende (22) | mit Top-Qualifikationen in der Endphase eines Bachelor-Studiums | Barliquidität von 20.000 Euro, plus Bausparvertrag mit Bausparsumme von 80.000 Euro und Guthabenstand von 2.780 Euro | erwägt aktuell Abschluss eines **Kombivertrages (Berufsunfähigkeitsschutz plus Rürup-Rente)** – mit 22 Jahren!

(Position auf dem Kontinuum: 5,3)

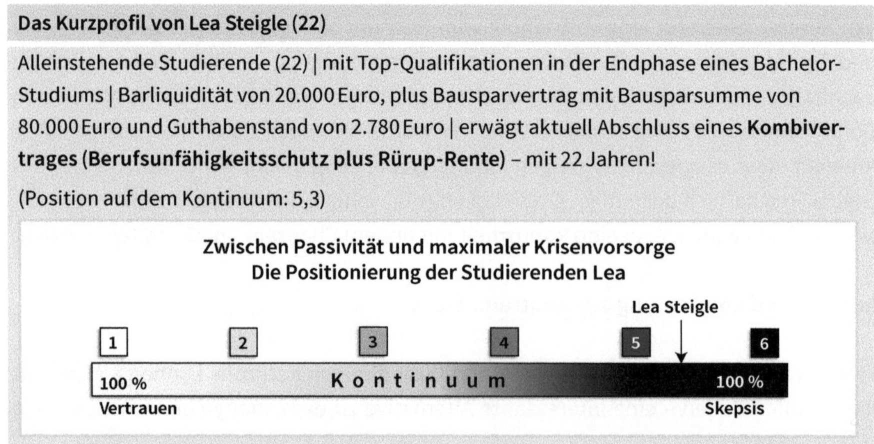

Lea Steigle ist Single mit unklarem Beziehungsstatus (in ihrem Facebook-Account steht: »Es ist kompliziert«), hat nach einem sehr guten Abitur direkt ein betriebswirtschaftliches Studium aufgenommen und schreibt gerade an ihrer Bachelorarbeit zum Thema Social-Media-Marketing. Ihr Leistungsbild ist überdurchschnittlich – genau wie ihr Sozialverhalten, ihr Engagement und ihre Disziplin. Leas Eltern sind »glücklich geschieden«, halten jedoch beide einen herzlichen Kontakt zu Lea aufrecht und haben ihr völlig problemlos das bisherige Studium finanziert. Auffällig an Lea ist, dass sie sehr ernst ist, kaum lächelt und mit ihren 22 Jahren bereits echte Sorgenfalten auf der Stirn hat. Oft spricht sie von Zukunftsangst (»Es geht doch alles den Bach runter«) und ihren Sorgen wegen des Klimawandels. Nach Studienabschluss strebt sie einen »sicheren Job«, am besten bei einem Großunternehmen, an. Für ihr Alter und ihren Studierendenstatus ist sie finanziell ganz gut gestellt, da sie über 20.000 Euro Liquidität auf einem Geldmarktkonto verfügt, das ihr ihre Lieblingstante zum 18. Geburtstag geschenkt hat. Zudem hat Lea vom Papa einen Bausparvertrag mit einer Einmalzahlung von 2.000 Euro erhalten, den sie mit monatlich 25 Euro bespart. Weitere nennenswerte Vermögenspositionen bestehen nicht. Nach einem »Beratungsabend« durch einen Finanzstrukturvertrieb macht sich Lea nun auch noch verstärkt Sorgen um Berufsunfähigkeit und Altersversorgung (mit 22 Jahren!) und ist im Begriff, beim Strukki einen »steueroptimierten« Kombivertrag aus Berufsunfähigkeitsversicherung (BU) und Rürup-Rente abzuschließen.

Leas Mama schlägt vor, vorher einen unabhängigen Rat einzuholen. Die Situationsanalyse ergibt: Lea besitzt mit dem Bausparvertrag bereits ein Vehikel, welches für sie völlig ungeeignet ist und nach Kosten eine negative Verzinsung erzielt. Leas Mama runzelt kaum wahrnehmbar die Stirn über dieses Geschenk des Herrn Papa. Würde Lea nun der Empfehlung des Strukturvertriebes folgen und einen angeblich steueroptimierten Kombivertrag »BU mit Rürup« abschließen, dann hätte sie gleich den nächsten Klotz am Bein. Denn für die 22-Jährige ist der Berufsunfähigkeitsschutz (bei einem preiswerten, transparenten und seriösen Versicherer) grundsätzlich sinnvoll – nicht jedoch dessen Koppelung mit einem Rürup-Vertrag.[271] Nach ausführlicher Rücksprache bei einer auf BU-Verträge spezialisierten Versicherungsberaterin[272], Bedenkzeit und eigenen Recherchen entscheidet sich Lea für den Abschluss einer **reinen** Berufsunfähigkeitsversicherung. Den Bausparvertrag mit nach Kosten negativem Ansparzins löst sie nach Rücksprache mit dem Papa auf und legt dafür einen kostenlosen ETF-Sparplan mit 100 Euro monatlicher Sparleistung an.

Die wichtigsten Erkenntnisse erhält Lea jedoch in einem langen Gespräch mit ihrer klugen Lieblingstante, der sie stolz berichtet, dass sie deren geschenkte 20.000 Euro noch nicht angerührt hat, sondern diese nach wie vor auf einem Tagesgeldkonto liegen. Die smarte Tante lobt Lea zwar für ihre Spardisziplin und dafür, dass Lea das Geld nicht bereits in Modeartikel, Handtaschen und Mobiles »angelegt« hat. Danach aber rät sie Lea zu der besten Investition, die eine junge und intelligente 22-Jährige ihrer Meinung nach machen kann. Nämlich der **Investition in die eigene Bildung und Kompetenz**.

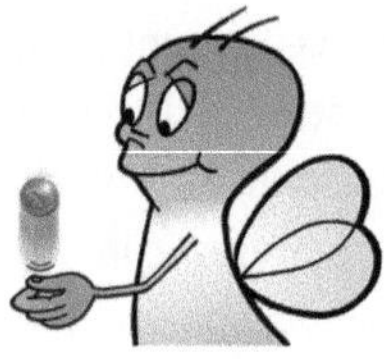

Was bedeutet das in Zahlen?

Die Tante schlägt Lea vor, nach dem Abschuss ihrer Bachelorarbeit nicht sofort ins Arbeitsleben einzutreten, sondern ein freiwilliges Praktikum im englischsprachigen Ausland zu machen. Es kann schon sein, dass dabei der größte Teil der 20.000 Euro »draufgeht«. Jedoch kann die Tante ihre Nichte schließlich davon überzeugen, dass eine junge Frau mit Auslandserfahrung, perfekten Englischkenntnissen und einer unvermeidlichen Horizonterweiterung viele berufliche Vorteile haben wird. Lea kann damit nicht nur ein höheres Einstiegsgehalt erzielen, sondern wird damit auch einen höheren »Aufstiegswinkel« haben und kann sich gegenüber vielen anderen Absolventen mit der Spezialisierung auf Social Media profilieren und differenzieren.

6.3 Lebensecht: Elke und Chris Häusler

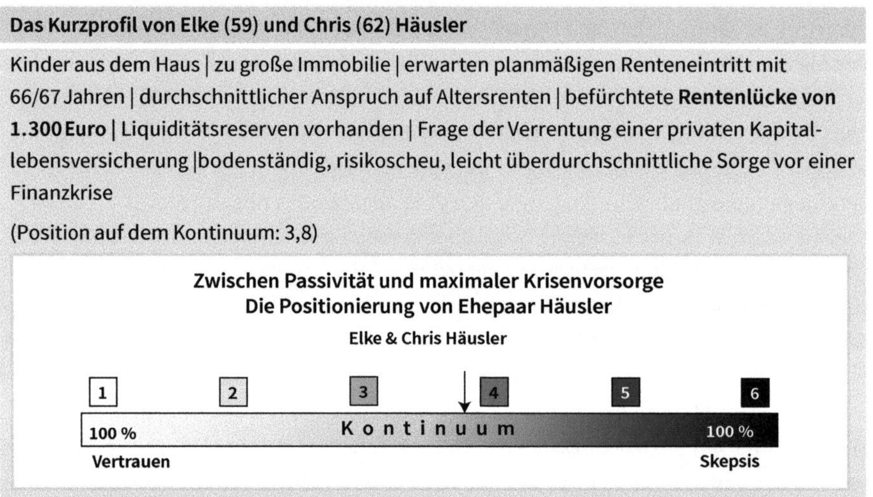

Das Kurzprofil von Elke (59) und Chris (62) Häusler

Kinder aus dem Haus | zu große Immobilie | erwarten planmäßigen Renteneintritt mit 66/67 Jahren | durchschnittlicher Anspruch auf Altersrenten | befürchtete **Rentenlücke von 1.300 Euro** | Liquiditätsreserven vorhanden | Frage der Verrentung einer privaten Kapitallebensversicherung |bodenständig, risikoscheu, leicht überdurchschnittliche Sorge vor einer Finanzkrise

(Position auf dem Kontinuum: 3,8)

Elke (59) und Chris (62) Häusler sind beide berufstätig und haben viel Freude an ihren jeweiligen Aufgaben. Nach aktueller Lebensplanung und angesichts bester Gesundheit wollen die beiden bis zum regulären Eintritt in die Altersrente arbeiten.

Ihre beiden Kinder sind nicht nur erwachsen, sondern auch wohl geraten und mit guter Ausbildung beruflich wie privat bereits etabliert. Beide wohnen mit ihren Lebensabschnittspartnern in wechselnden – aber stets weit entfernten – Metropolen, um an ihren Karrieren zu feilen. Abgesehen von Luxussorgen läuft bei den Häuslers alles gut.

Seit dem Auszug der Kinder ist das ohnehin schon großzügig dimensionierte Einfamilienhaus der Häuslers ganz eindeutig zu groß. Weder das im Scherz immer wieder ins Spiel gebrachte Billardzimmer noch der ebenfalls nicht wirklich ernst gemeinte Einbau einer Sauna können das verdecken. Eigentlich würden sich die Häuslers gerne etwas »verkleinern«. Allein der Putz- und Pflegeaufwand der faktisch leerstehenden 1. Etage ist eine leidige Pflicht geworden. Ihr Leben spielt sich – abgesehen von ein bis zwei Familientreffen pro Jahr – eigentlich ausschließlich im Erdgeschoß der Immobilie ab. Lediglich ein Raum des 1. Stockwerks wird als »Lese- und Strickzimmer« von den Häuslers genutzt. Jedoch scheuen sich beide davor, ihre Immobilie zu verkaufen und in eine kleinere Wohnung zu ziehen. Einerseits aus der emotionalen Verbundenheit mit dem Haus, in dem die Kinder aufgewachsen sind. Andererseits auch weil sie ihren schönen großen Garten nach wie vor genießen und der Erwerb einer Eigentumswohnung mit vergleichbarem Gartenanteil kaum realistisch erscheint. Außerdem stimmt das Wohnumfeld, die Gegend ist gehoben und aufgrund der ruhigen Lage mit gleichzeitig bester Verkehrsanbindung sehr gesucht, die Nachbarn sind wirklich nett. Wenn man nur ca. 15 Quadratmeter Wohnfläche vom 1. Stock in das Erdgeschoß verlegen könnte, dann wären die Wohnverhältnisse für die Häuslers auch ohne das Obergeschoß ideal.

Etwas unzufrieden sind die Häuslers jedoch damit, dass die zu erwartenden Altersrenten der beiden den gewünschten Lebensstandard nach Renteneintritt nicht ganz abdecken werden. Zur Not würde es schon reichen, aber für ein komfortables Leben mit ein wenig Luxus, schönen Urlauben und entspanntem Dasein wären rund 1.300 Euro zusätzliches Einkommen monatlich schon schön. Nur gerade mal ein Drittel davon könnte gemäß unverbindlicher Vorabberechnung aus der Verrentung einer demnächst ablaufenden Kapitallebensversicherung kommen.

Wo könnte sonst noch ein monatliches Zusatzeinkommen im Alter herkommen?

Der weitaus größte Teil des **Vermögens der Häuslers** steckt in der schönen, bestens gepflegten und instandgehaltenen **Immobilie** (neue Heizung, Solarpanels auf dem Dach, dreifachverglaste Fenster, Fassade frisch gestrichen) mit wunderschönem Garten. Sowie dem elternfinanzierten **Studium der Kinder** (gut angelegte Bildungsinvestition nennt das Chris voller Stolz). Daneben verfügen die Häuslers über rund 60.000 Euro **Liquiditätsreserve**, die mittlerweile zinslos auf einem Festgeldkonto liegt. Elke hat aus einer Erbschaft stammende 45.000 Euro in demnächst auslaufende **Banksparbriefe** mit noch immerhin 2,5 % Rendite angelegt. Und eine in Kürze fällig werdende **Kapitallebensversicherung** von Chris beim Marktführer bietet eine monatliche lebenslange Rente von 340,67 Euro ab seinem 63. Lebensjahr. Oder alternativ die steuerfreie Auszahlung einer Ablaufleistung von 150.140 Euro, für deren rentable Verwendung die Häuslers aber keinerlei Idee haben.

Also die Ablaufleistung statt der Rentenzahlungen wählen?

Nach einem nur anderthalbstündigen Gespräch mit einem unabhängigen Honorarberater haben die Häuslers verstanden, dass sie das Angebot einer monatlichen Rente von Chris Lebensversicherer ablehnen werden und sich stattdessen die **Ablaufleistung auszahlen lassen**. Der Honorarberater hat ihnen im Gespräch unter anderem ohne großes Tamtam nur mit einem Taschenrechner vorgerechnet, dass Chris nach der ersten Rentenzahlung mit 63 Jahren noch knapp 37 Jahre leben, also ca. 100 Jahre alt werden müsste, nur um sein eingezahltes Geld (unverzinst und ohne Inflationsausgleich) wiederzusehen.

HINTERGRUND

Der Lebensversicherer, ein marktführender Anbieter, der aber hier nicht namentlich genannt werden möchte, bietet Chris anstelle der Ablaufleistung von 150.140 Euro eine monatliche Rente von 340,67 Euro, was einer Jahreszahlung von 4.088 Euro entspricht. Dieser Wert stimmt auch exakt mit dem vom Versicherer angegebenen Rentenfaktor überein, der pro 10.000 Euro Ablaufleistung eine garantierte Rente von 22,69 Euro monatlich, also 272,28 Euro p. a. benennt. Hieraus lässt sich unschwer die prozentuale Rentenzahlung von 2,72 % p. a. bezogen auf die Ablaufleistung errechnen. Teilt man nun die Ablaufleistung von 100 % durch die jährliche Zahlung von 2,72 %, so kommt man auf 36,76, also aufgerundet 37 Jahre, die verstreichen müssten, bis Chris das unverzinste Geld durch die Rente wieder zurückerhalten hätte. Allein die Anlage des eingezahlten Geldes in einen ausschüttenden DAX-ETF würde bei der aktuellen Dividendenrendite von rund 3 % p. a. bereits eine auf den Monat umgerechnete »Dividendenrente« von rund 375 Euro erbringen. Steuerliche Unterschiede in den beiden Zuflüssen sind so gering, dass sie hier vernachlässigt werden können.

Außerdem sehr unvorteilhaft: Im Kleingedruckten der Lebensversicherungsbedingungen steht, dass die zugesicherte **Rentengarantiezeit lediglich fünf Jahre** beträgt. Das heißt, nur für die ersten fünf Jahre ab Chris 63. Lebensjahr zahlt der Versicherer die Rente auch im Todesfall von Chris. Stirbt Chris danach, weil er doch nicht die 100 Jahre schafft, endet die Rentenzahlung und führt zu sogenannten Sterblichkeitsgewinnen beim Versicherer. Auch erscheint es den Häuslers vor dem Hintergrund einer möglichen Finanzkrise nicht erstrebenswert, für viele weitere Jahre von einem Versicherer und dessen Solvenz abhängig zu sein. Denn gerade im Fall einer Finanzkrise ist es nicht optimal, zu viel Geldvermögen in Form von nominellen Zahlungsansprüchen zu besitzen. Immerhin ist die Sorge der Häuslers nicht so massiv, dass sie den Lebensversicherungsvertrag noch kurz vor der Ziellinie kündigen. Sondern sie warten die bald bevorstehende Endfälligkeit ab.

Und noch ein weiteres Argument gegen die Rente aus der Versicherung (Privatrente) haben die Häuslers verstanden. Nämlich, dass sich die monatlichen Zahlungen aus dieser Rente – ganz im Gegensatz zur **gesetzlichen Altersrente** – nicht über die Zeit erhöhen. Der **reale Wert** dieser Privatrente kann somit nach 20 Jahren durchaus – je nach kumulierter Inflation – nur noch bei der Hälfte bzw. einem Drittel liegen. Hingegen werden Dividendenzahlungen – natürlich unter Schwankungen – mittel- bis langfristig stärker als die Inflationsrate steigen.

Nun ist eine sinnvollere Verwendung der zur Verfügung stehenden Liquidität gefragt

Und zwar unter Berücksichtigung der Auswirkungen einer möglichen Finanzkrise und dem Wunsch der Häuslers nach einem monatlichen Zusatzeinkommen von rund 1.300 Euro. Eine vollständige Anlage in Dividendentitel, selbst mit einem ganz breit diversifizierten **ETF-Portfolio,** können sich die Häuslers nicht vorstellen, dafür sind sie irgendwie zu ängstlich. Bestenfalls für einen Teil der Reserven erscheint ihnen das vertretbar.

Nach einigen Gesprächen im Bekanntenkreis bringt Sabine, eine befreundete Architektin, eine »einfach geniale« Idee ein. Sie schlägt für die Immobilie eine Außentreppe aus Edelstahl vor, mit der man das Obergeschoss des Wohnhauses der Häuslers an Dritte vermietbar machen und somit **aus dem Einfamilienhaus ein Zweifamilienhaus machen** könnte. Chris ist sofort begeistert, Elke zögert noch, da sie den Wegfall des Lesezimmers bedauert. So stark will sie sich nun doch nicht verkleinern. Aber auch hier hat Sabine einen einfach genialen Vorschlag. Wie wäre es, wenn man nicht nur die Wohnfläche im Erdgeschoss vergrößerte, sondern die gesamte Wohnung dadurch aufwerten würde, dass man die überdachte Terrasse zu einem Wintergarten ausbaute? Mehr als 25 Quadratmeter ebenerdiger lichtdurchfluteter Wohnraum mit barrierefreiem Übergang in den schönen Garten … Das überzeugt auch Elke, sie sieht sich schon lesend an ihrem neuen Lieblingsplatz mit Blick über den Garten.

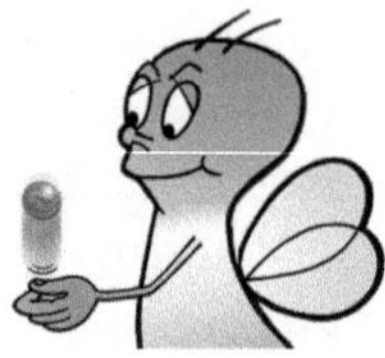

Was bedeutet das in Zahlen?

Summe der liquiden Mittel von Elke und Chris in der Ausgangssituation:

- Liquiditätsreserve plus Banksparbriefe plus Ablaufleistung ergeben **255.140 Euro**

Zu erwartende Kosten:

- Kosten für die Edelstahl-Außentreppe samt Durchbruch und neuer Außentür 1. OG: 18.000 Euro.
- Kosten für weitere Umbaumaßnahmen im 1. OG, um die Wohnung vermietbar zu machen, u. a. neues Bad, Vorinstallationen für Küche: 16.000 Euro.
- Kosten für Umbau von Terrasse zum Wintergarten inkl. barrierefreiem Übergang in den Gartenbereich ca. 50.000 Euro.

Kosten insgesamt (= Summe verbauter Liquidität) 84.000 Euro – mit Puffer lieber vorsichtig heraufgeschätzt auf **100.000 Euro**.

(Elke und Chris sollten bei dieser Lösung auch Baugenehmigung und Handwerkerärger nicht vergessen …)

Verbleibende Liquidität nach Bezahlung der Umbaumaßnahmen also ca. **150.000 Euro.** Für den Fall der Fälle wünschen sich die Häuslers eine **Liquiditätsreserve von 30.000 Euro.** Verbleiben ca. **120.000 Euro** zur Anlage in einen ausschüttenden, breit streuenden passiven **(Aktien-)Fonds**.

Erwartete monatliche Erträge aus diesen Maßnahmen:

- Nettokaltmiete der Wohnung im 1. OG (78 Quadratmeter): ca. **750 Euro**
- Dividendeneinkünfte aus der Anlage der 120.000 Euro: ca. **300 Euro**

Das für die Rentenphase gewünschte Zusatzeinkommen wird vorerst also noch um 250 Euro monatlich verfehlt. Aber es ist ja noch ein wenig Zeit bis dahin. Und in den Jahren bis zum Renteneintritt können noch zusätzliche Reserven aufgebaut werden. Das passt!

Sofortige Vorteile dieser Lösung:

Sowohl die Mieteinnahmen als auch die Dividendeneinkünfte werden steigen und nach menschlichem Ermessen mittel- bis langfristig mindestens die **Inflationsrate ausgleichen**. Die Häuslers haben durch den Umbau vom Einfamilienhaus zum Zweifamilienhaus eine **Realoption geschaffen** (es können im Fall der Fälle entweder Mieter oder Familienmitglieder oder Pflegekräfte u. a. einziehen). Gleichzeitig haben sie die **Immobilie aufgewertet**.

Perspektivische Liquiditätsrechnung für die Häuslers:

Für die knapp vier Jahre bis zum Renteneintritt von Chris können aus dem Nettoeinkommen noch monatlich ca. 1.000 Euro gespart werden. Ebenso die Dividendeneinkünfte aus 100.000 Euro ETF-Anlage und die erzielte Netto-Kaltmiete. Hierdurch erhöht sich die Liquiditätsreserve von 30.000 Euro schrittweise bis zum Renteneintritt. Wenn von diesem Liquiditätszugang schrittweise rund 50.000 Euro in weitere ausschüttende ETFs angelegt werden, ist die monatliche Rentenlücke schon nahezu geschlossen. Während der drei weiteren Jahre bis zum Renteneintritt von Elke kommt das Paar ohnehin gut über die Runden. Und sobald beide gemeinsam in der Rentenphase sind, ist ein ausgeglichener Zustand erreicht. Es verbleiben lediglich Restrisiken, die aus extremen Szenarien herrühren können, wie z. B. eine langfristige Unvermietbarkeit der Wohnung oder Einschnitte in der gesetzlichen Rente. Gegen diese Risiken können sich die Häuslers mit den ihnen zur Verfügung stehenden Ressourcen realistischerweise nicht schützen. Und das ist ihnen auch völlig klar.

6.4 Lebensecht: Viktoria und Ben Kindermann

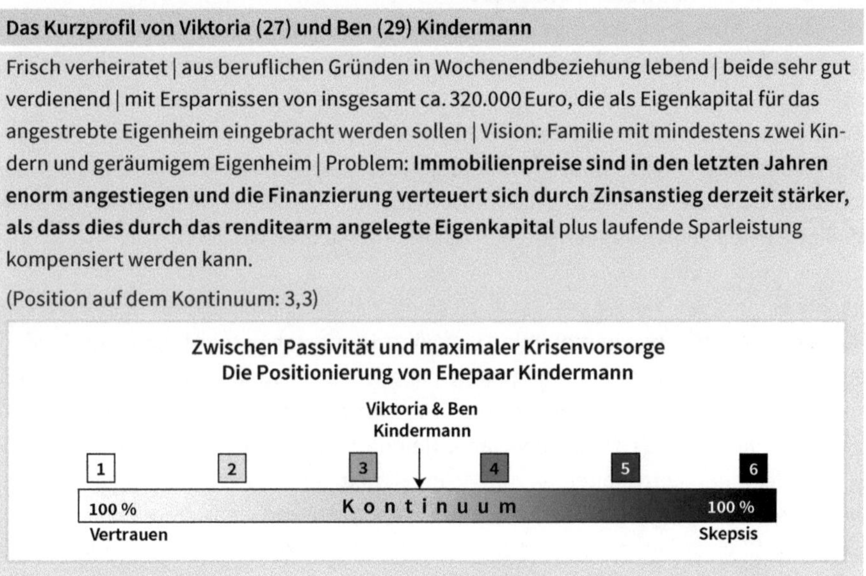

Das Kurzprofil von Viktoria (27) und Ben (29) Kindermann

Frisch verheiratet | aus beruflichen Gründen in Wochenendbeziehung lebend | beide sehr gut verdienend | mit Ersparnissen von insgesamt ca. 320.000 Euro, die als Eigenkapital für das angestrebte Eigenheim eingebracht werden sollen | Vision: Familie mit mindestens zwei Kindern und geräumigem Eigenheim | Problem: **Immobilienpreise sind in den letzten Jahren enorm angestiegen und die Finanzierung verteuert sich durch Zinsanstieg derzeit stärker, als dass dies durch das renditearm angelegte Eigenkapital** plus laufende Sparleistung kompensiert werden kann.

(Position auf dem Kontinuum: 3,3)

Viktoria (27) und Ben (29) Kindermann sind ein erfolgsverwöhntes, hart arbeitendes DINK-Ehepaar (Double Income No Kids) mit hoher Sparfähigkeit, viel Disziplin und festem Kinder- und Immobilienwunsch. Die beiden halten bestens zusammen, obwohl sie jeweils großen Mobilitätsanforderungen durch ihre Arbeitgeber ausgesetzt sind. Jeder von beiden hat eine kleine Mietwohnung, muss häufig umziehen und – wenn nicht gerade Corona-Lockdown ist – noch häufiger in der Welt umherfliegen. Viktoria und Ben sehen sich bestenfalls am Wochenende, oft auch nur alle 14 Tage sowie im Urlaub. Seit einem halben Jahr sind sie miteinander verheiratet, was ihr Zusammengehörigkeitsgefühl trotz des häufigen Getrenntseins noch steigert. Die gemeinsamen – wohl jeweils durch das Elternhaus geprägten – Werte Familie und Eigenheim lassen die beiden alle aktuellen Herausforderungen positiv ertragen. Mittlerweile haben sie zusammen bereits rund 320.000 Euro gespart, die auf einem Tagesgeldkonto liegen. Doch sind in der zurückliegenden Nullzinsphase die Immobilienpreise schneller gestiegen als ihre renditearm im Geldvermögen angelegten Ersparnisse. Aufgrund der hohen Inflationsrate befürchten Viktoria und Ben, dass sie erhebliche Verluste auf ihr angespartes Geldvermögen erleiden werden. Daher erwägen die beiden den Kauf eines Eigenheims, welches sie zunächst für ein paar Jahre vermieten wollen, um später in der Kinder- und Familienphase selbst einzuziehen. Das Paar möchte also seine Reserven zu weiten Teilen vom Geld- ins Sachvermögen verlagern. Sie wollen sich davor schützen, dass die Inflation das Preisniveau von Immobilien weiter beflügelt, und sich auch den aktuellen Fremdkapital-Zinssatz sichern, von dem sie befürchten, dass dieser weiter ansteigt.

Empfehlung aus neutraler Außensicht

Die Motive von Viktoria und Ben Kindermann sind – für sich genommen – nachvollziehbar und plausibel. Die Frage ist nur, ob diese Motive nicht auch größtenteils auf andere Weise erreicht werden könnten, ohne dass sie die erheblichen Nebenkosten, Mühen und Risiken ihres Plans »Heute vermieten, später selbst einziehen« in Kauf nehmen müssten. Denn der scheinbar so vorausschauende Plan der Kindermanns hat viele »Sollbruchstellen«, Unwägbarkeiten und hohe Transaktionskosten.

Nachteilig am Plan der Kindermanns ist vor allem, dass Immobilien – ganz wie der Name schon sagt – eben immobil sind und Viktoria und Ben bereits heute entscheiden müssten, wo sie in Zukunft mit ihren (noch ungeborenen) Kindern wohnen und leben wollen. Viktoria und Ben reden sich ihre Wahl für eine Immobilie womöglich schön, wenn sie meinen, dass das gemeinsame Heim auf alle Fälle in der Nähe eines Hot-Spots oder einer Metropolregion mit vielen attraktiven Arbeitsplätzen liegen sollte. Jedoch sind solche Immobilien schon heute sehr teuer und die weitere Preisentwicklung kann Überraschungen in beide Richtungen erbringen. Der Plan der Kindermanns scheint das genaue Gegenteil einer Realoption zu sein, nämlich eine **unnötig frühe Festlegung** und damit der **Verzicht auf eine Vielzahl anderer Optionen**. Zu bedenken sind Transaktionskosten des Immobilienerwerbs von über 10 % (allein die Grundsteuer kann rund 6 % betragen und natürlich wird das DINK-Ehepaar die Dienste eines Maklers in Anspruch nehmen). Die Verwaltung der Immobilie aus der Ferne wird für Viktoria und Ben auch mühevoll werden, sodass sie wohl einen kostenpflichtigen Verwalter beauftragen müssen. Hinzu kommen immobilienspezifische Gefahren, wie das

Klumpenrisiko (hoher Geldbetrag auf eine Karte gesetzt) und das Risiko eines jeden Vermieters (Mietausfall, achtlose Mietnomaden, mögliche Rechtsstreitigkeiten u. ä.). Schließlich kann es bei der in Zukunft nötigen Eigenbedarfskündigung sowie dem erforderlichen Renovierungsprozess noch zu vielfältigen Störungen, Verzögerungen und Problemen kommen. Hinzu kommt, dass eine Immobilie, wie sie sich die beiden als Familienheim wünschen, nicht unbedingt ein gutes Objekt zum Vermieten ist.

Im Ergebnis ist den Kindermanns von diesem – wahrscheinlich von starken positiven Emotionen und viel Wunschdenken getriebenen – Plan eher abzuraten. Viktoria und Ben sollten lieber einen Weg suchen, der mit **weniger spezifischen Risiken** und geringeren Transaktionskosten ihre nahezu hundertprozentige Geldvermögensquote verringert. Sie sollten unbedingt Sachvermögen aufbauen – dieser Teil ihres Plans ist richtig, er sollte aber anders umgesetzt werden.

Eine **defensive Möglichkeit** ist die Umschichtung der Hälfte bis zwei Drittel der Ersparnisse von Viktoria und Ben in Sachanlagen. Für diese Sachanlagen bietet sich als Hauptkomponente (erste Orientierung: rund 60%) ein möglichst **breit streuender Aktien-ETF** mit geringen fortlaufenden Kosten an. Zur Abrundung würde – angesichts der Inflationsängste der beiden – der Erwerb physisch abgesicherter **Gold-ETCs** (z. B. Xetra-Gold oder Euwax-Gold) passen. Diese könnten beispielsweise 20% des angestrebten Sachwertanteils ausmachen. Für das gute Bauchgefühl der beiden, die sich so auf ihr zukünftiges reales Beton-Gold freuen, könnte beitragen, dass entweder rund 20% des Geldes in **seriöse Immobilien-Aktien**, gerne auch in REITs[273] oder Immobilien-ETFs oder REIT-ETFs angelegt werden. Die im Geldvermögen verbleibenden Ersparnisse (verbleibendes Drittel) sollten Viktoria und Ben auf Festgeldkonten parken, um zumindest einen Teil des Inflationsschadens zu kompensieren. Dabei sollten sie jedoch unbedingt die Höhe der Einlagensicherung im Auge behalten, also das Geld gegebenenfalls auf mehrere Institute verteilen.

Eine **offensivere Möglichkeit**, die Viktoria und Ben angesichts ihrer Jugend erwägen könnten, wäre der – **teilweise kreditfinanzierte – Erwerb einer Immobilie zur Fremdnutzung**, ohne damit den Wunsch für eine spätere Eigennutzung zu verbinden. Das erweitert die Auswahl an möglichen Objekten enorm. Und ein wesentliches Kriterium für die Standortwahl könnte sein, dass ein Verwandter (Eltern, Schwiegereltern, Geschwisterteil ...) in der Nähe wohnt und ohne große Mühe bei Bedarf »nach dem Rechten« sehen kann. Die spezifischen Risiken vermieteter Immobilien (Klumpenrisiko, Mietnomaden etc.) verbleiben jedoch auch hier.

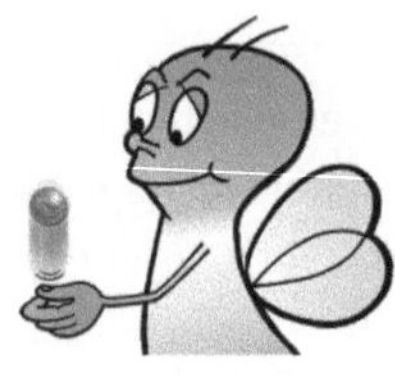

Was bedeutet das in Zahlen?

Geben Viktoria und Ben beispielsweise rund 400.000 Euro inklusive aller Nebenerwerbskosten für die fremdgenutzte Immobilie aus und bringen 50 % Eigenkapital, also 200.000 Euro aus dem angesparten Geldvermögen ein, so erhalten sie eine Finanzierung der verbleibenden 50 % bei einer langfristigen Zinsbindung von – sagen wir – 20 Jahren für rund 3 % jährlichen Zins. Bei einer bereits sehr defensiv angenommenen Netto-Mietrendite von anfänglich ca. 3 % p. a. (das entspricht einem ungünstigen Bruttokaufpreis in Höhe der 33-fachen Jahresmiete) könnte das Paar neben der Deckung der Zinszahlungen eine Anfangstilgung von 2,5 bis 3 % aus der Kaltmiete leisten, da ja lediglich der Fremdfinanzierungsanteil zu Zinsverpflichtungen führt. Eine Annuität in Höhe der Kaltmiete ist also möglich, ohne Liquidität aus dem Arbeitseinkommen einsetzen zu müssen. Steuerliche Vorteile (Abschreibung auf die Immobilie) könnten zusätzlich eingesetzt werden. Ein problemlos kostenfrei zu vereinbarendes Sondertilgungsrecht in Höhe von 5 % p. a. bildet eine weitere wertvolle Realoption. Jedoch sinkt die Restschuld auch ohne Sondertilgungen bis zum Ende der Zinsbindungsfrist bereits kräftig. Das verbleibende Geldvermögen der Kindermanns wäre durch die Immobilienschulden für die nächsten Jahre ganz grob gegengesichert und je nach Entwicklung der persönlichen Verhältnisse, der Risikoneigung und der externen Datenlage können Viktoria und Ben dann noch immer flexibel reagieren und zum Beispiel überschüssige Liquidität in einen Aktien-ETF umschichten.[274]

Zusammenfassend

Sowohl die defensive als auch die offensive Empfehlungsvariante lösen das von Viktoria und Ben Kindermann erkannte Problem der Inflationsabhängigkeit und des zu hohen Geldvermögensanteils ihrer Reserven. Angesichts des geringen Alters und der hohen Sparfähigkeit von Viktoria und Ben ist auch die offensive Variante nicht als verantwortungslos zu bewerten. Jedoch ist die »Bilanzverlängerung« des Ehepaares (nämlich Aufbau von Sachvermögen bei gleichzeitiger Verschuldung) in Hinblick auf extreme Crash-Situationen risikoerhöhend und steht im Widerspruch zur »braven« Grundsatzempfehlung »Schulden vermeiden«, selbst wenn diese günstig sind (vgl. Kapitel 5.9).

Die Entscheidung »defensiv« versus »offensiv« bleibt letztlich den Kindermanns überlassen, jedoch vermeiden beide Varianten die **unnötig komplizierte Verknüpfung** von perspektivischen privaten Wohnzielen einerseits mit dem Absicherungsbedürfnis gegenüber den Folgen eines möglichen Finanzcrashs andererseits.

6.5 Lebensecht: Familie Mittelsteiner

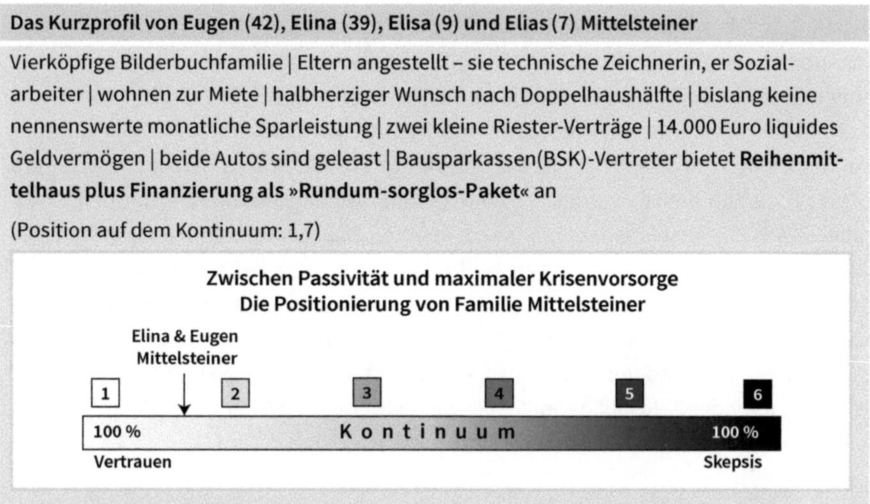

Das Kurzprofil von Eugen (42), Elina (39), Elisa (9) und Elias (7) Mittelsteiner

Vierköpfige Bilderbuchfamilie | Eltern angestellt – sie technische Zeichnerin, er Sozialarbeiter | wohnen zur Miete | halbherziger Wunsch nach Doppelhaushälfte | bislang keine nennenswerte monatliche Sparleistung | zwei kleine Riester-Verträge | 14.000 Euro liquides Geldvermögen | beide Autos sind geleast | Bausparkassen(BSK)-Vertreter bietet **Reihenmittelhaus plus Finanzierung als »Rundum-sorglos-Paket«** an

(Position auf dem Kontinuum: 1,7)

Die Eheleute Mittelsteiner bilden mit ihren Kindern Elisa und Elias im Alter von 9 und 7 Jahren eine harmonische und nahezu typische Bilderbuchfamilie. Beide Elternteile arbeiten zwischenzeitlich wieder Vollzeit. Elina Mittelsteiner steuert dabei als technische Zeichnerin in einem kleinen Ingenieurbüro den größeren Teil zum Familieneinkommen bei. Eugen Mittelsteiner ist Sozialarbeiter. Sowohl der Familienwagen von Elina als auch der Smart von Eugen sind geleast. Ihre wirtschaftliche Situation erleben Elina und Eugen im Wesentlichen als okay. Man kann keine großen Sprünge machen. Das steigende Familieneinkommen fand ebenso wie gelegentliche Sondereinkünfte (Geldgeschenke der Eltern, Erfolgsprämie von Elina ...) stets auch zeitnah eine sinnvolle Konsumverwendung. Abgesehen von zwei Riester-Spar-Verträgen von Elina und Eugen (man darf ja die Prämie nicht verschenken) gibt es nur eine Reserve von rund 14.000 Euro auf den Girokonten.

Die Mittelsteiners wohnen etwas beengt in einer gemieteten 4-Raum-Wohnung. Seit über drei Jahren sind sie – zugegeben recht halbherzig – auf der Suche nach einem Eigenheim. Die Halbherzigkeit kommt auch daher, weil Elina und Eugen bewusst ist, dass sie mit einer seit Jahren unveränderten Kaltmiete von 650 Euro im Monat recht günstig liegen. Doch das Thema »So eine schnuckelige Doppelhaushälfte wäre schön« kommt immer wieder ins Gespräch. Aktuell liegt bei den Mittelsteiners das Angebot eines Bausparkassen-Vertreters auf dem Küchentisch. Ja, es ist nicht ganz die ersehnte Doppelhaushälfte, eher ein Reihenmittelhaus am nördlichen Stadtrand. Aber der BKS-Vertreter bietet als komplette Problemlösung auch gleich ein Rundum-sorglos-Finanzierungspaket dazu an.

Die weiteren Objektdaten (Größe, Anzahl der Zimmer, Kfz-Stellplätze etc.) können hier unbeachtet bleiben. Der **Kaufpreis** soll inklusive aller Nebenerwerbskosten 430.000 Euro betragen und **voll finanziert** werden, da die Mittelsteiners ihre überschaubaren Barmittel (14.000 Euro) wohl weitgehend für den Umzug, neue Möbel, eine kleine Barreserve usw. benötigen. Das Rundum-sorglos-Paket der Finanzierung besteht aus einem im Marktvergleich mit Hypothekendarlehen günstigen Bauspar-Vorabdarlehen mit 10-jähriger Zinsfestschreibung und Effektivzinssatz von 2,9 % p. a. Dieses Darlehen bleibt tilgungsfrei (sogenanntes Tilgungsaussetzungsmodell).[275] Parallel sollen die Mittelsteiners monatlich in einen Bausparvertrag mit einer Bausparsumme von 400.000 Euro einzahlen, und zwar so viel, dass bei Zuteilung in 10 Jahren der 40%ige Eigenkapitalanteil, also 160.000 Euro, zusammengespart ist. Die verbleibende Lücke von 30.000 Euro sollen Elina und Eugen durch jederzeit mögliche Sondertilgungen während der 10-jährigen Ansparfrist schließen – da kommt ja bestimmt immer mal wieder Geld in die Familienkasse (Geldgeschenke der Eltern, Erfolgsprämie von Elina …). So der Vorschlag des BSK-Vertreters.

Der **Bausparvertrag** erbringt in der Ansparphase (1. bis 10. Jahr) unter Berücksichtigung der Kosten einen minimal negativen Zins. Der Darlehenszins ab dem 11. Jahr ist im Bausparvertrag mit 2,5 % p. a. festgeschrieben. Der BKS-Vertreter bezeichnet diesen Festzins als Versicherung gegen steigende Zinsen während der 15-jährigen Tilgungsdauer. Auch beim Bauspardarlehen seien Sondertilgungen jederzeit und kostenlos möglich.

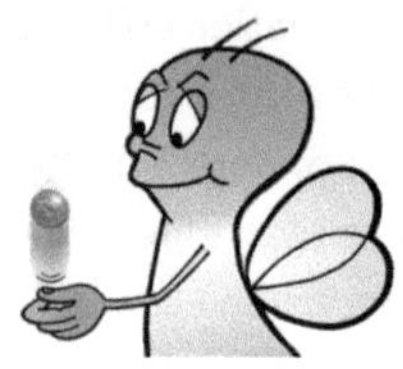

Analyse und Empfehlung aus neutraler Sicht

Insbesondere in Hinblick auf Risiken aus einem möglichen Finanzcrash sollten Elina und Eugen vom Kauf des Reihenmittelhauses und der Unterzeichnung des Rundum-sorglos-Paketes des BKS-Vertreters **unbedingt Abstand nehmen.** Sie haben es in den letzten Jahren nicht geschafft, eine nennenswerte Sparleistung zu erbringen, obwohl ihr verfügbares Einkommen zuletzt deutlich anstieg. Auch ungeplante Zusatzeinkünfte gingen zeitnah in den Konsum. Eine zusätzliche, nun erzwungene Sparleistung in erheblicher Höhe aus dem versteuerten Einkommen wird die Familie mit hoher Wahrscheinlichkeit in finanziellen Stress versetzen. Zusätzliche Konsumwünsche nach Umzug ins Reihenhaus werden keinen Spielraum für die eigentlich nötigen Sonderansparungen zulassen. Die **Arbeitsplatzsituation** von Eugen ist zwar sehr sicher, jedoch trägt er den kleineren Teil zum Familieneinkommen bei. Der Arbeitsplatz von Elina in einem kleinen Ingenieurbüro ist keinesfalls crash-sicher, zumal der Beruf des technischen Zeichners aufgrund zunehmender Nutzung computerbasierter Techniken grundsätzlich stark im Umbruch, wenn nicht gar bedroht ist. Die Ausbildungskosten der Kinder (vielleicht wollen Elisa und Elias ja sogar studieren) sind ebenso wenig berücksichtigt wie die im Zeitablauf wachsenden Instandhaltungskosten der eigenen Immobilie.

Sollte sich die Einkommenssituation der Familie aus irgendeinem Grund – das muss gar kein Finanzcrash sein – verschlechtern, so ist das Finanzierungspaket in seiner Gesamtheit bedroht. Nachdem kein Eigenkapital eingebracht wird und die ersten zehn Jahre auch nicht getilgt, sondern nur ein Tilgungsersatz geleistet wird, steht die Finanzierung in einer Crashsituation, bei einer Deflation oder auch nur bei einem breiten Rückgang der Immobilienpreise auch aus Gründen mangelnder Sicherheit schnell vor dem Aus. Kurzum: Das Reihenhaus der Mittelsteiners bewirbt sich im Falle eines Finanzcrashs geradezu um einen Platz in der ersten Reihe, wenn es um Zwangsversteigerungen geht. Kritikwürdig in Hinblick auf die mangelnde Robustheit gegenüber allen möglichen Widrigkeiten einer Krisensituation ist auch, dass die Finanzierung von Eugen und Elina bis zum Alter 67 Jahre bzw. 64 Jahre läuft. Im Falle der Berufsunfähigkeit oder Verkürzung des aktiven Arbeitsverhältnisses durch Arbeitslosigkeit »auf der Zielgeraden« werden also sofort **Finanzierungslücken** auftreten. Auch erscheint es nicht realistisch, dass Elina und Eugen neben der Tilgungsbelastung noch eine zusätzliche Altersvorsorge aufbauen können. Sie werden nach dem Auszug der Kinder aus dem Reihenhaus ein typisches älteres Paar sein, dessen gesamten Reserven in der Wohnimmobilie stecken, denen die Liquidität zur Instandhaltung knapp wird und die dann feststellen müssen, dass man von einem Reihenmittelhaus nichts abbeißen kann. Mögen die Mittelsteiners mithin besser ihren konsumorientierten Lebensstil in der Mietwohnung fortführen, sich ab und an etwas gönnen, in die Bildung der Kinder investieren und sich anderweitig noch einige Realoptionen schaffen. Wenn sie nur ein Drittel der Mehrbelastung durch das Rundum-sorglos-Paket in eine sachwertorientierte Altersvorsorge (z. B. einen Aktien-ETF-Sparplan) einsparen würden, wäre das für die finanzielle Robustheit der Mittelsteiners, unabhängig von jeglichem Crashszenario, ein großer Schritt nach vorne. Der Kauf des Reihenmittelhauses wäre jedenfalls das Gegenteil einer Realoption und nur ein Klotz am bislang harmonischen Familienbein.

6.6 Lebensecht: Uta und Klaus Schmahl

Das Kurzprofil von Uta (59) und Klaus (60) Schmahl
Seit fünf Jahren in jeweils zweiter Ehe miteinander verheiratet | wohnen in angemessener Mietwohnung | beide unfreiwillig vorzeitig aus dem Erwerbsleben ausgeschieden | beide begeisterte Fitness-Freaks (»junge Alte«) | **Rentenlücke von ca. 600 Euro monatlich** | Reserven von 65.000 Euro | ein kreativer Ausweg auch außerhalb von Einkünften aus Vermögen ist gefragt

(Position auf dem Kontinuum: 2,7)

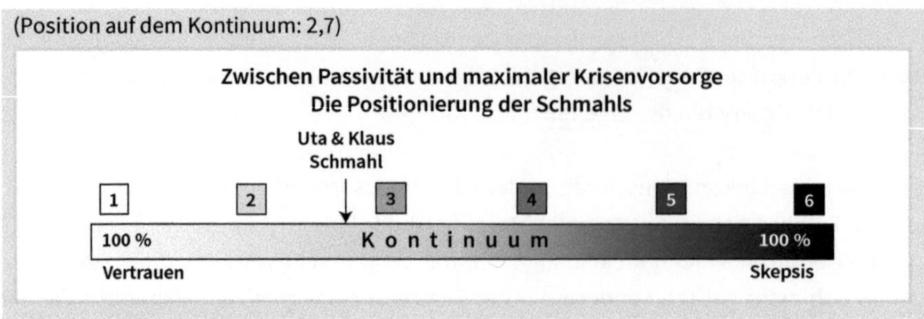

Uta und Klaus Schmahl fanden erst in reiferem Alter zueinander. Beide sind eheerfahren, geschieden und haben sich vor acht Jahren in einem Fitnessstudio kennengelernt – eine Leidenschaft, die sie verbindet. Während Uta sehr sportlich ist, leidet Klaus, der jahrzehntelang als Lastwagenfahrer gearbeitet hat, unter schweren Rückenproblemen, die auch zu seinem vorzeitigen beruflichen Aus mit 57 führten. Durch regelmäßiges Rückentraining hat Klaus zu einer guten Lebensqualität und einem fast schmerzfreien Leben zurückgefunden. Uta, die zuletzt in einem inhabergeführten Sanitätshaus als Verkäuferin arbeitete, wurde erst vor wenigen Monaten wegen Betriebsschließung in den Vorruhestand geschickt. Die Haushaltskasse und überschaubaren Reserven von 65.000 Euro haben die beiden schon seit Einzug in eine gemeinsame Mietwohnung vor fünf Jahren zusammengelegt.

Einmütig finden beide, dass ihre Alterseinkünfte »zum Sterben zu viel und zum Leben zu wenig seien«. Ihre Freizeit und ihre Freiheiten können die frisch entpflichteten »jungen Alten« daher nur teilweise genießen, zumal sie empfinden, jeden Euro – gerade nach dem dramatischen Anstieg der Inflationsrate – zweimal umdrehen zu müssen. Ihnen fehlen rund 600 Euro monatlich für ein »ordentliches Leben«. Diese Einkommenslücke nun durch eine monatliche Entnahme aus ihrer 65.000-Euro-Reserve zu schließen, erscheint ihnen als unakzeptable Perspektive, da diese dann in gerade mal 9 Jahren aufgezehrt wäre. Bei Einzahlung des Betrages in eine **verbundene Sofortrente** (die Rente wird bis zum Tode des länger lebenden Partners ausgezahlt), beläuft sich das Angebot auf 94 Euro Zusatzrente im Monat – was die Schmahls, völlig zu Recht, auch nicht glücklich machen würde.

Irgendwie reicht es beim besten Willen nicht, eine Lösung tut not. Nach einigen guten Gesprächen im Bekanntenkreis und der Lektüre eines Finanztest-Hefts »Spezial: Ihre Rente«[276] wird Uta und Klaus zunächst einmal bewusst, dass sie ihre eiserne Reserve nicht in voller Höhe auf dem Geldmarktkonto liegen lassen sollten. Zudem kommt Uta auf die Idee, ein wenig Geld nebenbei zu verdienen, und bietet ganz spontan im Fitnessstudio ihre Mithilfe als 450-Euro-Kraft an. Sie wird prompt mit Freude für den Thekendienst eingestellt und beginnt noch in der gleichen Woche. Klaus freut sich mit ihr und überlegt nun seinerseits, wo er sich nützlich machen könnte. Möglichkeiten gibt es überraschend viele. Zwar passen manche körperlich nicht bzw. sind zeitlich nicht flexibel. Aber recht bald findet Klaus einen rückenverträglichen **Teilzeitjob** an der Kasse einer Tankstelle, bei dem er seine Arbeitszeiten weitgehend auf die von Uta abstimmen kann. Er hat – ganz wie sie – viel Spaß und soziale Kontakte an der Tanke, schließlich sagte er sein ganzes Leben schon, er habe Benzin im Blut.

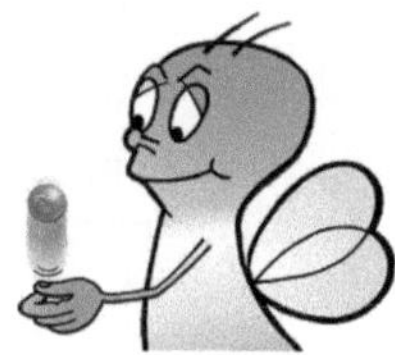

Was bedeutet das in Zahlen?

Die Schmahls haben nun 2 * 450 Euro mehr in der Kasse, macht 900 Euro monatlich. Zudem hat der Inhaber des Fitnessstudios Ute angeboten, ihren sowie Klaus' Vertrag bis auf Weiteres als betriebliche Sozialleistung kostenfrei weiterzuführen, wodurch die beiden die jeweils 60 Euro für das Studio sparen – macht nochmals 120 Euro monatlich. Insgesamt verbessert sich die Kassenlage des Schmahl'schen Haushalts um satte 1.000 Euro im Monat.[277]

Durch die Lektüre von Finanztest aufgeschlaut, entnehmen die Schmahls nun kein Geld von ihrer eisernen Reserve, sondern bauen diese noch monatlich um 400 Euro auf. Sicherheitshalber lassen Ute und Klaus diese gleich am Monatsanfang per Dauerauftrag auf das Tagesgeldkonto überweisen. Durch das Finanztest-Heft haben die Schmahls auch erkannt, dass sie ja **junge Alte** sind und nach der Statistik durchaus mit Freude noch 25 bis 30 Jahre auf dem Planeten bleiben können. Damit erweitert sich ihr Planungs- und Anlagehorizont beträchtlich. Beide entscheiden gemeinsam, von den 65.000 Euro den Teilbetrag von 40.000 Euro in einen **ausschüttenden ETF** zu investieren, der bei rund 3 % durchschnittlicher jährlicher Dividendenrendite ca. 1.200 Euro jährliches Zusatzeinkommen erbringt. Und da die beiden ja keine anderen Kapitaleinkünfte haben, passt das bestens in den Sparerfreibetrag von 1.000 Euro pro Person, sodass ihnen im Monatsdurchschnitt als Paar weitere 150 Euro brutto für netto zufließen. Der verbleibende Notgroschen von 25.000 Euro auf dem Geldmarktkonto ist angesichts der Lebenssituation des Paares völlig ausreichend. Im Ergebnis sind die Schmahls durch diese Veränderungen gleich in mehrfacher Hinsicht krisenfester und robuster aufgestellt. Sie haben zwei (kleine) Zusatzeinkommen und sind, wie Klaus grinsend sagt, wenigstens ein paar Stunden pro Woche von der Straße weg. Sie leben nicht von der Substanz, sondern bauen sogar noch Substanz auf, was sich psycho*logisch* viel positiver anfühlt – nämlich nach Perspektive statt Endzeit. Sie haben 40.000 Euro inflationsgefährdetes Geldvermögen mit »sicherem« Kaufkraftverlust abgebaut und Realvermögen (Sachvermögen) mit positiven legal steuerfreien Erträgen geschaffen. Und für jedes Jahr, das noch in dieser Weise positiv funktioniert, steigen die Reserven der Schmahls für ungefähr ein weiteres Entnahmejahr, das sie dann – z. B. in höherem Alter – ohne Zuverdienst erleben. Noch eine gute »Nebenwirkung« der jüngsten Entwicklung: Die Zukunftsangst und die nagende Unzufriedenheit der Schmahls ist wie weggeblasen. Selbst wenn sich Uta mit dem Inhaber des Fitnessstudios überwerfen würde oder Klaus' Tankstelle schließt, sehen die beiden noch viele andere Möglichkeiten. Die Schmahls haben erkannt: Es gibt eine Menge Realoptionen für rüstige Rentner – vor allem, wenn diese lächeln können!

6.7 Lebensecht: Sophia und Ioannis Vilapoulos

Das Kurzprofil von Sophia (63) und Ioannis (65) Vilapoulos

Sie in Rente, er unmittelbar davor | **Immobilie** nicht zu groß, aber in teurer Gegend | **kaum anderes Vermögen** | arme Reiche | schon jetzt Renovierungsstau | unerfreuliche finanzielle Altersaussichten | wackelige Betriebsrente (Pensionskasse) und Altersrenten reichen bei Weitem nicht | beide sehr risikoscheu

(Position auf dem Kontinuum: 5,1)

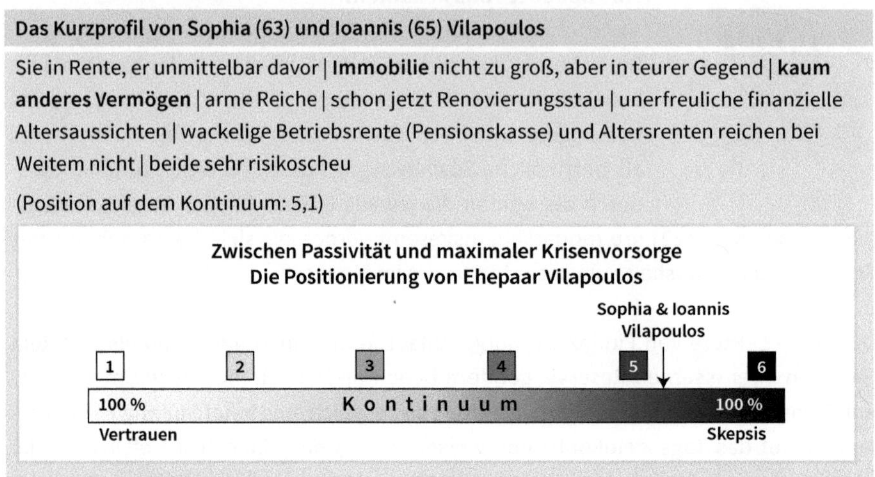

Während Sophia Vilapoulos (63), die ohnehin ein von mehreren Auszeiten unterbrochenes Erwerbsleben hatte, nicht mehr berufstätig ist, befindet sich ihr Mann Ioannis (65) kurz vor dem Ruhestand. Die Kinder stehen schon länger auf eigenen Beinen. Bis vor ein, zwei Jahren lebten Sophia und Ioannis in wirtschaftlicher Hinsicht recht unbesorgt und unterlagen – wie sie nun bemerken – der **Wohlstandsillusion**. Noch vor vier Jahren waren sie regelrecht stolz auf sich, als die letzte Rate ihres villenähnlichen schmucken Einfamilienhauses in einer sehr guten und teuren Wohnlage abgebucht wurde und sie die Grundschuldeintragungen löschen lassen konnten. Zwei Dinge haben Sophia und Ioannis jedoch nicht vorausschauend beachtet. Erstens, dass sie zwar auf dem Papier ein Millionärs-Ehepaar sind, da allein ihre kleine hübsche Villa mittlerweile einen Verkehrswert von rund 1.100.000 Euro besitzt – aber dass über 90 % ihres verfügbaren Vermögens eben in dieser Immobilie stecken. Zweitens haben sie es versäumt, sich frühzeitig über ihr Ruhestandseinkommen zu informieren und dieses einmal nüchtern ihren »ganz normalen« Ausgaben gegenüberzustellen. Während die gesetzliche Rente von Sophia und Ioannis die in den letztjährigen Informationsmitteilungen avisierten Zahlungen auch tatsächlich leistet, zeichnet sich bei der Betriebsrente von Ioannis eine große Enttäuschung ab. Sein Leistungsanspruch – der durch eine Pensionskasse gedeckt wird – musste bereits reduziert werden. Im Falle einer Finanzkrise drohen Ioannis gar weitere Kürzungen. Kurzum: Das Ehepaar Vilapoulos ist in den letzten Monaten regelrecht hochgeschreckt und freut sich überhaupt nicht auf den Unruhestand in der teuren Immobilie, aber bei völlig unbefriedigendem monatlichen Budget. Die nun zur Weiterführung des »ganz normalen Lebens« errechnete monatliche Lücke liegt bei grob 1.500 Euro und wird durch die Inflation von Jahr zu Jahr größer werden. Wenn man anstehende Instandhaltungsarbeiten der schon über 30-jährigen Immobilie mit leichtem Renovierungstau monatlich umrechnet, könnte es eher eine Lücke von 2.300 bis 2.500 Euro werden. Für teure Einzelmaßnahmen, wie z. B. eine Dachreparatur, wäre sogar die Aufnahme eines Kredites notwendig, der dann auch wieder abgelöst werden müsste.

So richtig ungemütlich würde es für die Vilapoulos, wenn aufgrund einer Finanzkrise nicht nur die betriebliche Altersvorsorge ganz wegbräche, sondern auch die zentrale Vermögensreserve, nämlich ihre Immobilie, unverkäuflich oder nur mit großem Verlust verkäuflich würde. Davor fürchten sich Sophia und Ioannis sehr.

Wie strukturieren die beiden ihr Vermögen neu? Nach zwei ruhigen und rationalen Gesprächen mit einem Finanzcoach sehen Sophia und Ioannis ihre Situation erheblich klarer und erkennen, dass sie sich tatsächlich einer starken Wohlstandsillusion hingegeben haben. Sie sind zwar auf dem Papier reich, können diesen Wohlstand aber nicht zum Konsumieren nutzen und haben kein ausreichendes liquides Barvermögen. Die Vilapoulos sitzen auf – besser gesagt, wohnen in – einem Klumpenrisiko, welches sie im Fall einer Finanzkrise angesichts ihres Alters und der gesamten Lebenssituation nicht tragen können und wollen. Durch den hohen Realvermögensanteil wären sie zwar Inflationsgewinner, was ihnen aber überhaupt nichts nützt, zumal das Problem mangelnder Liquidität bliebe. Denn auch von einer hübschen kleinen Villa kann man nichts abbeißen. In einem Deflationsszenario sähe ihre Situation sogar völlig desaströs aus. Sophia und Ioannis erkennen, dass sie weit von einer Strategie des geringsten Bedauerns bzw. finanzieller Robustheit entfernt sind. Und dass sie diesen Zustand nicht scheibchenweise, sondern nur durch ein »Ganz-oder-gar-nicht« lösen können. Dieses *Ganz* heißt: **Veräußerung der teuren Immobilie**. Dass die kleine Villa einen beginnenden Renovierungsstau besitzt, zu dessen Beseitigung Sophia und Ioannis weder die Mittel noch so richtig Lust haben, macht ihnen die Entscheidung ein wenig leichter. Zwar hängen viele Erinnerungen an der kleinen Villa, aber das Umfeld ist mit den Jahren recht »versnobt« geworden. Immer mehr Neureiche hat es in die Gegend gezogen. So richtig wohl und passend fühlen sich Sophia und Ioannis hier ohnehin nicht mehr. Sie werden das aktuell hohe Preisniveau nutzen, ihre Immobilie veräußern und in eine erheblich preiswertere Eigentumswohnung in einer weniger prominenten, jedoch ruhigen und für Einkäufe und Arztbesuche gut gelegenen Lage erwerben. Eine hervorragende Argumentation, um im Freundes- und Bekanntenkreis den Umzug gesichtswahrend kommunizieren zu können, bietet die Tatsache, dass ihre kleine Villa nicht barrierefrei ist und der große Garten zur Last werden könnte, während die neue Immobilie diese beiden Nachteile nicht hat.

Der Verkauf der von einem sachverständigen Bekannten auf 1,1 Millionen Euro Verkehrswert geschätzten Immobilie gestaltet sich zwar aufregend (Platzkarten für Besichtigungstermine, Schwarzgeldangebote und umgekehrte Verhandlungen – der Kaufinteressierte findet den Preis zu niedrig und bietet an, mehr zu bezahlen), führen jedoch erfreulicherweise zu einer Transaktion für 1,38 Millionen Euro, ohne Einschaltung eines Maklers. Gleichzeitig sichern sich Sophia und Ioannis die Möglichkeit (das ist eine tolle Realoption), die Immobilie für bis zu einem Jahr für 2.000 Euro monatlich weiter zu mieten. Damit vermeiden sie Zeitdruck bzw. eine Zwischenstation unter einer nahen Brücke.

Einen Teil des »warmen Regens« beim Verkauf verlieren Sophia und Ioannis jedoch wieder beim provisionsfreien Erwerb einer neu erstellten **Eigentumswohnung** mit umlaufender Terrasse in zwei Himmelsrichtungen, da der Bauträger sie bei jedem Änderungswunsch mit selbstbewussten Nachträgen konfrontiert. Statt der ursprünglichen 498.000 Euro kostet das neue Heim schließlich stolze 592.000 Euro, was die beiden jedoch zähneknirschend hinnehmen. Die House-warming-Party mit den Freunden und Blick von der Terasse mildert den Frust über den Bauträger bald.

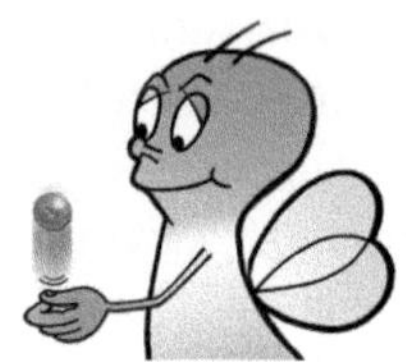

Was bedeutet das in Zahlen?

Nach Verkauf der kleinen Villa und Erwerb der Eigentumswohnung verbleiben den Vilapoulos unter Einbezug der vorher vorhandenen kleinen Liquiditätsreserve und der hiervon bezahlten Transaktionskosten wie z. B. Grundsteuer, Notar usw. rund **800.000 Euro**. Mit ein wenig Anleitung ihres Finanzcoach strukturieren sie dieses Geld wie folgt:

- Knapp 200.000 Euro **Geldvermögen** liegen zinsarm auf verschiedenen Tages- und Festgeldkonten (die Grenze der Einlagensicherung wird beachtet).
- Knapp 100.000 Euro werden in **Staatsanleihen bester Bonität** in vier Währungen außerhalb der Eurozone eingebracht (vgl. Kapitel 5.6). Hieraus werden zwar nur unter der Inflationsrate liegende Zinserträge zufließen, jedoch geht es eben darum, für den Fall der Fälle ein wenig Geldvermögen in Fremdwährungen zu besitzen.
- Für rund 100.000 Euro erwerben Sophia und Ioannis **»Ur-Geld«**, also **Gold-ETCs** mit physikalischer Hinterlegung (z. B. Xetra oder Euwax, vgl. Kapitel 5.8). Den Erwerb physischen Goldes konnten sie sich angeblich nicht so recht vorstellen. Ob sie sich vielleicht doch ein paar Münzen zusätzlich zulegen, werden sie uns nie verraten.
- Es verbleiben 400.000 Euro, die auf lediglich vier **ausschüttende Aktien-ETFs** mit einer geschätzten Dividendenrendite nach Steuern von ca. 2,5 % p. a. verteilt werden. Hieraus fließen Sophia und Ioannis jährlich rund 10.000 Euro oder eben monatlich über 800 Euro erwartete Dividenden zu. Diese Dividendenzahlungen werden nach menschlichem Ermessen – natürlich unter Schwankungen – im Zeitverlauf stärker als die Inflationsrate ansteigen.

Zur Schließung der von Sophia und Ioannis auf ca. 1.500 Euro geschätzten monatlichen Einkommenslücke können also zunächst die Kapitaleinkünfte von zusammen durchschnittlich rund 1000 Euro herangezogen werden. Die verbleibende Einkommenslücke von rund 500 Euro monatlich kann – nominell – beruhigende 400 Monate, also knapp 33 Jahre, durch entsprechende **Entnahme vom Geldmarktkonto** erfolgen. Jedoch ist den beiden bewusst, dass die Einkommenslücke aufgrund der Inflation schnell größer werden kann und sie beobachten müssen, ob sie die steigenden Entnahmen durch ebenfalls steigende Zins- oder Dividendenerträge werden ausgleichen können. Ob Sophia und Ioannis nach ein paar Jahren beginnen, das Geldvermögen durch schrittweise Veräußerung von Aktien-ETFs oder auch den Gold-ETCs aufzufüllen, bleibt der weiteren Entwicklung überlassen. Auf alle Fälle können die beiden nach dieser klugen Umschichtung finanziell ruhig in die Zukunft sehen und sind auch für den Fall einer Finanzkrise robust aufgestellt. Sie haben eine gute Balance zwischen Geld- und Sachvermögen und eine ordentliche Aufteilung zwischen den unterschiedlichen Anlageklassen (Geld, Anleihen, Immobilien, Gold und Aktien) vorgenommen. Innerhalb der wichtigsten Sachvermögensklasse, nämlich Aktien, sind sie zusätzlich breit diversifiziert. Jetzt müssen Sophia und Ioannis nur noch gesund bleiben und den Blick von der Terrasse genießen.

6.8 Lebensecht: Karim Compema

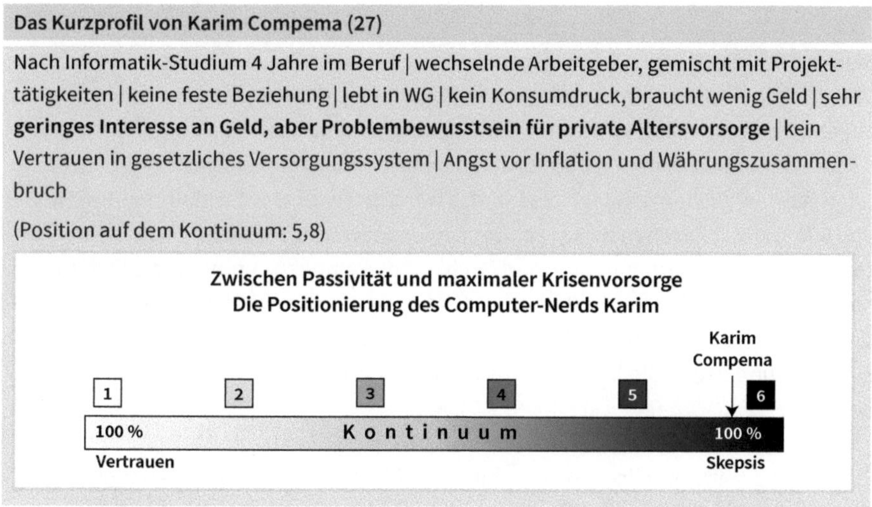

Das Kurzprofil von Karim Compema (27)

Nach Informatik-Studium 4 Jahre im Beruf | wechselnde Arbeitgeber, gemischt mit Projekttätigkeiten | keine feste Beziehung | lebt in WG | kein Konsumdruck, braucht wenig Geld | sehr **geringes Interesse an Geld, aber Problembewusstsein für private Altersvorsorge** | kein Vertrauen in gesetzliches Versorgungssystem | Angst vor Inflation und Währungszusammenbruch

(Position auf dem Kontinuum: 5,8)

Karim Compema ist ein typischer Computer-Nerd und Digital Native, dabei trotzdem sportlich und sozialintelligent. Nach Fachabitur und einem Informatik-Studium mit Spezialisierung auf Datensicherheit (Abschlussarbeit 1,0) hat er bald den ersten Job bei einem Großunternehmen gekündigt (zu langweilig) und verdingt sich nach dem

Ende des zweiten Jobs (stark unterfordert) und einer selbstgewählten Auszeit (ein paar Monate Marokko) derzeit als Freelancer in einem kleinen Team von Gleichgesinnten. Sie bieten Auftragshacking für Unternehmen an, die ihre eigenen IT-Systeme auf mögliche Sicherheitslücken prüfen wollen. Karims Interesse an Wirtschaftsthemen ist ansonsten gering, wie auch die Lust, sich stärker um seine eigenen Finanzen zu kümmern. Mit dem in den letzten Jahren stark schwankenden Arbeitseinkommen hatte Karim keine Probleme, da er wenig zum Leben braucht und in Phasen guten Verdienstes das meiste zurücklegt. Er lebt in einer Zweck-Wohngemeinschaft, fährt lieber Fahrrad als Auto und leiht oder mietet lieber, als dass er kauft. Aktuell liegen auf Karims Girokonto über 30.000 Euro, jedoch musste Karim erst einmal nachschauen, auswendig wusste er das nicht. Seitens seiner Bank wurde Karim wegen des Kontostandes auf *Vorsorgeprodukte* angesprochen. Ein gruseliges Wort, findet Karim. Die konkrete Empfehlung der Vermittlerin der Bank war eine sogenannte Indexpolice[278] mit einer Einmaleinzahlung von 20.000 Euro plus monatlicher Sparrate von 100 Euro. Diesen Vorschlag wies Karim entschieden zurück. Karim ist sich seiner persönlichen Vorsorgeproblematik – auch vor dem Hintergrund, dass er nicht oder nur mit Unterbrechungen in die gesetzliche Rente einzahlen wird – absolut bewusst. Nur glaubt er überhaupt nicht, dass der Euro in 40 Jahren noch Bestand hat, sondern ist davon überzeugt, dass sein Erspartes bis dahin eh irgendwie crasht. In seinen (wenig vertieften) Überlegungen dominiert das Bild einer **Hyperinflation**.

Eine Lösung für den autarken unabhängigen Computer-Nerd ist gefragt.

Sein ausgeprägtes Misstrauen gegenüber der Stabilität der Gemeinschaftswährung und der Entwicklung ihrer Kaufkraft ist dabei zu respektieren. Karims Ablehnung der angebotenen Indexpolice war vor dem Hintergrund seiner Position auf dem Crash-Kontinuum in sich stimmig, bereits allein wegen deren Vehikelrisiken (mögliche Leistungsschwierigkeiten bzw. Insolvenz des Versicherers im Krisenfall, vgl. Kapitel 3.6 und 5.7). Ganz abgesehen davon gehören Indexpolicen zu den kostenintensivsten Vorsorgeprodukten überhaupt und sind hochkomplexe Konstruktionen, die in der Regel nicht einmal von den Vermittlern vollständig verstanden werden; eher noch würde Cleverle Karim deren Ausgestaltung verstehen – und sich übergeben. Also war seine Entscheidung *gegen* die Indexpolice schon mal korrekt. Haken. Doch was nun stattdessen?

Eine Lösung sollte möglichst wenig Zeit und Mühe bereiten, da sich Karim nicht ständig oder intensiv mit seiner Altersvorsoge beschäftigen möchte. Also scheiden – zumindest im Augenblick, denn in ein paar Jahren kann sich die Einstellung von Karim vielleicht geändert haben – Umsetzungen aus, die

- eine komplexe Portfoliostruktur (mit Gold, Fremdwährungsanleihen, Aktien, REITs usw.) erfordern,

- zwar bequem sind, aber eben auch ein Vehikelrisiko enthalten (damit ist auch die in wenigen Fällen diskutable Netto-Police bei Karim außen vor).[279]
- Schließlich scheidet auch der Erwerb von physischem Gold für Karim wegen seiner Wohn- und Lebenssituation und auch seiner Einstellung aus.

Reserven schaffen Realoptionen – auch bei bescheidenem Lebensstil

Karim mag und zitiert selbst den Sponti-Spruch: *»Kein Geld ist auch keine Lösung«*, und ist nach einer Abstimmung mit einem unabhängigen Berater für folgende Lösung zugänglich: Bei einer Online-Bank eröffnet er ein kostenloses **Wertpapierdepot** und erwirbt zwei weltweit streuende Aktien-ETFs. Er hat verstanden, dass er damit mögliche Auswirkungen eines Zusammenbruchs der Eurozone nicht völlig vermeiden kann, dass er mit Aktien jedoch in **Sachvermögen** investiert und somit durch Inflation weniger stark gefährdet ist. Auch hat ihn ein Blick auf das Renditedreieck des Deutschen Aktieninstitutes[280] überzeugt, aus dem Karim erkennen kann, dass sich Kursschwankungen über die Zeit wieder ausgleichen (was sich biegt, das bricht nicht).[281] Danach wurden Kursverluste von Aktien bei einer gestreuten Anlage (hier dem sogar nur wenig gestreuten – lediglich 40 deutsche Werte enthaltenden – DAX) seit dem Zweiten Weltkrieg im schlechtesten Fall nach 12 Jahren wieder wettgemacht, sodass bei einem rund 40-jährigen Anlagehorizont von Karim die vergleichsweise kurzfristigen Schwankungen – selbst im Falle eines Euro-Zusammenbruchs oder einer Finanzkrise – keine schlaflosen Nächte bereiten sollten. (Vgl. auch die Unterscheidung Deep Risk und Shallow Risk in Kapitel 2.4).

Bei der Auswahl der ETFs achtet Karim empfehlungsgemäß darauf, **zunächst ausschüttende Produkte** zu erwerben, um den **Sparerfreibetrag** zu nutzen. Sobald dieser ausgeschöpft ist, wird Karim bei weiteren Anlagen auf identische ETFs, jedoch mit automatischer Wiederanlage der Erträge (thesaurierende ETFs) übergehen. Aufgrund seiner großen Crash-Angst und seines grundsätzlichen Misstrauens gegenüber komplexen Strukturen der Finanzindustrie achtet Karim darauf, dass »seine« ETFs auch tatsächlich Aktien enthalten[282] und ihre Wertentwicklung nicht durch Verträge mit Dritten wie z. B. Investment-Banken abbilden, die im Crash-Fall ggf. insolvent werden könnten.[283]

Im Ergebnis legt Karim nun 20.000 Euro seiner Reserven als Einmalbeitrag in zwei ETFs an und schließt zusätzlich einen – zurzeit gebührenfreien – ETF-Sparvertrag über 100 Euro monatlich ab. Das alles fühlt sich zwar noch etwas *strange* für ihn an, aber trotzdem auch irgendwie gut. Mal sehen, vielleicht wird Karim ja bald noch verbindlicher. Denn zurzeit könnte er alles natürlich auch schnell wieder auflösen, es besteht keine psychologische Hemmschwelle, in irgendeiner besonderen Lebenssituation (Lebenskrise oder eigene Cyber-Security-Firma, Auswandern oder Hauskauf, Rumtrödeln, Arbeitslosigkeit, Heirat/Scheidung …) an das angesparte Kapital zu gehen. Die

Flexibilität seiner jetzigen Ansparform sowie die Abwesenheit von versunkenen Kosten[284] oder zu verlierenden Steuervorteilen könnten Karim also dazu verführen, diese jederzeit wieder aufzugeben. Voraussetzung für den Erfolg der Altersvorsorge von Karim wäre aber eine hohe Disziplin über viele lange Jahre bis zu seinem Ruhestand.

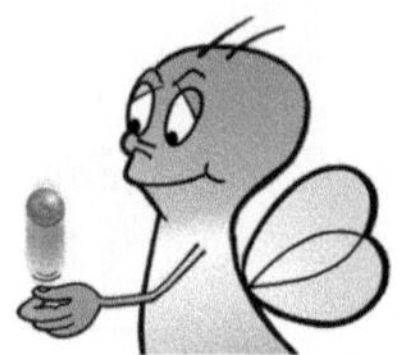

Was bedeutet das in Zahlen?

Eine Prognose von Karims Endvermögen für die zusätzliche private Altersversorgung geht weit in die Zukunft und ist daher in extremer Weise von den zugrunde gelegten Annahmen abhängig. Die nachfolgenden Zahlen zweier Vorsorgealternativen hängen von den explizit unterstellten Annahmen ab, die auf Vergangenheitsdaten beruhen und stark abweichend sein können. Jedoch wird der **relative Abstand zwischen den beiden gezeigten Alternativen** bei zukünftigen sinkenden Kapitalmarktrenditen eher noch wachsen, da die Kosten bei sinkenden Zinsen nicht proportional mitsinken (also relativ schwerer wiegen). Gleiches gilt für Szenarien mit höherer Inflation, da es auf den Realzins (nomineller Zins minus Inflationsrate) ankommt.

Daten und Annahmen:

- Anfangsalter von Karim 27 Jahre, Renteneintrittsalter 67 Jahre, also Horizont 40 Jahre.
- Einmalzahlung von 20.000 Euro heute, zusätzlich monatlich 100 Euro (vereinfachend zusammengefasst zu 1.200 Euro jährlich über die nächsten 40 Jahre hinweg).
- Durchschnittsrenditen und durchschnittliche Inflationsraten wie in den jeweiligen Zeilen explizit angegeben, alle Zahlen auf volle Euro gerundet.

	Kriterium	Durchschnittliches Altersvorsorgeprodukt (Versicherungslösung)	Karims ETF-Sparplan
1	Rendite auf geleistete Beiträge nach Kosten (typische historische Daten)	2 % p. a.	8 % p. a.
2	Endwert einer Einmalzahlung (**A**) von 20.000 Euro nach 40 Jahren	44.161 Euro	434.490 Euro
3	Endwert einer jährlichen Sparleistung (**B**) von 1.200 Euro nach 40 Jahren	72.482 Euro	310.868 Euro
4	Summe (**A+B**) = Basis für spätere monatliche Rente	116.643 Euro	745.358 Euro
5	Sich ergebende Höhe der jährlichen Zusatzrente aus privater Vorsorge*	5.975 Euro	38.178 Euro

	Kriterium	Durchschnittliches Altersvorsorgeprodukt (Versicherungslösung)	Karims ETF-Sparplan
6	Sich ergebende Höhe der monatliche Zusatzrente aus privater Vorsorge (Jahresrente aus **5.**, geteilt durch 12)	498 Euro	3.182 Euro
7	Realer Wert der Monatsrente (bei Durchschnittsinflation von 2 % p. a.)	223 Euro	1.441 Euro
8	Realer Wert der Monatsrente (bei Durchschnittsinflation von 3 % p. a.)	153 Euro	975 Euro
*Anmerkung: In beiden Alternativen wurde die Summe in Zeile 4 unter Annahme einer weiteren Durchschnittsverzinsung von 2 % p. a. auf eine angenommene Laufzeit von 25 Jahren (also Endalter 67 + 25 = 92) umgerechnet. Hierbei ergibt sich ein jährlicher Rentenfaktor von 5,12204 %. Dieser wird mit der zu verrentenden Summe in Zeile 4 multipliziert.[285]			

Tab. 7: Gegenüberstellung zweier Vorsorgealternativen (Versicherungslösung und ETF-Sparplan) für Karim

Kein Happy End!

Der in Hinblick auf einen möglichen Finanzcrash sehr pessimistische Karim hat die Versicherungslösung primär wegen der Vehikelrisiken des Versicherungsvertrags abgelehnt, das ist akzeptabel. Jedoch wird auch deutlich, dass selbst wenn dieses Risiko nicht eintritt und sich die jeweils angenommenen jährlichen Durchschnittsrenditen bewahrheiten, allein wegen der Verzinsungsunterschiede beim kostengünstigen ETF-Sparen ein rund **6-fach** höheres Endvermögen **vor Steuern** zur Verrentung zur Verfügung steht. Der Fairness halber muss die Betrachtung nach Steuern erfolgen. Hierbei holt die Versicherungslösung minimal auf, erreicht aber trotzdem bei Weitem nicht die ETF-Spar-Lösung. Jedoch gibt es erheblich kostengünstigere provisionsfreie Versicherungsangebote (sogenannte Netto-Tarife, Netto-Policen), die noch relativ selten und nur über Honorarberater zu erhalten sind.

Schaut man auf die monatliche Rente in Höhe von 3.182 Euro (vgl. Zeile **6**), die sich aus der Simulationsrechnung beim kostengünstigen ETF-Sparen ergibt, so scheint Karims Altersversorgungsproblem zunächst weitgehend gelöst. Jedoch sind dies nominelle Werte. Sie verführen zur Geldillusion. Karim wird nämlich in 40 Jahren mit diesem Geld aufgrund der kumulierten Inflation erheblich höhere Preise für Güter und Dienstleistungen bezahlen müssen. In den Zeilen **7** und **8** wurde mit 1.441 Euro bzw. 975 Euro ein mit der jeweils angegebenen Rate deflationierter Wert ermittelt. Im Durchschnitt der letzten 40 Jahre betrug die Inflationsrate eher knapp 3 % p. a., sodass Karim in einem solchen Szenario letztlich lediglich die Kaufkraft einer Zusatzrente von rund 1.000 Euro monatlich verfügbar hätte.

Zwei wichtige Empfehlungen sollte Karim also mitnehmen:

Erstens: Gerade wenn Karim auch weiterhin nicht durchgängig in die gesetzliche Rentenversicherung einzahlt, ist eine Sparleistung von 100 Euro monatlich nicht ausreichend. **200 oder 300 Euro wären besser** und – nicht nur in Hinblick auf mögliche Rücksetzer durch einen Finanzcrash – sicherer. Ebenso hilfreich wäre auch mal ein »dicker Brocken« als **Einmalanlage**, wenn Karim einen warmen Geldregen durch ein schönes Projekt erhält – je früher, desto besser.

Zweitens führt kein Weg daran vorbei, dass Karim seine Einstellung zu Geld allmählich ändern und bereit sein sollte, sich – zumindest ein wenig – darum zu kümmern. Auch sein derzeit bedürfnisarmer Lebensstil ändert daran nichts. In der heute gegebenen politischen und wirtschaftlichen Lage werden eine finanzielle Vollkaskoeinstellung oder das Prinzip »Dauerauftrag einrichten und dann vergessen« zunehmend riskant. Das gilt nicht nur für einen eigenverantwortlichen ETF-Sparplan oder ähnliches, sondern leider auch für die Versicherungslösungen inklusive Riester, Rürup und betriebliche Altersversorgung, wie die Situationsanalyse in Kapitel 3.6 und die diesbezüglichen Empfehlungen in Kapitel 5.7 unzweifelhaft verdeutlichen.

6.9 Lebensecht: Sabina Zweigert mit Partner Felice

Das Kurzprofil von Sabina Zweigert mit Partner Felice (beide 30)

Sie: mittlere Reife, Ausbildung zur Energieanlagen-Technikerin | gute Schreibtischtätigkeit, aber ein wenig eintönig | Partner Felice ist ungelernt, fleißig und verdient mäßig | beide wohnen in Sabinas ETW (hoher Kredit!) | Sabinas Schulfreund Hajo hat Handwerkerbetrieb (Elektro) und ist ständig überlastet | **Chance für krisensicheres zweites Standbein?**

(Position auf dem Kontinuum: 4,2)

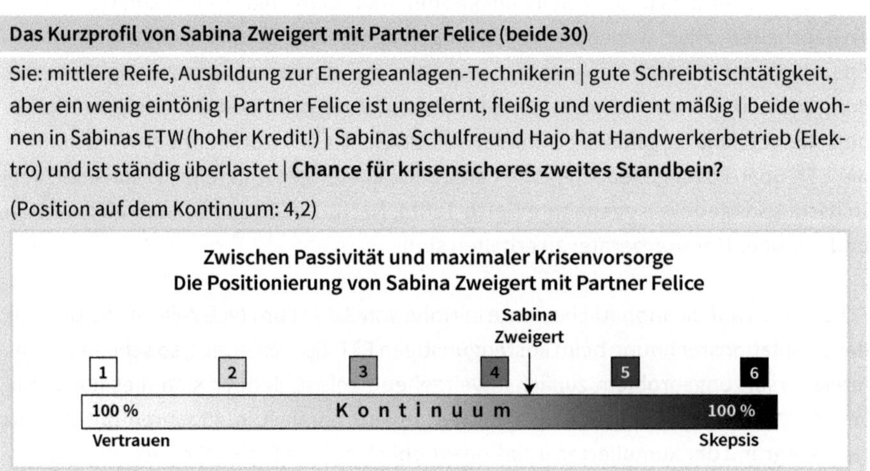

Sabina Zweigert ist eine lebensbejahende junge Frau, die sich glücklich schätzt, in Felice einen tollen Partner zu haben. Felice trägt sie nicht nur »auf Händen«, sondern hat nach unglücklicher Kindheit (uneheliches Kind und von beiden Elternteilen böse vernachlässigt) auch Sabinas Eltern (64 und 72) sozusagen »umgekehrt adoptiert«. Sabina und Felice fühlen sich sehr wohl in einer geräumigen Eigentumswohnung, die der Bank von Sabina gehört. Den zugehörigen Kredit (stolze 90% des Kaufpreises) hat Sabina nur mit Hilfe einer Bürgschaft ihrer Eltern erhalten. Felice verdient als ungelernter Mitarbeiter in einer freien Autowerkstatt zwar keine Reichtümer, ist dafür aber regelmäßig zeitig daheim, hat sich als »Familienkoch« profiliert und schmeißt mit größter Selbstverständlichkeit ganz nebenbei das meiste vom Haushalt. Und genauso selbstverständlich war für ihn, dass er mit einer Art »Miete« zur Tilgung des Immobiliendarlehens beiträgt. Angesichts ihrer erst nach der Kauf- und Finanzierungsentscheidung stärker ausgeprägten Sorge vor einem möglichen Finanzcrash würde Sabina ihr Bankdarlehen gerne schneller abbauen und Felice sieht das genauso. Aber die beiden haben halt auch ein paar Konsumwünsche, daher wird es irgendwie immer nichts mit den – eigentlich möglichen – Sondertilgungen.

Sabina ist stolz, nach ihrer Ausbildung eine Weiterbildung zur Energietechnikerin absolviert zu haben, und arbeitet derzeit in einem Kleinbetrieb der Automatisierungsbranche an der Erstellung von technischen Dokumentationen sowie Arbeits- und Mängelberichten. Eigentlich hat sie sich einen solchen Schreibtischjob gewünscht, jedoch erlebt Sabina nun trotz gutem Betriebsklima ihre Tätigkeit als ein wenig »trocken« und papierlastig. Auch wenn der Arbeitsplatz von Sabina nicht konkret bedroht ist, sieht sie diesen als grundsätzlich gefährdet an, zumal sie häufig Phasen der Unterauslastung erlebt und Zeit »absitzt«. Manchmal haben Kleinbetriebe eben ihre Nachteile. In einem Personal- und Gehaltsgespräch mit dem Firmeninhaber spricht Sabina ganz offen an, dass sie mehr arbeiten könne, jedoch auch eine Gehaltserhöhung überfällig sei. Ihr Chef erwidert die Offenheit und bestätigt Sabina, dass er mit ihrer Leistung sehr zufrieden ist, jedoch aufgrund der wirtschaftlichen Situation keine Gehaltserhöhung drin sei; er sei sich aber bewusst, dass er ihr etwas bieten müsse. Daher schlägt er anstelle der Gehaltserhöhung vor, die wöchentliche Arbeitszeit von Sabina von 40 auf 37 Stunden zu reduzieren – also eine 92,5%-Stelle bei unveränderter Bezahlung. Das sei letztlich auch eine Gehaltssteigerung von 7,5%. Zudem könne sie gerne ein bis zwei Tage pro Woche von zuhause aus arbeiten, wenn ihr das angenehm wäre. Und wenn sie anderweitig – natürlich außerhalb der Konkurrenz– noch eine Teilzeitstelle annehmen wolle, dann sei das auch o.k. Das gute Verhältnis zum Chef, seine offene und ehrliche Art und das von ihm gezeigte Vertrauen in sie lassen Sabina ohne Zögern »Ja« zu dem Angebot **»Verzicht auf Gehaltserhöhung bei Senkung der Arbeitszeit«** sagen. Als Heimarbeitstag wird bis auf Weiteres der Donnerstag vereinbart. Am Freitag ist ohnehin ab 14 Uhr Schluss … Was sie mit der gewonnenen Freiheit machen wird, weiß Sabina noch nicht, aber das wird sich ergeben.

Unzufriedenheit ist der erste Schritt zur Veränderung – und der zweite lässt nicht lange auf sich warten: Ein Schulkamerad von Sabina, Hajo Neumann, hat in der Nachbarschaft einen Elektro-Handwerkerbetrieb und »klagt« im Gespräch mit Sabina und Felice schon seit Jahren augenzwinkernd darüber, dass seine vielen Kunden ihm ständig »mit Aufträgen drohten«. Er leidet – wie so viele Handwerker – unter Fachkräftemangel und hat Sabina schon mehrfach im Spaß angeboten »doch mal was Rechtes zu schaffen« und bei ihm anzufangen. Genau auf dieses – nie ernst genommene, aber auch nicht völlig ausgeschlagene – Angebot kommt Sabina nun zurück und bietet Hajo an, für seinen Handwerkerbetrieb tätig zu werden. Allerdings nicht als 520-Euro-Kraft, sondern als voll versicherte **Teilzeitangestellte**. Die Arbeitszeit ist teilflexibel, d. h., sie ist an einem Wochentag fest eingeplant und darüber hinaus für ein paar Stunden ganz nach Zuruf. Auch der Samstag ist kein Tabu, wenngleich regelmäßige Samstagsarbeit für Sabina und Felice nicht anstrebenswert ist.

Nach einer kurzen Anlaufzeit fühlt sich Sabina so wohl mit ihrem zweiten Arbeitsverhältnis (sie kann halt »Elektro« und ist auch auf Baustellen mit dabei), dass sie ihren Chef im Hauptberuf auf eine weitere Reduzierung ihrer Arbeitszeit anspricht. Der Kern ihres Vorschlags ist, eine Arbeitszeit von 32 statt 37 Stunden (also formal eine 80 % Stelle) bei Anwesenheit an drei Tagen pro Woche (am besten Montag bis Mittwoch). Rein rechnerisch müsste durch die Arbeitszeitreduktion ihre Vergütung um 5/37, also rund 13,5 %, sinken, da ihre Arbeitszeit bereits schon zuvor von 40 auf 37 Stunden gesenkt worden war. Jedoch verständigt sie sich mit ihrem Chef auf eine nur 10%ige Senkung, verbunden mit der Zusicherung, im Bedarfsfall flexibel zu arbeiten und Mehr- oder Minderstunden einfach zu kontieren. Auch aus Sicht ihres Chefs eine vorteilhafte Lösung, da er weiß, dass Sabina ihren Job auf alle Fälle erfüllt. Der nicht vorhandene Betriebsrat muss der Lösung auch nicht zustimmen – manchmal haben Kleinbetriebe eben auch Vorteile.

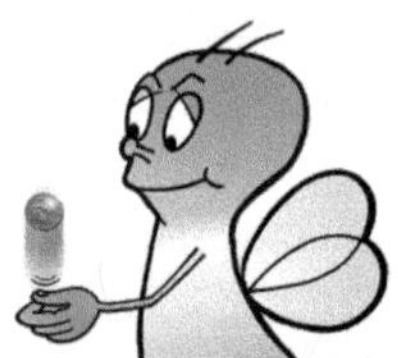

Was bedeutet das in Zahlen?

Nun hat Sabina einen 90%igen Verdienst bei 80 % Arbeitszeit und – in Tagen gerechnet – nur 60 % Präsenz. Nimmt Sabina ihre beiden – jeweils voll steuer- und versicherungspflichtigen – Tätigkeiten zusammen, so verdient sie deutlich mehr, als sie sich von einer Gehaltserhöhung in ihrem bisherigen Hauptjob je erträumt hätte. Sie arbeitet allerdings auch etwas mehr, aber per Saldo nur unwesentlich und vor allem mit mehr Spaß und Abwechslung. Die Phasen der Unterauslastung, der Herumsitzerei und des Abwartens, bis es endlich 17 Uhr ist, sind endgültig vorbei. Zusätzlich hat Sabina ein **zweites Standbein** aufgebaut (eine echte **Realoption**) und fühlt sich für den Fall des Arbeitsplatzverlustes im Hauptjob weniger verwundbar.

Ein wenig aufpassen muss Sabina nur, dass das Handwerk mit dem goldenen Boden sie nicht ganz in seinen Bann zieht. In einer Engpasssituation von Elektro-Neumann hat sie ihren Partner Felice samstags auf die Baustelle mitgenommen (»so sind wir wenigstens zusammen«) und der 520-Euro-Vertrag für ihn war unkompliziert besiegelt. Nun muss das Paar nur noch achtgeben, nicht zu viel zu arbeiten, sondern auch noch ein wenig Zeit für sich und die schönen Dinge des Lebens zu haben. Die Sondertilgung des Immobiliendarlehens für dieses Jahr ist auf alle Fälle ebenso gesichert wie der gesunde Nachtschlaf.

7 Epilog – konstruktive Crashgedanken

7.1 Eine Flasche Champagner für Sie

Nach der Lektüre dieses Buches verfügen Sie nun über das relevante Wissen, um sich vor den Auswirkungen einer möglichen Finanzkrise im Rahmen des Menschenmöglichen und der legalen und ethischen Grenzen zu schützen. Zwar haben Sie etliche beunruhigende Details und Hintergrundinformationen erhalten – denken Sie nur an die weitgehend unbekannte, aber legale Staatsfinanzierung im Rahmen der ANFA (vgl. Kapitel 3.2) sowie die in ihren Anlage- und Vorsorgeprodukten schlummernden Vehikelrisiken (vgl. Kapitel 3.6). Jedoch haben Sie auch eine Menge irrationaler Ängste gegenüber dem Monstrum »Finanzcrash« abbauen können und fühlen sich (hoffentlich) weniger ausgeliefert, sondern wacker-entschlossen und mit einigen Handlungsmöglichkeiten und Realoptionen ausgestattet. Zudem haben Sie sicherlich das Eigeninteresse verstanden, welches Crash-Propheten und Schwarzmaler dazu bringt, Sie zu hektischen Handlungen und kostenintensiven Scheinlösungen zu motivieren. Wenn ein populärer deutscher Schwarzmaler regelmäßig vorhersagt, dass die meisten Deutschen mindestens 90 % ihrer Reserven verlieren werden, dann sehen Sie dies mittlerweile gelassener. Ungefähr diese Quote haben die Deutschen im Zweiten Weltkrieg mit all den Zerstörungen und Verwüstungen sowie der Kriegsfinanzierung hinbekommen. Wenn wir also die Ruhe bewahren und auch in einer möglichen Finanzkrise weder Bürgerkriege noch nationale Kriege beginnen, ist die obige Zahl völlig überzogen und wird schon allein deswegen nicht eintreten, weil die Summe der ungedeckten Schulden selbst in übelsten Szenarien weit von 90 % der Vermögenswerte entfernt sind.

Bedenkenswert

Ein Crash-Prophet prognostizierte die große Finanzkrise für das 3. Quartal 2020. Er empfahl den Bürgern kostenintensive Anpassungsmaßnahmen, an denen er selbst verdient, und kündigte an, dass – sollte er falschliegen – er eine Flasche Champagner aufmachen wolle. Sollte das eine Sühne sein? Oder machte er sich über seine Leser und Follower lustig und diese merkten das bloß nicht? Heute können wir feststellen, dass der Crash-Prophet auch im 3. Quartal 2020 – ganz so wie mehrfach zuvor – mit seinen Unkenrufen falschlag. Ob er als Sühne dafür eine Flasche Champagner getrunken hat, ist unbekannt. Grund dafür hätte er jedoch, denn durch seine falschen schwarzmalerischen Prognosen und den Vertrieb seiner teuren »crash-sicheren« Anlageprodukte hat er innerhalb weniger Jahre mehr kassiert, als Sie wahrscheinlich über Ihr gesamtes Arbeitsleben hinweg verdienen werden. Prost!

Daher hier ein Gegenvorschlag: Machen Sie doch heute nach der Lektüre dieses Buches lieber selbst eine schöne Flasche Champagner auf und genießen Sie diese. Und wenn Sie die teuren Ratschläge der Crash-Propheten ignorieren und sich stattdessen anhand der kostensparenden Empfehlungen dieses Buches robuster aufstellen, dann ist – allein aus den ersparten Kosten – öfter mal ein gutes Fläschchen für Sie drin.

Die nachfolgenden zwölf Empfehlungen sind für Sie mit dem Besitz dieses Buches zwar gratis, aber sicher nicht umsonst. Und wenn Sie einmal von einem »Walz-Wertefonds«, einem »Walz-Vermögensbildungsfonds«, einem »Walz-Premium-Aktien-Fonds« oder »Walz-Anti-Crash-Fonds« mit dickem Ausgabeaufschlag und hohen jährlichen Kosten lesen, dann dürfen Sie darauf vertrauen: Das ist nicht *der* Hartmut Walz ...

7.2 Zwölf zusammenfassende Empfehlungen zu *wirtschaftlichen* Risiken aus einem möglichen Finanzcrash

1	Ein Crash bzw. eine Krise lassen sich nicht vorhersagen – weder vom Zeitpunkt des Eintritts noch von den einzelnen Phasen (also der Abfolge) her. Auch die Orientierung an früheren Währungszusammenbrüchen bzw. Finanzkrisen hilft nur bedingt, denn andere Entscheider kennen die historischen Abläufe ebenfalls und werden sich daher gerade anders verhalten als vielleicht erwartet. Deshalb meine klare Empfehlung für ein **prognosefreies Vorgehen.**
2	Auch wenn man eine Finanzkrise (insbesondere Zeitpunkt und Abfolge einzelner Phasen) nicht prognostizieren kann, ist eine Vorbereitung darauf möglich. Diese erfolgt dabei auf einer übergeordneten Ebene (Meta-Ebene). Ganz so, wie Sie Ihr Haus von der Konstruktion her sturmsicherer bauen können, obwohl Sie nicht wissen, wann ein Sturm eintreten und wie stark der Wind sein wird. Die **Stärkung Ihrer Robustheit** funktioniert also prognosefrei. Daher ist es auch völlig sinnlos, Geld für Prognosen oder sonstige Vorhersagungen auszugeben – dies gilt auch in Hinblick auf Crashs.
3	Der Euro als Gemeinschaftswährung weist mehrere **erhebliche Konstruktionsfehler** auf. Dies kann zum Scheitern des Euro führen – muss es aber nicht zwangsläufig, zumal eine schrittweise »Reparatur« dieser Fehler im Zeitablauf möglich ist. Auch der heute angesehene US-Dollar hatte vor seiner nachhaltig erfolgreichen Etablierung eine extrem holprige Start- und Reifephase von etlichen Jahrzehnten hinter sich,[286] in der es ganz massive Rückschläge und Krisen gab. Eine belastbare Prognose der Zukunft des Euro ist folglich unmöglich. Alles kann passieren – auch das Gegenteil.
4	Es ist mehr als fraglich, ob niedrige Zinsen und (stark) negative Realzinsen vor allem durch die EZB verursacht sind. Wahrscheinlicher ist, dass die gesamtwirtschaftliche und vor allem demografische Entwicklung Europas (wie auch anderer entwickelter Volkswirtschaften) niedrige Nominalzinsen und negative Realzinsen bedingte und die EZB lediglich der »Überbringer« der für manche Gruppen und Branchen schlechten Nachrichten ist. Ein Feindbild gegenüber der EZB könnte somit zu kurz greifen und Sie nicht weiterbringen.

5	**Risiken** für Ihr Geld, Ihr Vermögen und Ihre Vorsorge kommen keineswegs nur aus der Gemeinschaftswährung, sondern können **vielfältige Ursachen, auch außerhalb der Eurozone,** haben wie z. B. Zusammenbruch einer anderen großen Währung, eskalierender Handelskrieg und tatsächlicher militärischer Krieg mit Zerstörungen und vielen Toten, (Welt-)Wirtschaftskrise, wirtschaftliche Folgen des Klimawandels etc. Derartige Risiken gab es schon immer und wird es immer geben – sie sind leider Teil unserer ganz normalen Lebensrisiken. Wir sollten sie ernst nehmen und nicht künstlich dramatisieren, sondern möglichst vernünftig damit umgehen.
6	Konzentrieren Sie sich auf die **fünf »deep risk«**, nämlich **(Hyper-)Inflation, Deflation, Enteignung, Zerstörung sowie Zahlungsausfall,** indem Sie die oberflächlichen und reißerischen Tagesinformationen der Finanzpornografie ignorieren. Solange Sie nicht spekulieren, sondern eine verantwortungsvolle, breit diversifizierende Langfrist-Strategie verfolgen, sind Preis- und Währungsschwankungen keine Risiken, sondern schlimmstenfalls »shallow risks«. Und indem Sie die im Buch ausführlich beschriebenen handwerklichen Regeln berücksichtigen, haben Sie auch ausgeschlossen, dass Sie selbst das »deep risk« sind.[287]
7	Wenn Sie akzeptiert haben, dass stets alles – auch das Gegenteil – passieren kann, sind Sie auch bereit für die **Strategie des geringsten Bedauerns.** Deren handlungsleitende Grundgedanken sind: konsequent Realoptionen schaffen und nutzen und damit prognosefrei Robustheit erzeugen. Jedoch verbleiben selbst bei Anwendung der Strategie des geringsten Bedauerns Restrisiken (»Schwarze-Schwan-Ereignisse«).[288] Gegen solche Risiken, die aus nie dagewesenen und als völlig undenkbar erscheinenden Ursachen resultieren, kann man sich nicht konkret schützen. Jedoch lassen sich die Wirkungen auch hier durch **Realoptionen** und **Steigerung der Robustheit** verringern.
8	Es nützt Ihnen enorm, wenn Sie den Grundsatz »**Systemschutz geht über Verbraucherschutz**« verinnerlichen – auch wenn die Erkenntnis im konkreten Fall und für den Einzelnen sehr wehtut. Gehen Sie davon aus, dass im Krisenfall unser Staat immer erst das Finanzsystem stabilisieren und erst danach an Ihre Verbraucherrechte denken wird. Falls es also zu einer bedrohlichen Finanzkrise kommt, wird der Staat das Überleben von Banken, Versicherungen, Bausparkassen etc. auch dadurch zu sichern versuchen, dass er in »scheinbar unverrückbare« Verbraucherrechte eingreift. Einige rechtliche Grundlagen hierfür sind bereits vorhanden. Und sofern Lücken bestehen, werden diese im Notfall zeitnah geschlossen werden. Zudem sollten Sie sich bitte den Unterschied zwischen individuellem und kollektivem Verbraucherschutz bewusst machen. Es kann gut sein, dass Ihnen Institutionen wie die BaFin nicht konkret helfen, sondern die Ihnen und anderen widerfahrenen Missstände lediglich nutzen, um zukünftig die Spielregeln zu verändern und damit eine große Zahl anderer Verbraucher zu schützen. Das ist zwar individuell unbefriedigend, dient jedoch der Gesellschaft.

9	Der Internationale Währungsfonds IWF und einige Zentralbanken – auch die EZB – verfolgen geldpolitische Maßnahmen, die sich an einer noch **jungen und nie zuvor praktisch erprobten Geldtheorie (Modern Monetary Theory, MMT)** orientieren. Sollten diese funktionieren, könnte z. B. eine Eurokrise über viele Jahre hinausgeschoben werden. Da praktische Erfahrungen mit der MMT fehlen und diese sich noch nicht langfristig bewiesen hat, sollten jedoch auch die Möglichkeiten eines **geordneten oder ungeordneten Schuldenschnitts** in Betracht gezogen werden. Denn eine »Selbstheilung« der aufgelaufenen Schuldensituation (z. B. durch Wirtschaftswachstum) ist nicht realistisch. Viel wahrscheinlicher ist das Szenario langjähriger und starker finanzieller Repression – also durch die Zentralbanken machtvoll niedrig gehaltener Zinsen, die den Inflationsschaden nicht ausgleichen. Mit anderen Worten: »geldpolitisch gewollter negativer Realzinsen«. Am besten, Sie sind nicht dabei – die Vermeidungsstrategien haben Sie ja kennengelernt ... Jetzt müssen Sie diese lediglich noch umsetzen.
10	Während Sie eine Vielzahl von ganz konkreten Crashrisiken vermeiden oder durch vorausschauende Maßnahmen mildern können, gibt es – abgesehen von Auswandern – **keine legalen Möglichkeiten, sich einem Lastenausgleich durch den Staat im Fall eines Schuldenschnitts zu entziehen**. Eine solche Lastenverteilung wird jedoch keine »vollständige Enteignung per Gesetz« sein und Ihnen nicht gleich »Ihr Eigenheim rauben«. Und im Falle einer einmaligen Vermögensabgabe ist – ganz abgesehen von Freibeträgen – nicht gleich ein hoher Prozentwert eines solchen Ausgleichsbeitrags zu erwarten. Ob Sie den teilweise illegalen Empfehlungen von sehr wohlhabenden Crash-Propheten, die unverhohlen mit ihren mehreren Staatsbürgerschaften sowie ihrem Jagdschein[289] prahlen, folgen wollen, müssen Sie selbst entscheiden.
11	Erkennen Sie das **Eigeninteresse der Crash-Propheten** und Schwarzmaler, die ausnahmslos von den Ängsten der Bevölkerung und den daraus folgenden Handlungen profitieren. Eine ganze Industrie rund um die Crash-Propheten und Schwarzmaler verdient eine Menge Geld – letztlich Ihr Geld – durch negativ verzerrte bzw. gefärbte Prognosen in Hinblick auf einen unmittelbar bevorstehenden Finanzcrash – sei es ein massiver Aktien- oder Immobilien-Crash, ein Crash der Euro-Zone oder noch besser gleich ein Weltsystemcrash.
12	**Vermeiden Sie Dramatisierung** und lassen Sie sich nicht von Crash-Propheten durch Feindbilder aufhetzen oder sogar politisch instrumentalisieren. Bedenken Sie, dass das Gegenteil oder der Nachfolger von etwas Mängelbehaftetem (z. B. der Gemeinschaftswährung Euro) nicht automatisch etwas Besseres oder sogar Gutes sein muss, sondern durchaus etwas noch viel Schlechteres sein kann. **Konstruktiver Optimismus ist Pflicht!**

Tab. 8: Zwölf zusammenfassende Empfehlungen zu wirtschaftlichen Risiken aus einem möglichen Finanzcrash

7.3 Negativer psychologischer Wechselkurs bietet Unzufriedenheitspotenzial für Nationalisten und Populisten

Die menschliche Wahrnehmung von Entwicklungen kann sich von den tatsächlichen Fakten stark abkoppeln. Dies beweist Hans Rosling in seinem Buch »*Factfulness*« in beeindruckender Weise an zahlreichen unwiderlegbaren Beispielen und kommt zur Empfehlung, dass sich ein wenig mehr Orientierung an den Fakten positiv auf die seelische Gesundheit der meisten Menschen auswirken würde.[290]

Ein von Rosling nicht genanntes **Beispiel** ist die **Eurozone**, deren positiver Wohlstandsgewinn für die Mitglieder insgesamt nicht zu bestreiten ist. Per Saldo bringt die Gemeinschaftswährung also ökonomische Vorteile – prägnant ausgedrückt entsteht ein insgesamt größerer Kuchen für die Eurozonen-Mitglieder. Nur: Wer bekommt welchen Teil vom Kuchen? Und: Wie kann man messen und bewerten, ob ein Euroland in seinem Stückchen überproportional viele Rosinen erhalten und ob ein anderes zwar ein großes, jedoch trockenes Kantenstück mit wenig Belag erwischt hat? Genauso ist es mit den Beiträgen der Einzelnen für die Eurozone: War es mehr Arbeit, das Mehl zu sieben oder das Backblech einzufetten?

Die Faktenlage hinsichtlich von Geben und Nehmen in der Eurozone ist so komplex und vielfältig, dass es **bei ihrer Bewertung viele unterschiedliche Sichtweisen und Gewichtungen** gibt. Die – aus unbeteiligter Außensicht – geradezu paradox wirkende Situation ist nun, dass es in *jedem* Euroland nationale oder populistische Stimmen gibt, die behaupten, dass gerade *ihr* Land ein großer (oder sogar *der* größte) Euro-Verlierer sei. Während die vielen Wechselkurse zwischen den Währungen der EU-Staaten weggefallen sind, konnten sich psychologische Wechselkurse – nämlich Kurse zwischen Geben und Nehmen der Teilnehmerländer bzw. ihren einzelnen ökonomischen Vor- und Nachteilen – bilden, die insgesamt einen idealen Nährboden für Lokalpatriotismus, Nationalismus, Vergangenheitsverklärung und gegenseitige Schuldzuweisungen ergeben. Auch wenn es objektiv unmöglich ist, dass bei einer Gemeinschaftswährung, die insgesamt doch einen hohen Mehrwert erzeugt, *alle* Teilnehmer verlieren, so können sich in der weichen Realität und durch interessengeleitete Kommunikation jedoch sehr wohl alle Teilnehmer so *fühlen*, als ob (gerade) sie die Verlierer seien. Genau an diesem Punkt besteht die Gefahr, dass politischer Sprengstoff entsteht.

7.4 Was wirklich zählt – die Spitze der Pyramide

Erinnern Sie sich noch an die Frage: »Wovor fürchten Sie sich wirklich?«, in Kapitel 2.4? Sie finden die – von unten nach oben schrittweise aufgebaute – Abbildung nachstehend nochmals in der Gesamtsicht.

Abb. 68: Auf die Spitze der Pyramide kommt es an

Die zentrale Erkenntnis war, dass ohne Freiheit, Menschenwürde, unsere körperliche und seelische Unversehrtheit, den Erhalt unseres Rechtsstaates und eines intakten Gemeinwesens auch die finanziellen Aspekte nicht mehr wirklich wichtig sind.

Aufbauen dauert lange – Kaputtmachen geht schnell!

Die berechtigte Sorge ist nun, dass in einigen Ländern, darunter auch Deutschland, das in Kapitel 7.3 erläuterte Unzufriedenheitspotenzial von Populisten und Anhängern radikaler Parteien dazu genutzt wird, um nicht nur Mängel und Probleme zu beseitigen, sondern am besten gleich das ganze System. Es ist Stand 2023 erschreckend zu beobachten, wie viele Crash-Propheten und Schwarzmaler in Deutschland ganz unverhohlen mit rechtsradikalen Kräften sympathisieren oder sogar unmittelbar werbend für diese auftreten.

Zur Erinnerung: Hitlerdeutschland benötigte lediglich 12 Jahre und vier Monate, um in ganz Europa (und darüber hinaus) immense Werte zu zerstören und – was unfassbar schlimmer ist – mindestens 55 Millionen Menschen den Tod zu bringen.[291]

Wenn heute radikale Kräfte die Unzufriedenheit mit der Gemeinschaftswährung, Transferzahlungen, gemeinsamer Einlagensicherung oder Mängeln der EU-Außenpolitik nutzen, um den Prozess der Europäischen Einigung oder – noch besser – gleich die demokratische Grundordnung in Frage zu stellen, dann ist das im historischen Kontext höchst bedenklich und führt am Ende dieses Buches zu einem »letzten Wunsch«, der schließlich gar nichts mit Geld zu tun hat.

7.5 Der letzte Wunsch: Ein sinnvoller Einsatz für den Wunschring

Abb. 69: Der Wunschring

Sicher erinnern Sie sich noch an die wunderschöne Geschichte mit dem Wunschring in Kapitel 4.3. Das Bauernpaar hat sich *den einen* einzigen Wunsch sein ganzes Leben lang aufgehoben – und starb, ohne dass der Wunschring je seine Zauberkraft beweisen musste.

Am Ende dieses Buches, nach all den Überlegungen zu Gefahren und Risiken eines möglichen Finanzcrashs, möchte ich gerne damit schließen, wie ich den Wunsch meines persönlichen Wunschrings »anlegen«, also nutzen würde.

Ich wünsche mir, dass alle Crash-Propheten, die ihre lautstarke und polemisierende Kritik am Euro, der Europäischen Zentralbank und einer europafreundlichen Politik zu radikalisierenden Tendenzen nutzen und unsere demokratische Grundordnung in Frage stellen, eine Minute inne- und den Mund halten und nachdenken. Also eine Art **Gedenkminute** einlegen.

Und zwar eine Gedenkminute für jedes Opfer des Zweiten Weltkriegs.

Bei einer Gedenkminute für jedes der mindestens 55 Millionen Opfer des Zweiten Weltkriegs[292] – Frauen, Männer, Kinder – wären es **über 104 Jahre**, die wir dann **Ruhe** hätten.

Lassen Sie uns alle die Erinnerung wachhalten und dazu beitragen, dass von deutschem – besser noch europäischem – Boden nie wieder ein solches Leid ausgeht.

Hoffentlich klappt das auch ohne Wunschring.

Danksagung

Herzlichen Dank an

Manuele Lieberich, Dipl. Grafik-Designerin (FH) für die kreative und liebevolle Gestaltung der Freaky Fly.

Elvira Plitt, Programmleiterin, und Jürgen Fischer, Produktmanager, für die einmal mehr rundum harmonische und professionelle Zusammenarbeit mit dem Haufe-Verlag.

Gabriele Vogt, M. A. Literatur- und Sprachwissenschaftlerin, für das ebenso flotte wie umsichtige und akribische Lektorat. Die Zusammenarbeit mit ihr war eine wahre Freude.

Stefan Weber, EXCEL-Experte und Bank-Kaufmann, für seine wertvollen Hinweise, Unterstützungen und unermüdlichen Recherchen. Einfach genial.

Dipl.-Psych. Ulrich Bosetti (Personal Training) und Dr. Gerhard Hehl (Beratung und Coaching) für ihre hochgeschätzte Unterstützung im Hintergrund. Echte Freunde!

Meinen Interviewpartnern Dr. Michael Ritzau (Autor des Buches »Die große Fondslüge«), Gabriel Hopmeier (CFP®, Finanzplaner und Honorarberater) und Andreas Mayer (Fachanwalt für Bank- und Kapitalmarktrecht und Mitglied des Vereins für Verbraucherrechte e. V.) danke ich für Engagement und Zeit.

Und vielen, die ihre Überlegungen, Expertise und wertvolles Hintergrundwissen in dieses Buch eingebracht haben, aber ungenannt bleiben wollen.

Kontaktdaten:

Hartmut Walz
www.hartmutwalz.de
crashgedanken@hartmutwalz.de

Stichwortverzeichnis

A

Ablaufleistung 81, 173, 222
action bias/activity bias 210
Aktienrückkauf 97
Aktivitätsdruck 209, 210, 211, 212
ANFA 267
Anglo Irish Bank 18, 60
Angstsparen 17
Anlageklasse 16, 143, 163, 166, 178, 189, 190, 191
Anlagevehikel 191, 192, 198, 201, 214
Anleihekäufe 70, 74
Anleihen 16, 70, 103, 147, 164, 182, 184, 186, 191, 192, 194, 201, 233
anonymes Bezahlen 85
Arbeitgeberwahl 220
Arbeitseinkommen 187, 219, 221, 233, 248
Asset-Inflation 53
Aufkaufprogramm 70, 120
Ausgabenniveau 223, 224
Ausgabenstruktur 223, 224, 225
Ausgabeverhalten 223
Auslandsforderung 57
Auslandsverschuldung 206
Auswandern 229, 230, 233, 234, 270

B

Bargeld 82, 84, 162, 168, 176, 177, 179, 180, 191, 233
Bargeldhaltung 84, 86, 178, 180
Bargeldhortung 83
Bargeldreserve 179, 180, 186, 227
Bargeldverbot 83, 84, 85, 180
Bargeldvergällung 84, 85, 180, 233
Bausparkassen 81, 109, 112, 113, 233, 269
Bausparkasseneinlagensicherungsfonds (BESF) 109
Berufsunfähigkeit 239
Bewertungsreserven 107
BIP 90, 92, 98, 124
Bonitätsprämie 183, 185, 189
Buchgeld 165, 177, 178, 181, 186, 191

C

Cantillon-Effekt 53, 120
Crash-Propheten 20, 21, 22, 33, 35, 55, 69, 89, 103, 108, 110, 113, 120, 131, 145, 146, 147, 149, 164, 196, 214, 270
Crashvorsorge 46, 144, 145, 146

D

Deep Risk 39, 40, 259
Deflation 16, 39, 178, 233, 269
Divergenz 56
Diversifikation 158, 161, 163, 165, 166, 221, 229
Draghi, Mario 63, 67, 135, 136, 169

E

Edelmetall 54, 93, 164, 166, 191, 200, 201, 203, 214, 233
EDIS 104, 177
Egoismen 21, 128
Eigentumswohnung 255, 256
Einheitswährung 63
Einlagensicherung 103, 104, 106, 109, 110, 165, 177, 192, 202, 233
Emittentenrisiko 193, 194, 202
Enteignung 39, 57, 62, 103, 108, 269
Existenzminimum 36
Exotische Sachanlagen 145, 147, 191, 209, 214
Experte 45, 210, 232
extreme Inflation 126
EZB 74, 85, 87, 88, 91, 118, 189, 268, 270

F

Factfulness 271
Fehler erster Art 144
Fehler zweiter Art 144
Fiat-Geld 51
Flash-Crash 15
Fremdwährung 176, 180, 186, 188
Fristentransformation 79

G
Gebäudeentschuldungssteuer 208
Geldentwertung 51, 52, 118
Geldfunktion 54
Geldillusion 68, 69, 90, 161, 261
Geldpolitik 45, 53, 62, 71, 72, 91, 118, 149, 270
Geldvermögen 52, 118, 119, 126, 127, 148, 160, 161, 162, 167, 169, 173, 174, 175, 178, 186, 222
Gesamtschuldenquote 97
Geschäftsmodell 79, 80, 82, 87, 109, 122, 197
Geschäftsmodell, digital 222
Gold 51, 121, 163, 166, 181, 191, 199, 201, 202, 204, 233
Goldanteil 202
Goldbindung 51
Gold-ETCs 247
Goldhinterlegung 202
Goldkonvertibilität 51
Goldquote 200, 232
Goldstandard 51
Goldverbot 232, 234

H
Haftungsgemeinschaft 64, 104
Haftungsunion 104
Handlungsstarre 148, 211
Hauszinssteuer 208
Herdenverhalten 209, 212, 213
Hochzinsanleihe 93, 185, 186
Hype 212
Hyperinflation 208, 230, 233, 258
Hypothekengewinnabgabe 208

I
Illiquiditätskosten 147
Illiquiditätsprämien 69, 189
Illiquiditätsrisiken 147
implizite Verschuldung 123
Inflation 39, 51, 52, 53, 68, 91, 92, 118, 161, 169, 207, 208, 233, 269
Inflationsrate 72, 92, 178
Inflationsschaden 69
Interessenkonflikt 87, 100
IWF 51, 62, 86, 270

J
Japan 88, 91, 99
Jenga 96, 97, 121, 151, 182
junk bond/Schrottanleihe 185

K
Kalibrierungsfunktion 54
Kanzlergarantie 179
Kapitalbilanz 57
Kapitalexport 58
Kapitalverkehrsbeschränkung 234
Klumpenrisiko 165, 188
Knochengeld 55
Kollateralschaden 37, 64, 95
Konsumzurückhaltung 17
Kontrollstaat 180
Konvergenz 55, 56
Kreditgewinnabgabe 208
Kreiskausalität 133
kumulierte Inflation 81
Kursrücksetzer 15
kybernetischer Imperativ 218

L
Lastenausgleich 207, 208, 209, 230, 234, 270
Laufzeitprämie 75, 79, 80, 188
Lebensversicherer 80, 106, 107, 191, 242
Lebensversicherungs-Reformgesetz 107
Leistungsbilanz 57
Leistungsbilanzdefizit 57
Leistungsbilanzsaldo 52, 57
Leistungsbilanzüberschuss 58, 121
Leverage-Effekt 95

M
Margin Debt 93, 94
Maßgut 160, 161
maßvolle Inflation 126
Mindestgeldvermögensquote 233
Modern Monetary Theory (MMT) 91, 92, 129, 270
Moral Hazard 104
Münchhausen 61
Muschelgeld 55

N
Nachbarschaftshilfe 226, 228
Nachhaltigkeitslücke 124
nachrangige Schulden 122
No-Bailout-Klausel 62
Non performing Loan 87
Nullzinswelt 49, 69

O
ongoing charges 146
Opferhaltung 20
Opportunitätskosten 19, 141, 145, 148, 149, 200
Österreichische Schule der Nationalökonomie 92

P
Passivität 46, 47, 49, 214, 221
Pensionsfonds 82
Pensionskasse 82, 113
physisches Gold 201, 202
Politikversagen 57
Populismus 21, 60, 103, 118, 271
Privatbilanz 170, 173
Privatsphäre 180
prognosefrei 110, 268, 269
Protektor 106

R
Realoption 216, 218, 219, 221, 223, 226, 227, 229, 269
Realverzinsung 69, 72, 118
Realwirtschaft 17
Reform 66
Reformprozess 66
Rekursivität 132
Rentenbezugsdauer 123, 172
Rentengarantie 242
Rentenlücke 240, 245, 251
Risikomatrix 41, 42, 43, 195
Risikoprämien 69, 135, 183, 185, 189
Robustheit 19, 150, 152, 157, 180, 209, 216
Rückbezüglichkeit 131, 132, 137, 210
Rückfalloption/Fall-Back-Option 228
Rückkehroption 228
Ruhestandseinkommen 219, 221
Run-off 107
Rürup 113, 119, 162, 195, 221

S
SAG 102, 103, 108, 116, 193
Savage-Niehans-Regel 154
Schuldenschnitt 127, 128, 270
Schuldnerbonität 185
Schwarzer Schwan 42, 269
Schwarzmaler 69, 88, 138, 140, 175, 267, 272
Schwarzmaler-Geschäftsmodell 20, 21, 22, 138, 146
Selbsteinschätzung 45, 49
Selbstversorgung 226, 227
Shallow Risk 39, 40, 259
SoFFin 101
Soros 63
Staatsbankrott 18, 124, 128, 233, 234
Staatsverschuldung 90, 91, 92, 129
Status-quo-Prognose 137
Strategie des geringsten Bedauerns 154, 269
Streuung 158, 160, 162, 163, 164, 165, 166
Subprime-Krise 17
Subsidiaritätsprinzip 106
systemrelevant 17, 101
Systemschutz 100, 103, 106, 108, 111, 197, 198, 269

T
TARGET 58
Target-Guthaben 59
Target-Salden 58, 59
Tauschfunktion 54
Tauschkreis 228
Taylor-Regel 57
Teilzeit 253, 264
Tilgungsaussetzungsmodell 250
Too big to fail 101
Totalausfall 185

U
Umlaufrendite 71
Umverteilung 118, 120, 208
unbekanntes Unbekanntes 125, 153, 209, 227
Ur-Geld 199, 256

V

Vehikelrisiko 109, 192, 193, 194, 195, 196, 198, 222
Verantwortungslücke 101, 102
Verbraucherpreisinflation 76
Verbraucherschutz 100, 106, 107, 108, 109, 111, 197, 198, 269
Vermögensabgabe 124, 127, 128, 207, 208, 232, 234, 270
Vermögenspreisinflation 53, 77, 120
Vermögenssteuer 124, 207, 232, 234
Verschuldungshebel 205, 206
Verschuldungsquote 93, 98
Versicherungsaufsichtsgesetz 108
Versteckte Lasten 118, 122
Vertrag von Lissabon 62, 63
Vertrauen 18, 46, 53, 60, 104, 106, 136, 139, 141, 142, 143
Vertrauensverlust 126
Verwertungsrecht 222
virtuelles Gold 200, 201, 202
von Foerster, Heinz 218

W

Währungscrash 18
Währungsdiversifikation 186, 193
Währungsraum 17, 85
Währungsreform 234
Währungsunion 55, 66
Wertdichte 203, 204
Wertpapierkredit 94, 95
Wertübertragungsfunktion 54
Wiederverkäuflichkeit 215
Wirkrichtung 134
Wohlstandsillusion 118, 120, 229, 254
Wunschring 139, 273

Z

Zahlungsausfall 40, 69, 169, 185, 269
Zeitpräferenz 68
Zeitpräferenz, ökonomische 67
Zentralbank 53, 58, 60, 62, 68, 85, 92, 95, 120, 176, 177, 270
Zerstörung 39, 269
Zinsfalle 183, 186
Zinsgarantie 81
Zinsniveau 56, 69, 82, 87
Zinsstrukturkurve 74, 79, 80
Zinszusatzreserve 106
Zombie-Kredite 87
Zombie-Unternehmen 87, 97
Zombifizierung 87, 88
Zukunftsangst 21

Endnoten

1 Und es stellt sich die Frage nach einer Haftungsgemeinschaft.

2 Ritzau, M.: Die große Fondslüge. Falsch beraten von Finanztest, Sparkassen, Banken & Co, Tectum Verlag Marburg 2016, https://www.nomos-shop.de/tectum/titel/die-grosse-fondsluege-id-85365/.

3 Auch Finanztest warnt: »Wertefonds schwächelt nicht nur bei Rendite«, https://www.test.de/Finanzcrash-Autoren-Friedrich-Weik-Wertefonds-schwaechelt-nicht-nur-bei-Rendite-5561149-0/.

4 Im Original: *Irrational Exuberance.*

5 In der Tat lässt sich die Aussage Euro = Teuro nicht durch statistische Zahlen belegen – im Gegenteil. Jedoch ist einzuräumen, dass durch eine zwischenzeitliche Veränderung der Inflationsberechnungsmethode ggfs. etwas geringere Inflationswerte als vor der Euro-Einführung berichtet werden, Schlagwort Hedonische Inflationsberechnung – siehe: https://hartmutwalz.de/hedonische-inflationsberechnung-wer-nicht-hoeren-will-muss-fuehlen/.

6 https://www.de.kearney.com/advantage-transformation-services/article/-/insights/working-dead.

7 Das statistische Zahlenwerk bis 2021 zeigt in keine Richtung Auffälligkeiten hinsichtlich der Insolvenzzahlen. Die Entwicklung ab 2022 bleibt abzuwarten, vgl.: https://www-genesis.destatis.de/genesis/online?operation=find&suchanweisung_language=de&query=Insolvenzen#abreadcrumb.

8 Ein bemerkenswerter Satz besagt, dass man sich überhaupt keine Sorgen machen solle – man habe doch ohnehin schon genug davon.

9 Walz, H.: Einfach genial entscheiden – Die 60 wichtigsten Erkenntnisse für Ihren Erfolg, Freiburg, 3. Auflage 2022, Kapitel 34 »Der Hund, der nicht bellt«, https://shop.haufe.de/prod/einfach-genial-entscheiden.

10 https://de.wikipedia.org/wiki/Marshallplan.

11 https://www.swr.de/swraktuell/rheinland-pfalz/flut-rekonstruktion-ahrtal-protokoll-100.html.

12 https://www.bundestag.de/dokumente/textarchiv/2021/kw36-de-aufbauhilfe-857520.

13 Eine vertiefende Systematik der Erscheinungsformen finanzieller Risiken (über die reine Crash-Situation hinaus) finden Sie auf Seite 138 ff im HAUFE-TaschenGuide »Ihre Finanzen fest im Griff«; Walz, H.: Ihre Finanzen fest im Griff – Erfolgreiche Geldanlage und Vorsorge in der Nullzins-Welt, Freiburg 2020, https://shop.haufe.de/prod/ihre-finanzen-fest-im-griff.

14 In diesem Fall empfehle ich Ihnen die Lektüre HAUFE-TaschenGuide »Ihre Finanzen fest im Griff – Erfolgreiche Geldanlage und Vorsorge in der Nullzins-Welt«.

15 Hingegen ist die Lebensdauer von Währungen mit Edelmetall-Deckung um ein Vielfaches höher. Jedoch erwiesen sich gedeckte Währungen als sehr unpraktikabel in Hinblick auf Geldpolitik und Geldmengensteuerung sowie weitere Aspekte (Deflationswirkung usw.).

16 http://georgewashington2.blogspot.com/2011/08/average-life-expectancy-for-fiat.html.

17 Reinhart, C./ Rogoff, K.: Dieses Mal ist alles anders. Acht Jahrhunderte Finanzkrisen, München, 7. Auflage 2020, https://www.m-vg.de/finanzbuchverlag/shop/article/20330-dieses-mal-ist-alles-anders/.

18 Zentralbanker verdeutlichen dies gerne mit der sogenannten Ketchup-Theorie: Ein hungriger Teenager drückt immer kräftiger auf die Ketchup-Tube, um seine Pommes zu veredeln. Lange Zeit passiert gar nichts, bis sich auf einmal ein ganzer Schwall von Ketchup über die Pommes ergießt. Das ist dem Teeny zwar peinlich, aber trotzdem bekommt er den Ketchup nicht mehr in die Tube zurück. Dieses Schicksal teilen die Zentralbanken nach einer Geldmengenausweitung.

19 Siehe Seite 135 in: Taghizadegan, R./Valek, M./Stöferle, R.: Österreichische Schule für Anleger, Austrian Investing zwischen Inflation und Deflation, München, 3. Auflage 2014, https://www.m-vg.de/finanzbuchverlag/shop/article/3255-oesterreichische-schule-fuer-anleger/

20 Siehe Stelter, D.: Das Märchen vom reichen Land, Wie die Politik uns ruiniert, München 2018, https://www.m-vg.de/finanzbuchverlag/shop/article/15290-das-maerchen-vom-reichen-land/.

21 Der Euro wurde am 1. Januar 1999 als Buchgeld und drei Jahre später am 1. Januar 2002 als Bargeld eingeführt.

22 Vanguard, »Das Schicksal des Euros«, Juli 2018, https://static.vgcontent.info/crp/intl/auw/docs/resources/Vanguard_Whitepaper_Fate_of_the_Euro_2018.pdf?20180810 %7C152527.

23 https://www.welt.de/finanzen/article108413049/Schon-1908-tricksten-die-Griechen-beim-Geld.html.

24 Der Minsky-Moment bzw. Minsky-Effekt ist hier: https://wirtschaftslexikon.gabler.de/definition/minsky-effekt-51732 und hier: https://www.newyorker.com/magazine/2008/02/04/the-minsky-moment erklärt.

25 Deutschland, Frankreich und Italien im Euroraum, https://www.swp-berlin.org/publikation/euroraum-begrenzte-konvergenz.

26 Ohr, R.: Konvergenz und Divergenz im europäischen Integrationsprozess, https://www.uni-goettingen.de/de/document/download/6da92047ddc70b506aa74034d4e2ca14.pdf/Akademie%20im%20Gespr%C3 %A4ch%20Heft%201 %20OHR.pdf.

27 Konvergenz: Sind die Euroländer zu unterschiedlich?, https://strengtheningeurope.eu/fileadmin/files/BSt/Publikationen/GrauePublikationen/EZ_Europa_Briefing_Konvergenz_02_2017_DT.pdf.

28 Der 1946 geborene Taylor ist ein anerkannter, aber nicht unumstrittener Makroökonom und lehrt an der Universität Stanford. Er war unter Präsident George W. Bush von 2001 bis 2005 Staatssekretär im US-amerikanischen Finanzministerium: https://en.wikipedia.org/wiki/John_B._Taylor.

29 https://deutsches-institut-bankwirtschaft.de/wp-content/uploads/2018/12/Uehlemann-Alexander-Taylor-Regel.pdf.

30 Korrekt ist vom TARGET2-System zu sprechen, da es sich bereits um die zweite Generation eines europaweiten grenzüberschreitenden Abwicklungssystems handelt. Vgl. weiterführend: https://www.bundesbank.de/de/aufgaben/unbarer-zahlungsverkehr/target2/target2-saldo/target2-saldo-603478.

31 Mit Hilfe eines Schaubilds für den tiefergehend interessierten Leser: Malte Fischer in der Wirtschafts-Woche vom 05. März 2012: https://www.wiwo.de/politik/europa/euro-krise-wie-funktioniert-das-target-system/6277238-3.html.

32 Gemäß Information der Deutschen Bundesbank werden jährlich rund 90 Millionen Zahlungen mit einem Volumen von insgesamt 430 Billionen Euro abgewickelt; https://www.bundesbank.de/de/aufgaben/unbarer-zahlungsverkehr/target2/target2-saldo/target2-saldo-603478.

33 Die Verzinsung orientiert sich am EZB-Hauptrefinanzierungssatz, der in den letzten Jahren oftmals bei Null oder dicht bei Null lag. Im Juli 2022 wurde er auf 0,5 % und nach mehreren Zwischenschritten bis Dezember 2022 auf 2,5 % angehoben. https://www.euribor-rates.eu/de/ezb-leitzins/.

34 https://www.europeandatajournalism.eu/ger/Nachrichten/Daten-Nachrichten/Die-Geographie-der-Unzufriedenheit-der-EU.

35 https://www.worldcat.org/title/ezb-in-der-krise-eine-analyse-der-wesentlichen-sondermanahmen-von-2007-bis-2012/oclc/927146806.

36 Christine Lagarde, ehem. Präsidentin des IWF, seit 1. November 2019 Präsidentin der EZB, Copyright by Marie-Lan Nguyen @Wikipedia.de.

37 Der während der portugiesischen Ratspräsidentschaft in Lissabon am 13. Dezember 2007 unterzeichnete Vertrag trat zum 1. Dezember 2009 in Kraft. Näheres vgl. https://www.bundesregierung.de/breg-de/service/vertrag-von-lissabon-615798 sowie https://www.bpb.de/themen/politisches-system/wahlen-in-deutschland/335653/vertrag-von-lissabon/.

38 https://www.europeandatajournalism.eu/ger/Nachrichten/Daten-Nachrichten/Die-Geographie-der-Unzufriedenheit-der-EU.

39 https://www.manager-magazin.de/unternehmen/personalien/brexit-investment-legende-george-soros-hat-auf-das-pfund-gesetzt-a-1100037-2.html sowie https://www.zeit.de/wirtschaft/2017-10/george-soros-ungarn-usa/seite-3 und schließlich: https://de.wikipedia.org/wiki/Schwarzer_Mittwoch.

40 Die entscheidende Passage der Whatever-it-takes-Rede des damaligen EZB-Chefs Mario Draghi am 26. Juli 2012 auf der Global Investment Conference in London sehen Sie hier: https://www.youtube.com/watch?v=hMBI50FXDps.

41 https://www.tagesschau.de/wirtschaft/eurorettung-100.html.

42 Mario Draghi am 26. Juli 2012 in London, Copyright by World Economic Forum, swiss-image.ch/Photo Remy Steinegger.

43 Einen schnellen Überblick zum TPI finden Sie hier: https://www.bundesbank.de/de/aufgaben/geldpolitik/geldpolitische-wertpapierankaeufe/transmission-protection-instrument-tpi--896050 sowie in der zugehörigen Pressemitteilung: https://www.bundesbank.de/resource/blob/894896/290cc21cf1c0b58f4a3528212bb9392d/mL/2022-07-21-tpi-download.pdf.

44 Eine prägnante Hintergrundinformation und leicht verständliche Schaubilder finden Sie auf der Homepage des DIW: https://www.diw.de/de/diw_01.c.855612.de/publikationen/wochenberichte/2022_40_1/einsatz_des_neuen_ezb-notfallprogramms_tpi_bisher_nicht_erforderlich.html.

45 https://www.kas.de/de/analysen-und-argumente/detail/-/content/die-ezb-in-der-zwickmuehle-zwischen-inflation-und-staatsschulden.

46 https://www.br.de/nachrichten/wirtschaft/schutzschild-fuer-schuldenlaender-das-neue-kriseninstrument-tpi,TCEgLBK.

47 Vanguard, »Das Schicksal des Euros«, Juli 2018, https://static.vgcontent.info/crp/intl/auw/docs/resources/Vanguard_Whitepaper_Fate_of_the_Euro_2018.pdf?20180810%7C152527.

48 Ebda.

49 Stanford Marshmallow-Experiment als Test zu Belohnungsaufschub, https://de.wikipedia.org/wiki/Belohnungsaufschub.

50 Wolfgang Schäuble auf einer Veranstaltung der Stiftung Marktwirtschaft im April 2016.

51 Mehr zur Vergütung von Risiken lesen Sie in Kapitel B 7 »Schiefe Wetten – Risikozuschläge sind keine Zinsen« in Walz, H.: Einfach genial entscheiden in Geld- und Finanzfragen, 3. Auflage, Freiburg 2020, https://shop.haufe.de/prod/einfach-genial-entscheiden-in-geld-und-finanzfragen.

52 Taghizadegan, R.: Alles, was Sie über die Österreichische Schule der Nationalökonomie wissen müssen. Eine Einführung in die Austrian Economics, München 2016, https://www.m-vg.de/finanzbuchverlag/shop/article/11613-alles-was-sie-ueber-die-oesterreichische-schule-der-nationaloekonomie-wissen-muessen/.

53 https://www.handelszeitung.ch/geld/daniel-kalt-uns-droht-eine-japanifizierung sowie https://www.fondsprofessionell.de/news/maerkte/headline/columbia-threadneedle-japanifizierung-der-welt-schreitet-voran-155046/.

54 https://www.dasinvestment.com/ddw-chefvolkswirt-joerg-zeuner-japanische-krankheit-in-europa/.

55 02.07.2009-30.06.2010: Covered Bond Purchase Program (CBPP1), 10.05.2010-06.09.2012: Securities Markets Program (SMP), 02.11.2011-31.10.2012: Covered Bond Purchase Program (CBPP2), 20.10.2014-19.12.2018: Covered Bond Purchase Program (CBPP3), 09.05.2015-19.12.2018: Public Sector Purchase Program (PSPP), 10.03.2016-19.12.2018: Corporate Sector Purchase Program (CSPP), 2019-31.10.2019: lediglich Wiederanlage von auslaufenden Anleihen, also keine Netto-Aufkäufe, seit 31.10.2019 noch laufend: Public Sector Purchase Program (PSPP)).

56 Diese Überlegung steht auch in Übereinstimmung mit der vorausschauenden Anwendung der – nicht unumstrittenen – Taylor-Regel: https://www.econstor.eu/handle/10419/17747.

57 Ende 2022 betrug die Rendite 10-jähriger Bundesanleihen knapp 2 %. Zum Vergleich: Die Inflationsrate betrug zum gleichen Zeitpunkt 11,3 %.

58 Verbraucherpreisinflation im Euroraum seit 1961, http://sdw.ecb.europa.eu/quickview.do?SERIES_KEY=122.ICP.M.U2.N.000000.3.ANR.

59 Beispielsweise mussten Automobilhersteller schon vor und auch während der Corona-Pandemie hohe Rabatte – oft bis zu 25 % – auf ihre Listenpreise einräumen, die sie im Laufe des Jahres 2021 angesichts von Lieferengpässen senkten oder völlig zurücknahmen. Der hieraus resultierende Kaufkraftverlust für Verbraucher geht in die Statistik jedoch nicht ein.

60 Unter NFT (Non-Fungible Token) versteht man rein digitale Sammel- oder Wertgegenstände, deren Eigentumsrecht und Eigentumsübertragung durch ein innovatives Sicherungskonzept (Blockchain) nachgewiesen wird. Vgl. weiterführend: https://de.wikipedia.org/wiki/Non-Fungible_Token.

61 Der Ertragswert ist der Barwert aller künftigen Erträge eines Anlagegutes. Zu seiner Berechnung werden die erwarteten Erträge eines jeden Jahres mit der gültigen Marktverzinsung um die Anzahl der Jahre abgezinst, die bis zum Erhalt der Erträge vergehen. Also z. B. die Mieteinnahmen des zweiten Jahres nur um zwei Jahre, diejenigen des zehnten Jahres jedoch um zehn Jahre.

62 Eine rechnerisch einfache Annäherung für langfristige Anlagegüter wie Aktien oder Immobilien lautet wie folgt: Ertragswert = jährliche Nettoeinnahmen/Finanzierungszins in Dezimalschreibweise. Beispiel: Eine vermietete Immobilie erbringt eine Nettokaltmiete pro Jahr von 6.000 Euro, der Finanzierungszins bzw. die Opportunitätszinsen betragen 1,2 % oder als Dezimalzins 0,012. Folglich beträgt die Näherung für den Ertragswert 6.000 / 0,012 = 500.000 Euro.

63 Eine Demonstration der Stärke von Zinsveränderungen auf den Ertragswert von Immobilien finden Sie in Kapitel 1 bei Walz, H.: Ihre Finanzen fest im Griff, Freiburg 2020, https://shop.haufe.de/prod/ihre-finanzen-fest-im-griff.

64 Um ganz präzise zu sein, geht es hier um die in der Wahrnehmung des Bürgers dominierenden Kreditbanken sowie Sparkassen und nicht etwa um Investmentbanken.

65 Die Vereinfachung besteht darin, dass sich weder die Einlagen noch die Kreditzinsen exakt an den Zinsstrukturdaten orientieren, sondern verschiedene zusätzliche Größen wie Konditionenmarge und Risikoprämien hinzukommen. Für weitergehend interessierte Leser sei folgende Quelle empfohlen: https://de.wikipedia.org/wiki/Marktzinsmethode.

66 Der mit Abstand größte Fixkostenblock jeder Geschäftsbank sind die Personalkosten. Insofern liegt es nahe, sich bei verschlechternder Ertragslage und schwachem Geschäft von Mitarbeitern zu trennen. Während dies US-amerikanische Institute vergleichsweise einfach können (»Hire and Fire«), fallen bei deutschen Banken und Sparkassen hohe Abfindungszahlungen an (Auswirkung des Kündigungsschutzes), die in ihrer Summe eine spürbare Eigenkapitalschwächung des Institutes auslösen. Und genau das können sich Banken und Sparkassen derzeit am wenigsten leisten. Sie sind somit zwischen zwei Übeln gefangen.

67 Gemeint ist die irrtümliche Orientierung der Versicherten an nominellen statt realen Größen, vgl. Kapitel 3.3.

68 Eine Ausnahme können Fondsgebundene Lebensversicherungen = Fondspolicen sein, wenn die Kosten des Versicherungsmantels und der Fondsanlage nicht überhöht sind. Vgl. vertiefend Kapitel D 8 »Das Beste oder nichts! – ETF-Sparpläne im Versicherungsmantel (Netto-Police)« in Walz, H.: Einfach genial entscheiden in Geld- und Finanzfragen, 3. Auflage, Freiburg 2020, https://shop.haufe.de/prod/einfach-genial-entscheiden-in-geld-und-finanzfragen.

69 So darf seit über 35 Jahren, gerichtlich beschieden, der heutige Vorsitzende des Vorstandes des Bundes der Versicherten erklären: »*Lebensversicherung zur Altersvorsorge ist legaler Betrug*«, https://www.handelsblatt.com/meinung/kolumnen/kurz-und-schmerzhaft/der-verunsicherer-30-jahre-legaler-betrug/8809592.html?ticket=ST-679334-t4s9Kg7bU4LcnZ27ZAmD-ap6.

70 https://www.bafin.de/SharedDocs/Veroeffentlichungen/DE/Meldung/2021/meldung_2021_01_14_Pensionskasse_Caritas.html.

71 Die Kürzungen betrugen zwischen 10 % und 30 % der Leistungen, im schlimmsten Fall sind dies monatlich bis zu 300 Euro.

72 https://www.test.de/Betriebsrente-Pensionskassen-in-finanziellen-Schieflagen-5423640-0/.

73 https://www.gesetze-im-internet.de/betravg/index.html.

74 Die Deutsche Steuerberater-Versicherung war aufgrund der langjährigen Niedrigzinsphase gezwungen, im Geschäftsjahr 2018 eine Sanierung mit Leistungsherabsetzung duchzuführen. Seit dem 1. Januar 2022 befindet sich die DS in Abwicklung und konzentriert sich auf die Leistungserbringung an ihre Versicherten, https://ds-versicherung.de/ueber-uns/.

75 https://www.protektor-ag.de/de/sicherungsfonds/mitglieder.

76 Vgl. weiterführend Stöferle, R./Taghizadegan, R./Hochreiter, G.: Die Nullzinsfalle, München 2019, https://www.m-vg.de/finanzbuchverlag/shop/article/12473-die-nullzinsfalle/.

77 § 14 Absatz 1 Gesetz über die Deutsche Bundesbank.

78 Als Orientierungswert für die jährlichen Kosten der Bargeldhaltung wird häufig eine Größenordnung von ca. 0,25 % genannt. Dies wäre somit gleichzeitig die Minuszins-Untergrenze. Der von der Eidgenössischen Zentralbank für den Schweizer Franken eingeführte Negativzins in Höhe von minus 0,8 % hat dort zu einer deutlichen Flucht ins Bargeld geführt.

79 Bereits im März 2016 hat das im DAX gelistete Versicherungsunternehmen Münchener Rück öffentlich bekannt gemacht, zur Vermeidung von Negativzinsen große Bargeldmengen in eigenen Tresoren zu bunkern (https://www.sueddeutsche.de/wirtschaft/munich-re-rueckversicherer-bunkert-gold-in-geheimem tresor-1.2909890). Das entsprechende Verhalten von Geschäftsbanken, die naturgemäß bereits

über große Tresorkapazitäten verfügen, wird zwar nur von einzelnen Instituten bestätigt, jedoch von der Deutschen Bundesbank klar beobachtet (https://www.faz.net/aktuell/wirtschaft/banken-lagern-geld-im-tresor-15366465.html).

80 https://www.bundesbank.de/resource/blob/670998/af1bc43d50165834a36570d330a2a020/mL/zahlen-und-fakten-data.pdf.

81 https://www.publikationen.bundesbank.de/out/pictures/media/4a1368136741acbaf94f1c081f51a890.pdf.

82 Siehe obige Quelle, Seite 4.

83 Siehe obige Quelle, Seite 6.

84 Siehe obige Quelle, Seite 16.

85 Siehe obige Quelle, Seite 20-21.

86 Zum Bargeldverbot vgl. vertiefend: Horstmann, U./Mann, G.: Bargeldverbot. Alles, was Sie über die kommende Bargeldabschaffung wissen müssen, München, 7. Auflage 2019, https://www.m-vg.de/finanzbuchverlag/shop/article/16265-bargeldverbot/.

87 Eine versachlichende Analyse der Deutschen Bundesbank findet sich hier: https://www.bundesbank.de/resource/blob/802704/dce96ad4e395108bb58d3ee8fec928f4/mL/bargeldverwendung-in-deutschland-data.pdf.

88 Die Produktion neuer 500-Euro-Noten wurde bereits 2014 eingestellt. Im April 2019 wurde auch die Ausgabe des 500-Euro-Scheins durch die Zentralbanken beendet – jedoch behalten bereits im Umlauf befindliche Scheine nach aktuellem Stand unbegrenzt ihren Wert, https://www.faz.net/aktuell/finanzen/wieso-der-500-euro-schein-nicht-mehr-ausgegeben-wird-16140071.html.

89 Eigene Berechnungen auf Basis der offiziellen Maßangaben der Euro-Banknoten vgl. https://www.bundesbank.de/de/aufgaben/bargeld/euro-banknoten/100-euro/europa-serie-2-serie--760574, https://www.bundesbank.de/de/aufgaben/bargeld/euro-banknoten/200-euro sowie https://de.wikipedia.org/wiki/Eurobanknoten.

90 Gewichts und Volumenangaben sind insofern mit Vorsicht zu genießen, als es sich um theoretische Werte bei neuen Scheinen handelt. Gebrauchte Scheine werden mehr wiegen und ein größeres Volumen benötigen. Auch die Angabe der Kantenlänge eines Würfels ist lediglich eine veranschaulichende Orientierungsgröße, da man die Geldscheine ja nicht auf die Kantenlänge zuschneiden oder falten will.

91 Vgl. Höchstgrenzen Bargeldzahlung in EU-Ländern, https://www.evz.de/de/verbraucherthemen/geld-kredite/im-ausland-bezahlen/hoechstgrenzen-bargeldzahlung/.

92 Vgl. nunmehr § 4 Geldwäschegesetz (GwG): »bei … Transaktionen über hochwertige Güter nach § 1 Absatz 10 Satz 2 Nummer 1, bei welchen sie Barzahlungen über mindestens 2 000 Euro … tätigen oder entgegennehmen« »Zu den hochwertigen Gütern gehören insbesondere 1. Edelmetalle wie Gold, Silber und Platin, 2. Edelsteine, 3. Schmuck und Uhren, 4. Kunstgegenstände und Antiquitäten, 5. Kraftfahrzeuge, Schiffe und Motorboote sowie Luftfahrzeuge.« Hier der Link zum Gesetzestext: https://www.gesetze-im-internet.de/gwg_2017/.

93 https://businessportal-norwegen.com/2018/05/20/alte-banknoten-in-norwegen-nur-noch-bis-30-mai-2018-gueltig/.

94 https://www.bundesbank.de/de/aufgaben/bargeld/dm-banknoten-und-muenzen/-/umtausch-von-dm-in-euro-599338.

95 Vgl. unter anderem: https://www.bundesbank.de/de/presse/reden/die-bedeutung-des-bargelds-als-wertaufbewahrungsmittel-613736. Siehe auch: https://www.bundesbank.de/resource/blob/670998/af1bc43d50165834a36570d330a2a020/mL/zahlen-und-fakten-data.pdf.

96 Für weitergehend Interessierte sei das unter folgendem Link erhältliche PDF der Autoren Ruchir Agarwal und Miles Kimball empfohlen: https://www.imf.org/en/Publications/WP/Issues/2019/04/29/Enabling-Deep-Negative-Rates-A-Guide-46598.

97 Lesenswert auch der Beitrag von Katrin Assenmacher, Leiterin der Division Geldpolitische Strategie der EZB, gemeinsam mit Signe Krogstrup vom IWF: https://www.imf.org/en/Publications/WP/Issues/2018/08/27/ Monetary-Policy-with-Negative-Interest-Rates-Decoupling-Cash-from-Electronic-Money-46076.

98 Weiterführende Details und denkbare Szenarien zur Spaltung von Bar- und Buchgeld finden Sie hier: https://schliesslich-ist-es-ihr-geld.de/die-eichhoernchen-strategie-bargeld-als-anlageklasse-teil-2/.

99 Die Deutsche Bundesbank kommuniziert derzeit noch eine sehr abwartende Haltung gegenüber digitalem Zentralbankgeld.

100 Für die gesamte Wirtschaft und Gesellschaft wäre es jedoch besser, wenn diese Unternehmen in die Insolvenz gingen, um eine Marktbereinigung zu ermöglichen und ganz im Sinne »Platz für Neues« ihre Ressourcen, insbesondere die Mitarbeiter, einer produktiveren Verwendung zuzuführen.

101 Der Autor verwendet den Ausdruck »betreutes Finanzieren« als Analogie zu »betreutem Wohnen«. Während wir jedoch im Umgang mit Menschen von sozialen Erwägungen geleitet werden sollten, erscheint dies in der Wirtschaft unangebracht.

102 Eine krasse, aber leider treffende Metapher vergleicht die EZB mit einer Blutbank, die zu viele Blutkonserven auf Lager hat und nun hirntote Schwerverletzte nur deswegen am Leben erhält, weil sie nicht weiß, wohin sie mit all den überschüssigen Blutkonserven soll.

103 https://www.bis.org/publ/qtrpdf/r_qt1809 g.pdf.

104 Im Original lautet die Aussage: »Erstklassige Führungskräfte (A) sammeln erstklassige Mitarbeiter um sich, zweitklassige Führungskräfte (B) ziehen drittklassige Mitarbeiter (C) vor.« Sie wird auch als AA-BC-Regel bezeichnet. Vgl. z. B. https://www.karstennoack.de/die-aa-bc-regel-gesetz-der-anziehung/.

105 Vgl. https://economics.mit.edu/files/3770.

106 Vgl. hierzu und auch zu der Frage, ob die Geldpolitik einen relevanten Einfluss auf die Zombie-Quote der Wirtschaft hat: https://blogs.faz.net/fazit/2018/01/17/die-zombies-bitten-zum-duell-9563/.

107 Wenn beispielsweise ein profilierter Crash-Prophet behauptet, dass jährlich 1,5 % der Unternehmen überleben, die eigentlich Insolvenz anmelden müssten, und dies in 10 Jahren ohne irgendwelche Korrekturen für Abschmelzungseffekte auf einen 15%igen Anteil von Zombies an allen Unternehmen hochrechnet, dann ist das wohl arg übertrieben. Auch wird beobachtet, dass Zombies oft auch ohne Insolvenz vom Markt verschwinden – ganz einfach, weil sie von Wettbewerbern mit soliderem Zahlenwerk aufgekauft werden. Quelle: https://www.de.kearney.com/advantage-transformation-services/article/-/insights/working-dead.

108 Bankenaufsicht der Europäischen Zentralbank (EZB) – LSI Supervision Report 2022: https://www.bankingsupervision.europa.eu/ecb/pub/html/LSIreport/ssm.LSIreport2022~aac442c1a3.de.html sowie Artikel in FAZ »Die Sorgen um die Banken wachsen«: https://www.faz.net/aktuell/finanzen/ezb-aufseher-warnen-unterschaetzen-die-banken-die-rezessionsgefahr-18529034.html.

109 Vgl. Andrews, Dan/ Petroulakis, Filippos: Breaking the shackles: Zombie Firms, Weak Banks and Depressed Restructuring in Europe, https://papers.ssrn.com/sol3/papers.cfm?abstract_id=3334840.

110 Vgl. https://www.misesde.org/2019/06/die-welt-der-zombie-unternehmen/.

111 Jedoch gibt es gleich mehrere »aber«: Erstens hat Deutschland in dieser Phase zu wenig in seine Infrastruktur investiert, was die Zukunftsfähigkeit verschlechtert. Zweitens hat unser Staat besonders hohe versteckte Lasten, die nicht in die ausgewiesenen Zahlen eingehen.

112 https://www.destatis.de/DE/Themen/Wirtschaft/Volkswirtschaftliche-Gesamtrechnungen-Inlandsprodukt/Tabellen/eu-stabilitaetspakt-defizit-schulden-eu.html.

113 Öffentlicher Bruttoschuldenstand der Europäischen Union – 27 Länder: https://ec.europa.eu/eurostat/databrowser/view/sdg_17_40/default/table?lang=de.

114 Erste Ansätze der MMT sind rund 25 Jahre alt, vgl. einführend https://www.exploring-economics.org/de/entdecken/modern-monetary-theory/.

115 Siehe z. B. Taghizadegan, R.: Alles, was Sie über die Österreichische Schule der Nationalökonomie wissen müssen – Eine Einführung in die Austrian Economics, München 2016, https://www.m-vg.de/finanzbuchverlag/shop/article/11613-alles-was-sie-ueber-die-oesterreichische-schule-der-nationaloekonomie-wissen-muessen/.

116 Siehe unter anderem: https://vollgeld.page/mmt-falsche-verheissung sowie http://norberthaering.de/ de/27-german/news/1136-mmt, zur aktuellen Kritik an der MMT vgl. weiterführend: https://norberthaering.de/news/mmt/ sowie https://www.private-banking-magazin.de/modern-monetary-theory-extreme-wirtschaftspolitische-vorschlaege-werden-salonfaehig/ sowie: https://www.handelsblatt.com/politik/international/modern-monetary-theory-eine-neue-geldtheorie-spaltet-die-wirtschaft/24108180.html?ticket=ST-1795704-pNfJDlXvtXk3szl9I0YA-ap3.

117 Vertiefende Information zur Entwicklung der gesamten nichtstaatlichen Verschuldung findet sich hier: https://kof.ethz.ch/news-und-veranstaltungen/news/kof-bulletin/kof-bulletin/2018/05/verschuldung-im-euroraum-33-die-privaten-haushalte-und-nicht-finanziellen-unternehmen.html.

118 Gesamtverschuldung der privaten Haushalte als Anteil zum BIP, https://de.wikipedia.org/wiki/Liste_der_L%C3%A4nder_nach_Haushaltsverschuldung sowie https://www.bundesbank.de/de/statistiken/die-deutsche-wirtschaft-auf-einen-blick/verschuldung-der-privaten-haushalte-in-deutschland-615284.

119 https://de.wikipedia.org/wiki/Liste_der_L%C3%A4nder_nach_Haushaltsverschuldung.

120 Dürfen Private beispielsweise die Zinsen für bestimmte Kredite steuerlich geltend machen, so verzichten sie ganz bewusst auf Tilgung und sparen lieber parallel in – ebenfalls steuerlich vorteilhaften – Tilgungsersatzvehikeln wie z. B. einer kapitalbildenden Lebensversicherung an. Dieses Verhalten führt zu hohen Prozentwerten der statistisch ausgewiesenen Schulden privater Haushalte im Verhältnis zum Bruttoinlandsprodukt, obwohl die Schulden in Wirklichkeit durch die Tilgungsersatzvehikel (z. B. Leistungsansprüche aus Lebensversicherungsverträgen) gegengedeckt sind.

121 Die Anzahl überschuldeter Privatpersonen ist Stand 2022 auf den niedrigsten Stand seit Start der Erhebungen im Jahr 2004 gesunken und lag zu diesem Zeitpunkt bei ca. 5,9 Millionen, was einer Quote von ca. 8,5 % der Gesamtbevölkerung entsprach. Im Jahr 2007 lag sie noch bei 10,75 %: https://de.statista.com/statistik/daten/studie/166338/umfrage/anzahl-der-schuldner-in-deutschland-seit-2004/.

122 Die Wertpapierkredite müssen nicht zwangsläufig durch private Investoren aufgenommen sein, sondern es könnte sich auch um Finanzinvestoren, z. B. Hedgefonds, handeln. Eine exakte Zuordnung lässt das statistische Material nicht zu. Dies ändert jedoch nichts an der Aussagekraft des Zusammenhangs. Vgl. weiterführend https://www.advisorperspectives.com/dshort/updates/2020/01/24/margin-debt-and-the-market-up-1-6-in-november.

123 Die Financial Industry Regulatory Authority (FINRA) beaufsichtigt mit rund 3.600 (!) Mitarbeitern die US-amerikanische Wertpapierbranche: https://www.finra.org/about.

124 Finanzunternehmen wie Banken, Versicherungsunternehmen und Bausparkassen werden nicht einbezogen, um Doppelerfassungen zu vermeiden.

125 Die Kernaussage des Leverage-Effektes besagt, dass sich eine Ausweitung der Verschuldung eines Unternehmens positiv auf die Eigenkapitalrendite auswirkt, solange der Zinssatz der aufgenommenen Fremdmittel geringer als die Rendite des investierten Kapitals (Gesamtkapitalrendite) ist. Je niedriger die Fremdfinanzierungskosten sind, desto eher ist diese Voraussetzung erfüllt und desto stärker wirkt der Kredithebel. Vgl. vertiefend: https://bwl-wissen.net/definition/leverage-effekt.

126 https://www.forbes.com/sites/aalsin/2017/08/09/how-stock-buybacks-cause-economic-stagnation-aqa-with-robert-ayres-and-michael-olenick/#b0ed46016dd4.

127 https://www.wallstreet-online.de/nachricht/16108757-ueber-1-1-billionen-us-dollar-aktienrueckkaeufe-jahresrekord-boost-volatilen-maerkte.

128 https://www.wiwo.de/finanzen/boerse/aktienrueckkauf-wer-am-meisten-geld-fuer-rueckkaeufe-ausgegeben-hat/13332170-7.html.

129 Ein paar Beispiele: **Apple** hat von 2014 bis 2018 ziemlich genau jede fünfte Aktie vom Markt zurückgenommen und dafür z. B. im Jahr 2018 ca. 70 Mrd. US-Dollar ausgegeben – was grob überschlägig dem Fünfeinhalbfachen der Dividendenzahlung entsprach. Vom Computerriesen **IBM** existieren heute nur noch halb so viele Aktien wie vor 25 Jahren. Und nun noch ein spektakuläres Negativbeispiel von McDonald's, das zeigt, dass eine Steigerung des Aktienkurses allein nicht das Maß aller Dinge sein sollte. Gemäß der Geschäftsberichte nahm der Firmenumsatz zwischen 2013 und 2018 um ca. 17 % ab. Der operative Gewinn stieg im selben Zeitraum (wahrscheinlich wegen Kostensenkungen und Margensteigerungen) insgesamt um 4 % – also eher minimal. Gleichzeitig stiegen jedoch der Gewinn pro Aktie um ca. 35 % und der Aktienkurs im genannten Zeitraum um ca. 80 %. Möglich wurde dies ganz einfach durch massive kreditfinanzierte Aktienrückkäufe. McDonald's hat für insgesamt ca. 22 Mrd. US-Dollar eigene Aktien vom Markt zurückgenommen. Und gleichzeitig niedrigverzinsliche Unternehmensanleihen begeben, um sein Fremdkapital zu erhöhen. Ein **Hebelgeschäft in Reinform**.

130 Bei den Finanzgesprächen »Konstruktive Crashgedanken« haben wir auf der Bühne einen solchen Turmbau riskiert – schauen Sie sich das Video dazu an, ab Zeit 01:06:30 sind die schönen Bilder zu sehen: https://www.youtube.com/watch?v=WEbogwpK4sY.

131 Positiv interpretiert könnte jedoch auch der globale Wettbewerbsdruck sinken, wenn viele oder nahezu alle Volkswirtschaften zu einer Niedrig- oder Nullzinspolitik übergehen, da auch sie sinkende Produktivitätsfortschritte zu verzeichnen haben.

132 Zur vertiefenden Interpretation der Gesamtverschuldung vgl. https://de.irefeurope.org/Diskussionsbeitrage/Artikel/article/Gesamtverschuldung-in-Deutschland-niedrig-Dennoch-Grund-zur-Sorge-1305.

133 G20 ist die Abkürzung für: Gruppe der Zwanzig. Sie besteht aus den 19 bedeutendsten Industrie- und Schwellenländern sowie der Europäischen Union. https://www.bundesbank.de/de/aufgaben/themen/g20-die-gruppe-der-zwanzig-643718.

134 Bedenkenswert ist, dass die sinkende Zinslast der Schuldner nicht nur direkt mit der Marktzinssenkung einhergeht. Sondern deren Ersparnis mit Zeitverzögerung dadurch verstärkt wird, dass Altverträge mit historisch hoher Zinslast durch Neuverträge mit erheblich geringerer Verzinsung ersetzt werden. Die Entlastung der Schuldner kommt also zeitlich verzögert, wirkt dann aber umso stärker.

135 https://sumikai.com/nachrichten-aus-japan/wirtschaft/bank-of-japan-haelt-weiterhin-an-der-niedrigen-zinspolitik-fest-315204/.

136 https://www.wallstreet-online.de/nachricht/16354766-asien-bank-of-japan-aendert-ueberraschend-zinspolitik.

137 Beispielsweise »managte« der von zwei Nobelpreisträgern geleitete Hedgefonds zum Zeitpunkt seiner Zwangsrettung aus Steuermitteln mit einem Eigenkapital von 2,2 Milliarden US-Dollar ein Wertpapiervolumen von 1,25 Billionen US-Dollar, was einem Kredithebel von 568 zu 1 entspricht. Dies ist sicher ein extremes Beispiel, jedoch sind Kredithebel von 40 zu 1, 60 zu 1 und auch 80 zu 1 nicht außergewöhnlich, https://www.faz.net/aktuell/finanzen/fonds-mehr/historische-finanzkrisen-ltcm-1998-der-schock-durch-den-fonds-der-nobelpreistraeger-1236212.html.

138 Vgl. das gleichnamige Buch von Brandon L. Garrett aus dem Jahr 2014, https://www.hup.harvard.edu/catalog.php?isbn=9780674659919.

139 Im April 2009 wechselte Thomas von Lüpke in den Sonderfonds Finanzmarktstabilisierung (SoFFin), https://www.focus.de/finanzen/boerse/aktien/finanzkrise-der-bankenretter-der-von-der-hypo-realestate-kam_aid_413217.html.

140 https://www.stern.de/wirtschaft/news/rettungsfonds-soffin-staat-heuerte-hre-manager-an-3802770.html sowie https://www.sueddeutsche.de/wirtschaft/rettungsfonds-soffin-der-mann-von-der-skandalbank-1.88499.

141 https://www.bbc.com/news/business-11942117.

142 https://www.gesetze-im-internet.de/sag/.

143 Die Kurzbezeichnung CoCo-Bonds steht für Contingent Convertible. Dabei handelt es sich um höherverzinsliche Anleihen, die im Falle kritischer Ereignisse ohne Zustimmung des Anleihebesitzers in haftendes Eigenkapital umgewandelt werden können. Weiterführend siehe: https://www.bafin.de/SharedDocs/Veroeffentlichungen/DE/Fachartikel/2014/fa_bj_1410_coco-bonds.html.

144 Kritikwürdig ist, dass die Öffentlichkeit über die relevanten Auswirkungen des SAG, insbesondere die §§ 89, 90 SAG, nicht hinreichend informiert wurde. Bis heute kennt kaum ein Bürger diese Regelungen und deren mögliche Folgen. Eine gewisse Halbherzigkeit und vielleicht auch Lobby-Abhängigkeit der Politik ist an dieser Stelle zu befürchten.

145 https://www.handelsblatt.com/finanzen/banken-versicherungen/banken/euro-gruppe-europaeische-einlagensicherung-scheitert-an-deutschem-widerstand/28421568.html.

146 Gerade in der Versicherungswirtschaft ist das Phänomen bekannt, dass Menschen mit versicherten Risiken laxer umgehen, als wenn sie keinen Risikoschutz hätten, https://wirtschaftslexikon.gabler.de/definition/moral-hazard-41628.

147 Der Ausdruck »alternativlos« wurde bewusst vermieden. Dabei werden die Fehlanreize – insbesondere das Moralische Risiko – zu vermeiden sein. Keine einfache Aufgabe, aber auch keine unlösbare.

148 https://www.consilium.europa.eu/de/policies/banking-union/.

149 https://www.bundesfinanzministerium.de/Content/DE/Standardartikel/Video-Textfassungen/2022/textfassung-2022-06-16-eurogruppe-bankenunion.html.

150 https://investor-relations.db.com/reports-and-events/annual-reports/index?language_id=3.

151 Erst seit 2017 veröffentlicht die European Banking Authority (EBA) die Volumina der Einlagensicherungstöpfe in Europa. In Deutschland sind dies vier verschiedene, die Stand Ende 2017 insgesamt auf 6,9 Mrd. Euro Volumen kommen, wovon die Entschädigungseinrichtung deutscher Banken auf gerade knapp 2,1 Mrd. Euro kommt. Quelle: https://eba.europa.eu/eba-releases-updated-data-on-deposit-guarantee-schemes-across-the-eu.

152 Quelle: eigene Berechnung auf Basis der Tabelle »Aggregated DSGD data 2015 – 2021, https://www.eba.europa.eu/regulation-and-policy/recovery-and-resolution/deposit-guarantee-schemes-data.

153 Quelle: https://ec.europa.eu/austria/eu60/einlagensicherung_de.

154 https://de.wikipedia.org/wiki/Protektor_Lebensversicherungs-AG. Hier also Harmonie zwischen den Zielen Verbraucherschutz und Systemschutz.

155 Versicherer bilden seit 2011 eine zusätzliche Rückstellung, um auch in Zeiten niedriger Zinsen die höheren Garantien aus früheren Jahren erfüllen zu können – die Zinszusatzreserve (ZZR). Bei der Berechnung der Rückstellung für Zinsgarantien sind die derzeitigen und die erwarteten Erträge der Kapitalanlagen des Unternehmens zu berücksichtigen. Gesetzliche Grundlagen sind das Handelsgesetzbuch (HGB) sowie die Deckungsrückstellungsverordnung (DeckRV). Im Oktober 2018 ist eine neue Berechnungsmethode, die sogenannte Korridormethode, eingeführt worden.

156 Verkürzt, jedoch im Ergebnis korrekt ausgedrückt kann man auch sagen, dass die Zinszusatzreserve die Zahlungen an die Versicherungskunden mit zeitnah auslaufenden Verträgen senkt, jedoch dafür die Bezahlbarkeit der garantierten Leistung für Verträge mit längerer Restlaufzeit stärkt. Im Ergebnis also eine Umschichtung von Geld innerhalb des Versichertenkollektivs, welches die Versicherungsnehmer begrüßen oder verdammen – je nachdem, ob sie zu den Gewinnern oder Verlierern dieser Umverteilung gehören.

157 https://www.assekurata.de/2022/07/13/zinszusatzreserve-in-zeiten-der-zinswende/.

158 https://www.bafin.de/SharedDocs/Veroeffentlichungen/DE/Fachartikel/2022/fa_bj_2212_Zinszusatzreserve.html.

159 Das Gesetz ist hier nachzulesen: https://www.bundesfinanzministerium.de/Content/DE/Gesetzestexte/Gesetze_Verordnungen/2014-08-06-Lebensversicherungsreformgesetz.html; https://www.procontra-online.de/artikel/date/2014/06/verbraucherschuetzer-gegen-bewertungsreserven-reform/.

160 Mit dieser Regelung wurde § 56a Abs. 3 des Versicherungsaufsichtsgesetzes (VAG) alte Fassung zur Überschussbeteiligung geändert.

161 Näheres dazu siehe Beitrag »Die große Lebensverunsicherung, Run-Off: Lebensversicherer veräußern Altbestände an Abwicklungsgesellschaften – was tun?« im Hartmut Walz Finanzblog, https://hartmutwalz.de/die-grosse-lebensverunsicherung-run-off-lebensversicherer-veraeussern-altbestaende-an-abwicklungsgesellschaften-was-tun/.

162 Die recht kurze Einzelnorm können Sie bequem unter nachfolgendem Link nachlesen: https://www.gesetze-im-internet.de/vag_2016/314.html.

163 Die Überführung der Solvency-II–Richtlinie in deutsches Recht führte zur Einfügung zahlreicher zusätzlicher Paragraphen, sodass sich die Nummerierung von § 89 VAG a. F. zu § 314 VAG verschob. Nicht jeder Crash-Prophet hat dies nachvollzogen. Haben diese Autoren den Sachverhalt nicht verstanden oder verschweigen sie ihn ganz bewusst, um ihre Leser aufzuhetzen?

164 Zu lesen auf test.de vom 07.12.2016: Private Bausparkassen – Zusätzliche Einlagensicherung fällt weg, https://www.test.de/Private-Bausparkassen-Zusaetzliche-Einlagensicherung-faellt-weg-5107350-0.

165 Es bleibt für den Bausparer mit unter 100.000 Euro Bausparguthaben aus Risikosicht lediglich zu prüfen, ob er noch andere Einlagen beim selben Institut hat, da der Einlegerschutz pro Einleger und Institut gilt.

166 Aus dieser Zeit stammt der Branchenwitz, dass BHW die Abkürzung für »Bausparen heißt Warten« laute.

167 Der Makroökonom Daniel Stelter bezeichnet dies griffig als Umverteilung von Arm zu Reich.

168 Hier werden die aus Steuergeldern stammenden Fördermittel häufig durch hohe Kosten der Vehikelanbieter abgeschöpft oder gar übertroffen.

169 Bei Rürup-Verträgen handelt es sich nicht um einen Steuervorteil, sondern lediglich um eine Steuerverlagerung von der Spar- in die Rentenphase. Ob hieraus ein Steuervorteil wird, ist ungewiss, jedoch makabrerweise umso wahrscheinlicher, je früher der Rürup-Versicherte stirbt.

170 In Anlehnung an das in Kapitel 3.1 beschriebene Bild vom fließenden Honig in der Untertasse kann man sagen, dass die finanznahen Akteure eben früher an den Honig kommen. Siehe dazu und zum Phänomen des Cantillon-Effektes: Taghizadegan, R./ Valek, M./ Stöferle, R.: Österreichische Schule für Anleger, Austrian Investing zwischen Inflation und Deflation, München, 3. Auflage 2014, https://www.m-vg.de/finanzbuchverlag/shop/article/11613-alles-was-sie-ueber-die-oesterreichische-schule-der-nationalo-ekonomie-wissen-muessen/.

171 Zu den aktiven Programmen der EZB zum Ankauf von Vermögenswerten vgl. https://www.bundesbank.de/de/aufgaben/geldpolitik/geldpolitische-wertpapierankaeufe/aktive-programme-602324.

172 Vgl. beispielhaft: https://www.reuters.com/article/us-italy-politics-ecb-explainer/italian-debt-held-by-the-ecb-in-focus-as-populists-sign-governing-pact-idUSKCN1IJ15Z.

173 Vgl. allein das bis 2016 geheim gehaltene Abkommen zwischen EZB einerseits und den nationalen Zentralbanken des Euro-Systems andererseits mit Kürzel »ANFA« in Kapitel 3.2.

174 Das wäre die in weiten Teilen der Bevölkerung gegenwärtig abgelehnte Transferunion, die man sich ganz wie den bundesdeutschen Länderfinanzausgleich, nur eine Ebene höher, vorstellen kann.

175 https://www.ifo.de/DocDL/sd-2021-digital-02-grimme-leistungsbilanzueberschuss.pdf.

176 https://de.statista.com/statistik/daten/studie/671167/umfrage/aussenhandel-saldo-der-leistungsbilanz-von-deutschland/.

177 https://de.statista.com/statistik/daten/studie/183571/umfrage/bruttomonatsverdienst-in-der-eu/.

178 https://www.bpb.de/themen/soziale-lage/verteilung-von-armut-reichtum/270828/mittlere-position-deutschlands-im-internationalen-vergleich/. Siehe zum Beispiel auch die Studie des Institut der deutschen Wirtschaft e. V. »Vermögensverteilung im internationalen Vergleich«: https://www.iwkoeln.de/studien/gutachten/beitrag/martin-beznoska-judith-niehues-maximilian-stockhausen-die-vermoegensverteilung-im-internationalen-vergleich.html sowie https://www.ecb.europa.eu/pub/pdf/scpsps/ecbsp18.en.pdf.

179 Bereits die Frage, ob man das Vermögen pro Haushalt oder pro Kopf als Grundlage heranzieht, macht einen erheblichen Unterschied, da die durchschnittliche Haushaltsgröße in den verschiedenen EU-Staaten recht unterschiedlich ist, vgl. https://www.ecb.europa.eu/pub/pdf/scpsps/ecbsp18.en.pdf.

180 Dies widerspricht dem seit vielen Jahren geübten »Stand der Technik« bei der individuellen Finanzplanung. Dort werden nämlich Ruhegeldansprüche in abgezinster Form, also als Barwerte, zu den Vermögen gezählt und machen in vielen Fällen die größte Position der Privatbilanz aus. Vgl. in den praktischen Umsetzungshilfen die Privatbilanz in Walz, H.: Ihre Finanzen fest im Griff, Freiburg 2020, https://shop.haufe.de/prod/ihre-finanzen-fest-im-griff.

181 Raffelhüschen, B.: Offene Grenzen oder generöser Sozialstaat: Beides geht nicht?!, verfügbar unter: https://www.cesifo.org/DocDL/sd-2018-18-09-27.pdf.

182 Daher stammt auch der Ausdruck Nachhaltigkeitslücke in den Staatsfinanzen, vgl. https://www.stiftung-marktwirtschaft.de/inhalte/presse-und-aktuelles/pressedetails/eu-nachhaltigkeitsranking-2018-konsolidierung-der-staatsfinanzen-in-europa-noch-nicht-ausreichend/show/News/.

183 Vgl. https://www.haushaltssteuerung.de/lexikon-schulden-implizite.html.

184 https://www.ihre-vorsorge.de/nachrichten/lesen/112-milliarden-euro-fuer-die-rentenversicherung.html.

185 Z. B. die »Babyboomer« gehen in den Ruhestand.

186 Aufgrund gestiegener Lebenserwartung.

187 Vgl. https://www.bundestag.de/resource/blob/635528/74d71904f244680284d5e24dc25ec886/WD-4-021-19-pdf-data.pdf.

188 Solche Staatsbürgschaften wurden z. B. zugunsten des Europäischen Stabilisierungsmechanismus eingegangen.

189 https://www.wallstreet-online.de/nachricht/11290772-deutschland-staatsschulden-italien/all.

190 So würde allein die von der Deutschen Bundesbank vorgeschlagene Erhöhung des Renteneintrittsalters auf 70 Jahre die impliziten Schulden Deutschlands enorm senken. Vgl. https://www.bundesbank.de/de/ aufgaben/themen/monatsbericht-zu-den-langfristigen-perspektiven-der-gesetzlichen-rentenversicherung-812006.

191 Kenneth Rogoff hat hierzu gesagt: »Der Staat kann nicht den Armen geben, ohne den Reichen zu nehmen«, und prognostiziert auch ansonsten eine schädliche Wirkung der nicht nachhaltigen Staatsfinanzierung.

Vgl. z. B. https://www.handelsblatt.com/politik/konjunktur/nachrichten/harvard-oekonom-im-interview-kenneth-rogoff-langfristig-werden-wir-den-preis-fuer-die-schulden-zahlen-muessen/25323624.html.

192 Als »Prepper« bezeichnet man Menschen, die sich auf Katastrophen vorbereiten – englisch: be prepared, https://de.wikipedia.org/wiki/Prepper.

193 Siehe Kapitel 36 »Das unbekannte Unbekannte – Ich weiß nicht, dass ich nicht weiß« in Walz, H.: Einfach genial entscheiden, Freiburg, 2. Auflage 2015, https://shop.haufe.de/prod/einfach-genial-entscheiden.

194 Einen weiterführenden Einblick in die Zusammenhänge zwischen Verschuldung und Wachstum gibt diese ifo-Studie aus dem Jahr 2019: https://www.ifo.de/DocDL/ifo_Forschungsberichte_107_2019_Budget-und-Wachstum.pdf.

195 https://www.bundesbank.de/de/aufgaben/themen/negative-reale-verzinsung-von-einlagen-kein-neues-phaenomen-664008.

196 https://www.bundesbank.de/resource/blob/783062/0d59d95a78aa6558717ed6d952ea8d20/mL/2019-02-ezb-wb-data.pdf.

197 Unkontrolliert hohe Inflationsraten rühren von einer Veränderung des Verhaltens her. Die Bürger trennen sich schnell vom Geld, d. h., geben erhaltene Liquidität sofort weiter, weil sie den Wertverlust erwarten. Dieser sich selbst verstärkende Kreislauf und die dadurch verursachten Geldvermögensverluste würden unkontrolliert, aber sehr schnell die Schuldner entlasten.

198 Für Schuldenerlasse zwischen Staaten gibt es zahlreiche Beispiele, insbesondere bei bilateralen Forderungen »reicher« Staaten gegenüber Entwicklungs- und Schwellenländern, vgl. https://www.bundesfinanzministerium.de/Content/DE/Standardartikel/Themen/Internationales_Finanzmarkt/Internationale_Finanzpolitik/Internationale_Schuldenstrategie_und_Umschuldungen/internationale-schuldenstragie.html.

199 Hier geht es um das gesamte private Vermögen und nicht nur das Geldvermögen, da aus Gerechtigkeitsgründen auch das Sachvermögen zur Deckung der Lücke herangezogen würde.

200 Eine einmalige Vermögensabgabe von 10 % in Verbindung mit einem Freibetrag von z. B. 100.000 Euro pro Haushalt würde Deutschland, isoliert gesehen, ganz klar wieder auf sicheren Grund bringen.

201 https://www.diw.de/de/diw_01.c.412461.de/vermoegensabgabe.html.

202 »In the long run we are all dead«, vgl. https://de.wikiquote.org/wiki/John_Maynard_Keynes sowie http://www.finfacts.ie/Irish_finance_news/articleDetail.php?In-the-long-run-we-are-all-dead---John-Maynard-Keynes-159.

203 Agreement on Net Financial Assets, vgl. Kapitel 3.5.

204 Die entscheidende Passage der Whatever-it-takes-Rede des damaligen EZB-Chefs Mario Draghi am 26. Juli 2012 auf der Global Investment Conference in London sehen Sie hier: https://www.youtube.com/watch?v=hMBI50FXDps.

205 https://www.ecb.europa.eu/home/search/html/transmission_protection_instrument_tpi.en.html.

206 Eine Status-quo-Prognose versucht vorherzusagen, was passieren wird, wenn sich ein Prozess oder Phänomen unverändert, d. h. ohne Beeinflussung oder Intervention, weiterentwickelt.

207 Für alle, die sich fragen, was der böse Goldschmied eigentlich mit dem Wunschring gemacht hat, den er dem armen Bauernpaar entwendete, hier die Antwort, die ich als präziser Wissenschaftler bis auf die Quelle (Märchensammlung der Gebrüder Grimm) zurückverfolgt habe: Der böse Goldschmied hat seinen Betrug nur um wenige Stunden überlebt. Kurz nach der Abreise des Bauernpaares hat er sich in seiner Werkstatt eingeschlossen und den einzigen Wunsch des echten Wunschrings abgerufen. Sie können sich schon denken, was das war: Er wünschte sich einen Goldregen. Und wurde von den vielen niederprasselnden Golddukaten grausam erschlagen und verstarb sofort. Seine Erben verheimlichten den Unglücksfall, haben den Goldschmied in aller Stille ganz bescheiden und unauffällig beerdigt und die Tatwaffe gerecht unter sich aufgeteilt. Der Goldschatz wurde später vom Staat »übernommen« (so eine Art Solidaritätsabgabe) und hat die Währung des Landes viele Jahre lang als Goldstandard gestützt und den Bürgern Wohlstand und Sicherheit vermittelt. Erst nach der Aufhebung des Goldstandards durch geistige Vorläufer der Modern Monetary Theory ging es in dem Staat und auch anderswo mit der Geldmengenausweitung und den überbordenden Schulden los. Und wenn der Goldstandard nicht gestorben wäre (ähm, korrekt gesagt – aufgehoben worden wäre), dann hätten wir noch heute eine stabile bzw. vertrauenswürdige Währung. Das ist zumindest die feste Überzeugung der Anhänger der Österreichischen Schule.

208 Walz, H.: Einfach genial entscheiden – Die 60 wichtigsten Erkenntnisse für Ihren Erfolg, Freiburg, 3. Auflage 2022, Kapitel 52 »Fehler der ersten und zweiten Art«, https://shop.haufe.de/prod/einfach-genial-entscheiden.

209 Walz, H.: Einfach genial entscheiden in Geld- und Finanzfragen – Schließlich ist es Ihr Geld!, Freiburg, 3. Auflage 2020, https://shop.haufe.de/prod/einfach-genial-entscheiden-in-geld-und-finanzfragen.

210 Der Ansatz der Robustheit geht zurück auf Taleb, N. N.: Antifragilität: Anleitung für eine Welt, die wir nicht verstehen, München 2014, https://www.randomhouse.de/ebook/Antifragilitaet/Nassim-Nicholas-Taleb/Knaus/e414604.rhd.

211 Übrigens: Wie viele Liegestütze schafft Chuck Norris? – Alle!

212 Die Frage, wie und womit wir Risiken (oder andere Dinge, wie z. B. Rendite) messen, hat Wolfgang Stützel (1925-1987) wie kein anderer exzellent bearbeitet und mit dem Schlagwort »Maßgutwahl« erklärt.

213 Achtung, mit dem Begriff »Institut« sind alle zu einem Unternehmen zugehörigen rechtlichen Einheiten gemeint: So sind z. B. Postbank oder DSL Bank jeweils »eine Niederlassung der Deutsche Bank AG« und »maxblue, der Online Broker der Deutschen Bank«.

214 Seit 20. September 2021 enthält der DAX 40 statt vorher 30 Aktien. https://qontigo.com/products/dax-de/.

215 Mehr zu Erscheinungsformen von Sach- und Geldvermögen lesen Sie in Kapitel B 5 »Mit Sicherheit arm gespart – Plädoyer für eine neue Sichtweise gegenüber Risiken« in Walz, H.: Einfach genial entscheiden in Geld- und Finanzfragen, 3. Auflage, Freiburg 2020, https://shop.haufe.de/prod/einfach-genial-entscheiden-in-geld-und-finanzfragen.

216 Die Abbildung der Privatbilanz beruht auf einer von mir angefertigten kleinen Excel-Datei, die Sie kostenlos auf meiner Webseite https://hartmutwalz.de/einfach-genial-entscheiden-im-falle-einer-finanzkrise/tabelle-privatbilanz/ herunterladen und dann bequem mit Ihren individuellen Daten füllen können.

217 »Wir sagen den Sparerinnen und Sparern, dass ihre Einlagen sicher sind. Auch dafür steht die Bundesregierung ein.« Bundeskanzlerin Angela Merkel und Bundesfinanzminister Peer Steinbrück im Herbst 2008.

218 Auf ihrem jährlichen Bargeldsymposium spricht sich die Bundesbank regelmäßig gegen eine Abschaffung des Bargelds aus.

219 § 14 Absatz 1 Gesetz über die Deutsche Bundesbank.

220 Keineswegs soll hiermit jedoch Geldwäsche bzw. Finanzierung organisierter Kriminalität verharmlost werden. Die Dosis macht das Gift! Dass in Deutschland bis zum Jahr 2022 ein Immobilienkauf in Millionenhöhe mit Bargeld abgewickelt werden durfte, ist mehr als kritikwürdig. Ausgerechnet Deutschland hat die **EU-Geldwäscherichtlinien** sehr verzögert umgesetzt und sich damit als Rückzugsraum für organisierte Kriminalität geradezu beworben. Siehe: https://www.finanzwende.de/ueber-uns/aktuelles/stellungnahme-zum-sanktionsdurchsetzungsgesetz-ii/ sowie https://www.finanzwende.de/archiv/geldwaesche-immobilien-in-buergerhand/.

221 Mehr zu Ausfallrisiko bzw. Bonitätsrisiko lesen Sie in Kapitel B 7 »Schiefe Wetten – Risikozuschläge sind keine Zinsen« in Walz, H.: Einfach genial entscheiden in Geld- und Finanzfragen, 3. Auflage, Freiburg 2020, https://shop.haufe.de/prod/einfach-genial-entscheiden-in-geld-und-finanzfragen.

222 Möchten Sie mehr zu Kosten erfahren, lesen Sie in Kapitel B 6 »Ihr Geld hat jetzt ein anderer – Kosten sind sichere Wertvernichter« in Walz, H.: Einfach genial entscheiden in Geld- und Finanzfragen, Freiburg, 3. Auflage 2020, https://shop.haufe.de/prod/einfach-genial-entscheiden-in-geld-und-finanzfragen.

223 Bitte verzeihen Sie mir, dass ich bei knapp über einer Million persönlich mit dem Zählen aufgehört habe. Jedoch berichten verschiedene Kreditinstitute und Börsen Zahlen, die mit geringen Abweichungen – also ein paar Zehntausend plus oder minus – dicht an der von mir genannten Zahl liegen.

224 Es gibt für Sondersituationen temporäre, bis 500.000 Euro gehende Sicherungsgrenzen, z. B. für den Fall der Veräußerung einer Immobilie.

225 Weitere Informationen über die Einlagensicherung in Deutschland finden Sie auf dem Einlagensicherungsportal des Bundesverbandes deutscher Banken e. V. (Bankenverband) und des Prüfungsverbandes deutscher Banken e. V., https://einlagensicherung.de/. Das Schutzsystem für Einlagen in Deutschland umfasst nämlich neben der gesetzlichen auch diverse freiwillige Einlagensicherungen, die Anlegerentschädigung und die Institutssicherung in verschiedener Schutzhöhe.

226 Der Blogbeitrag »Anlagezertifikate – Dinge, die keiner braucht« im Hartmut Walz Finanzblog geht ausführlich und wie immer augenzwinkernd auf die Nachteile von Zertifikaten ein: https://hartmutwalz.de/anlagezertifikate-dinge-die-keiner-braucht/.

227 Warum Privatanleger bei Schiefen Wetten extrem clever und gut informiert sein müssen, lesen Sie in Kapitel B 7 »Schiefe Wetten – Risikozuschläge sind keine Zinsen« in Walz, H.: Einfach genial entscheiden in Geld- und Finanzfragen, Freiburg, 3. Auflage 2020, https://shop.haufe.de/prod/einfach-genial-entscheiden-in-geld-und-finanzfragen; zu Schiefen Wetten allgemein lesen Sie Kapitel 58 »Schiefe Wetten« in Walz, H.: Einfach genial entscheiden – Die 60 wichtigsten Erkenntnisse für Ihren Erfolg, Freiburg,, 3. Auflage 2022, https://shop.haufe.de/prod/einfach-genial-entscheiden.

228 Es gibt abweichende Rechtsgutachten, die jedoch von der Versicherungswirtschaft selbst in Auftrag gegeben wurden und ein geringeres Vehikelrisiko bei Fondspolicen behaupten. Trotz intensiver Recherche und Gesprächen mit unterschiedlichen Fachleuten verbleibt m. E. eine recht unklare Rechtslage und somit ein Restrisiko für Sie.

229 Eine Netto-Fondspolice ist idealerweise ein Ansparprozess in einen kostengünstigen Indexfonds oder in einen oder mehrere ETFs, der steuerbegünstigt in einen Versicherungsmantel eingebettet wird. »Netto« bedeutet, dass in dem Produkt keine Vertriebs- oder Abschlusskosten (z. B. Provisionen) enthalten sind. Den für den Anleger ersparten Vertriebskosten sind ggf. Kosten für einen Honorarberater gegenüberzustellen.

230 Dass sich Versicherte den Neuabschluss von Versicherungsverträgen mit Sparcharakter fast immer sparen können, lesen Sie in Kapitel D 6 »Verunsicherte Versicherte« in Walz, H.: Einfach genial entscheiden in Geld- und Finanzfragen, Freiburg, 3. Auflage 2020, https://shop.haufe.de/prod/einfach-genial-entscheiden-in-geld-und-finanzfragen.

231 Manchmal steckt mehr drin, als man denkt – und wenn es nur Kosten sind; das lesen Sie in Kapitel D 7 »Bei fondsgebundenen Lebensversicherungen kriegt der Versicherer was für Ihr Geld« in Walz, H.: Einfach genial entscheiden in Geld- und Finanzfragen, Freiburg, 3. Auflage 2020, https://shop.haufe.de prod/einfach-genial-entscheiden-in-geld-und-finanzfragen.

232 Siehe Blogbeitrag: Bausparkassen profitieren vom Irrtum ihrer Kunden https://hartmutwalz.de/bausparkasse-lebt-vom-irrtum/.

233 Deutlicher ausgedrückt kann man auch sagen: Das Geschäftsmodell ist tot.

234 Diese Ausnahme liegt vor, wenn Bauwillige mit wenig Eigenkapital davon profitieren können, dass das Bauspardarlehen nachrangig ist, d. h. von anderen Kreditgebern wie Eigenkapital behandelt wird. Vgl. vertiefend dazu in Kapitel D 5 »Selbst für Spießer selten geeignet – Bausparverträge« in Walz, H.: Einfach genial entscheiden in Geld- und Finanzfragen, Freiburg, 3. Auflage 2020, https://shop.haufe.de/prod/einfach-genial-entscheiden-in-geld-und-finanzfragen.

235 Eine Ausnahme liegt nur vor, wenn Sie Altverträge mit einem attraktiven Ansparzins besitzen. Jedoch werden diese Altverträge häufig durch die Bausparkassen selbst gekündigt.

236 ESG steht für Environmental, Social, Governance, also Umweltschutz, soziales Verhalten/faire Arbeitsbedingungen sowie transparente Unternehmensführung. SRI steht für Socially Responsible Investment (auch: Sustainable Responsible Investment), also nachhaltiges und verantwortungsvolles Anlegen. Beide Standards sind anerkennenswerte erste Versuche, garantieren jedoch keineswegs abschließend die Nachhaltigkeit einer Geldanlage. Mehr dazu und auch zu Greenwashing und dem Bild der kommunizierenden Röhren lesen Sie in Kapitel C 1 »Das einfach geniale Achteck – Ein nützliches Schema zur Bewertung von Anlagemöglichkeiten« in Walz, H.: Einfach genial entscheiden in Geld- und Finanzfragen, Freiburg, 3. Auflage 2020, https://shop.haufe.de/prod/ einfach-genial-entscheiden-in-geld-und-finanzfragen.

237 Der Prozentsatz ergibt sich als Kehrwert des sogenannten Stock-to-Flow-Wertes, also dem Verhältnis zwischen dem weltweiten Goldstock und der Menge der jährlichen Goldproduktion, das ca. 65 beträgt. Also 1/65*100 = 1,5 %. Vertiefend vgl. Kapitel 9 in: Taghizadegan, R./Valek, M./Stöferle, R.: Österreichische Schule für Anleger, Austrian Investing zwischen Inflation und Deflation, München, 3. Auflage 2014, https://www.m-vg.de/finanzbuchverlag/shop/article/11613-alles-was-sie-ueber-die-oesterreichische-schule-der-nationaloekonomie-wissen-muessen/.

238 Einen Überblick einzelner Kriterien zur Bewertung von Gold als Assetklasse sowohl mit positiven Aspekten für den Privatanleger als auch kritischen Aspekten, wie ethischen und umweltschutzbezogenen Argumenten, lesen Sie in Kapitel D 3 »6.000 glänzende Jahre – Gold, andere Edelmetalle und Rohstoffe als Anlageklasse« in Walz, H.: Einfach genial entscheiden in Geld- und Finanzfragen, 3. Auflage, Freiburg 2020, https://shop.haufe.de/prod/einfach-genial-entscheiden-in-geld-und-finanzfragen.

239 Kapitalertragsteuer ist eine Abgeltungsteuer – die Steuerpflicht ist damit also definitiv erfüllt – auf vereinnahmte Kapitaleinkünfte, z. B. Zinsen, Dividenden, Kursgewinne, Erträge aus Fonds usw. (§ 20 EStG). Die seit dem 1.1.2009 gültige KESt sieht einen einheitlichen Steuersatz für alle Arten von Kapitaleinkünften von 25 % zzgl. Solidaritätszuschlag und Kirchensteuer vor. Dies wird auch Total Performance Tax genannt. Bis zur Höhe des geltenden Sparerpauschbetrages bleiben Kapitaleinkünfte steuerfrei. Die zu zahlende Steuer wird vom Finanzinstitut/Versicherer automatisch an das Finanzamt abgeführt. Wenn der persönliche Steuersatz unter 25 % liegt, kann in der Steuererklärung eine »Günstigerprüfung« beantragt werden.

240 Mehr zur Hebelwirkung auf die Goldpreisänderung bei Goldminenaktien lesen Sie in Kapitel D 3 »6.000 glänzende Jahre – Gold, andere Edelmetalle und Rohstoffe als Anlageklasse« in Walz, H.: Einfach genial entscheiden in Geld- und Finanzfragen, 3. Auflage, Freiburg 2020, https://shop.haufe.de/prod/einfach-genial-entscheiden-in-geld-und-finanzfragen.

241 Wertdichte ist das Verhältnis von Wert einer physischen Anlage zu Gewicht/Volumen. Je höher die Wertdichte, desto leichter lässt sich der Wert transportieren, lagern, verstecken.

242 Weiterführende Informationen beim Deutschen Institut für Wirtschaftsforschung: https://www.diw.de/de/diw_01.c.412461.de/vermoegensabgabe.html.

243 Walz, H.: Einfach genial entscheiden – Die 60 wichtigsten Erkenntnisse für Ihren Erfolg, Freiburg, 3. Auflage 2022, Kapitel 11 »Das unbekannte Unbekannte«, https://shop.haufe.de/prod/einfach-genial-entscheiden.

244 Deichmann, T./Ganten, D./Spahl, T.: Die Steinzeit steckt uns in den Knochen – Gesundheit als Erbe der Evolution, München 2011, https://www.piper.de/buecher/die-steinzeit-steckt-uns-in-den-knochen-isbn-978-3-492-26398-6.

245 Bar-Eli, M./Azar, O. H./Ritov, I./Keidar-Levin, Y./Schein, G.: Action bias among elite soccer goalkeepers: The case of penalty kicks. Journal of Economic Psychology, 2007, 28(5), 606-621.

246 Mehr zu Aktivitätsdruck und Handlungsstarre lesen Sie in Kapitel 53 »Unterlassen, Fehler durch Nichtentscheiden – Nichtstun bewirkt nicht nichts« im Buch Walz, H.: Einfach genial entscheiden – Die 55 wichtigsten Erkenntnisse für Ihren Erfolg, Freiburg, 2. Auflage 2015, https://shop.haufe.de/prod/einfach-genial-entscheiden-in-geld-und-finanzfragen.

247 »Wertefonds schwächelt nicht nur bei Rendite« titelte die Finanztest über die Finanzcrash-Autoren Friedrich & Weik: https://www.test.de/Finanzcrash-Autoren-Friedrich-Weik-Wertefonds-schwaechelt-nicht-nur-bei-Rendite-5561149-0/.

248 Der kategorische Imperativ lautet: »Handle nur nach derjenigen Maxime, durch die du zugleich wollen kannst, dass sie ein allgemeines Gesetz werde.« Er ist im System Immanuel Kants das grundlegende Prinzip der Ethik. Quelle: https://de.wikipedia.org/wiki/Kategorischer_Imperativ.

249 Eine kurzweilige Einführung in das Denken von Heinz von Foerster finden Sie hier: https://www.heise.de/tp/features/Handle-stets-so-dass-die-Anzahl-der-Wahlmoeglichkeiten-groesser-wird-3426853.html.

250 Zu Unterlassen – Fehler durch Nichtentscheiden lesen Sie Kapitel 54 »Nichtstun bewirkt nicht nichts« in Walz, H.: Einfach genial entscheiden – Die 60 wichtigsten Erkenntnisse für Ihren Erfolg, Freiburg, 3. Auflage 2022, https://shop.haufe.de/prod/einfach-genial-entscheiden.

251 Dabei können Sie Ihr Vermögen in dessen Substanz angreifen, es also über die Zeit verzehren. Sie können jedoch auch Erträge aus Ihren Vermögensreserven generieren, ohne deren Substanz zu verzehren.

252 Eine Definition des Integrierten Marketings bietet das Gabler Wirtschaftslexikon: https://wirtschaftslexikon.gabler.de/definition/integriertes-marketing-39437/version-262845.

253 Das Berufsinformationszentrum (BiZ) der Agentur für Arbeit gibt Infos zu Studien- und Berufswahl oder die Jobsuche. https://www.arbeitsagentur.de/bildung/berufsinformationszentrum-biz Der offizielle Studienführer für Deutschland mit Selbsterkundungstool bietet Orientierung bei Fragen, ob Studium oder Ausbildung, zu Studienfächern – er listet über 21.000 Studiengänge! –, Studienfeldern, Finanziellem usw.: https://studienwahl.de/studienfelder. Und noch zwei Buchtipps, die ich im Meer der Ratgeberliteratur ganz hilfreich finde: Worm, Anja: Was ist mein Ding? Dein Weg zum Traumjob!, Independently published 2019, https://www.amazon.de/Was-ist-mein-Ding-Beratungspraxis/dp/1076129919/ref=sr_1_1?dchild=1&qid=1587497178&refinements=p_27%3AAnja+Worm&s=books&sr=1-1&text=Anja+Worm; nicht mehr ganz neu: Gulder, Angelika: Finde den Job, der dich glücklich macht – Von der Berufung zum Beruf, Frankfurt/M. 2013 https://www.campus.de/buecher-campus-verlag/karriere/bewerbung/finde_den_job_der_dich_gluecklich_macht-17326.html; sowie ein praktisches Buch für Überlegungen einer beruflichen Veränderung: Wagenpfeil, Elke: 30 Minuten Berufliche Neuorientierung, Offenbach 2017, https:/www.gabal-verlag.de/buch/30-minuten-berufliche-neuorientierung/9783869368122.

254 Über Mini-, Midi-Job, kurzfristige Beschäftigung & Co. informiert die Deutsche Rentenversicherung: https://www.deutsche-rentenversicherung.de/DRV/DE/Rente/Arbeitnehmer-und-Selbststaendige/04_Mini-Midi-und-Nebenjobs/04_Mini-Midi-und-Nebenjobs.html.

255 Zur Entscheidung, welche der vorgesehenen vier Riester-Auszahlformen Sie wählen sollten, ist hilfreich: »Riester-Auszahlung im Steuercheck – Viele Auszahlformen, große Unterschiede« von Finanztest.de: https://www.test.de/Riester-Auszahlung-im-Steuercheck-Viele-Auszahlformen-grosse-Unterschiede-4988947-0/.

256 Einen raschen Überblick über die betriebliche Altersversorgung bzw. betriebliche Altersvorsorge finden Sie unter test.de: https://www.test.de/betriebliche-altersvorsorge-5158846-0/ oder bei den Verbraucherzentralen: https://www.verbraucherzentrale.de/wissen/geld-versicherungen/altersvorsorge/betriebs-rente-mit-dem-arbeitgeber-fuer-die-rente-sparen-7675.

257 Bei all diesen Beispielen von »arbeitsfreiem Einkommen« oder ähnlichem zu reden, erscheint nicht angemessen, da doch zumindest früher einmal ein gewisser Input an Arbeitskraft usw. erbracht werden musste.

258 https://de.statista.com/statistik/daten/studie/166338/umfrage/anzahl-der-schuldner-in-deutschland-seit-2004/.

259 Viele Dinge kaufen wir nicht, weil wir sie brauchen, sondern weil wir sie wollen. Menschen, die diesen Unterschied für sich erkannt haben, leben häufig viel entspannter und können ihre Konsumausgaben ohne große Schmerzen senken, da sie wissen, dass das Wollen ohnehin prinzipiell unbegrenzt ist.

260 In sehr offenen Einzelgesprächen berichten mir Leute oft, wie stark sie unter wahrgenommenen Konsumdefiziten im Zusammenhang mit Gruppendruck leiden. Es wäre psychologisch naiv, ihnen das einfach ausreden zu wollen. Ein Ausweg könnte jedoch darin bestehen, dass diese Menschen ganz selbstbewusst einen Lifestyle kommunizieren, der – natürlich rein zufällig – weniger oder kein Geld kostet. Beispielsweise hat der Autor zu Studienzeiten mit Reclam-Heften (Mörike, Kant, Seneca) auf dem Beifahrersitz seines alten Fiat 127 selbst im Konkurrenzumfeld der GTI-fahrenden Mannheimer Großstädter Akzeptanz gefunden und wird auch heute noch als »armer Prof« von ultrareichen Investment-Bankern zu deren Partys eingeladen. Also wählen Sie notfalls »Beeindruckungssymbole«, die kein oder wenig Geld kosten, oder beschränken Sie sich auf wenige Statussymbole und nutzen Sie Ihre Kreativität zu einem selbstbewusst kommunizierbaren Stil. Gerade die aktuelle Nachhaltigkeitsdiskussion und die Coolness des Minimalismus ermöglichen Ihnen gesichtswahrenden Konsumverzicht. LOHAS (Lifestyle of Health and Sustainability, LOVOS (Lifestyles of Voluntary Simplicity) & Co. lassen grüßen, https://de.wikipedia.org/wiki/LOHAS.

261 Mittlerweile gibt es Abos für alles Mögliche (Abo-Commerce, Subscription Economy, Zugang statt Eigentum und Produkte als Service): Musik, Filme, Serien, Druckerpatronen, Kaffee, Windeln, Gemüseboxen, Designerkleidung, selbst Autohersteller bieten an, dass man zwischen den Modellen eines Herstellers wechseln kann. Vgl. vertiefend: Tzuo, T.: »Das ABO-Zeitalter: Warum das ABO-Modell die Zukunft Ihres Unternehmens ist und was Sie dafür tun müssen«, Kulmbach 2019 https://www.boersenmedien.de/produkt/das-abo-zeitalter-1532.html, Verbraucherschützer warnen vor mehr oder minder seriösen Abo-Verträgen, z. B. hier: https://www.test.de/Betrugsmasche-per-SMS-So-wird-per-Handy-abgezockt-5567539-0/ oder hier: https://www.vzhh.de/themen/telefon-internet/abofallen/abofalle-im-internet-zahlen-sie-nicht.

262 Und wenn ein bekannter Crash-Prophet sich damit brüstet, den Waffenschein erworben zu haben, dann fragt sich der intelligente Leser: Was will er uns damit sagen und was hat er vor?!

263 https://www.bbc.com/news/business-11942117, siehe auch Kapitel 3.6.

264 Auch hier gilt die Lindy-Regel, d. h., langjährige Freunde sind meist viel wertvoller als Freunde, die man erst seit Kurzem kennt, vgl. Kapitel 2 »Lindy-Regel versus Neomania« in Walz, H.: Einfach genial entscheiden – Die 60 wichtigsten Erkenntnisse für Ihren Erfolg, Freiburg, 3. Auflage 2022, https://shop.haufe.de/prod/einfach-genial-entscheiden.

265 So war es beispielsweise sowohl nach dem Zusammenbruch der Weimarer Republik als auch nach dem Ende des Zweiten Weltkriegs.

266 Alle unter 78-jährigen Leser dieses Buches verdanken unserem Staat ein Leben ohne Krieg im eigenen Lande, das sollten wir alle nicht vergessen.

267 Vgl. unter vielen Möglichkeiten https://www.zeit.de/2000/02/NOCH_MAL_VON_VORN_WAS_BEDEUTET_DER_KATEGORISCHE.

268 Nur zur Info für meinen Neffen: Nein, die Streichhölzer unter Zuhilfenahme einer Wand in ein Quadrat zu legen, war nicht die Anforderung …

269 Freie Interpretation einer Lebensweisheit der Katze aus »Alice im Wunderland«.

270 Prokon betreibt Windparks usw., meldete 2014 Insolvenz an und wurde unter hohen Verlusten für die Anleger 2015 in eine Genossenschaft umgewandelt, vgl. https://www.vzbv.de/pressemitteilungen/prokon-kleinanleger-vor-genussrechten-schuetzen sowie https://de.wikipedia.org/wiki/Prokon_(Unternehmen).

271 Derartige Verträge, für die im Laufe der Vertragslaufzeit über 22.000 Euro Vertriebsprovisionen anfallen können, gehören zum Standardangebot von Finanzstrukturvertrieben, die z. B. an deutschen Hochschulen um Jungakademiker buhlen. Diese Verträge werden jedoch häufig nach wenigen Jahren wieder gekündigt. Zu überteuerten Anlage- und Vorsorgevehikeln und dem Gebaren von Strukkis an Hochschulen lesen Sie im Hartmut Walz Finanzblog: https://hartmutwalz.de/strukkis-an-hochschule-wie-finanzvertriebe-unsere-kinder-koedern/.

272 Es gibt einen Unterschied zwischen den Zulassungen von Versicherungs**vermittlern** (diese erhalten Provisionen von den Versicherungsunternehmen für die an Kunden vermittelten Verträge, § 34 d Absatz 1 Gewerbeordnung) und Versicherungs**beratern** (diese erhalten unabhängig von einem Verkauf ein Beratungshonorar vom Kunden, § 34 d Absatz 2 Gewerbeordnung). Unabhängig, neutral und frei von Interessenkonflikten beraten also nur gegen Honorar Versicherungs**berater** nach § 34 d Abs. 2 GewO. Jeder, der kostenlos berät, ist ein Verkäufer.

273 REIT (Real Estate Investment Trust) ist eine Kapitalgesellschaft, die Immobilien und Grundstücke besitzt, verwaltet und veräußert. Deutsche REITs sind börsennotierte Aktiengesellschaften, die bestimmte steuerliche Privilegien besitzen.

274 Die grobe Schätzrechnung berücksichtigt aus Vereinfachungsgründen keine steuerlichen Effekte, jedoch wird die exakte Rechnung nach Steuern noch ein wenig vorteilhafter, da die Abschreibung auf den Gebäudeanteil der Immobilie zu einem zusätzlichen Steuervorteil führt.

275 Zur grundsätzlichen Konstruktion von Tilgungsaussetzungsmodellen/Tilgungsträgerdarlehen vgl.: https://hartmutwalz.de/tag-der-abrechnung-bei-tilgungsaussetzungsmodellen-tilgungstraegerdarlehen-drohen-enorme-deckungsluecken/.

276 https://www.test.de/presse/pressemitteilungen/Finanztest-Spezial-Ihre-Rente-Gute-Planung-bringt-mehr-Geld-im-Alter-5187476-0/.

277 Eine Anrechnung auf die Altersrente erfolgt in keinem Fall. Geringfügige positive Auswirkungen des Minijobs auf die künftige gesetzliche Altersrente sind möglich, werden hier jedoch nicht weiter betrachtet. Weiterführend siehe https://www.minijob-zentrale.de/DE/die-minijobs/die-minijobs_node.html.

278 Siehe zu Indexpolicen im Hartmut Walz Finanzblog: Nach wie vor: Finger weg von Indexpolicen! – Unvorteilhaftigkeit von Indexpolicen und »Fake News«, https://hartmutwalz.de/nach-wie-vor-finger-weg-von-indexpolicen-unvorteilhaftigkeit-von-indexpolicen-und-fake-news/ sowie Finger weg von Indexpolicen – Ein Paradebeispiel für eine »schiefe Wette«, https://hartmutwalz.de/finger-weg-von-indexpolicen-ein-paradebeispiel-fuer-eine-schiefe-wette/.

279 Mehr zu ETF-Sparplänen im Versicherungsmantel lesen Sie in Kapitel D 8 »Das Beste oder nichts!« in Walz, H.: Einfach genial entscheiden in Geld- und Finanzfragen, 3. Auflage, Freiburg 2020, https://shop.haufe.de/prod/einfach-genial-entscheiden-in-geld-und-finanzfragen.

280 Das Renditedreiecke des Deutschen Aktieninstituts für den DAX und den EURO STOXX finden Sie hier: https://www.dai.de/de/das-bieten-wir/studien-und-statistiken/renditedreieck.html.

281 Balsam für die Nerven ist die Erkenntnis, dass Vermögenspreise zwar mehr oder minder heftig schwanken, jedoch mittel- bis langfristig die Tendenz besitzen, zu einem mittleren Wert zurückzukehren. Zur Rückkehr zum Mittelwert bei der Geldanlage finden Sie zwei nützliche Beiträge im Hartmut Walz Finanzblog: https://hartmutwalz.de/kurze-beine-die-rueckkehr-zum-mittelwert-bei-der-geldanlage-teil-1/ sowie https://hartmutwalz.de/kurze-beine-die-rueckkehr-zum-mittelwert-bei-der-geldanlage-teil-2/.

282 Mehr zu ETFs lesen Sie in Kapitel D 2 »Die Erfindung des Rades in der Geldanlage« in Walz, H.: Einfach genial entscheiden in Geld- und Finanzfragen, 3. Auflage, Freiburg 2020: https://shop.haufe.de/prod/einfach-genial-entscheiden-in-geld-und-finanzfragen. Ein hilfreiches Video zur ETF-Auswahl finden Sie hier: »10 Filterfragen, wie Sie Ihren ETF finden«, https://www.youtube.com/watch?v=ehG55yzKnxw.

283 Das Ausfallrisiko durch Swaps ist auf maximal 10 % des ETF-Volumens begrenzt und liegt durch verschiedene risikobegrenzende Maßnahmen faktisch noch erheblich darunter. Ich persönlich sehe kein relevantes Risiko in den Swaps und besitze selbst auch einige swap-basierte ETFs. Wenn Sie jedoch – wie

Karim – zu einer anderen Risikoeinschätzung kommen oder ein schlechtes Bauchgefühl hätten, finden Sie auch im Angebot von ETFs ohne Swaps geeignete Produkte.

284 Versunkene Kosten sind Aufwendungen, die Sie nach Ihrer Entscheidung nicht mehr zurückgewinnen können, z. B. wenn Sie den Kaufpreis einer Bahnfahrt, die Sie nicht antreten können, nicht zurückerstattet erhalten. Vgl. vertiefend zu versunkenen Kosten in Kapitel 23 »Zuviel investiert um aufzuhören« in Walz, H.: Einfach genial entscheiden, Freiburg, 3. Auflage 2022, https://shop.haufe.de/prod/einfach-genial-entscheiden.

285 Ein anschauliches Beispiel einer Gegenüberstellung zweier marktüblicher Provisionsverträge einerseits, mit einem Netto-Tarif andererseits finden Sie hier: Ein »Gratis-Auto« durch kluge Entscheidung? – Die (Kosten-)Unterschiede in Vorsorgeverträgen sind beträchtlich, https://hartmutwalz.de/ein-gratis-auto-durch-kluge-entscheidung-die-kosten-unterschiede-in-vorsorgevertraegen-sind-betraechtlich/.

286 Vgl. https://de.wikipedia.org/wiki/US-Dollar.

287 *»Risk comes from not knowing what you're doing«* (Warren Buffet).

288 Taleb, N. N.: Der Schwarze Schwan: Die Macht höchst unwahrscheinlicher Ereignisse, München 2018, https://www.randomhouse.de/Buch/Der-Schwarze-Schwan/Nassim-Nicholas-Taleb/Knaus/e473107.rhd.

289 Was haben die wohl vor, so viele Rehe und Hasen gibt es bei uns doch nicht, dass wir alle jagen gehen könnten?

290 Rosling, H./Rosling Rönnlund, A./Rosling, O.: Factfulness – Wie wir lernen, die Welt so zu sehen, wie sie wirklich ist, Berlin 2019, https://www.ullstein-buchverlage.de/nc/buch/details/factfulness-9783548060415.html.

291 Vgl. »Der Zweite Weltkrieg in Zahlen und Fakten«: https://www.zeit.de/news/2015-05/08/geschichte-hintergrund-der-zweite-weltkrieg-in-zahlen-und-fakten-08065612.

292 Ebda.